高等职业教育铁道与运输类新形态一体化教材

# 铁道概论



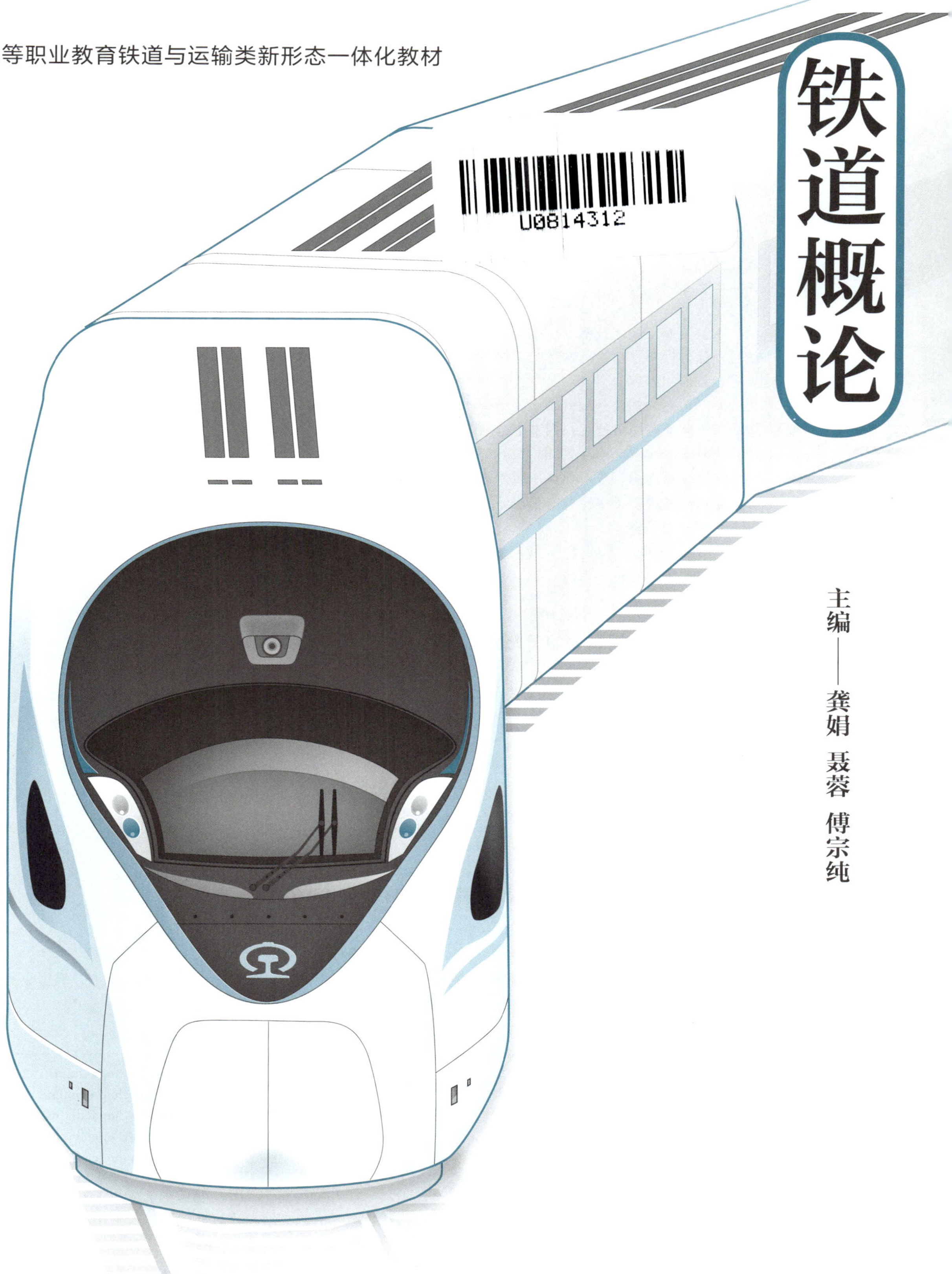

主编——龚娟 聂蓉 傅宗纯

高等教育出版社·北京

内容提要

本书是高等职业教育精品在线开放课程铁道类新形态一体化规划教材，也是“铁道概论”精品在线开放课程的配套教材。

本书以学习者为中心进行教学设计、教材编写与资源开发，先站在初学者角度设计系列问题，再用通俗易懂的科普语言讲授复杂生涩的专业内容。集专业性、科普性与趣味性于一体。全书简明扼要地介绍了铁路运输业，阐述铁路运输的基本知识与原理，同时将新时期铁路精神、铁路职业道德规范、铁路人文知识等思政元素巧妙地融入教材。全书包含9章，涵盖铁路发展，铁路线路，铁路车辆，铁路机车，铁路车站与枢纽，铁路信号与通信设备，铁路运输组织工作，高速铁路、磁悬浮铁路与重载运输等多个方面的内容。

本书重点的知识点配有微课视频、动画、图片、案例等丰富的数字化资源，视频类资源可通过扫描书中二维码在线观看，学习者也可登录智慧职教（www.icve.com.cn）搜索课程“铁道概论”进行在线学习。

本书既可作为高等职业技术院校铁路相关专业的教学用书，也可作为成人教育、各类培训学校及铁路运输企业职工培训的教学用书，还可供铁路爱好者学习参考。

授课教师如需要本书配套的教学课件资源，可发送邮件至邮箱1312137218@qq.com索取。

**图书在版编目(CIP)数据**

铁道概论/龚娟,聂蓉,傅宗纯主编.--北京：高等教育出版社,2019.8

ISBN 978-7-04-052243-3

Ⅰ.①铁… Ⅱ.①龚… ②聂… ③傅… Ⅲ.①铁路工程-概论-高等职业教育-教材②铁路运输-概论-高等职业教育-教材 Ⅳ.①U2

中国版本图书馆CIP数据核字(2019)第140718号

策划编辑 吴睿韬　责任编辑 张值胜　封面设计 张申申　版式设计 于 婕
插图绘制 于 博　责任校对 刘 莉　责任印制 耿 轩

| | | | |
|---|---|---|---|
| 出版发行 | 高等教育出版社 | 网　址 | http://www.hep.edu.cn |
| 社　址 | 北京市西城区德外大街4号 | | http://www.hep.com.cn |
| 邮政编码 | 100120 | 网上订购 | http://www.hepmall.com.cn |
| 印　刷 | 北京市密东印刷有限公司 | | http://www.hepmall.com |
| 开　本 | 850mm×1168mm 1/16 | | http://www.hepmall.cn |
| 印　张 | 19.75 | | |
| 字　数 | 400千字 | 版　次 | 2019年8月第1版 |
| 购书热线 | 010-58581118 | 印　次 | 2019年8月第1次印刷 |
| 咨询电话 | 400-810-0598 | 定　价 | 53.80元 |

本书如有缺页、倒页、脱页等质量问题，请到所购图书销售部门联系调换

物 料 号　52243-00

# 智慧职教服务指南

基于"智慧职教"开发和应用的新形态一体化教材，素材丰富、资源立体，教师在备课中不断创造，学生在学习中享受过程，新旧媒体的融合生动演绎了教学内容，线上线下的平台支撑创新了教学方法，可完美打造优化教学流程、提高教学效果的"智慧课堂"。

"智慧职教"是由高等教育出版社建设和运营的职业教育数字教学资源共建共享平台和在线教学服务平台，包括职业教育数字化学习中心(www.icve.com.cn)、职教云(zjy.icve.com.cn)和云课堂(APP)三个组件。其中：

- 职业教育数字化学习中心为学习者提供了包括"职业教育专业教学资源库"项目建设成果在内的大规模在线开放课程的展示学习。
- 职教云实现学习中心资源的共享，可构建适合学校和班级的小规模专属在线课程(SPOC)教学平台。
- 云课堂是对职教云的教学应用，可开展混合式教学，是以课堂互动性、参与感为重点贯穿课前、课中、课后的移动学习 APP 工具。

"智慧课堂"具体实现路径如下：

**1. 基本教学资源的便捷获取**

职业教育数字化学习中心为教师提供了丰富的数字化课程教学资源，包括与本书配套的电子课件(PPT)、微课、动画、教学案例、试验视频、习题及答案等。未在 www.icve.com.cn 网站注册的用户，请先注册。用户登录后，在首页或"课程"频道搜索本书对应课程"城市轨道交通行车组织"，即可进入课程进行在线学习或资源下载。

**2. 个性化 SPOC 的重构**

教师可通过开通职教云 SPOC 空间，根据本校的教学需求，通过示范课程调用及个性化改造，快捷构建自己的 SPOC，也可灵活调用资源库资源和自有资源新建课程。

**3. 云课堂 APP 的移动应用**

云课堂 APP 无缝对接职教云，是"互联网+"时代的课堂互动教学工具，支持无线投屏、手势签到、随堂测验、课堂提问、讨论答疑、头脑风暴、电子白板、课业分享等，帮助激活课堂，教学相长。

# 视频资源索引

续表

| 序号 | 类型 | 名称 | 页码 |
|---|---|---|---|
| 35 | 微课 | 兄弟姐妹牵手行——车钩 | 79 |
| 36 | 电子课件 | 车钩缓冲装置的组成及作用 | 79 |
| 37 | 微课 | 要命的“刹车” | 82 |
| 38 | 电子课件 | 车辆制动装置的组成及原理 | 82 |
| 39 | 拓展视频 | 直通式空气制动机的工作原理 | 82 |
| 40 | 拓展视频 | 自动空气制动机的工作原理 | 83 |
| 41 | 拓展视频 | 6.29事故新闻视频 | 89 |
| 42 | 微课 | 检·爱——车辆 | 90 |
| 43 | 电子课件 | 车辆的检修 | 90 |
| 44 | 微课 | 现场教学——走进站修所 | 90 |
| 45 | 微课 | 机车之家 | 98 |
| 46 | 电子课件 | 机车概述 | 99 |
| 47 | 微课 | 铁路电力如何提供 | 109 |
| 48 | 电子课件 | 铁路牵引供电系统 | 109 |
| 49 | 微课 | $HXD_{1C}$型电力机车现场教学 | 116 |
| 50 | 微课 | 走进机务段 | 116 |
| 51 | 微课 | 检·爱——机车的检修与运用 | 117 |
| 52 | 电子课件 | 机车的检修与运用 | 118 |
| 53 | 拓展视频 | $HXD_{1C}$一次标准化作业 | 120 |
| 54 | 拓展视频 | 动力集中型动车组 | 120 |
| 55 | 微课 | 形形色色的车站 | 125 |
| 56 | 电子课件 | 车站分类 | 125 |
| 57 | 微课 | 几站台几道 | 130 |
| 58 | 电子课件 | 道岔和股道编号 | 130 |
| 59 | 微课 | 货物列车制造工厂 | 139 |
| 60 | 电子课件 | 编组站 | 141 |
| 61 | 拓展视频 | 广州南站介绍 | 158 |
| 62 | 拓展视频 | 广州南站室内导航介绍 | 158 |
| 63 | 微课 | 铁路红绿灯的学问 | 163 |
| 64 | 电子课件 | 铁路信号 | 164 |
| 65 | 微课 | 列车进站,请听联锁安排 | 180 |
| 66 | 电子课件 | 车站联锁设备 | 180 |
| 67 | 拓展链接 | 4.29荣家湾列车相撞事故 | 181 |
| 68 | 微课 | 区间行驶,闭塞设备保平安 | 188 |
| 69 | 电子课件 | 区间闭塞设备 | 188 |
| 70 | 微课 | 铁路的“大交警”——列车调度指挥系统 | 191 |
| 71 | 电子课件 | 列车调度指挥系统 | 192 |

续表

续表

| 序号 | 类型 | 名称 | 页码 |
| --- | --- | --- | --- |
| 101 | 微课 | 铁路运输中的大力士——重载铁路 | 293 |
| 102 | 电子课件 | 重载铁路 | 293 |
| 103 | 微课 | 未来的轨道交通 | 301 |
| 104 | 电子课件 | 未来的轨道交通 | 301 |
| 105 | 拓展视频 | 未来高铁体验 | 301 |
| 106 | 拓展视频 | 智慧列车 | 301 |
| 107 | 拓展视频 | 洲际列车 | 302 |

# 前言

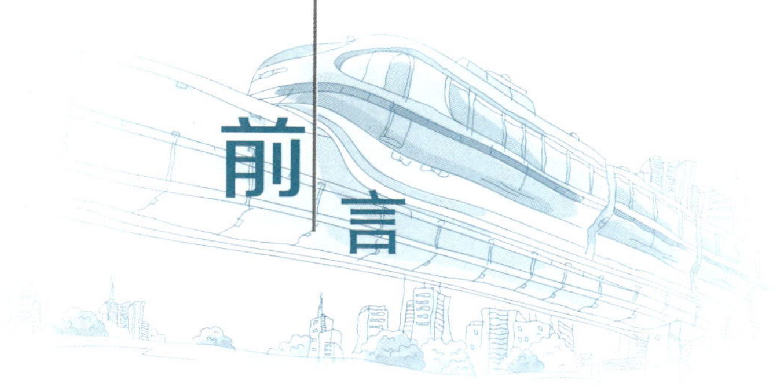

铁路作为国家重要基础设施、国民经济大动脉和大众化交通工具，在经济社会发展中扮演着重要的角色。随着我国铁路建设的快速发展，铁路行业技术技能型人才需求激增。

本书系统、全面、扼要地介绍铁路运输体系的构成、铁路运输基本设备和铁路运输工作组织等相关知识。通读全书后，读者可以建立铁路运输的整体概念，了解铁路各系统之间的联动关系，为后续专业课程的学习奠定基础。本书在编写过程中，着重考虑了如下几方面。

微课
《铁道概论》
课程介绍

1. 教材内容体现先进性与前瞻性

本书在编写过程中，紧跟行业发展趋势，补充了铁路新规定、新设备、新技术、新动态等知识。如在第 8 章介绍高速铁路时，加入中国标准动车组“复兴号”的相关知识，在第 9 章讲到未来的交通形式时介绍中国中车的 ART 虚拟轨道列车及超级高铁等相关知识，教材内容具有先进性与前瞻性。

2. 教学设计体现趣味性与科普性

本书编写过程中，充分体现以学习者为中心的思想，站在学习者角度进行教学设计、教材编写与资源开发。如“火车有没有方向盘？”“火车如何掉头？”“火车也会闯红灯吗？”……，先提出问题，引疑激趣，再用通俗易懂的科普语言、配上形象生动的微课视频、动画图片资源等轻松解释复杂生涩的专业内容，集科普性与趣味性于一体。

3. 教材广度及深度考虑全面性与适用性

本书由铁路运输业入手，进而全面介绍铁路线路、车辆、机车、车站、信号、运输组织、高速铁路、磁悬浮铁路、重载铁路等内容。作为一本铁路知识入门级教材，编写过程中充分考虑教材全面性与适用性的有机结合。

4. 思政元素巧妙融入专业教材

教材面向的对象主要是铁路相关专业的学生及铁路相关企业员工，编写过程中，充分考虑铁路运输行业的特殊性，有针对性地将新时期铁路精神、铁路职业道德规范、铁路人文知识等元素巧妙地融入教材，以期实现“德技兼修”齐育人的目的。

全书采用“问题导入”的方式组织内容，包括绪论，铁路线路，铁路车辆，铁路机三，铁路车站与枢纽，铁路信号与通信设备，铁路运输组织工作，高速铁路、磁悬浮铁路与重载运输等9章内容。每一章都由问题引入—教学导航—知识讲授—拓展提高—巩固练习5部分组成。“问题引入”环节以初学者的视角，提出心中对铁路的疑问，激发学习者的学习兴趣；“学习导航”可以让学习者快速了解所学章节知识结构、重点、难点等信息。“知识讲授”模块详细介绍相关知识，并通过“小提示”对重点、难点、易错点、新知识、新技术、新政策等相关内容进行补充。“拓展提高”模块则分享一些前沿技术与代表性案例，丰富学习者的视野。最后辅以适量的习题，供学习者巩固提高及检测学习效果。

教材配套有课程标准、授课计划、PPT课件、微课视频、现场教学视频、图片、动画、习题、试卷等教学资源，与教材完全匹配的“铁道概论”在线开放课程已在“爱课程”平台运行多期，丰富的教学资源，成熟的在线课程，方便教师开展“线上+线下”的混合式教学，也有助于学习者的自主学习。

本书由龚娟、聂蓉、傅宗纯任主编，汪科、李捷、王宁、李欧阳、谢菲任副主编，张莹、莫坚任主审。湖南铁道职业技术学院龚娟编写第1、2章，谢菲编写第3章，汪科编写第4章、李欧阳编写第5章，傅宗纯编写第6章，李捷编写第7章，聂蓉编写第8章，王宁编写第9章。本书配套数字化资源由湖南铁道职业技术学院龚娟、聂蓉、王宁、李秋梅、栾婷婷、吴秀江、余雨婷、罗伟、晋永荣、谢菲等教师共同开发。在教材编写过程中，得到了蒙华铁路公司申志军教授、广州铁路局集团有限公司董伟军站长等企业专家的指导，湖南铁道职业技术学院党委书记姚和芳教授对教材专业思政元素的发掘进行了细致的指导与审定，袁卓玲老师为教材的编写提供了宝贵的资料，在此向他们表示衷心的感谢。另外，在本书编写过程中，我们还参考了许多专家的研究成果和有关文献资料，在此谨向各位专家、作者表示衷心的感谢，未能一一注明出处，在此向原作者表示歉意。

由于时间仓促，编者水平和经验有限，书中难免有疏漏和不妥之处，恳请读者批评指正。联系邮箱：juan9615061@ 163. com。

编　者

2019年5月

# 目录

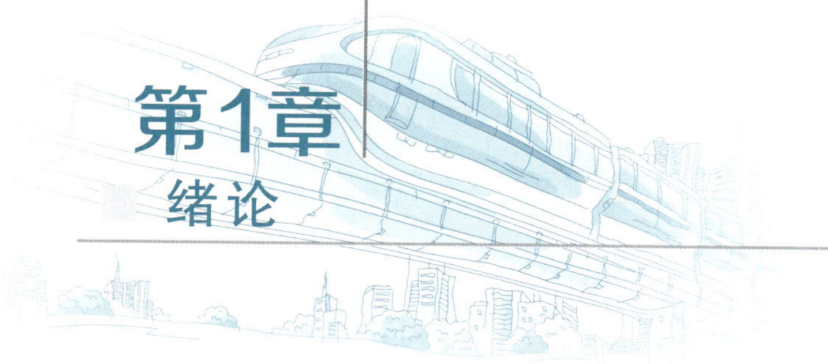

# 第1章 绪论

## 【问题引入】

人类自从诞生以来，就在不断地迁徙、不断地探索，可以说“行”是人类的使命。人们不断地前行，去探索生命的意义，去探索人类存在的价值。随着现代交通技术的飞速发展，地球正在变成地球村，人们的活动范围不断扩大，出行需求越来越大。出行自然是要选择交通方式的，那么该怎样选择交通方式呢？下面有 5 个案例，请根据案例描述选择合适的交通运输方式。

1. 乌鲁木齐某学校的王校长接到去北京开会的通知，要求第二天必须赶到。

2. 刘晓和妈妈准备暑假从石家庄到香港旅游。她们想选择比较经济的旅行方案。

3. 周强和同学约好，国庆长假期间从重庆到武汉，沿途观赏三峡风光。

4. 南京的一位特殊病患者急需输入一种特别血型的血，而该市血库中暂时没有，经联系，在北京的一家医院找到该血型的血。

5. 近几年来在中国举办的中非合作论坛受到世界各国的瞩目。目前非贸易往来不断加强，现有 15 万 t 石油需要从非洲运到我国上海。

微课

课程简介——铁路这架联动机

## 【教学导航】

本章主要学习铁路发展的基本知识，学习导航图如图 1-1 所示。

电子课件

《铁道概论》课程介绍

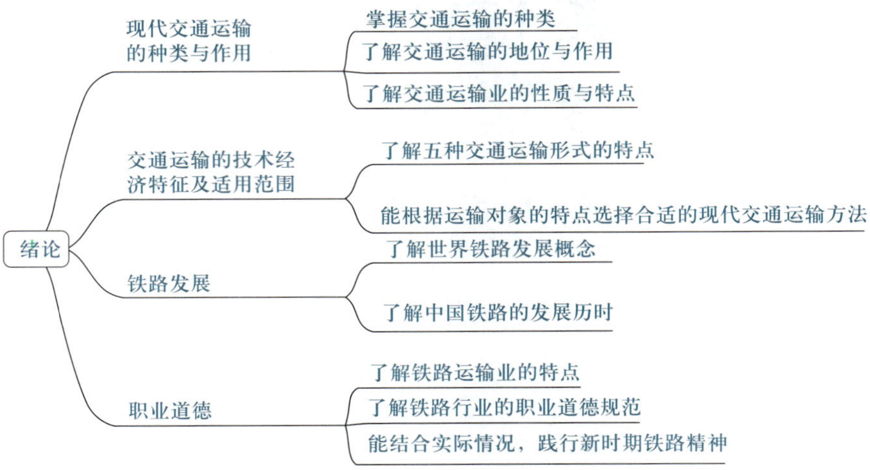


图 1-1 学习导航

## 【知识讲授】

# 1.1 现代交通运输的种类与作用

## 1.1.1 现代交通运输的种类

自从人类有文字记载以来，就有人类从事运输活动的记载。原始社会中，我们的祖先为了取得赖以生存的生活资料，搬运及狩猎是必不可少的活动。在古代社会，是以肩扛、背驮或以头顶的方式进行运输的；其后，随着时间的推移，人们知道了利用动物来驮运货物，以减少人类的负担。利用动物来运输，使运输的发展进入一个新的时期。轮轴的发明、车辆的出现，揭开了现代陆路运输发展的序幕。

交通运输业是凭借交通线路和交通工具使货物和乘客实现定向位移的，它的构成要素包括了线路、运具、客流和货流、动力、终端设备等。现代化交通运输主要包括铁路、水路、公路、航空和管道五种运输方式。各种运输方式必须协调发展才能满足运输需求这一共同目标。通过运输方式之间的合理分工、相互协作，使各种运输方式各展所长、优势互补，从而推进综合运输体系的健康发展。

## 1.1.2 交通运输业在社会发展中的地位与作用

1. 运输生产是社会再生产过程中的重要环节

各地区、各部门、各生产领域、各企业之间有广泛、紧密的经济联系，需要及时地将原材料、能源、成品、半成品送往加工企业和消费地，以保证社会生产有计划地进行。否则，经济发展就要停止，社会生产将无法进行。

### 2. 交通运输推动现代工业的发展

交通运输业不仅可以通过不断扩大人和物空间位移的规模去刺激流通，而且通过本身产生的巨大需求，又刺激其他部门生产的扩大，如建筑业、煤炭和石油工业、采矿和冶金工业、机械加工工业等得到迅猛发展，因而交通运输强有力地推动了工业和科技的进步。

### 3. 交通运输业的发展是经济发展的先决条件

交通运输业的发展对经济的重大潜在作用表现在促进资源的开发和扩大市场，许多国家，尤其是发达国家都在工业发展初期把对运输业的政策倾斜作为发展经济的一项基本国策。例如，1953~1958 年，日本政府用于运输通信设施的投资占该时期公共投资的 19.2%；1960~1970 年，这一比例高达 44.6%。正是由于在政府支持下的大规模交通运输投资，到 20 世纪 80 年代，日本已基本形成了高度现代化的交通运输体系，成为经济起飞的重要基础保障。

### 4. 交通运输的超前发展是经济发展的标志

国内外许多事实表明，交通运输是经济发展的先行者。众所周知，德国在第二次世界大战后，整个经济体系几乎是在废墟上重新建设的。这个只有几千万人口的国家，在短短的一段时间里，之所以能迅速摆脱战争大规模破坏的困境，原因之一就是德国近代史上一贯重视交通运输。同样，事实证明，美国社会与经济的发展是以交通运输的超前发展为标志的；由于交通的超前，美国社会与经济全面发展的速度大大加快了。

### 5. 交通运输在国防建设方面有着不可低估的作用

交通运输业具有半军事性质，是国家战斗实力的组成部分。

### 6. 交通运输是国际交流的重要桥梁和纽带

交通运输可以促进各国之间物资交换、经济发展和人们之间的友好往来，是经济全球化的重要保证。

## 1.1.3 交通运输业的性质与特点

### 1. 交通运输业的性质

工业和农业是人类社会两个最基本的物质生产部门，而运输业同样也是一个物质生产部门，只是运输生产的产品不是改变劳动对象的性质和形态，而只是改变旅客和货物在空间的位置移动（位移）：也就是以运送旅客所产生的人千米和运送货物所产生的吨千米计量的。

交通运输是国家的基础设施，对于国家社会经济的正常运行和发展有着举足轻重和全局性的作用。因为，要维护国家的团结统一和社会安定，要保证社会经济的正常运行，要建立合理的产业结构，必须有交通运输业的保证，这是交通运输业区别于其他行业部门的最重要的特征。交通运输业同时又要服务于公众（指众多的企业、部门和个人），其所创造的社会效益远远大于其自身的经济效益，对社会经济的发展和公众的影响比其他部门更为广泛，更为直接。可以说，交通运输业又是一个兼有商业服务性质的部门。

### 2. 交通运输业生产的特点

（1）交通运输业的产品是旅客和货物的位移，同运输业的生产过程（运输过程）不能分离，即位移的生产和消费是同时进行的。

（2）交通运输业的产品既不能储存，也不能进行积累，而只能储备一定数量的生产能力、运输能力，以满足运量增长的需要。

（3）交通运输业不能用调拨产品的办法来调节不同时期和不同地区对运输的需要，只能用调动交通运输业的一部分生产能力，如机车车辆等移动设备来进行调剂。因此，还必须使交通运输业生产能力的配置，尽可能同国民经济各部门的发展及人民对运输的需求协调一致。

微课
从回家过年话交通运输方式

## 1.2 交通运输的技术经济特征及适用范围

人们对现代化交通运输的基本要求是安全、迅速、经济、便利。铁路、公路、水运、航空和管道五种现代化运输方式所采用的技术手段、运输工具和组织形式等各不相同，因此，形成的技术性能（速度、运输能力、连续性、保证货物完整性和旅客的安全、舒适性等）、对地理环境的适应程度以及经济指标（如能源和材料消耗、投资、运输费用、劳动生产率等）都不尽相同，形成了各自最适合的应用范围。在全球能源紧张、环境恶化的大背景下，铁路以其独特的技术经济特征，再次进入人们的视野。在高新技术的推动下，作为一种绿色的交通运输方式，铁路运输和其他交通运输方式相比，在土地占用、能源消耗、环境保护、运营成本、运输安全和输送能力等方面具有独特的优势。

电子课件
五种交通运输方式

### 1.2.1 铁路运输

自从世界上出现第一条铁路以来，铁路已经有近200年的历史，它是随着社会生产发展的需要而产生、发展和完善起来的。铁路运输业是一个独立的、特殊的物质生产部门，是发展国民经济、提高人民物质文化生活水平的重要基础设施。

铁路运输生产量以“人·km”和“t·km”表示。铁路运输具有运输能力比较大、运输速度比较快、安全程度比较高、运输成本比较低、受天气条件的影响比较小等优点。

### 1. 运输能力

铁路是大能力的陆上交通工具。双线铁路年最大运输能力是4车道一级公路的16倍，是4车道高速公路的2~4倍。

作为我国第一条双线电气化开行的重载煤运线路的大秦铁路，在2008年运量就达到了3.4亿t，打破了当时世界铁路年运量不超过2.5亿t的理论极限，成为当时世界上年运量最大的铁路线；在2013年大秦线的运量更是达到了4.45亿t。这是任何一条公路或航线的运量无法比拟的。

### 2. 送达速度

速度快是铁路运输的另一特点，普速铁路的列车运行速度一般为80~120 km/h，而高速铁路列车运行速度在200 km/h以上，如京津城际高铁在2008年6月24日就创造了394.3 km/h的世界纪录，标志着中国高铁时代的开启；在2010年9月29日，“和谐号”CRH380A动车组在沪杭高铁试运行时创造了416.6 km/h的世界纪录；2010年的12月3日，京沪高铁“和谐号”CRH380AL动车组试运行更是创造了最高运行速度486.1 km/h的世界纪录。

送达速度是指运载工具将所运送的对象（旅客或货物）从固定始发地运送到固定目的地的全部时间，若算上旅客从居民点到火车站、汽车站、机场的时间，检票、托运货物、提取行李以及等候所需时间，铁路，尤其是高速铁路的送达速度优势相对于汽车、航空运输是非常明显的。据统计，行程在1 000 km以内时，乘坐高速铁路列车总体上比乘坐飞机花的时间更少。

### 3. 安全

安全是旅客最为关心的问题，也是衡量客运服务的质量标准。有资料表明，在各国交通运输中，铁路、公路、航空运输的事故率（每百万人千米的伤亡人数）之比大致为1∶24∶0.8。高速铁路由于在全封闭环境中运行，又采用完善的安全保障体系，如采用先进的列车速度控制系统和调度指挥系统，其安全程度更加可靠。

### 4. 能源消耗

能源是国民经济发展与社会进步的基石，能源的可持续发展是人类社会可持续发展的重要保障之一。交通运输行业是能源消耗大户，更是世界最大的化石燃料消耗部门之一。据统计，我国交通运输行业能源消耗量占能耗总量的7.6%，其中石油消耗量约占全国石油消耗总量的25%，而且比重逐年上升。在全球能源形势逐渐紧张的今天，铁路低能耗的优势显得格外突出。

铁路与其他运输方式能耗对比如表1-1所示。

表1-1 铁路与其他运输方式能耗对比

| 运输方式 | 单位 | 能源消耗量 | | | |
|---|---|---|---|---|---|
| 公路 | — | 汽油货车 | 柴油货车 | 汽油客车 | 柴油客车 |
| | L/[百t(人)·km] | 6.89 | 6.06 | 1.56 | 1.21 |
| | kJ/[百t(人)·km] | 296.75 | 212.69 | 67.19 | 42.33 |
| 铁路 | — | 内燃机车 | | 电力机车 | |
| | 柴油,kg/[百t·km] | 0.259 | | — | |
| | 电力,kW·h/[百t·km] | — | | 1.108 | |
| | kJ/[百t·km] | 11.05 | | 3.98 | |
| 内河水运 | — | 小型机动船 | | 大型船舶 | |
| | 柴油,kg/[百t·km] | 1.17 | | 0.226 | |
| | kJ/[百t·km] | 49.91 | | 9.64 | |
| 航空 | 煤油,kg/[百t·km] | 36.4 | | | |
| | kJ/[百t·km] | 1 826.52 | | | |

以铁路内燃机车为例,铁路与公路的能耗比,货运为1∶(19.25~26.86),客运为1∶(3.83~6.08);铁路与内河水运相比为1∶(0.87~4.52);铁路与民航的能耗比为1∶165.30。如果采用电力机车,能耗还可以降低一半。2008年,我国铁路以约占交通运输业总能耗的10%,完成了国内运输33%的客运周转量和44.2%的货运周转量。

此外,铁路运输的能源优势还体现在能够充分利用电能。电能作为重要的二次能源,不仅使用方便、效率高、无污染,而且可以通过煤炭、水能、风能、太阳能多种方式提供。通过提高电气化铁路的运输比重,不但可以降低能耗和环境污染,还可以利用多种资源,降低对石油的依赖。

### 5. 环境影响

经济的快速发展带来了环境的日益恶化。随着交通运输的发展,交通运输带来的环境问题日益受到人们的重视。以我国为例,近年来,我国许多城市的大气环境已经由煤烟污染型,转为由于交通运输造成的氮氧化物($NO_x$)为主的污染。据专家测算,城市大气污染中近60%的有害物是汽车排放的,其中包括CO、氮氧化合物、$CO_2$、$SO_2$、碳氢化合物等。

按每完成单位运输量排放的CO、碳氢化合物计算,公路、航空是铁路内燃机车的数十倍甚至上百倍,而铁路电力机车基本不排放有害气体。同时,由于铁路能耗低、能源替代性好,单位运量下公路和航空运输的$CO_2$排放量是铁路的4~

12 倍。

铁路与公路污染物排放对比如表 1-2 所示。

表 1-2 铁路与公路污染物排放对比

| 污染物 | 每人每千米排放污染量/(g) | | |
|---|---|---|---|
| | 小汽车 | 铁路 | 相当于铁路倍数 |
| 一氧化碳(CO) | 9.30 | 0.06 | 155 倍 |
| 一氧化氮(NO) | 1.70 | 0.43 | 4 倍 |
| 碳氢化合物($C_xH_x$) | 1.10 | 0.03 | 36.7 倍 |

因此,相比之下,铁路运输对环境和生态的影响程度较小,特别是电气化铁路的影响更小。

### 6. 运输成本

铁路能耗低、运量大、运输成本相对低廉。根据测算,铁路运输的单位运输成本为 0.49 元/(万 t·km)、公路为 3.13 元/(万 t·km)、远洋为 0.21 元/(万 t·km)、内河为 0.35 元/(万 t·km)、航空为 4.57 元/(万 t·km)。铁路运输、公路运输、远洋运输、内河运输、航空运输的单位运输成本之比为 1∶6.4∶0.43∶0.71∶9.33。

同时,运输行业的总成本不仅仅是企业运营所发生的支出,还包括环境污染、事故损失、交通堵塞等造成的外部成本。根据欧盟所属成员方各种运输方式外部成本指标的评估结果显示:公路占 83.7%、民航占 14%、铁路仅占 1.9%。铁路运输的外部成本远远低于公路和民航,社会成本最低。此外,高速铁路开通后,还可大幅节约乘客旅行时间,创造额外的社会价值。

### 7. 气候影响

众所周知,几种交通运输工具除管道运输外,铁路是真正全天候运输工具,受恶劣气候影响最小。特别是高速铁路,由于采用全封闭线路、先进的通信和控制方式,在浓雾、暴雨和冰雪等恶劣天气情况下,列车只需减速行驶,但依然能够正常运营,而机场和高速公路则必须关闭停运。

### 8. 土地占用

交通运输业是用地大户,越是人口密度高、土地紧缺的地区,运输线路、站场就越密集。与其他陆上交通方式相比,铁路占用土地少,具有明显的优势。单线铁路与 2 车道公路、复线铁路与 4 车道公路、高速铁路与 8 车道高速公路相比,铁路路基宽度和单位长度土地占用率仅为公路的 1/3~1/2。由于铁路运输量大,与其他运输方式相比,铁路单位运输量土地占用的优势更加明显,根据测算,2 级公路(2 车道)、1 级公路(4 车道)、高速公路(4 车道)年断面客货运量可分别达到 1 170(万 t·km)、2 930(万 t·km)和 6 900(万 t·km)。而国家 1 级单线铁路和复线铁路每年断面客货运量则可达到4 300(万t·km)和15 000(万t·km)。可以推算,若需要完成相同的客货运量,公路的占地面积是铁路的8~10倍。据统计,我国铁路每千米完成的换算运输密度约为公路的34倍。可见,铁路节约土地的效果十分明显。

### 1.2.2 公路运输

公路运输是现代化运输的主要方式之一,它的主要优点是机动、灵活性强,而且对客运量、货运量大小具有很强的适应性。此外,公路运输还可担负铁路、水路运输达不到的区域内的运输以及其终点的接力运输,它是其他运输方式的补充和衔接。虽然在短距离运输时,汽车客运速度明显高于铁路,但它的不足是在长途运输业务方面有着难以弥补的缺陷。

### 1.2.3 水路运输

水路运输具有占地少、运量大、投资省和运输成本低等特点,在运输长、大、重件货物时,与铁路、公路相比,水路运输更具有突出的优势。对某些过重、过长的大重件货物,铁路、公路则无法承担,而水上运输一般能完成。但是水路运输速度比铁路运输等要慢,而且受自然条件的限制较大,冬季河道或港口冰冻时即须停航,海上风暴也会影响正常航行。

### 1.2.4 航空运输

航空运输在20世纪迅速崛起,是运输行业中发展最快的。与其他运输方式相比,航空运输最大的特点是速度快,并具有一定的机动性。在当今的时代,高速性具有无可比拟的特殊价值。航空运输不受地形地貌、山川河流障碍影响,只要有机场和航路设施保证,即可开辟航线。如果用直升机运输,则机动性更大。航空运输缺点是运载能力小、能源消耗大、运输成本较高。

### 1.2.5 管道运输

管道运输在最近几十年内得到了迅速发展,主要以石油、天然气、成品油等流体能源为运送对象,之后发展到输送煤和矿石等固体物质(将其制成浆体,通过管道输往目的地,再经过脱水处理转入使用)。管道运输具有输送能力大、效率高、成本低及能耗小等优点;其缺点是适于长期定向、定点、定品种输送,合理输量范围较窄,若输量变化幅度过大,则管道的优越性就难以发挥,更不能输送不同品种的货物。

总之,各种交通运输方式既相对独立又互相依存,既有协作又有竞争。在国民经济和社会发展以及运输技术不断进步的条件下，如何综合利用和发展各种运输方式，日益受到各国的重视。然而，在不同的国家，由于国土面积、资源分布以及经济发展状况的差异，各种交通运输方式之间的关系也有所不同。根据我国的国情和交通运输发展规划，我国的交通运输业是以铁路为骨干，公路为基础，努力发展航空制造业和航空运输技术，加大水路运输能力，加快沿海港口的建设，适当发展管道运输，建设一个全国统一的、协调的综合交通运输体系。

## 1.3　世界铁路的发展概况

铁路的发展已有近 200 年的历史，世界上第一条行驶蒸汽机车的永久性公用运输铁路，是 1825 年通车的英国斯托克顿—达灵顿铁路。此后，铁路主要是依靠牵引动力的发展而发展。牵引机车从最初的蒸汽机车发展成内燃机车、电力机车。运行速度也随着牵引动力的发展而加快。20 世纪 60 年代开始出现了高速铁路，速度从 120 km/h 提高到 450 km/h 左右，以后又打破了传统的轮轨相互接触的黏着铁路，发展了轮轨相互脱离的磁悬浮铁路。而后者的试验运行速度，已经达到 500 km/h 以上。

微课
铁路的前世与今生

人们普遍认为，世界上的铁路来源于石路。其根据是考古学家发掘意大利庞贝古城时，发现了和现代铁路一样宽的石路。考古学家在发掘时注意到，庞贝古城的街道上砌有两排平行的石道，其距离是当时战车的轮距：4 英尺 8 英寸半（1 435 mm），看来是专为方便战车行驶而铺设的。庞贝古城的石道使人们联想起 16 世纪德国哈兹矿山也铺有两行专运矿石的“石路”，距离恰好也是 1 435 mm。这可能是世界上最原始的轨道，它使得矿车摆脱了泥泞的土路，推拉起来轻快了许多。但是，“石路”虽然结实，却难以随矿井的转移而重复使用，而且也不够轻便。

电子课件
铁路发展史

1550 年，在法国和德国边界附近的勒伯德尔地区，矿山的马拉矿车开始用木制轨道。1605 年，英格兰的煤矿也采用木轨，轨距仍保持 1 435 mm。“木路”的制作和铺设都要容易和方便得多，于是许多煤矿纷纷效仿，一时风行起来。17 世纪的英国，因为生铁价格下跌，有人就把铁熔化，铸成 5 英尺（1.524 m）长、4 英尺（1.219 2 m）宽、1 英寸（0.025 4 m）厚的长方形铁板，铁板上有孔，可以钉在木轨上存放。原希望等到铁价上涨后再把铁板起下来熔化出售，谁知道这种铁板竟然成了大受欢迎的新型轨道，很快就得到了推广，“铁路”这一名称也由此而来。从“石路”到“木路”再到“铁路”，它们的轨距几乎完全一样。

英国是铁路的故乡，1825 年 9 月 27 日，世界上第一条行驶蒸汽机车的永久性公用运输设施，英国斯托克顿—达灵顿的铁路正式通车了，如图 1-2 所示。斯托克顿—达灵顿铁路的正式开业运营，标志着近代铁路运输业的开端。

美国第一条铁路于 1830 年 5 月 24 日建成通车，全长 21 km，起点是巴尔的摩至埃利科特。19 世纪 50 年代，筑路规模扩大，80 年代形成高潮。1850～1910

图 1-2 英国斯托克顿—达灵顿的铁路

年的 60 年间，共修筑铁路 37 万余千米，平均年筑路 6 000 余千米。1887 年筑路达 20 619 km，创铁路建设史上的最高纪录。1916 年，美国铁路营业里程达到历史最高峰，共 408 745 km。但此后，由于其他运输方式迅速发展等原因，不断拆除和封闭线路，铁路线路长度不断缩减。铁路一度被称为“夕阳产业”。

部分国家修建第一条铁路的时间表，如表 1-3 所示。

表 1-3 部分国家修建第一条铁路的时间表

| 序号 | 国家 | 修建时间 | 序号 | 国家 | 修建时间 |
|---|---|---|---|---|---|
| 1 | 英国 | 1825 年 | 10 | 意大利 | 1839 年 |
| 2 | 美国 | 1830 年 | 11 | 瑞士 | 1844 年 |
| 3 | 法国 | 1832 年 | 12 | 西班牙 | 1848 年 |
| 4 | 比利时 | 1835 年 | 13 | 秘鲁 | 1851 年 |
| 5 | 德国 | 1835 年 | 14 | 印度 | 1852 年 |
| 6 | 加拿大 | 1836 年 | 15 | 澳大利亚 | 1854 年 |
| 7 | 俄罗斯 | 1837 年 | 16 | 南非 | 1860 年 |
| 8 | 奥地利 | 1838 年 | 17 | 日本 | 1872 年 |
| 9 | 荷兰 | 1839 年 | 18 | 中国 | 1876 年 |

截至 2018 年年底，全球铁路总里程数达 133 万公里，各洲际数据如表 1-4 所示，排名前 10 的国家如表 1-5 所示。

表 1-4 全球铁路各洲际数据统计

| 国家 | 里程(km) | 百分比 |
|---|---|---|
| 欧洲 | 382 262 | 28.70% |
| 美洲 | 482 328 | 36.20% |
| 亚洲 | 336 894 | 25.30% |
| 非洲 | 88 754 | 6.70% |
| 大洋洲 | 41 693 | 3.10% |

表 1-5　各国铁路里程排名（前 10 位）

| 序列 | 国家 | 公里数 |
|---|---|---|
| 1 | 美国 | 226 427 |
| 2 | 中国 | 131 000 |
| 3 | 俄罗斯 | 128 000 |
| 4 | 印度 | 63 327 |
| 5 | 加拿大 | 57 216 |
| 6 | 德国 | 41 896 |
| 7 | 澳大利亚 | 38 550 |
| 8 | 阿根廷 | 35 897 |
| 9 | 法国 | 29 901 |
| 10 | 巴西 | 29 817 |

同时，世界高速铁路也得到了极大的发展，目前开行速度 200 km/h 以上高速列车的国家已有中国、日本、法国、德国、意大利、西班牙、比利时、荷兰、瑞典、英国、美国、俄罗斯，正在积极建设或规划建设的还有瑞士、奥地利、丹麦、加拿大、澳大利亚、韩国、印度等国。

# 1.4　中国铁路的建设与发展

## 1.4.1　1949 年之前的铁路建设

铁路的知识传入中国，是在 1840 年鸦片战争前后。当时的有识之士（如林则徐、魏源、徐继畲等人）先后著书立说，向国人介绍铁路知识。

中国第一条铁路是 1876 年在上海修建的吴淞铁路，是英国侵略者采用欺骗的手段修建的。该铁路从上海至吴淞镇，全长 14.5 km，轨距 762 mm。这条铁路后被清政府以 28.5 万两白银收回并拆除。

中国自己创办的第一条铁路，是 1881 年修建的唐胥（唐山到胥各庄）铁路，铁路全长 10 km，是当时清政府为了解决煤炭运输而修建的。

由中国人自己集资，自己设计并自己修建的准轨铁路，是 1891 年和 1893 年先后通车的基隆至台北、台北至新竹的两条铁路，全长 100 km。

最值得中国人为之骄傲的铁路，是在杰出的铁路工程师詹天佑领导下，由中国工程技术人员主持、设计、施工的京张铁路（北京至张家口），于 1905 年 10 月开工，1909 年建成，比原计划提前两年。采用 1 435 mm 轨距，全长 201 km 的京张铁路工程相当艰巨。因为自南口进入燕山山脉军都山后，岭高坡陡，四座需开凿的隧道全靠人工修筑。由于这一带地势很陡，坡度很大，为使列车安全通过山岭，詹天佑在青龙桥车站设计了“人”字形爬坡线路，解决了这一难题。京张铁路设计和建设的成就，充分显示了中国人民的智慧和力量，在中国铁路史上写下了光辉的篇章。

1949 年以前，中国的铁路分布极不均衡，铁路数量少，布局不合理，约占国土面积 15%的东北、华北地区的铁路长度占全国铁路总长的 65%，而占国土面积 60%的西南和西北地区的铁路长度却仅占全国铁路总长的 5.5%，有些省份甚至没有铁路。从 1876 年到 1949 年的 73 年间，总共只修建了 2.1 万千米。由于战乱，实际能通车的只有 1.1 万千米，能用的机车仅 1 700 台，车辆 3 万余辆；此外，铁路的技术设备也陈旧落后、质量差、标准低、种类规格繁杂，机车有 120 多个机型，钢轨多达 13 种，线路病害严重，约 1/3 的车站没有信号机，自动闭塞线路不到 2%。

## 1.4.2 1949 年之后铁路的飞跃发展

中华人民共和国成立初期，百业待兴、百废待举，铁路成为新中国发展最重要的一个行业部门。为了尽快恢复生产，发挥铁路在国民经济建设中的作用，铁路工人和铁道兵一起迅速恢复了受战争破坏的 1 万多千米铁路。

1950 年成渝铁路破土开建，邓小平同志在开工典礼上致词，1952 年正式通车，中华人民共和国成立后的第一条铁路建成通车，如图 1-3 所示。之后，铁路建设的新线，也重点伸向了交通闭塞的西南、西北腹地。从 1964 年开始，为了配合“大三线”建设，成昆铁路、川黔铁路、贵昆铁路的建设揭开了序幕。川黔铁路，即从成渝线上的小南海站至贵阳站，在 1965 年 10 月通车；贵(阳)昆(明)铁路 1966 年 1 月通车运营；随后的 1970 年，成昆铁路通车。

图 1-3 成渝铁路

到 1980 年底，我国铁路营业里程已达 $5\times10^4$ km，全国铁路网骨架基本形成。1985 年年底，全国铁路营业里程达到 $5.2\times10^4$ km，客货换算周转量突破$1\times10^{13}$ t · km。

此后，中国铁路建设大大加快，1993 年京九铁路的建设全面开工，1995 年 11 月 16 日全线铺通，1996 年 9 月 1 日开通运营，如图 1-4 所示。这条沟通我国南北干线的铁路，是我国铁路建设史上第一条规模最大、投资最多、一次建成的距离最长的交通大动脉，在京沪和京广之间又多了一条南北大通道。

图 1-4 京九铁路

“十五”期间，国民经济持续快速增长，煤电油运全面紧张，铁路建设迫在眉睫，为了实现我国铁路自孙中山以来几代人梦寐以求的一个发达的中国铁路网，大规模的铁路建设序幕拉开了。

我国第一条重载铁路大秦铁路是煤炭运输的主要通道，2006 年 3 月 28 日，大秦线正式开行了 $2\times10^4$ t 重载组合列车，标志着中国铁路重载运输技术达到世界先进水平。2007 年，大秦线年运量实现 $3\times10^9$ t，已成为世界上年运量最大的重载铁路。2010 年 12 月 26 日，有着我国“能源战略大动脉”之称的大秦铁路（见图 1-5）年运输煤炭突破 $4\times10^9$ t，我国铁路重载运输继续创造遥领世界的惊人业绩。预计于 2019 年建成通车的蒙华铁路是国内最长的运煤铁路，线路北起内蒙古浩勒报吉站，终点到达江西省吉安市，全长 1 837 km，规划设计输送能力为 2 亿 t/年。

图 1-5 大秦铁路

世界上海拔最高、在冻土上路程最长的青藏铁路，是世界一流的高原铁路，它克服了世界级困难的高原铁路，是中国新世纪四大工程之一。青藏铁路东起青海省西宁市，南至西藏自治区拉萨市，全长 1 956 km。其中西宁至格尔木段 814 km 已于 1979 年铺通，1984 年投入运营。格尔木至拉萨段全长 1 142 km，其中新建线路 1 110 km，于 2001 年 6 月 29 日正式开工。途经纳赤台、五道梁、沱沱河、雁石坪，翻越唐古拉山，再经西藏自治区安多、那曲、当雄、羊八井到拉萨。其中海拔 4 000 m 以上的路段 960 km，多年冻土地段 550 km，翻越唐古拉山的铁路最高点海拔 5 072 m。2006 年 7 月 1 日,青藏铁路正式通车运营,如图 1-6 所示。2014 年 8 月 15 日,青藏铁路延伸线拉日铁路开通运营。

除了可以从青海入藏,也可以从四川入藏。正在修建的川藏铁路(见图 1-7)是中国境内一条连接四川省与西藏自治区的快速铁路,呈东西走向,为中国国内第二条进藏铁路,也是中国西南地区的干线铁路之一。川藏铁路东起四川省成都市、西至西藏自治区拉萨市,线路全长 1 838 km,设计速度 160~200 km/h。川藏铁路采用兴建新线与合并旧线的方式修筑,分期分段建设运营;拉林段与成雅段于 2014 年 12 月开工建设;2018 年 9 月 10 日,中国铁路总公司召开川藏铁路雅安至林芝段预可行性研究评审会,计划于 2026 年建成通车;成雅段于 2018 年 12 月 13 日试运行。

图 1-6 青藏铁路

图 1-7 川藏铁路成雅段

截至 2018 年底,中国铁路营业总里程达 13.1 万千米,规模居世界第二;其中高速铁路 2.9 万千米,超过世界高铁总里程的 2/3,铁路电气化率、复线率分别居世界第一和第二位。

微课
火车的生产地——中国中车

## 1.4.3 中国高铁

中国高速铁路,常被简称为“中国高铁”,是指改造原有线路(直线化、轨距标准化)后最高营运速度不低于 200 km/h 的铁路线路,或专门修建“高速新线”,最高营运速度不低于 250 km/h 的铁路系统。

2003 年 10 月 12 日,第一条高铁“秦沈客运专线”通车,设计速度 200 km/h。

2008 年 8 月 1 日,“京津城际”通车,从北京到天津不到半小时,实现了两地的“同城化”。

进入 2013 年,新建的高铁线路仍在迅速延伸。同时,随着国务院机构改革和职能转变方案,在十二届全国人大一次会议上获表决通过,3 月 14 日,国务院批复同意组建中国铁路总公司。

2013 年 7 月 1 日,“宁杭高铁”通车,从南京到杭州只需 1 个多小时。

高铁出现后,传统的铁路旅行时间被大大压缩,由此产生了巨大的社会效益。它带动了沿线地区的经济发展，节约了能源的同时，也减少了环境污染。经过近十年的不懈努力，中国已成为世界上高速铁路系统技术最全、集成能力最强、营业里程最长、运行速度最高、在建规模最大的国家。

2014 年 12 月 26 日，横贯东西的现代“钢铁丝绸之路”——兰新高铁全线开通运营，线路东起甘肃兰州，西至新疆乌鲁木齐，全长 1 777 km，刷新一次性建设里程世界最长纪录。

2015 年 12 月 30 日，全长 345 km 海南环岛高铁西段线路通车，与海南东环高铁形成全球唯一环岛高铁。

2016 年 12 月 28 日，中国东西向线路里程最长、经过省份最多的高速铁路——沪昆高铁全线开通，标志着早期规划的“四纵四横”高铁干线网基本成型。

2017 年 9 月 21 日，全国铁路运行新的列车运行图，“复兴号”中国标准动车组正式上线运营。

2018 年 9 月 23 日，广深港高速铁路香港段开通运营。

**小提示：**

2013 年 3 月，根据国务院机构改革和职能转变方案，实行铁路政企分离。撤销中华人民共和国铁道部，组建国家铁路局，承担铁道部拟定铁路发展规划和政策的行政职责，隶于交通运输部。组建中国铁路总公司(China Railway Corp.)，承担铁道部的企业职责。

截至 2017 年 11 月 15 日，中国铁路总公司所属 18 个铁路局均已完成公司制改革工商变更登记，改制后名称变更为“中国铁路××局集团有限公司”。例如北京铁路局更名为中国铁路北京局集团有限公司。

## 1.4.4 中国铁路的未来发展

### 1. 规划

2016 年 7 月，国家发展改革委、交通运输部、中国铁路总公司联合发布了《中长期铁路网规划》，勾画了新时期“八纵八横”高速铁路网的宏大蓝图。规划方案包括以下三个部分。

(1) 高速铁路网

在原规划“四纵四横”主骨架基础上，增加客流支撑、标准适宜、发展需要的高速铁路，同时充分利用既有铁路，形成以“八纵八横”主通道为骨架、区域连接线衔接、城际铁路补充的高速铁路网。

明确划分了高速铁路网建设标准。高速铁路主通道规划新增项目原则上采用速度 250 km/h 及以上标准(地形地质及气候条件复杂困难地区可以适当降低)，其中沿线人口城镇稠密、经济比较发达、贯通特大城市的铁路可采用速度

350 km/h 标准。区域铁路连接线原则上采用速度 250 km/h 及以下标准。城际铁路原则上采用速度 200 km/h 及以下标准。

高速铁路网具体规划方案：一是构建“八纵八横”高速铁路主通道。“八纵”通道为：沿海通道、京沪通道、京港（台）通道、京哈-京港澳通道、呼南通道、京昆通道、包（银）海通道、兰（西）广通道；“八横”通道为：绥满通道、京兰通道、青银通道、陆桥通道、沿江通道、沪昆通道、厦渝通道、广昆通道。二是拓展区域铁路连接线。在“八纵八横”主通道的基础上，规划布局高速铁路区域连接线，目的是进一步完善路网，扩大高速铁路覆盖。三是发展城际客运铁路。在优先利用高速铁路、普速铁路开行城际列车服务城际功能的同时，规划建设支撑和引领新型城镇化发展、有效连接大中城市与中心城镇、服务通勤功能的城市群城际客运铁路。

（2）普速铁路网

重点围绕扩大中西部路网覆盖，完善东部网络布局，提升既有路网质量，推进周边互联互通。

普速铁路网具体规划方案：一是形成区际快捷大能力通道，包含 12 条跨区域、多径路、便捷化的大能力区际通道；二是面向“一带一路”国际通道，从西北、西南、东北三个方向推进我国与周边互联互通，完善口岸配套设施，强化沿海港口后方通道；三是促进脱贫攻坚和国土开发铁路，从扩大路网覆盖面、完善进出西藏、新疆通道和促进沿边开发开放等三个方面提出了一批规划项目；四是强化铁路集疏运系统，规划建设地区开发性铁路以及疏港型、园区型等支线铁路，完善集疏运系统。

（3）综合交通枢纽

枢纽是铁路网的重要节点，为更好发挥铁路网整体效能，配套点线能力，按照“客内货外”的原则，进一步优化铁路客、货运枢纽布局，形成系统配套、一体便捷、站城融合的现代化综合交通枢纽，实现客运换乘“零距离”、物流衔接“无缝化”、运输服务“一体化”。

上述路网方案实现后，远期铁路网规模将达到 20 万千米左右，其中高速铁路 4.5 万千米左右。全国铁路网全面连接 20 万人口以上城市，高速铁路网基本连接省会城市和其他 50 万人口以上大中城市，实现相邻大中城市间 1~4 h 交通圈，城市群内 0.5~2 h 交通圈。

### 2. 突出自主创新，推进铁路现代化

铁路作为国家的重要基础设施、国民经济的大动脉和大众化的交通工具，是国家综合交通运输体系的骨干。我国铁路技术发展的总目标是实现铁路现代化，逐步建立客运快速、货运快捷和重载、行车高密技术协调发展，高新技术与适用技术并重，不同层次技术装备并存的具有中国铁路特点的技术体系，建成能力大、质量高、效益好、安全可靠、全面信息化的现代化铁路。技术发展方向是：旅客运输高速化、快速化，货物运输重载化、快捷化，运营管理信息化，安全装备系

统化，建设技术现代化，经营管理科学化，形成运输数量与质量兼顾、客货运输并重，重视发展旅客运输，开车速度、密度、重量合理组合，建立具有中国特点的铁路技术体系。

当前，我国正处于经济转型的关键阶段，随着铁路中长期发展规划的实施以及铁路政企分开的改革，依托科学技术创新，中国铁路迎来了新的发展机遇，必将为我国经济和社会可持续发展，为更好地满足国家建设和人民生活的需要，为实现伟大的“中国梦”，做出更大的贡献。

# 1.5 我国铁路行业的职业道德规范

## 1.5.1 我国铁路运输业的特点

### 1. 铁路系统是一部大联动机

铁路的运输生产是由车务、机务、工务、电务、车辆等很多部门、很多工作环节紧密联系而共同完成的。各部门、各单位、各工种、各环节必须紧密配合、协调动作，如同钟表一样准确而有节奏地工作，才能安全、有序地完成繁重的运输任务。铁路运输生产中，如果一个局部、一个单位或一个关键岗位出现疏忽或差错，就可能造成事故，影响整条线路的通畅。所以，要求每个铁路职工必须有高度的认真负责和互相协作的精神。

### 2. 铁路运输强调高度集中、统一指挥

铁路是国家重要的基础设施、国民经济的大动脉，关系到国计民生，而铁路运输又是在点多、线长、流动分散的情况下，夜以继日、连续不断地进行生产活动。因为铁路运输涉及的点多、线长、面广，各个岗位、各个工作环节之间的配合非常重要，要想使各部门、各环节配合良好，必须有强有力的指挥，这就决定了铁路运输必须强调高度集中、统一指挥。只有这样，才能保证铁路运输任务顺利、安全地完成，也才能获得良好的经济效益和社会效益。

### 3. 铁路系统实行半军事化管理

铁路实行半军事化管理，有严格的组织性、纪律性，要求铁路职工战时全力以赴服从战争需要，日常工作应严格遵章守纪、服从上级命令。铁路的各项规章制度具有科学性，其中有些条文是用血的代价换来的，因而带有权威性、强制性，是铁的纪律。每个铁路职工必须接受纪律的约束，增强纪律观念，培养执行规章制度和严守纪律的自觉性，做到“有令则行，有禁则止”。

由于铁路具有上述特点，因此，要求铁路的企业管理、组织运输生产和各项改革都必须适应这些特点。只有这样，铁路运输生产才能做到安全正点、畅通无阻。

## 1.5.2 我国铁路行业的职业道德规范

职业道德，就是与人们的职业活动紧密联系的符合职业特点所要求的道德准则、道德情操与道德品质的总和，它既是对本职人员在职业活动中的行为标准和要求，同时又是职业对社会所负的道德责任与义务。

作为一个道德体系，我国铁路职业道德规范遵循“人民铁路为人民”这一基本原则，包括行业基本规范、部门职业道德规范和具体岗位职业道德规范三个层面。

### 1. 我国铁路行业基本规范

我国铁路行业的基本职业道德规范，是全路员工在职业活动中，特别是在运输生产中应遵循的基本行为准则。《铁路职业道德基本规范》包括以下内容。

① 注重质量，讲究信誉。

② 尊客爱货，热情周到。

③ 遵章守纪，保证安全。

④ 团结协作，顾全大局。

⑤ 艰苦奋斗，勇于奉献。

⑥ 廉洁自律，秉公办事。

⑦ 爱路护路，尽职尽责。

⑧ 率先垂范，当好公仆。

### 2. 部门职业道德规范

铁路各部门的职业道德规范是指铁路各部门的员工在职业活动中应遵循的行为规范，其包括八大部门的职业道德规范，即铁路客货运窗口岗位的职业道德规范，铁路车、机、工、电、辆、水电部门以及政工、管理、技术岗位的职业道德规范。

例如，客货运服务部门是铁路运输生产的窗口单位，员工直接与旅客、货主打交道，其道德风貌是铁路的“门面”。所以，“诚心待客”是铁路窗口部门职业道德的核心。“尊重旅客，优质服务”“爱车爱货，方便货主”“文明礼貌，仪表端庄”“按章办事，不徇私情”是铁路客货运窗口部门职业道德的主要规范。

铁路运输生产的过程，是车务、机务、车辆、工务、电务等部门利用铁路线路、车站、机车、车辆及通信信号等技术设备将旅客与货物从起点运送到终点的过程。各部门环环相扣，缺一不可，像一部工作有序的大联动机。各部门的员工都应该严格遵守各自的职业道德，以确保大联动机正常有序运转。比如，车务部门职业道德的主要行为规范有“严守规章，一点不差”“通力合作，按图行车”“忠于职守，尽职尽责”“诚实劳动，注意保密”等。

### 3. 具体岗位职业道德规范

我国铁路具体岗位的职业道德规范是指各个不同工种和岗位的员工在职业活动中应遵循的行为准则。铁路各部门内部有不同的工种和岗位，比如，车务部门的员工就有值班员、助理值班员、扳道员、调度员、信号员、调车员、车号员、制动员等，他们的职责主要是列车编组、接发、运行、到达、解体和在车站进行的一系列技术作业。这些不同的工种和岗位都有与其工作性质相适应的具体行为准则。

## 【拓展提高】

### 中国铁路之父——詹天佑

詹天佑（1861—1919 年），字眷诚，号达朝，祖籍安徽婺源，生于广东省南海县。12 岁留学美国，1881 年 6 月毕业于耶鲁大学土木工程系，同年 8 月回国。詹天佑是我国铁路工程专家，1905—1909 年主持修建京张铁路，对南口到八达岭一段高山峰险的艰巨工程，因地制宜采用“之”字形线路，以减少工程数量，并利用“竖井施工法”开凿全长 1 091 m 的八达岭隧道，提前两年建成了我国自行设计的第一条铁路。詹天佑历任中华工程师会会长、交通部交通会议副会长、交通部铁路技术委员会会长，曾受命出席国际联合监管远东铁路会议，为我国政府代表。

主要业绩：修筑炮台，绘制了中国第一幅海图——广东沿海图；修建或主持修建京奉、京张、张绥、津浦、川汉、粤汉、汉粤川等铁路，其中，以修建工程艰巨的京张铁路著称于世；他研究并建议全国使用自动车钩、坚持采用标准轨距，主持制定了铁路建设技术标准和规范。

詹天佑先生是铁路人的楷模，我们应学习他胸怀祖国、热爱人民、为国争光的爱国精神；学习他艰苦奋斗、奋发图强、勇于创新的开拓精神；学习他严谨务实、埋头苦干、学以致用的求实精神；学习他光明磊落、宽厚待人、甘当人梯的奉献精神。

## 【巩固练习】

**一、填空题**

1. 现代交通运输主要包括________、________、________、________和________五种运输方式。
2. 铁路运输的基本特征是：________、________、________。
3. 运输业的产品是________，运输工作量的统计指标是________，计量单位是________和________。

4. 按照运输对象划分，运输可分为________和________两大类。

5. 英国________的正式开业运营，标志着近代铁路运输业的开端。

6. 1876年，中国大地上出现的第一条铁路是________________。

## 二、判断题

1. 公路的主要优点是机动、灵活性强，而且对客运量、货运量大小具有很强的适应性。(　　)

2. 航空运输最大的特点是载运能力大，速度高。(　　)

3. 管道运输主要以石油、天然气等流体能源为运送对象。(　　)

4. 铁路运输具有运输能力大，能够负担大量客货运输的优点。(　　)

5. 河运的平均运输成本比铁路略低。(　　)

6. 对过重、过长的大重件货物，铁路、公路可以承担。(　　)

7. 公路运输与其他运输方式相比，投资少、资金周转快、投资回收期短，且技术改造较容易。(　　)

8. 管道运输不适于长期定向、定点、定品种运输。(　　)

9. 铁路运输的成本比公路、航空运输高，运距越长、运量越大，单位成本就越低。(　　)

## 三、根据下列具体情况，选择合适的运输方式

1. 贵重或急需的货物数量不大。(　　)

2. 容易死亡或变质的活物、鲜货。(　　)

3. 大宗笨重货物远程运输。(　　)

4. 从乌鲁木齐到北京开会，第二天必须赶到。(　　)

5. 暑假从上海到大连旅游，选择最经济的方法。(　　)

6. 从重庆到武汉，沿途观赏三峡风光。(　　)

7. 从拉萨到西宁，沿途参观访问。(　　)

8. 从武汉到郑州探亲。(　　)

9. 两箱急救药品从北京运到拉萨。(　　)

10. 1 t活鱼从密云水库运到北京市区。(　　)

11. 50 t钢材从上海运到济南。(　　)

12. 1万t海盐从天津运到上海。(　　)

13. 10万t大米从武汉运到上海。(　　)

## 四、简答题

1. 简述现代化交通运输的形式及其技术经济特征。

2. 简述铁路技术发展的总目标。

# 第2章 铁路线路

## 【问题引入】

当人们坐在时速达 350 km 的“复兴号”动车组上时，往往只会称赞车速疾如雷电、车体大气漂亮、车厢舒适美观，很多旅客可能并没有关注过车轮下的两条钢轨和路基，也就是铁路线路，如图 2-1、图 2-2 所示。铁路线路貌不惊人、默默无闻，然而却是铁路提速的基础。要建设一条现代化的铁路线路，需要建设者跋山涉水历经千辛万苦攻克道道技术难关。

2015 年 1 月 27 日，新华社报道了全国多地围绕高铁走线、设站而展开的“争路运动”，设计铁路线路的走线方案时需要考虑哪些因素呢？

列车在过弯道的时候，人们通常会感觉车体向内侧倾斜，为何会出现这种情况？

列车过弯道时，内轨短于外轨，可是列车两侧的车轮却几乎是一样的大小，那么列车是如何在相同的时间滚过相同的周数却滚过内外轨不同的距离的呢？

列车有方向盘吗？是谁在引导列车前进的方向？列车是如何从一条股道变换到另一条股道上去的呢？进站的时候，在众多的线路当中，列车为何能准确无误地驶入目的站台？列车会不会有走错路的时候？

图 2-1　蜿蜒的铁路线路

图 2-2　铁路线路标志

## 【教学导航】

本章主要学习铁路线路的基本知识，具体如图 2-3 所示。

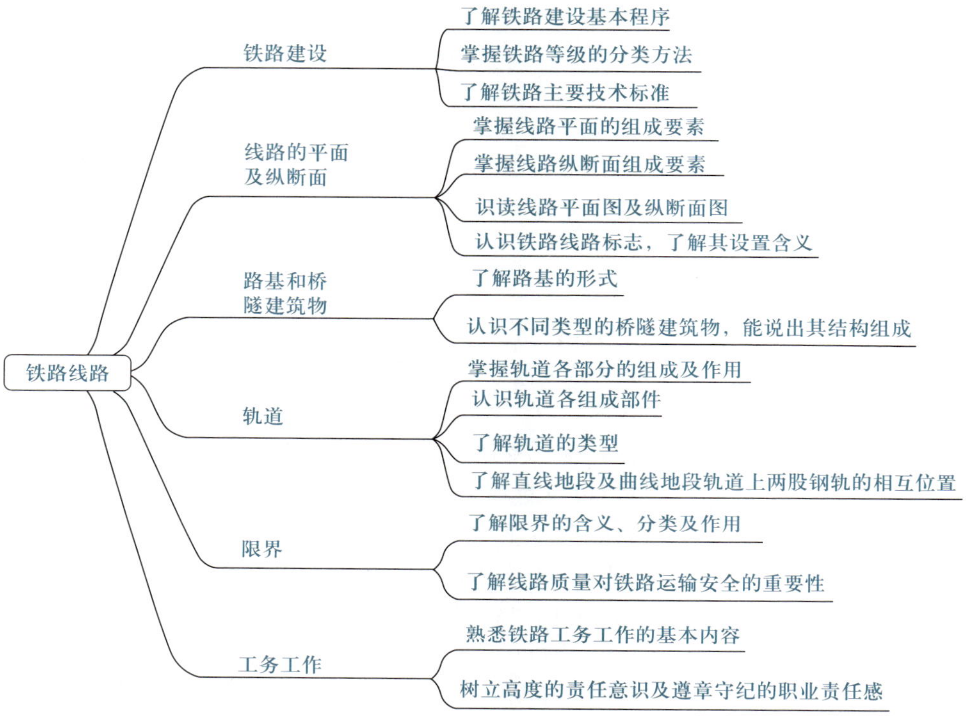


图 2-3 学习导航

## 【知识讲授】

“铁路”作为一种运输工作的总称，由固定建筑物（如线路、桥梁、隧道、车站等）和移动设备（如机车车辆等）两大部分组成。铁路线路是铁路最重要的基础性固定建筑物，是机车车辆和列车运行的基础，它承受着由机车车辆轮对传来的巨大压力，为确保列车按规定速度安全平稳和不间断运行，铁路线路必须保持完好状态。铁路线路是由路基、桥隧建筑物（桥梁、涵洞、隧道）和轨道（主要包括钢轨、联结零件、轨枕、道床、道岔等）组成的一个整体的工程结构。

# 2.1 概　述

微课
从"高铁之争"谈铁路选线

## 2.1.1 铁路基本建设程序

一条线路从始到终两点连线,看似再简单不过,实际上铁路从提出修建到完成线路的设计、施工,到交付运营,过程非常复杂。首先要进行全面深入的经济运量调查,如铁路建成后有多少客货运输量,需要开行多少对客货列车?地方经济发展有一个过程,近期发生多少客货运量,远期发生多少客货运量?生产力布局的发展趋势是怎样的,如何选择线路的经由站点?经济调查是决定线路建设等级标准和线路走向的重要依据之一,也是对特定设施分期建设的重要依据。经济调查完成后,确认有修建铁路的必要,就要进行铁路勘测设计,通过细致深入的调查研究和勘测工作,提出可供比较的方案,从中选出最优方案进行设计。

电子课件
铁路勘测设计

我国铁路建设通常划分为三个阶段:

(1)前期工作阶段。主要进行方案研究、初测和初步设计工作。

(2)基本建设阶段。主要进行定测、技术设计和施工图设计,最后进行工程施工、验交投产。

(3)投资效果反馈。铁路运营若干年后,由建设单位会同有关部门,对工程质量、技术指标和经济效益等考查验证,以评价设计和施工质量。

**小提示:**

**航空摄影测量**

现今几乎所有新线建设项目都开展了航空摄影测量(简称"航测")。在缺乏准确图纸、地形困难、地质复杂、人烟稀少、交通不便的地区,航测作用更为显著。青藏铁路格尔木至拉萨段位于青藏高原,空气稀薄、气候恶劣,部分线路通过多年冻土区,人烟稀少,交通不便。在地面勘测难以胜任的情况下,航测队伍以不到1年的时间绘制出了地质图,保证了设计的顺利进展。航摄成像图和卫星摄像图都是通过遥感技术成像。铁路建设中应用遥感技术能大大提高设计质量。

## 2.1.2 铁路线路等级

铁路等级是区分铁路在国家铁路网中的作用、意义和远期年客货运量大小的标志。它是铁路的基本标准,也是确定铁路技术标准和设备类型的依据。设计铁路时需先确定铁路等级,然后选定其他主要技术标准和各种运输装备的类型。

《铁路线路设计规划》规定:新建和改建铁路(或区段)的等级,应根据其在铁路网中的作用、性质和远期年客货运量,以及最大轴重和列车速度等条件决定。我国铁路可分为四个等级,其具体规定如表 2-1 所示。

表 2-1 铁路等级

| 等级 | 线路在路网中的意义 | 远期①年客货运量②(百万吨) |
|---|---|---|
| Ⅰ级 | 在铁路网中起骨干作用的铁路 | ≥20 |
| Ⅱ级 | 在铁路网中起骨干作用的铁路 | <20 |
| | 在铁路网中起联络、辅助作用的铁路 | ≥10 |
| Ⅲ级 | 为某一区域服务,具有地区运输性质的铁路 | <10 |
| 客运专线 | 设计速度为 200~380 km/h,曲线半径一般在 2 200 m 以上 | |

注:① 远期指交付运营后第 10 年。

② 年客货运量为重车方向的货运量与客车对数折算之和,每天 1 对旅客列车按 $1\times10^6$ t 货运量折算。

铁路的等级可以全线一致,也可以按区段确定。如线路较长,经行地区的自然、经济条件及运量差别很大时,便可按区段确定等级。但应避免同一条线上等级过多或同一等级的区段长度过短,使线路技术标准频繁变更。

### 2.1.3 铁路主要技术标准

铁路主要技术标准是指对铁路输送能力、工程造价、运营质量以及选定的其他有关技术条件有显著影响的基本标准和设备类型。《铁路线路设计规范》中明确规定下列内容为各级铁路的主要技术标准:正线数目、限制坡度、最小曲线半径、车站分布、到发线有效长度、牵引种类、机车类型、机车交路、闭塞类型。这些标准是确定铁路能力大小的决定因素。一条铁路选用不同的标准对设计线的工程造价和运营质量有重大影响,同时又是确定设计线的工程标准和设备类型的依据。

**小提示:**

每一条铁路建设的立项阶段都要先确定其线路等级,根据等级再相应确定线路的主要技术标准。铁路是一项基础建设工程,投资大,所以应根据实际需要,合理确定等级,再根据等级合理配套相应的技术标准,这样可以避免不必要的超前投资,对节省铁路建设投资有很重要的意义。

# 2.2 铁路线路的平面和纵断面

## 2.2.1 铁路线路的平面及平面图

铁路线路在空间的位置是用它的线路中心线表示的。线路中心线是用路基横断面上 O 点纵向的连线表示的,如图 2-4 所示。O 点为距外轨半个轨距的铅垂线 AB 与路肩水平线 CD 的交点。线路的空间位置是由它的平面和纵断面决定的。线路中心线在水平面上的投影,叫作线路的平面,反映了线路的曲直变化和走向。线路中心线(平面曲线展直后)在垂直面上的投影,叫作线路的纵断面,反映了线路的起伏变化和高程。

微课
看"图"识"路"

### 1. 铁路线路平面的组成要素

从运营的观点来看,最理想的线路是既直又平的线路。但是由于地面存在山脉、河流、湖泊、沼泽、森林、矿区、城镇以及其他各种建筑物,铁路沿线的地形、地质、水文等自然条件千变万化,如果把铁路修得过于平直,就会造成工程数量多、工程造价过高,且工期漫长。

电子课件
线路的平面和纵断面

从工程观点来看,铁路线路最好能够随地形条件有适当的起伏和弯曲。这样,既可以减少工程数量、降低造价,又便于避开地形、地质和地物上的障碍,可这又会给运营造成很大的困难,甚至还会影响铁路行车的平稳与安全。

如图 2-5 所示,某条铁路经过 A 点至 B 点。最理想的路线是 A、B 两点间连成一直线,但需修建两座桥梁跨越河流,还需穿越城镇,显然是不经济的,也是不合理的。为了绕过河流与城镇,路线改为 ACDB,并需在转角处设置曲线 EF 与 GH。因此,铁路线路在平面上除了直线外,还要设置曲线,直线和曲线就成为线路平面的组成要素。

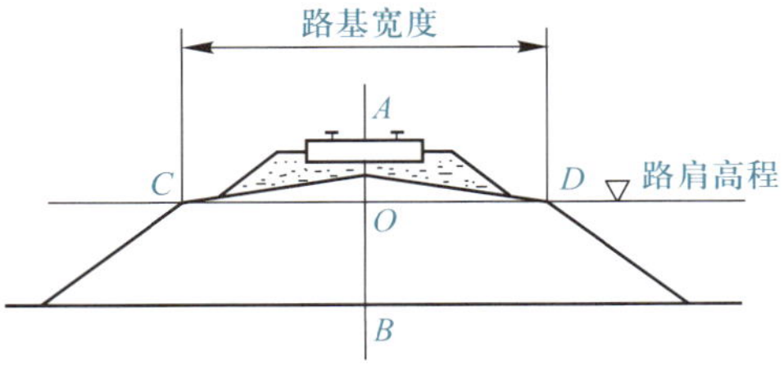


图 2-4 铁路路基断面图

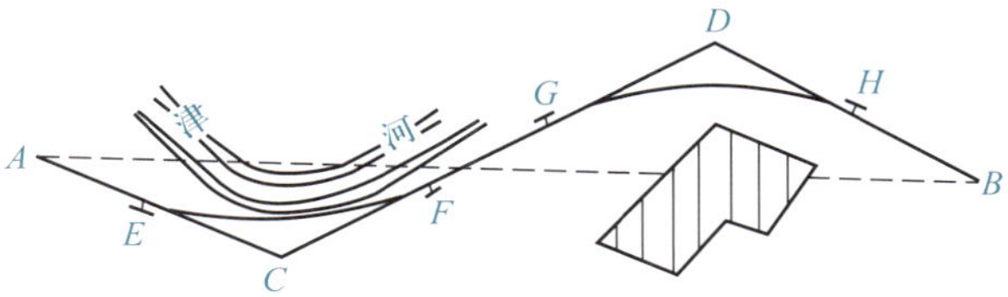


图 2-5 铁路线路绕避地形障碍示意图

### 2. 曲线附加阻力与曲线半径

列车在线路上运行,总会受到各种阻力。阻力方向与列车运行方向相反。归纳起来,阻力主要有两大类。

（1）基本阻力

基本阻力是指列车在空旷地段沿平、直轨道运行时所受到的阻力，包括车轴与轴承之间的摩擦力、轮轨之间的摩擦阻力，以及钢轨接头对车轮的撞击阻力等。基本阻力在列车运行时总是存在的。

（2）附加阻力

附加阻力是指列车在线路上运行时，除基本阻力外所受到的额外阻力，如坡道阻力、曲线阻力、走动阻力等。附加阻力随列车运行条件或线路平、纵断面情况而定。

线路平面上有了曲线（弯道）后，给列车运行造成阻力增大和限制列车速度等不良影响。列车通过曲线时，由于离心力的作用，使外侧车轮轮缘和外轨内侧的挤压摩擦增大；同时还由于曲线外轨长于内轨，内侧车轮在轨面上滚动时产生相对滑动，从而给运行中的列车造成一种附加阻力，称为曲线阻力。

曲线阻力与曲线半径成反比。曲线半径越小，曲线阻力越大，运营条件越差，大半径曲线对列车运行的影响较小，且半径越大，越有利于行车，而小半径曲线则容易适应地形变化，改善工程条件，半径越小，越容易绕避障碍。因此，线路平面设计应因地制宜、由大到小地选用适合曲线半径。为了测设、施工和养护的方便，曲线半径一般应采取 50 m、100 m 的整倍数。我国铁路采用的曲线半径有 10 000 m、8 000 m、6 000 m、4 000 m、3 000 m、2 500m、2 000 m、1 800 m、1 600 m、1 400 m、1 200 m、1 000 m、800 m、700 m、600 m、550 m、500 m、450 m、350 m。特殊困难条件下，可采用上列半径间 10 m 整数倍的曲线半径。

为了保证线路的通过能力，并有一个良好的运营条件，必须限制列车通过曲线时的速度。客货共线Ⅰ、Ⅱ级铁路区间线路最小曲线半径如表 2-2 所示。

表 2-2 客货共线Ⅰ、Ⅱ级铁路区间线路最小曲线半径

| 铁路等级 | 路段设计行车速度/(km/h) | 最小曲线半径/m | |
|---|---|---|---|
| | | 一般 | 特殊困难 |
| Ⅰ级 | 200 | 3 500 | 2 800 |
| | 160 | 2 000 | 1 600 |
| | 120 | 1 200 | 800 |
| Ⅱ级 | 120 | 1 200 | 800 |
| | 80 | 600 | 500 |

### 3. 圆曲线和缓和曲线

在平面图上，铁路曲线包括圆曲线和缓和曲线。在铁路线路（正线）上，直线和圆曲线往往不宜直接相连，它们之间应加设一段缓和曲线，如图 2-6 所示。

缓和曲线有如下作用：

① 在缓和曲线范围内，曲线半径由无限大渐变到等于它所衔接的圆曲线半径（或相反），从而使车辆产生的离心力逐渐增加（或减小），保证列车平顺地从直线进入圆曲线（或由圆曲线进入直线），避免轮轨间的突然冲击，以改善行车条件，提高旅客的舒适度。

② 在缓和曲线范围内，曲线轨距加宽和外轨超高得以过渡。外轨超高由零递增到需要的超度量（或相反），使向心力与离心力相配合。

③ 当曲线半径小于 350 m，轨距需要加宽时，在缓和曲线范围内，可以将标准轨距逐步加宽到圆曲线需要的加宽量（或相反）。

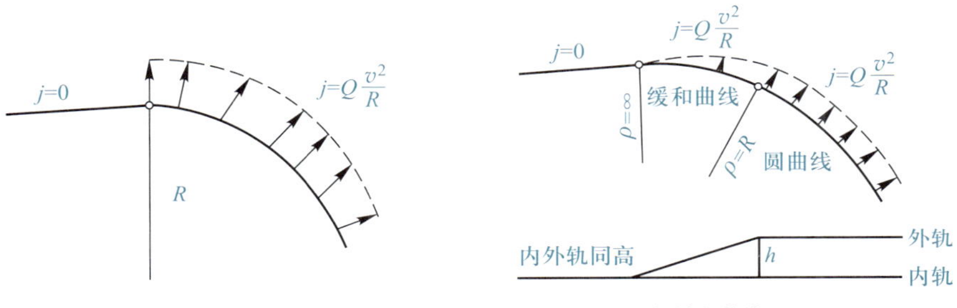


(a) 无缓和曲线　　(b) 有缓和曲线

图 2-6　铁路曲线

## 2.2.2　铁路线路的纵断面及纵断面图

### 1. 铁路线路纵断面及组成

为了适应地面的起伏，线路上除了平道以外，还修成不同的坡道。因此，平道与坡道就成了线路纵断面的组成要素。

（1）坡度

坡道的陡与缓常用坡度来表示。坡度是一段坡道两端点的高度差 $h$ 与水平距离 $L$ 之比，如图 2-7 所示。铁路线路坡度的大小通常用千分率来表示。

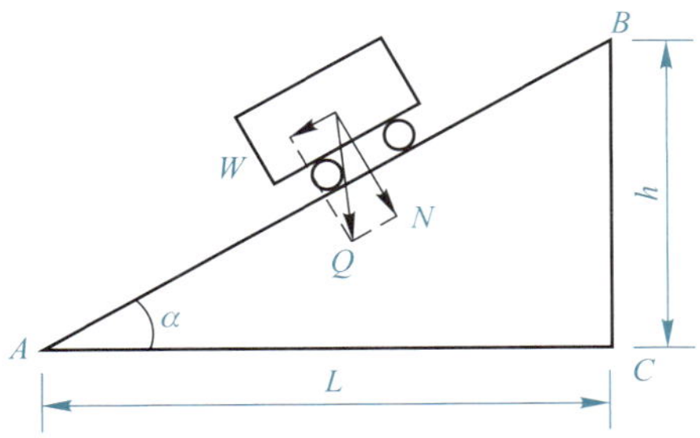


图 2-7　坡度示意图

$$i‰ = \tan \alpha = \frac{h}{L}$$

式中 $i$‰——坡度值千分率；

$\alpha$——坡道段线路中心线与水平线的夹角，°；

$h$——坡道段始点与终点的高差，m；

$L$——坡段长度，即坡道段始点与终点的水平距离，m。

设 $L$ 为 1 000 m，$h$ 为 6 m，则 $AB$ 坡道的坡度就为 6‰。坡道的坡度有正、负之分，上坡为正(+)，下坡为负(-)，平道为零(0)。

(2) 线路限制坡度

坡道给列车的运行造成了一定的不利影响，列车上坡运行时，除其他的运行阻力外，在坡道上又附加了一个沿坡道向下的重力分力，即增加了一个坡道附加阻力。显然，坡道越陡，即坡度越大，附加的坡道阻力也越大。列车上坡时，如果坡道过陡，机车的牵引力不足，列车速度越来越低甚至停车而影响正常的运行。列车下坡时，这个重力的分力又有使列车不断加速的趋势，为保证列车速度不要太快，不超过规定速度以避免列车发生事故，在必要时必须进行制动，使列车降低运行速度。如果坡度过陡，列车刹车的制动力不足，就会造成刹不住车的现象。

因此，从上坡、下坡列车运行角度出发，要求坡道的坡度不能过大。在一个区段上，决定一台某一类型机车所能牵引的货物列车重量(最大值)的坡度，叫作限制坡度。在普通铁路上，由于货物列车装载的货物非常重(如我国主要干线上一列货物列车的重量一般都在 3 000~5 000 t，甚至有的重载列车一列的总重超过了 $3\times10^4$ t)，而机车的牵引力是不可能无限大的，因此，为保证在限制坡度上如此重的货物列车正常行驶，不致使列车速度越来越低甚至停车，限制坡度都比较小。

限制坡度的大小，影响着一个区段甚至整条铁路线路的运输能力和铁路造价。限制坡度越小，列车重量越大，运输能力就越大，运营费用也越省，运营效果就越好；但是，若将限制坡度定得过小，就不易适应自然地面的起伏变化，也会使工程量加大，造价提高。因此，对一条新建铁路或改建铁路来说，选择多大的限制坡度合适，就是一个十分重要的问题，往往需要经过周密考虑、综合研究才能确定。一般说来，一条线路(或一个区段)的限制坡度应根据铁路等级、地形类别、牵引种类和运输要求比选确定，并应考虑与邻接铁路的牵引定数相协调。我国《铁路技术管理规程》(以下简称《技规》)规定的最大限制坡度的数值如表 2-3所示。在个别线路的越岭地段，由于地形障碍显著而集中，若仍采用表 2-3 中所规定的限制坡度，实际上有困难或工程造价太高时，在经过技术经济比较后，允许线路采用大于限制坡度的加力牵引坡度。加力牵引坡度是指在大于限制坡度的坡道地段，为了统一区段的列车牵引重量标准，保证必要的线路通过能力，而进行多机牵引的坡度。各级铁路的加力牵引坡度，内燃牵引的可增至 25‰，电力牵引的可增至 30‰。

表 2-3 区间线路限制坡度

| 铁路等级 | | I | | Ⅱ | |
|---|---|---|---|---|---|
| | | 一般地段(‰) | 困难地段(‰) | 一般地段(‰) | 困难地段(‰) |
| 牵引种类 | 电力 | 6.0 | 15.0 | 6.0 | 20.0 |
| | 内燃 | 6.0 | 12.0 | 6.0 | 15.0 |

## 2. 变坡点与竖曲线

平道与坡道、坡道与坡道的交点,叫做变坡点。列车经过变坡点时,由于坡度的突然变化,车钩内产生附加应力,坡度变化越大,附加应力越大,容易造成断钩事故。为了保证列车的运行平顺和安全,我国《中华人民共和国铁路法》规定,在Ⅰ、Ⅱ级线路上相邻坡段坡度代数差大于3‰,Ⅲ级线路上相邻坡段坡度代数差大于4‰时,应以竖曲线连接两个相邻坡道段。如图2-8a所示,相邻坡段坡度代数差为6‰,如图2-8b所示的相邻坡段坡度差为5‰,故需设置竖曲线。

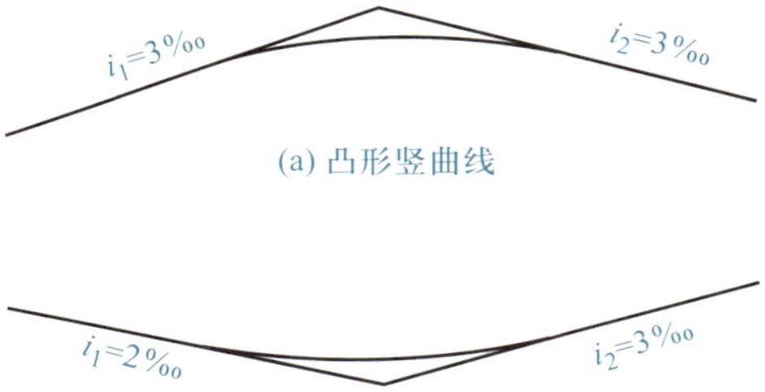


(a) 凸形竖曲线

(b) 凹形竖曲线

图 2-8 竖曲线示意图

竖曲线是纵断面上设置的圆曲线,Ⅰ、Ⅱ级线路竖曲线的半径 $R$ 为 10 000 m,Ⅲ级线路为 5 000 m。当相邻坡段的坡度代数差大于1‰时,须设置圆曲线型竖曲线,竖曲线最小长度不宜小于 25 m,竖曲线半径不得小于 15 000 m。

### 2.2.3 线路平面图及纵断面图

用一定的比例尺,把线路中心线及其两侧的地形地貌投影到水平面上,就是线路的平面图。

如图2-9a所示,可以看到线路中心线(包括直线和曲线)以及沿线的车站、桥涵、隧道等情况;同时,还可以看到用等高线(地面上高程相等诸点的连线)表示的沿线地形和地物(河流、道路、房屋)等情况。

用一定的比例尺,把线路中心线展直后投影到铅垂面上,并标明平面、纵断面各项有关资料的图纸,叫作铁路线路纵断面图。

如图2-9b所示为某段线路的纵断面图,横向表示线路长度、纵向表示高度。

该图包括图、表两部分。图的上部细折线为地面线，整齐平缓的粗实线为路线的设计坡度线，即设计的路肩标高的连线。此外还有填方和挖方高度的数字以及用符号表明的桥隧建筑物资料（包括桥梁、涵洞的孔径、类型、中心里程和隧道长度等）、车站资料（包括站名、车站中心里程和相邻车站间的距离）及其他有关情况。

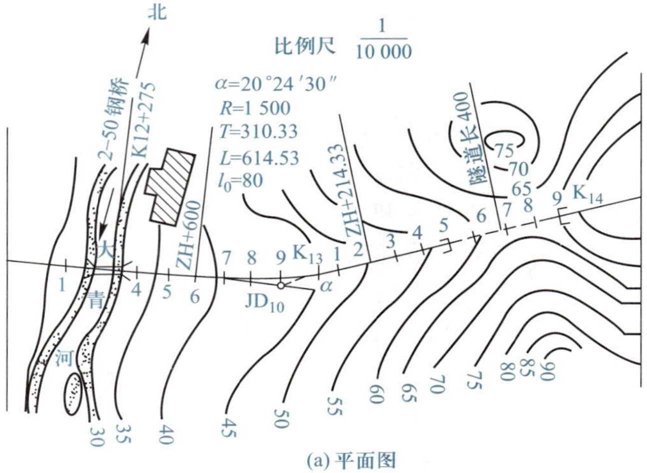


(a) 平面图

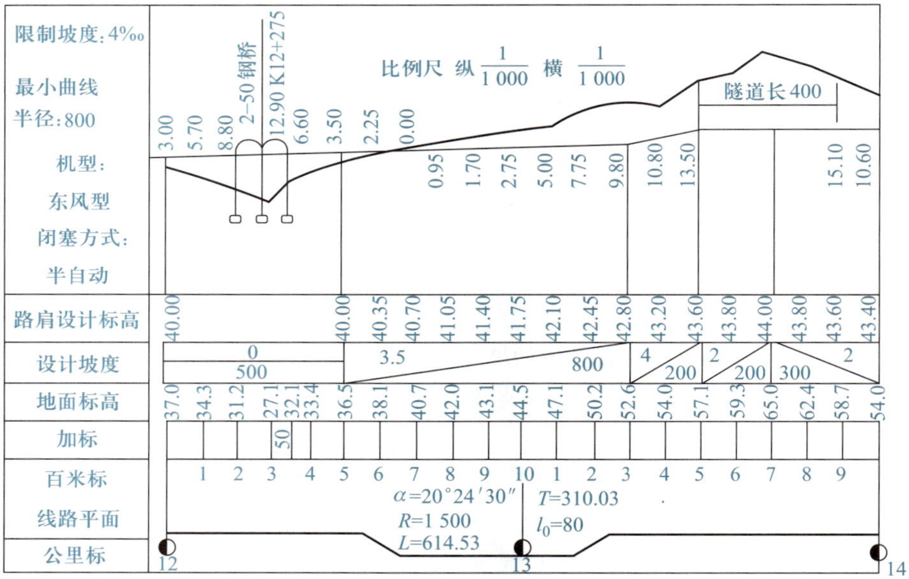


(b) 纵横面图

图 2-9 线路平面图和纵断面图（单位：m）

在纵断面图的下部是表格部分，其中主要的是路肩设计标高（在变坡点处和百米标、加标处都标出路肩设计标高）和设计坡度（每个坡段分别标出）。同时，用公里标、百米标和加标（在桥涵中心位置等必要地点都设置加标，并标明加标处和后一个百米标的距离）标明线路上各个坡段和设备的位置。此外，还有地面标高等。

在铁路线路纵断面图上，还附有线路平面情况，以便和线路纵断面情况相对照，看清线路平、纵断面的全貌。

铁路线路平面图和纵断面图是全面、正确反映线路主要技术条件的重要文件，也是指导线路施工工作和在线路交付运营后仍需使用的技术资料。

## 2.2.4 线路标志

为了列车行驶、线路的养护维修以及司机和车长工作的需要，在铁路沿线设有各种线路标志。其中常见的线路标志有：公里标、半公里标、百米标、曲线标、圆曲线与缓和曲线始终点标、桥梁标、坡度标及管界标等，如图 2-10 所示。

(a) 公里标 (b) 半公里标 (c) 曲线标 (d) 圆曲线和缓和曲线始终点标

(e) 坡度标

(f) 桥梁标 (g) 涵渠标 (h) 隧道标

图 2-10 铁路线路标志

公里标、半公里标和百米标均为里程标。公里标设于线路的整千米处，半公里标设于线路的每半千米处，百米标则设于线路的每百米处。曲线标为曲线的技术参数标，在曲线标上标明了曲线全长、缓和曲线长度、曲线半径、外轨超高、轨距加宽等曲线技术参数，该标设于曲线中部。

圆曲线和缓和曲线始终点标设于直线与缓和曲线、圆曲线与缓和曲线的连接处，表明缓和曲线的起点与终点。

桥梁标一般设于桥头，标明桥梁编号、桥梁中心里程和长度。

坡度标设于变坡点处，标有两相邻坡道的坡度大小、坡段长度和变坡点位置。

在各单位管辖地段的分界处，两侧分别标明所面向的单位名称。

> **小提示：**
>
> 与汽车靠右行驶不同，列车在线路上是靠左运行的。铁路线路标志一般应埋设在里程增加方向的线路左侧的适当地点。如果因为特殊原因需要设在线路右侧的，需要经过中国铁路总公司的批准。

## 2.3 路基和桥隧建筑物

铁路路基是为满足轨道铺设和运营条件而修建的土工构筑物。路基和桥隧建筑物都是轨道的基础，它们直接承受轨道的重量，以及机车车辆及其荷载的压力。因此，路基和桥隧建筑物的状态与线路质量的关系极为密切。在铁路线路的施工过程中，是先修筑路基和桥隧建筑物，然后才铺设轨道。

### 2.3.1 铁路路基

#### 1. 路基的基本形式

在铁路线路工程中，依其所处的地形条件不同，路基常见的两种基本形式是路堤和路堑，如图2-11所示。

当铺设轨道的路基面高于自然地面时，经填筑而形成的路基称为路堤。路堤路基的组成包括路基面、边坡、护道、取土坑或纵向排水沟等，如图2-11a所示。

当铺设轨道的路基面低于自然地面时，经开挖而形成的路基称为路堑。路堑路基的组成包括路基面、侧沟、边坡、弃土堆和截水沟等，如图2-11b所示。

此外，还有半路堤、半路堑或半路堤半路堑等形式，如图2-11c、图2-11d、图2-11e所示。

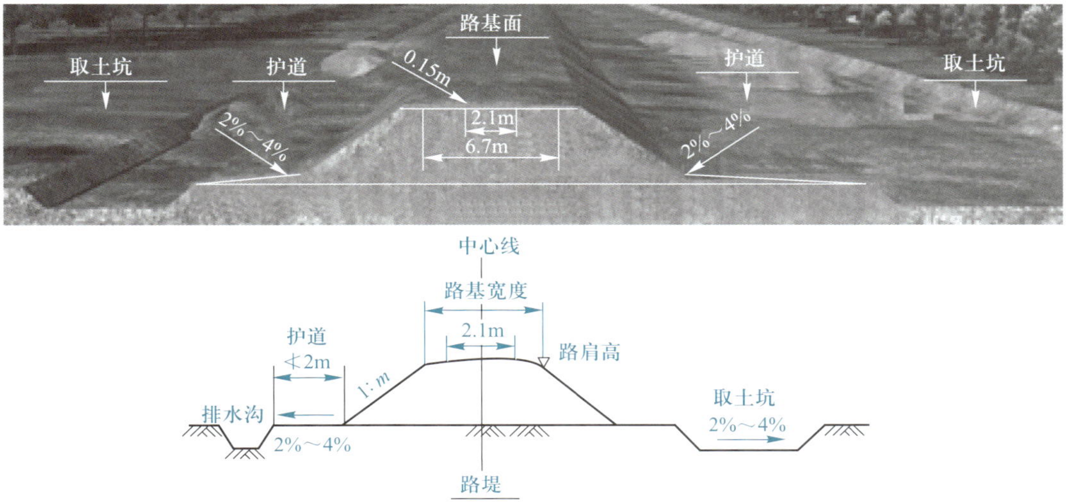
路基面
取土坑
护道
0.15m
护道
取土坑
2%～4%
2.1m
6.7m
2%～4%
中心线
路基宽度
2.1m
路肩高
护道
≮2m
1∶m
排水沟
2%～4%
取土坑
2%～4%
路堤

(a) 路堤

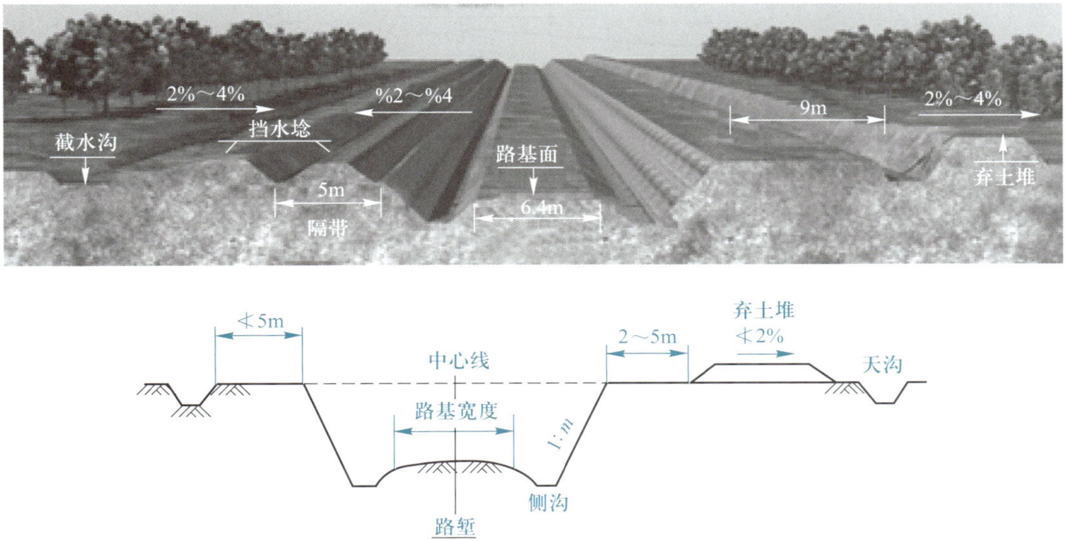
2%～4%
%2～%4
9m
2%～4%
挡水埝
截水沟
路基面
弃土堆
5m
隔带
6.4m
≮5m
2～5m
弃土堆
≮2%
中心线
天沟
路基宽度
1∶m
侧沟
路堑

(b) 路堑

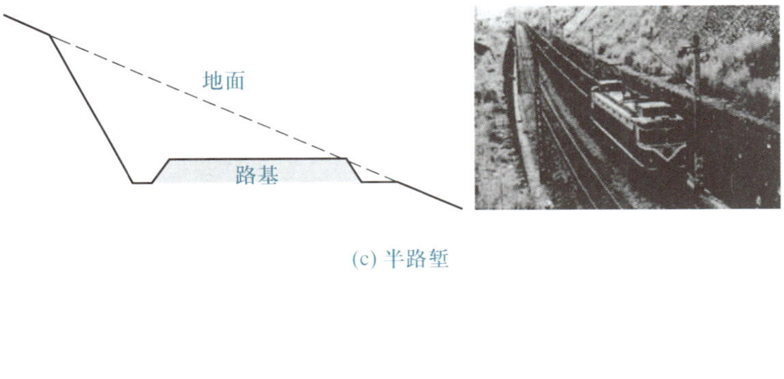
地面
路基

(c) 半路堑

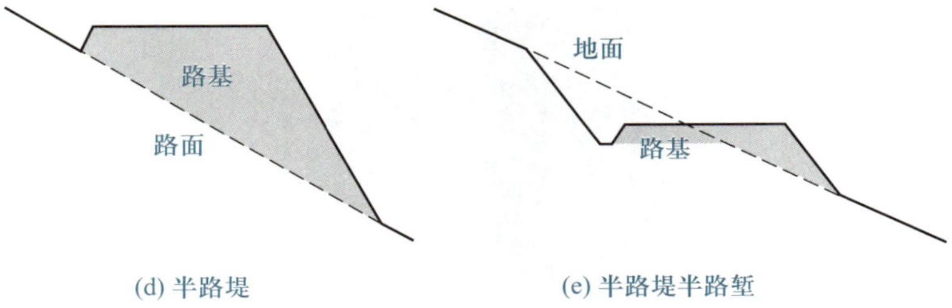


图 2-11 铁路路基

## 2. 路基的组成

路基由路基本体和路基附属设施两部分组成。

(1) 路基本体

路基本体由路基基面、路肩、路基边坡和天然地面线构成,如图 2-12 所示。

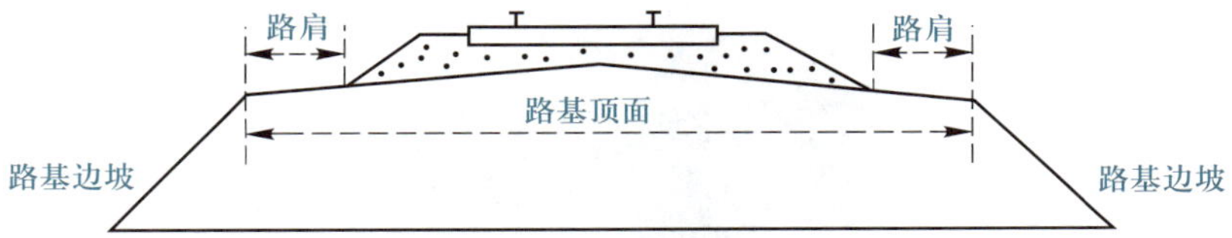


图 2-12 路基本体组成

电子课件
路基及桥隧建筑物

① 路基顶面:路基顶面是指路基的顶部表面,包括道床覆盖部分和两侧的路肩,是铺设轨道,并满足运营条件的工作面。

② 路肩:是指路基顶面无道砟覆盖的部分。路肩有如下作用:可以防止道砟散落于路基下,保持道床的完整;供铁路员工行走、避车、存放线路养护材料、机具,便于进行养路作业;设置必要的线路标志和信号标志;防止土体在荷载作用下向两侧挤动并加强路基的稳固性。

③ 路基边坡:路基边坡是指路基边缓以外两侧的斜坡,它起到增强路基稳定性的作用。

(2) 路基附属设施

路基附属设施是为了保证路基的强度与稳定,包括路基排水和路基防护与加固。

① 路基的排水:为了保证路基的坚实和稳固,使路基经常处于干燥状态,路基上设有一套完整的排水设施。如纵向排水沟、侧沟、截水沟等都是为排泄地面水而设置的。

② 路基的防护和加固:路基边坡是路基稳定的主要因素之一。边坡最易受到自然因素的作用而遭到破坏,从而直接影响路基的稳固。因此,要对边坡加以防护。边坡的防护或加固措施通常有:种草、铺草皮、植树、抹面、喷浆、设置砌石护坡和挡土墙等,如图 2-13 所示。

(a) 挡土墙

(b) 路基边坡

图 2-13 路基的防护

小提示:

**青藏铁路冻土解决方法**

筑造铁路路基前,必须清楚地质情况。对于特殊地质条件下的路基,就要采取特殊的对策,否则线路建成后就会发生各种病害,严重的甚至坍塌。青藏铁路是目前世界上海拔最高和线路最长的高原铁路,修建青藏铁路有"三大难题":一是高原缺氧,二是多年冻土,三是生态环境。冻土是指温度处于 0 ℃或以下,并含有冰的土(岩)体,冻结状态维持在两年或以上的,称为多年冻土。冻土在冻结状态时,强度相当于坚石,一旦融化,往往完全丧失承载力。为了解决青藏铁路冻土问题,建设者们采取了多种结构形式和工程措施:如片石通风路基、片石护道、碎石边坡、热棒路基、铺设保温板等。对采取各项保护措施仍不能保证冻土稳定的地段,则采用"以桥代路"的方法代替路基通过。

## 2.3.2 桥隧建筑

当铁路线路要通过江河、溪沟、谷地、山岭等天然障碍,或要跨越公路、铁路时,就需要修建桥隧建筑物,以使铁路线路得以继续向前延伸。桥隧建筑物包括桥梁、涵洞和隧道等。在铁路线路的修建过程中,桥隧建筑物的工程量所占比重往往都相当大,而且大桥和长大隧道的施工期限时常还是新建线路能否按时竣工的关键。

### 1. 桥梁

(1) 桥梁的组成

桥梁包括桥面、桥跨结构、墩台及基础四大部分,如图 2-14 所示。桥面就是桥梁上铺设的轨道及人行道和护栏部分；桥跨结构就是桥梁承受荷载、跨越障碍的部分；墩台是支撑桥跨结构的部分，包括桥墩和桥台，其中设于桥梁中部的支座称为桥墩，设于桥梁两端的支座叫作桥台，桥墩与桥台的底部称为基础。

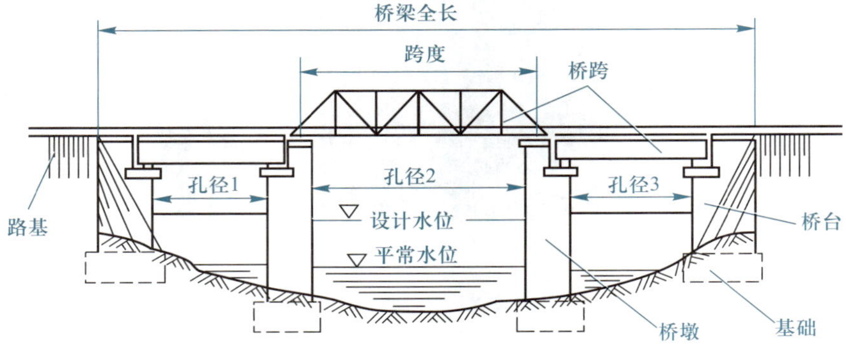

图 2-14 桥梁的组成

两个相邻墩台之间的空间叫桥孔；而墩台之间在设计水位处的距离叫孔径；从桥跨结构底部到设计水位的高度，以及两相邻墩台之间的限界空间叫作桥下净空。孔径和桥下净空的大小应满足泄洪、排水及通航等要求。每一桥跨两端支点间的距离叫作跨度；整个桥梁包括墩台在内的总长度是桥梁的全长。

（2）桥梁的分类

铁路桥梁的形式多样、种类很多，通常可按建造材料、桥梁长度、构造形式和跨越障碍等进行分类。

微课
桥隧之最

① 按建造材料分：有钢桥、钢筋混凝土桥和石桥等。

钢桥强度大、质量轻、跨越能力大，多用于跨度较大的桥梁；钢筋混凝土桥则经济实用、易养护，噪声小；石桥是以石料修筑的桥梁，多为拱形，且坚固耐久、养护工作量小，可就地取材，节省大量的钢材和水泥。

② 按桥梁的长度（$L$）分：有小桥（$L<20$ m）、中桥（20 m$\leqslant L<100$ m）、大桥（100 m$<L<500$ m）和特大桥（$L\geqslant 500$ m）。

③ 按跨越障碍分：有跨河桥、跨谷桥、跨线桥、旱桥等。跨河桥是桥梁的主要类型，作用在于跨越江河、湖泊等；跨谷桥是跨越山谷深洼的桥梁；跨线桥就是跨越公路、铁路的桥梁；旱桥则是指跨越市区、工业区、农业区的桥梁。

④ 按受力情况分：有梁桥、拱桥和斜拉桥等，如图 2-15 所示。梁桥、拱桥结构简单、稳定性好，在桥梁建筑中占有相当重要的地位；斜拉桥由梁、斜拉索和高出桥面的塔柱组成，其最大的特点就是自重轻、跨度大、造型美。

随着国民经济的发展，我国铁路桥梁事业迅猛发展，在桥梁设计和建造技术正在赶上或接近世界先进水平。1957 年武汉长江公铁两用大桥建成，首次在长江上实现了“一桥飞架南北，天堑变通途”；1969 年建成的南京长江大桥，引起了世界各国的瞩目，该桥完全是由我国自行设计、自行施工建造的公铁两用双层特大桥，其铁路桥全长为 6 772 m，公路桥全长 4 589 m；1993 年建成的京九线九江长江公铁两

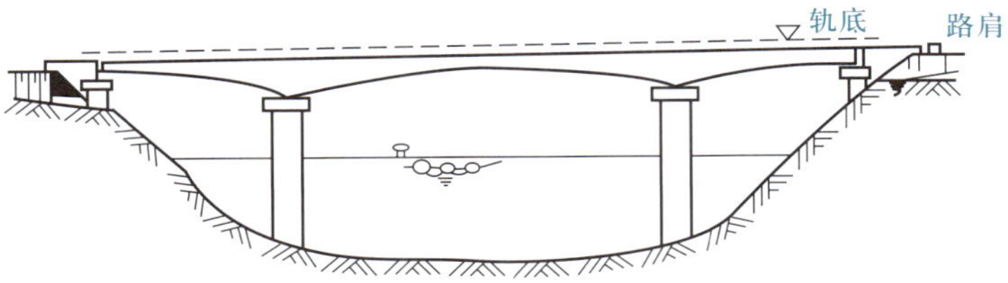


(a) 梁桥

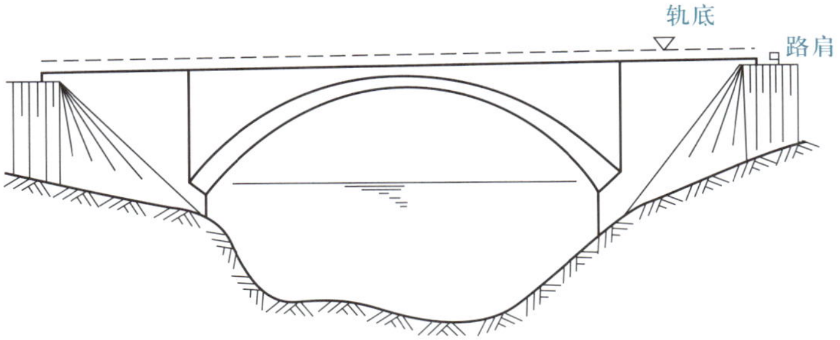


(b) 拱桥

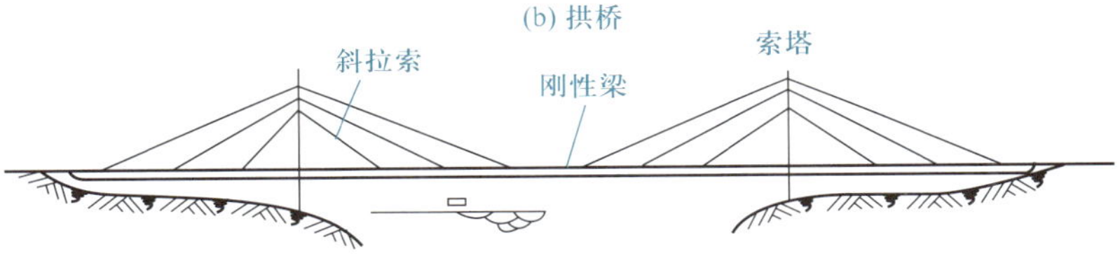


(c) 斜拉桥

图 2-15 各式桥梁

用桥(连续梁,最大跨度 216 m,其中公路桥全长 4 460.1 m,铁路桥全长 7 675.4 m)和 2000 年建成的芜湖长江公铁两用大桥(斜拉桥,最大跨度 312 m,其中公路桥全长6 078 m,铁路桥全长 10 624 m)代表了当时我国钢桥建造的最新水平。

2011 年建成通车的南京大胜关长江大桥(如图 2-16 所示)全长约 9 270 m,为六跨连续钢桁拱桥,主跨 2×336 m,连拱为世界同类桥梁最大跨度,桥上按六线布置,分别为京沪高速铁路双线、沪汉蓉铁路双线和南京地铁双线;其中京沪高速铁路设计时速达 300 km,沪汉蓉铁路为Ⅰ级干线,客货共线,客车设计行车时速是 200 km,南京地铁行车时速是 80 km。

图 2-16 南京大胜关长江大桥

京沪高铁丹昆特大桥全长 165 km,连接了丹阳、常州、无锡、苏州、昆山 5 座高架车站,获得世界上最长大桥的吉尼斯纪录,成为中国江南水乡的空中长廊,如图 2-17 所示。

(a) 京沪高铁丹昆特大桥

(b) 丹昆特大桥桥上车站

图 2-17 京沪高铁丹昆特大桥及桥上车站

## 2. 涵洞

涵洞设在路堤下部的填土中,是用以通过水流的一种建筑物。涵洞的组成主要包括洞身(由若干管节所组成)、基础、端墙及翼墙等,如图 2-18 所示。

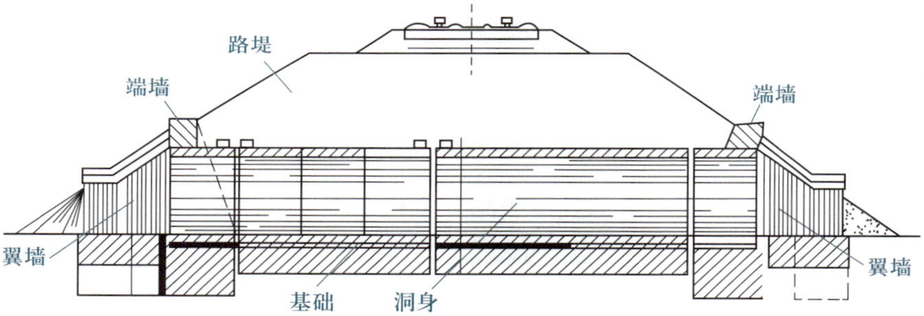


图 2-18 涵洞

管节埋于路基之中,它具有一定的纵向坡度以利于排水;端墙及翼墙的作用则是保护路堤边坡,使其不受水流冲刷,并引导水流通过涵洞。

涵洞按其修建材料的不同可分为石涵、混凝土涵、钢筋混凝土涵等;按其截面的形状不同可分为箱涵、管涵和拱涵等。

## 3. 隧道

铁路隧道(见图 2-19)大多建筑在山中,用以避免开挖很深的路堑,修建很长的迂回线。此外,还有建筑在河床、海峡或湖底以下的水底隧道和建筑在大中城市的地铁隧道。

(1) 隧道的类型

① 隧道长度是指沿隧道中心线进出口洞门端墙墙面之间的距离。隧道按其长短不同可分为四种,如表 2-4 所示。

图 2-19 武广高铁浏阳河隧道

表 2-4 隧道长度划分标准

| 隧道名称 | 隧道的长度 $L$ | 隧道名称 | 隧道的长度 $L$ |
|---|---|---|---|
| 短隧道 | ≤500 m | 长隧道 | 3 000 m<$L$≤10 000 m |
| 中长隧道 | 500 m<$L$≤3 000 m | 特长隧道 | $L$>10 000 m |

② 按隧道埋置的深度分，有浅埋隧道、深埋隧道、特深埋隧道等。埋置深度指隧道内钢轨顶面至地表面的垂直距离，简称埋深。

③ 按洞内线路数目分，有单线隧道、双线隧道、多线隧道。

④ 按隧道断面的分类情况如表 2-5 所示。

表 2-5 隧道断面划分标准

| 隧道名称 | 净空断面积/$m^2$ | 隧道名称 | 净空断面积/$m^2$ |
|---|---|---|---|
| 超小断面 | <3.0 | 大断面 | 50.0~100.0 |
| 小断面 | 3.0~10.0 | 超大断面 | >100.0 |
| 中等断面 | 10.0~50.0 | | |

⑤ 按隧道的施工方法，一般可以分为明挖法和暗挖法两大类。

（2）隧道的基本构造

铁路隧道由主体建筑物和附属建筑物两大部分构成。主体建筑物是为了保持隧道的稳定，保证隧道正常使用而修建的，主要由洞身内部衬砌、洞门组成。附属建筑物是指为了保证隧道正常使用、方便养护、维修作业，以及满足供电、通信等方面需要的各种辅助设施、避车洞、电缆槽、运营通风设施及洞口缓冲结构。铁路隧道概貌如图 2-20 所示。

为保证维修人员的人身安全，在隧道内洞身两侧还要修建避车洞。

我国铁路隧道的建筑取得了很大成就，是世界上铁路隧道最多的国家。成昆铁路由于地形复杂，形成了洞中有桥、桥入隧道、洞中有站等艰巨复杂工程，如一线天拱桥（见图 2-21）就连接着两座隧道。1977 年建成的全长为4 010 m的青

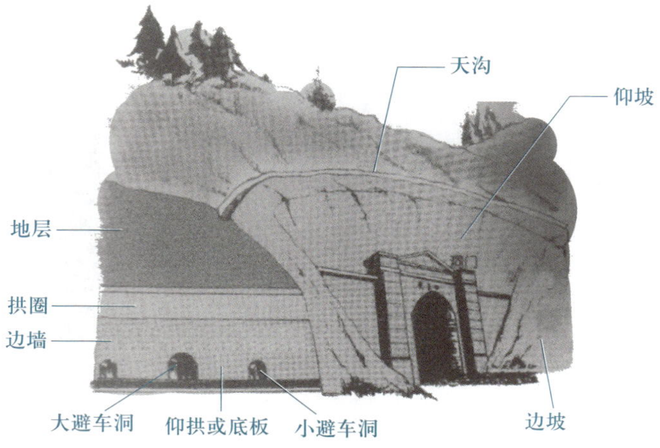


图 2-20 铁路隧道概貌

藏铁路关角隧道是目前我国海拔高度最高的隧道，其海拔高度为3 690 m。

石太客专太行山隧道，全长27.8 km，是目前我国建成的最长高铁山岭隧道，也是亚洲最长的高铁隧道，如图 2-22 所示。

京广高铁石家庄隧道，六线并行（局部七线），是目前我国穿越城市区跨度最大、线路最多的隧道，如图 2-23 所示。

蒙华铁路崤山隧道设计为两座单洞结构，左线长 22.751 km，右线长 22.771 km，是世界上最长的重载铁路隧道。

图 2-21 成昆线的一线天拱桥

图 2-22 石太客专太行山隧道

图 2-23 京广高铁石家庄隧道

**小提示:**

**中国桥隧之最**

1. 目前世界上设计荷载最大的高速铁路桥梁——南京大胜关长江大桥。
2. 万里长江第一桥——武汉长江大桥。
3. 国内首次采用双层叠拱结构的桥——拉萨河桥。
4. 中国人自己设计监造的首座公铁两用桥——钱塘江大桥。
5. 世界跨度最大公铁两用大桥——沪通长江大桥。
6. 世界最长高铁桥——丹昆特大桥。
7. 世界首座真正意义上的公铁两用跨海大桥——平潭海峡公铁两用桥。
8. 世界最高和最长的高原冻土隧道——风火山隧道和昆仑山隧道。
9. 亚洲最长的陆地隧道——乌鞘岭特长隧道。
10. 我国最长的双线铁路隧道——大瑶山隧道。

# 2.4 轨 道

## 2.4.1 轨道的组成

轨道是铁路线路的组成部分,用来引导列车行驶的方向,直接承受由车轮传来的巨大压力,并把它传递扩散给路基或桥隧建筑物。在路基、桥隧建筑物修成之后,就可以在上面铺设轨道。轨道是指处于路基面以上、车轮以下部分的铁路线路建筑物,由钢轨、轨枕、联结零件、道床、防爬设备和道岔等主要部件组成。轨道的基本组成如图 2-24 所示。

图 2-24 轨道的基本组成

动画
轨道的组成

微课
初识轨道

### 1. 钢轨

钢轨的作用是引导车轮的运行方向，直接承受车轮的巨大作用力并将其传递给轨枕。另外，在电气化铁路或自动闭塞区段，钢轨还兼作轨道电路之用。因此钢轨应具有足够的强度、韧性和耐磨性。

钢轨的断面形状采用具有最佳抗弯性能的工字形断面，由轨头、轨腰、轨底三部分组成，如图 2-25 所示。

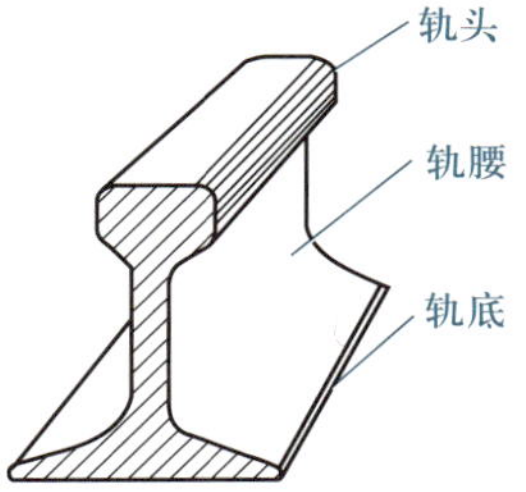

图 2-25 钢轨的结构

在我国，钢轨的类型是用单位长度的质量（kg/m）来表示的。我国现行的标准钢轨类型有：75 kg/m、60 kg/m、50 kg/m 等。单位长度质量越大，其强度就越高，对列车的高速运行和重载就越有利。

随着高速铁路与重载铁路的发展，对钢轨的性能提出了更高的要求。世界各国钢轨的定长各不相同，目前我国钢轨的标准长度有 12.5 m 和 25 m 两种，还有专供曲线地段铺设内轨用的标准缩短轨若干种，即 12.5 m 标准轨的缩短量为 40 mm、80 mm、120 mm 三种，25 m 标准轨的缩短量为 40 mm、80 mm、160 mm 三种。

### 2. 轨枕

轨枕的作用是支撑钢轨，并将钢轨传来的压力均匀地传递给道床，保持钢轨应有的位置和轨距。轨枕应具有必要的坚固性、弹性和耐久性，并且造价低廉、制作简单、铺设及养护方便。

轨枕按其制作材料的不同，主要有木枕和钢筋混凝土枕两种。木枕具有弹性好、易加工、重量轻、易铺设、易更换等优点。其缺点是木材消耗量大、使用寿命较短（经防腐处理后的木枕一般可用 15 年左右），特别是它的强度、弹性和耐久性不一致，在机车车辆作用下易造成轨道不平顺。木枕的使用将越来越受到限制。

钢筋混凝土轨枕使用寿命长、稳定性能好，可提高轨道的强度和稳定性，减少线路的养护工作量，其材料来源较广，还可大量节省木材等，是我国铁路主要使用的轨枕。

我国普通轨枕（Ⅰ、Ⅱ）的长度为 2.5 m，道岔用的岔枕和钢桥上用的桥枕，其长度为 2.6~4.85 m。

单位长度线路铺设轨枕的数量，应根据轨道类型确定，一般铺设数量为每公里 1 520~1 840 根。铺设轨枕数越多，轨道强度就越大。

混凝土宽枕也称轨枕板，外形与普通钢筋混凝土轨枕相似，但比普通钢筋混凝土轨枕宽而且稍薄。密铺时，相邻板块之间的缝隙只有约 18 mm，几乎把道床顶面全部覆盖住。采用混凝土宽枕的轨道沉陷较小，也不容易发生坑洼不平和道床的脏污现象。同时，由于它的底部和道床、上部和轨底的接触面积大了，因而提高了线路的稳定性，改善了线路的受力条件，有利于高速行车。我国已在隧道内、大桥桥头、大客运站上采用，并且在主要干线上也逐步扩大使用。

电子课件

轨道的组成及结构

3. 道床

道床是铺设在路基面上的石砟(道砟)层。其主要作用是支撑轨枕，把从轨枕传来的压力均匀地传递给路基；固定轨枕的位置，阻止轨枕纵向和横向移动；缓和机车车辆轮对钢轨的冲击；调整线路的平面和纵断面。道床的材料应当具有坚硬、不易风化、富有弹性、有利于排水的特点。常用的材料有碎石、粗砂等，其中以碎石为最优，我国铁路一般都采用碎石道床。粗砂在非渗水土路基道床中作垫层。

整体道床就是用碎石加水泥浆或者混凝土，钢筋加混凝土直接在路基面上筑成坚固的轨道基础，用以代替通常的碎石道床。这是一种刚性轨下基础，线路的强度高、维修工作量少，适合于高速运行，目前我国大多是在隧道内、大桥上和高速铁路线上应用。

4. 联结零件

在铁路线上，钢轨要与轨枕连成一体铺在道床上。钢轨与轨枕的联结主要依靠联结零件。联结零件包括接头联结零件和中间联结零件(亦称钢轨扣件)两类。

接头联结零件是用来联结钢轨与钢轨间接头的零件，它包括夹板、螺栓、螺帽和弹性垫圈等，把一节节钢轨联结成一个整体，如图 2-26 所示。

图 2-26 钢轨接头联结零件

在钢轨的接头处要适当保留一定的缝隙，叫作轨缝。当气温发生变化时，轨缝可满足钢轨的伸缩。车轮通过接头时会产生撞击，从而增加行车阻力，使旅客感到不舒适，还会增加线路的维修工作。因而，钢轨的接头是轨道的薄弱环节。

中间联结零件的作用就是将钢轨紧扣在轨枕上，使钢轨与轨枕联为一体，以固定钢轨的正确位置，阻止钢轨的纵向爬行和横向位移，防止钢轨倾翻，同时还能提供必要的弹性、绝缘性能等。中间联结零件因轨枕的不同，有木枕扣件和钢筋混凝土枕扣件两类。木枕用的扣件包括普通道钉和垫板。普通道钉用其钩头将钢轨固定于轨枕；垫板置于轨底与木枕之间，其目的在于增加木枕与轨底的接触面积，使木枕经久耐用，如图 2-27 所示。

钢筋混凝土轨枕用的扣件有刚性扣件和弹性扣件。目前在我国主干线上都采用弹性扣件，如图 2-28 所示。因为弹性扣件具有弹性好、扣压力大、联结牢固的特点，能保持钢轨处于正确位置和稳定状态，延长轨道部件寿命，减少线路的养护维修工作量等优点。我国弹条扣件分为Ⅰ、Ⅱ、Ⅲ型，弹条Ⅲ型扣件是为高速重载而研制的无螺栓式扣件，其优点是零件少、装卸方便、养护工作量小。由于无螺栓故无须进行涂油作业，适合高速行车和大型养路机械作业。线路施工时，常采取工厂化生产方式，预先将钢轨与轨枕用扣件联结在一起，形成轨排，现场铺轨时就直接将轨排铺设在轨道上。

(a) 普通道钉

(b)木枕K型扣件

图 2-27 木枕扣件

动画
轨道爬行

## 5. 防爬设备

在列车运行所产生的纵向力的作用下，钢轨会产生纵向移动，有时还会带动轨枕一起移动，这种现象叫作轨道爬行。轨道爬行常出现在单线铁路的重车方向、双线铁路的行车方向、长大下坡道及进站前的制动距离内。

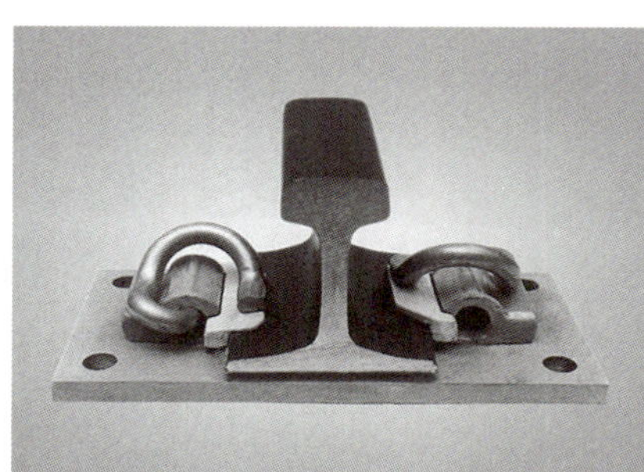
(a) 水泥枕用的弹条Ⅱ型扣件

(b) 水泥枕用的弹条Ⅲ型扣件

图 2-28 水泥枕用的弹条扣件

轨道爬行往往引起轨缝不匀、轨枕歪斜等线路病害，对轨道的破坏性极大，严重时还会危及行车安全。因此，必须采用有效措施加以防止。通常的做法是，一方面加强钢轨与轨枕间的扣压力和道床阻力；另一方面就是设置防爬器与防爬撑。

常用的防爬器为穿销式防爬器，如图 2-29 所示。

在钢轨底部加设防爬器，加紧钢轨，防爬撑安装在轨枕之间，用来顶住轨枕，共同防止钢轨的爬行，如图 2-30 所示。

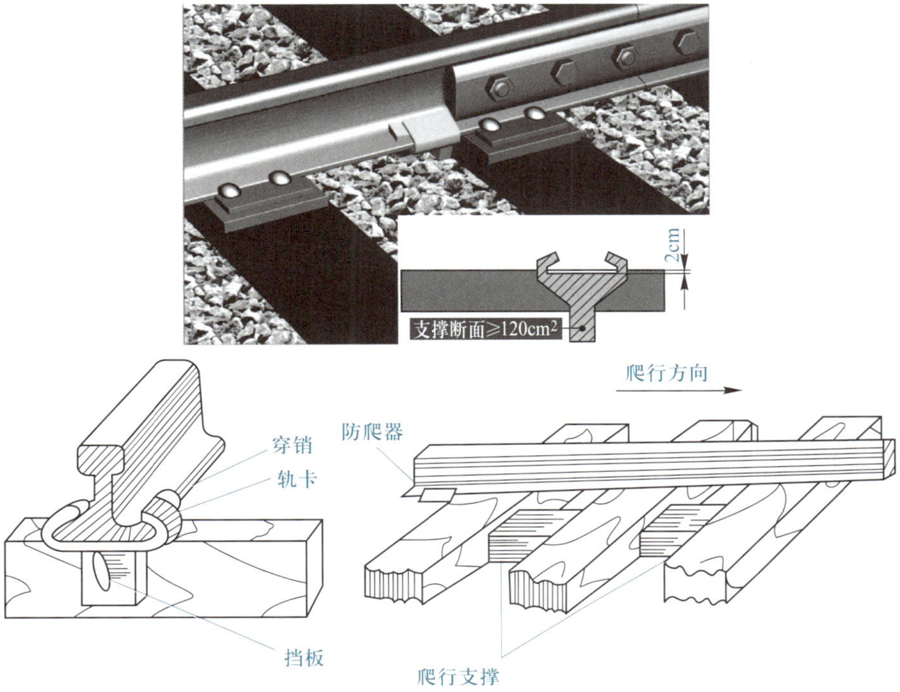


图 2-29 防爬器

图 2-30 防爬撑

## 6. 道岔

道岔是一种使机车车辆从一股道转入另一股道的线路联结设备，通常在车站大量铺设。道岔因其构造不同而形式多样，有单开道岔、双开道岔，三开道岔和交分道岔、渡线等。最常见的是普通单开道岔。

（1）普通单开道岔

普通单开道岔是一种主线为直线，侧线向主线的左侧或右侧分支的道岔，有左开和右开之分，是最常见、最简单的线路连接设备。它由转辙器、辙叉及护轨、连接部分所组成，如图 2-31 所示。

微课
铁路的“变线器”——道岔

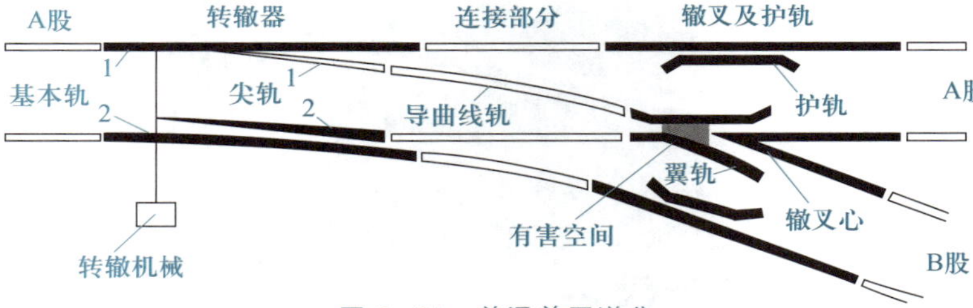


图 2-31 普通单开道岔

① 转辙器：是引导机车车辆沿直线方向或侧线方向行驶的线路设备。转辙器由两根尖轨，两根基本轨和转辙机械组成。尖轨是转辙器的主要部件，通过连接杆与转辙机械相连，通过操纵转辙机械可以改变尖轨的位置，确定道岔的开通方向。

② 辙叉及护轨：包括辙叉心、翼轨及护轨。它的作用是保证车轮安全通过两股轨线的相互交叉处。从两翼轨最窄处到辙叉心实际尖端之间，存在着一段轨线中断的空隙，叫作辙叉的有害空间。当机车车辆通过辙叉有害空间时，轮缘有走错辙叉槽而引起脱轨的可能，因此，必须设置护轨，对车轮的运行方向实行强制性的引导，保证行车安全。

道岔上的有害空间是限制列车过岔速度的一个重要因素。为了消除有害空间，减轻车轮对翼轨和心轨的冲击，适应列车高速运行，现已设计铺设了可动心轨辙叉道岔，如图 2-32 所示，当尖轨开通某一方向时，可动心轨的辙叉心就与开通方向一致的翼轨密贴，与另一翼轨分开，从而消除有害空间。

图 2-32 可动心轨道岔

运营实践证明，由于消除了有害空间，活动心轨道岔具有行车平稳、直向过岔速度限制较少等优点，因此适合运量大、高速行车的线路使用。

③ 联结部分：是联结转辙器和辙叉及护轨的部分，使之成为一组完整的道岔。联结部分包括两根直轨和两根导曲线轨。在导曲线上一般不设缓和曲线和超高，所以列车在侧向过岔时，速度要受到限制。

在图 2-31 中，当机车车辆要从 A 股道转入 B 股道时，操纵转辙机械使尖轨移动位置，尖轨 1 密贴基本轨 1，尖轨 2 脱离基本轨 2，这样就开通了 B 股道，关闭了 A 股道，机车车辆进入连接部分沿着导曲线轨过渡到辙叉和护轨单元。

（2）道岔号数

道岔因其辙叉角的大小不同，有不同的道岔号（$N$），道岔号数表明了道岔各部分的主要尺寸。道岔号数用辙叉角（$\alpha$）的余切值来表示，$N=\cot\alpha=FE/AE$，如图 2-33 所示。

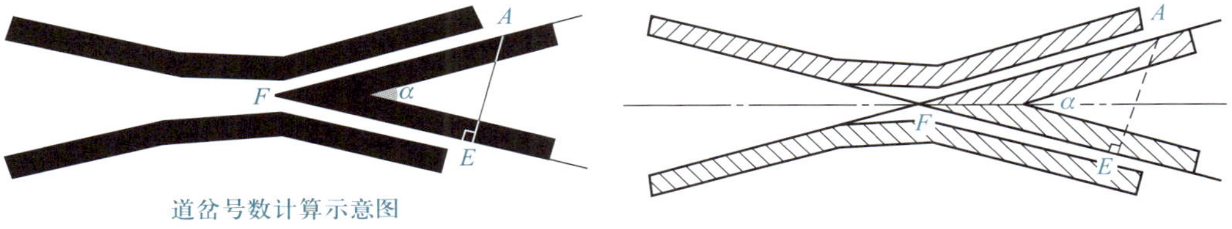


图 2-33 道岔号码计算图

辙叉角 $\alpha$ 越小，$N$ 值就越大，导曲线半径也相应越大，机车车辆侧线通过道岔时允许速度也就越高。所以，采用大号码道岔对于列车运行是有利的，然而，道岔号越大，道岔全长就越长，铺设时占地就越多。因此，采用几号道岔来连接线路，应根据线路的用途来决定。目前，我国定型生产的普通单开道岔主要有 9、12、18、30 号等型号。

## 7. 其他类型的道岔与交叉设备

除了单开道岔外，按照用途和构造形式的不同，还有双开道岔、三开道岔和交分道岔等，如图 2-34 所示。

对称双开道岔的特点是与道岔相衔接的两条线路各自向两侧分岔，如图 2-34b 所示。

三开道岔的特点是可以同时衔接三条线路，所以具有两套尖轨分别用两组转辙机械操纵，如图 2-34c 所示。

两条线路相互交叉，列车不仅能够沿着直线方向运行，而且能够由一直线转入另一直线，这种道岔叫交分道岔。复式交分道岔如图 2-34d 所示，相当于 4 组单开道岔和一副菱形交叉设备的结合体，但它需要占用的地面却要小很多。

为了简明起见，在作图时，要用道岔所衔接的中心线来表示道岔，如图 2-34 所示。

除了各种道岔以外，还有一种线路交叉设备，通常使用的叫作菱形交叉，在两条线路平面相交时，菱形交叉能引渡列车由一条线路跨越另一条线路。它由两组锐角辙叉和两组钝角辙叉组成，没有转辙器部分，机车车辆通过交叉设备时，只能沿原线路继续运行而不能转线，如图 2-35 所示。

电子课件

道岔

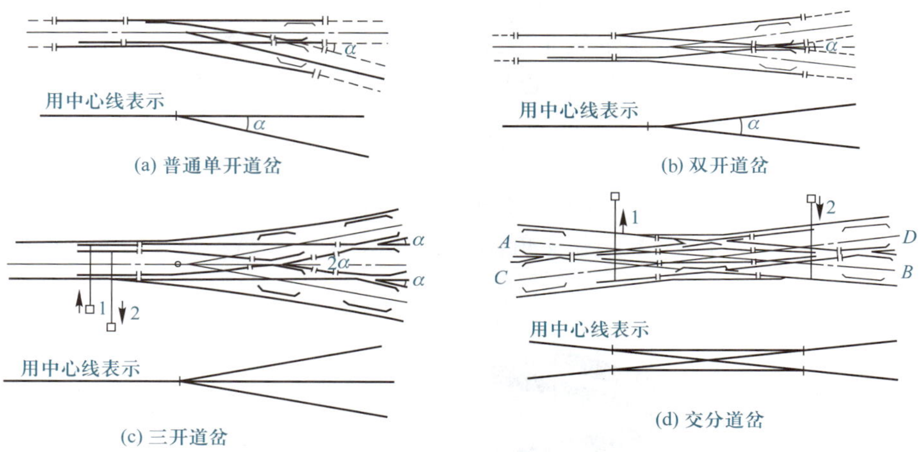


图 2-34 各种类型的道岔

微课
线路现场
教学

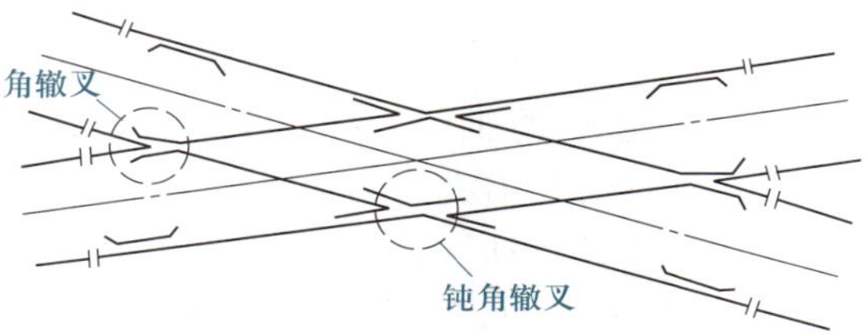


图 2-35 菱形交叉

为了使机车车辆能从一条线路进入另一条线路，应设置渡线。普通渡线设在两平行线路之间，由两副辙叉号数相同的单开道岔及两道岔间的直线段所组成，如图 2-36 所示。

交叉渡线设在两平行线路之间，它由 4 副普通单开道岔和一副菱形交叉组成，如图 2-37 所示。交叉渡线不仅可以开通较多的方向，而且可以节省用地，也是车站内使用较多的一种连接设备。

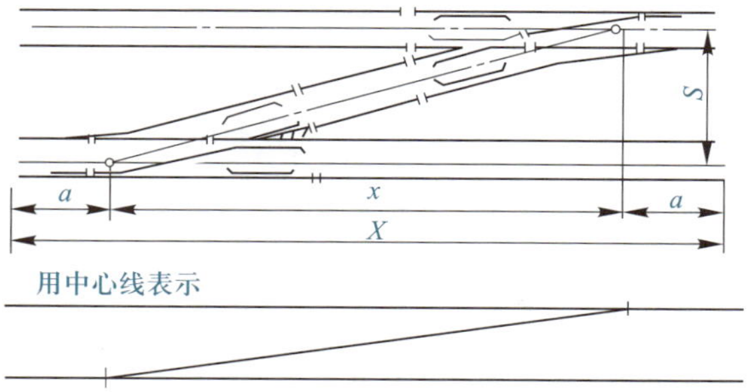


图 2-36 普通渡线

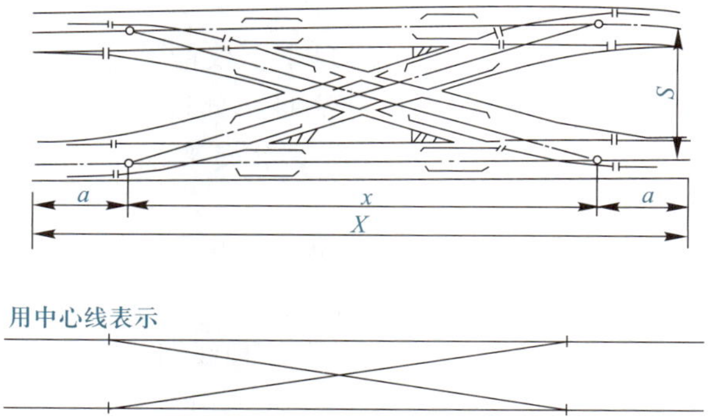


图 2-37 交叉渡线

如图 2-38 所示是各种类型的道岔。

(a) 普通单开道岔

(b) 双开道岔

(c) 三开道岔

(d) 复式交分道岔

(e) 交叉渡线

(f) 菱形交叉

图 2-38 各种类型的道岔图

## 2.4.2 轨道的类型

轨道作为列车运行的基础，它的强度应当满足该线路每年通过的最大运量和最高行车速度的要求。在列车重量大、列车密度和运行速度高的线路上，轨道强度应该大些，反之，则可以小些。轨道既然是综合性工程结构体，它的强度必然与各部分的材质、强度和数量等有关，如钢轨的重量与耐磨性，轨枕的种类和数量，联结零件的强度和道床的材料、厚度等。

### 1. 有砟轨道

微课
有砟与无砟
有缝与无缝

有砟轨道是铁路传统的轨道结构，它具有弹性好、造价低、更换与维修养护方便、噪声较小等优点，缺点是随着速度的提高，有砟轨道不均匀下沉越来越严重，轨道平顺性差，轨道破损加剧，从而使维修工作量显著增加，维修周期明显缩短。

目前，我国铁路有砟轨道按运营条件和轨道结构划分，主要分为特重型、重型、次重型、中型和轻型五种类型，如表 2-6 所示。

表 2-6 有砟轨道的类型

| 项目 | | | | | 单位 | 特重型 | 重型 | | 次重型 | 中型 | 轻型 |
|---|---|---|---|---|---|---|---|---|---|---|---|
| 运营条件 | 年通过总重量 | | | | 百万吨 | >50 | 25～50 | | 15～25 | 8～15 | <8 |
| | 旅客列车最高设计行车速度 | | | | km/h | ≤140 | 140 | ≤120 | ≤120 | ≤100 | ≤80 |
| 轨道结构 | 钢轨 | | | | kg/m | 75 或 60 | 60 | 60 | 50 | 50 | 50 或 43 |
| | 轨枕 | 混凝土枕 | 型号 | | — | Ⅲ | Ⅲ | Ⅱ或Ⅲ | Ⅱ | Ⅱ | Ⅱ |
| | | | 铺枕根数 | | 根/km | 1 680～1 720 | 1 680 | 1 840 或 1 680 | 1 680～1 760 | 1 600～1 680 | 1 520～1 640 |
| | | 防腐木枕 | 型号 | | — | — | — | Ⅰ | Ⅰ | Ⅰ | Ⅱ |
| | | | 铺枕根数 | | 根/km | — | — | 1 840 | 1 760～1 840 | 1 680～1 760 | 1 600～1 680 |
| | 碎石道床厚度 | 非渗水土路基 | 双层 | 道砟 | cm | 30 | 30 | 30 | 25 | 20 | 20 |
| | | | | 底砟 | cm | 20 | 20 | 20 | 20 | 20 | 15 |
| | | 岩石、渗水土路基 | 单层 | 道砟 | cm | 35 | 35 | 35 | 30 | 30 | 25 |

注：年通过总质量包括净载、机车和车辆的质量，单线按往复总质量计算，复线按每一条线的通过总质量计算。

电子课件
轨道的类型

### 2. 无砟轨道

由无砟道床组成的轨道称为无砟轨道，它是相对于有砟轨道而言的。无砟轨道是以混凝土或沥青混合料等取代散粒道砟道床而组成的轨道结构形式。由于无砟轨道具有轨道平顺性高、刚度均匀性好、轨道几何形位能持久保持、维修工作量显著减少等优点，在各国铁路得到了迅速发展。特别是高速铁路，一些国家已经把无砟轨道作为轨道的主要结构形式进行全面推广，并取得了显著的经济效益和社会效益。但无砟轨道也有它的缺点，如造价太高，对施工要求较高，在运营过程中一旦出现病害，整治比较困难，且噪声较大、轨道弹性较小。

无砟轨道有不同的结构形式，因为无砟轨道不仅要满足高速行车承载能力的需要，而且施工工艺简便、施工精度高也是重要的一方面，另外，混凝土道床板内钢筋布置较多，当采用无绝缘轨道电路时，势必对信号传输性能有所影响。因此，无砟轨道采用何种形式还与信号制式有关。典型的无砟轨道结构如图 2-39 所示。

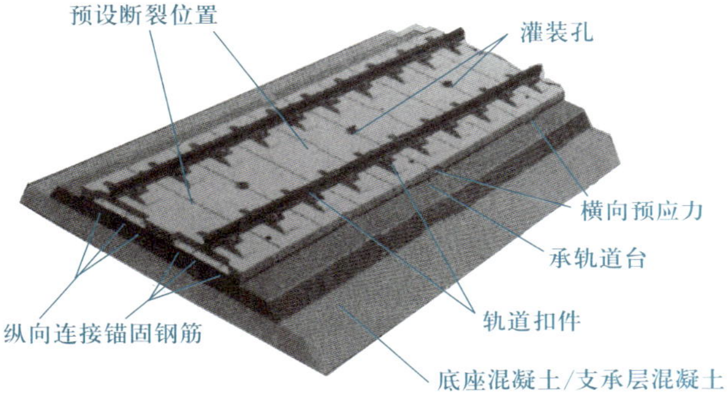


图 2-39 典型的无砟轨道结构图

国内对无砟轨道的研究始于 20 世纪 60 年代，我国初期曾试铺设过支承块式、短木枕式、整体灌筑式等整体道床以及框架式沥青道床等几种形式，但正式推广应用的仅有支承块式整体道床。国内高速铁路常用的无砟轨道有：CRTS Ⅰ、CRTS Ⅱ、CRTS Ⅲ型板式无砟轨道，CRTS Ⅰ、CRTS Ⅱ型双块式无砟轨道，岔区轨枕埋入式无砟轨道，岔区板式无砟轨道。如表 2-7 所示是我国某些客运专线无砟轨道的类型。

表 2-7 我国某些客运专线无砟轨道的类型

| 轨道结构类型 | 应用线路 |
|---|---|
| CRTS Ⅰ 型板式 | 遂渝试验段、石太、广州新客站、广深港、广株、沪宁城际等 |
| CRTS Ⅱ 型板式 | 京津城际、京沪、京石、石武、津秦、沪杭、合蚌等 |
| CRTS Ⅰ 型双块式 | 武广客专、合武、温福、福厦、襄渝、太中银等线路的长大隧道内 |
| CRTS Ⅱ 型双块式 | 郑西客专 |
| 岔区无砟轨道 | 轨枕埋入式：京津城际、武广客专、郑西客专等<br>板式：京津城际、武广客专、京沪等 |

## 2.4.3 无缝线路

### 1. 概述

在线路上,钢轨接头的数量是由钢轨长度决定的。我国钢轨标准长度为 12.5 m 和 25 m,这样,每千米线路上就要有 160 个或 80 个接头。为消灭或减少线路上的接头轨缝,把许多根标准长度的钢轨一根接一根连续地焊接起来,成为一定长度的长钢轨线路,这就是无缝线路,也叫长钢轨线路。现在,我国的无缝线路有两种,一种是普通的无缝线路,一种是跨区间的无缝线路。普通无缝线路是在焊轨厂用气焊的方法,将标准轨焊接成 250~500 m 的长轨条,运到现场再用铝热焊的方法焊接后就地铺设,长度一般为 1 000~2 000 m。另一种跨区间的无缝线路,移动焊轨列车用接触焊的方法在线路上把标准长度的钢轨焊接成设计长度的钢轨条。一般长钢轨可以长达几百千米,成为跨区间的超长无缝线路。上海至南京南的无缝线路跨越 43 个区间,全长 303 km。

与普通线路相比,无缝线路在其长钢轨段内消灭了轨缝,从而消除了车轮对钢轨接头的冲击,使得列车运行平稳、旅客舒适,延长了线路设备和机车车辆的使用寿命,减少了线路养护维修工作量,并能适应高速行车的要求,是轨道现代化的发展方向。

### 2. 基本原理

(1) 钢轨温度力

普通线路将多根钢轨联结成轨道,每隔 12.5 m 或 25 m 就会有一个接头,接头之间留有轨缝,约为 6 mm。留轨缝的目的是为了防止钢轨在热胀冷缩时产生的温度力破坏钢轨。无缝线路上钢轨已没有了接口,当温度变化时,钢轨不能自由伸缩,只能在钢轨内部产生应力,这个力是由轨温变化引起的,叫作温度力,它均匀地作用在钢轨的全长上。夏天轨温升高,钢轨内部产生压应力;冬天轨温降低,钢轨内部产生拉应力。由公式 $F=250\Delta t\cdot s$($s$ 为钢轨断面积)可以看出,温度力只和轨温变化有关。

铺设无缝线路的关键是设法克服长钢轨因轨温变化而产生的温度力问题。过去解决钢轨应力的办法是待温度力聚集到一定量时,采取应用释放措施,即在无缝线路长轨条之间铺设一段短轨,一般在春秋时间松开短轨上的扣件,各释放一次钢轨应力,以解决钢轨胀缩问题。这种方法不仅操作麻烦而且影响运输生产,已不再采用。现在采取加强轨道结构措施,如采用高强度Ⅲ型轨枕、高强度螺栓、加强扣件弹条扣压力等,把钢轨紧扣于轨枕上,称为锁定线路。当温度变化时,钢轨再不能自由伸缩,也不会出现胀轨变形及钢轨断裂等问题。

(2) 锁定轨温

锁定时无缝线路的锁定轨温又称“零应力轨温”,一根钢轨从自由状态转化为被完全固定状态(即铺设或维修时)时的轨温称为锁定轨温,此时,钢轨内部的温度应力等于 0。锁定轨温是无缝线路设计、铺设及养护维修线路的重要技术指标，选择锁定轨温时，以冬季钢轨不折断，夏季不发生胀轨跑道为原则。根据各个地区的轨温变化情况进行检算和调整，应使钢轨在冬季和夏季所受到的最大温度力尽量接近。一般采用稍高于本地区的中间轨温作为锁定轨温比较适宜。例如，北京地区最高轨温 62.6 ℃，最低轨温为−22.8 ℃，中间轨温为19.9 ℃，而设计时的锁定轨温一般采用 24 ℃。

## 2.4.4 轨道上两股钢轨的相互位置

为了确保行车安全，轨道除了应具有合理的组成外，还应保持两股钢轨的规定距离和钢轨顶面的相对水平位置。轨道几何形位是指轨道各部分的几何形状、相对位置和基本尺寸。为确保行车安全，轨道的两股钢轨之间应保持一定的距离。在小半径曲线地段，曲线轨距应考虑适当加宽，两股钢轨顶面应保持一定的相对水平和平顺度，为行车平稳创造条件。

### 1. 直线部分的轨距和水平

(1) 直线轨距

轨距是钢轨头部踏面下 16 mm 范围内两股钢轨工作边之间的最小距离。我国和大多数国家主要采用 1 435 mm 的标准轨距。与标准轨距相对应的还有宽轨距和窄轨距。宽轨距为 1 520 mm，主要在苏联和东欧各国采用；窄轨距有如 1 067 mm、1 000 mm、762 mm、600 mm 等，我国台湾地区采用 1 067 mm 的窄轨距，昆明局部分线路采用的是 1 000 mm 的窄轨距。

在机车车辆运行的长期作用下，轨距会有一定的偏差。我国规定这种偏差按线路速度等级划分，线路容许偏差值为−2～6 mm。轨距的误差全年不得改变，达到该标准在技术上来讲，要求非常严格，但非常重要，否则会产生脱轨、掉道、车毁人亡的大事故。

在直线地段的机车车辆，从它们的轮对和钢轨之间的相互位置（见图 2-40）可以看出：

$$S_0(\text{轨距})=q(\text{轮对宽度})+\delta(\text{活动量})$$

由于轮缘和钢轨之间有一个活动量（$\delta$），使轮缘能在两股钢轨之间自由滚动，而不会被卡住。

(2) 水平

直线地段两股钢轨的顶面应保持在同一水平。如有误差，在正线和列车到发线上，在规定的距离范围内两股钢轨的轨顶面高差不允许超过 4 mm。

### 2. 曲线部分的轨距和水平

(1) 曲线轨距加宽

在机车车辆同一转向架上，始终保持平行的最前位和最后位车轴中心线

微课
不简单的关系

电子课件
轨道上两股钢轨的相互位置

间的距离叫作固定轴距,轮对与钢轨的相对位置如图2-40所示。具有一定固定轴距的机车车辆走行部(转向架)在曲线上运行时,转向架的纵向中心线与曲线轨道中心线不一致,因而引起转向架前一轮对外侧车轮轮缘和后一轮对内侧车轮轮缘挤压钢轨,增加走行阻力。曲线半径越小,挤压钢轨越严重,为保证机车车辆的走行部能顺利通过曲线,因此要对小半径曲线的轨距适当加宽,如图2-41所示。我国《铁路技术管理规程》(以下简称《技规》)规定曲线轨距加宽如表2-8所示。

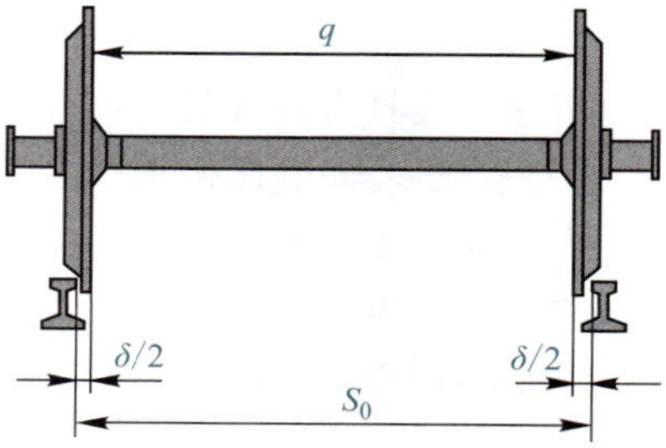


图2-40 轮对与钢轨的相对位置

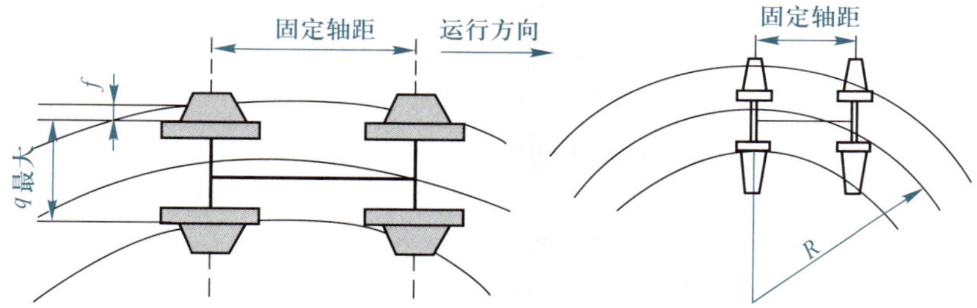


图2-41 曲线轨距加宽示意图

表2-8 曲线轨距加宽标准

| 曲线半径 $R$/m | 轨距加宽值/mm | 轨距/mm |
|---|---|---|
| $R \geqslant 350$ | 0 | 1 435 |
| $300 \leqslant R < 350$ | 5 | 1 440 |
| $R < 300$ | 15 | 1 450 |

(2)外轨超高

机车车辆在曲线上运行时,由于离心力的作用使曲线外轨承受了较大的挤压力,不仅加速外轨的磨耗,而且使旅客感到不舒适,严重时还会导致翻车事故。因此通常要将曲线上的外轨适当抬高,使机车车辆向内倾斜,从而平衡离心力。外轨比内轨高出的部分叫作超高,如图2-42所示。

我国规定外轨超高的最大值在单线地段不得超过 125 mm，复线地段不得超过 150 mm。

外轨超高和曲线加宽都是从缓和曲线的起点开始逐渐增加，到圆曲线起点时超高和加宽都应达到规定的值。在曲线地段由于设置超高而加厚了外轨下的道床，因而道床坡脚向外延长，为了保持路肩的应有宽度，所以路基也必须在外侧相应地加宽。

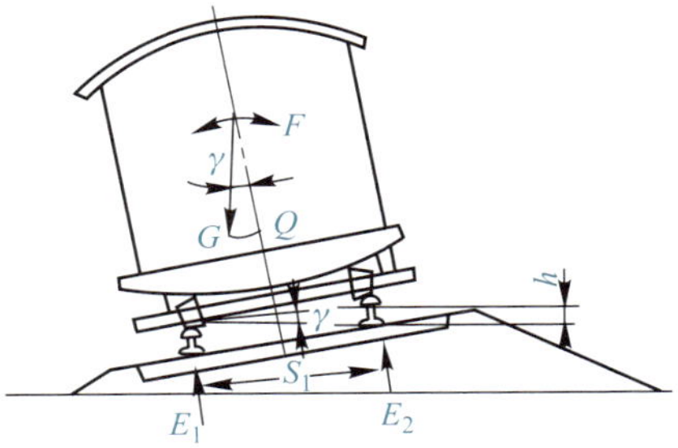

图 2-42 外轨超高原理图

**小提示：**

经常有人问，1 435 mm 这个标准轨距是怎样产生的呢？说法不一，比较多的人认为是罗马战车的车道沟影响了铁路轨距的宽度。但在里氏所著的《铁路的发展》一书中否认了这个说法，认为这不过是个偶合，标准轨距是在发展中得来的。1825 年通车的世界第一条营业铁路采用了 1 435 mm 这个轨距，在 1937 年召开的一次国际协会会议上，1 435 mm 的轨距被定义为标准轨距。

## 2.5 限 界

为了确保机车车辆在铁路线路上运行的安全，防止机车车辆撞击邻近线路的建筑物和设备，而对机车车辆和接近线路的建筑物、设备所规定的不允许超越的轮廓尺寸线，称为限界。铁路限界是一个与线路中心线垂直的横断面，其横向尺寸系指水平宽度，由线路中心线起算；其高度尺寸为垂直高度，自钢轨面起算，单位均为 mm。常规铁路基本限界可分为机车车辆限界和建筑限界两种。

### 2.5.1 机车车辆限界

机车车辆限界是机车车辆横断面的最大极限，它规定了机车车辆不同部位宽度、高度的最大尺寸和底部零件至轨面的最小距离。机车车辆限界是和桥梁、隧道等限界起相互制约作用的，当机车车辆在满载状态下运行时，也不会因产生摇晃、偏移等现象而与桥梁、隧道及线路上其他设备相接触，以保证行车安全。机车车辆限界如图 2-43 所示。

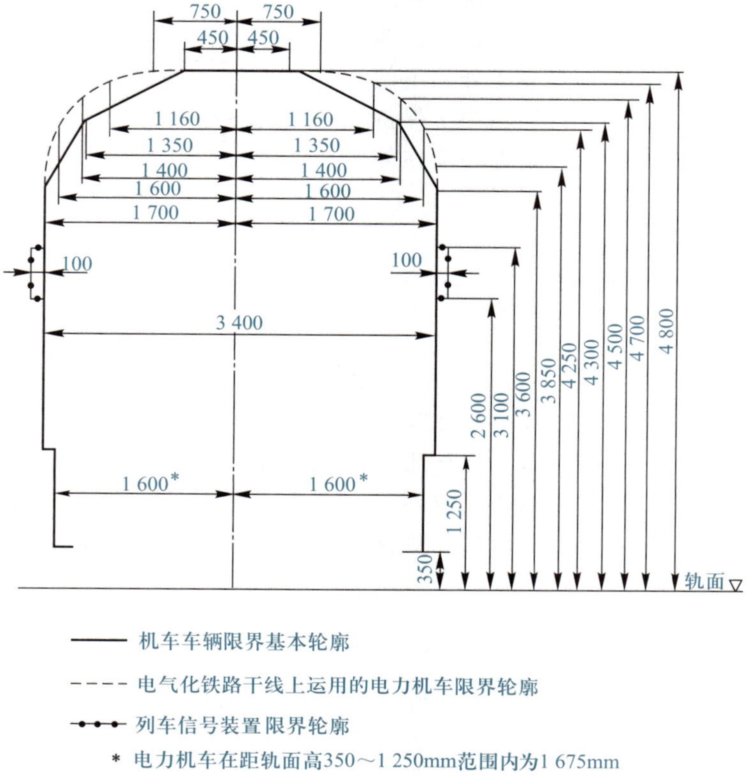


图 2-43 机车车辆上部限界图

## 2.5.2 建筑接近限界

建筑接近限界是一个和线路中心线垂直的横断面，它规定了保证机车车辆安全通行所必需的横断面的最小尺寸。凡靠近铁路线路的建筑物及设备，其任何部分（和机车车辆有相互作用的设备除外）都不得侵入限界之内。根据列车运行速度的不同，有不同的建筑限界，如客货共线铁路（$160\ km/h<v\leqslant 200\ km/h$）基本限界，如图 2-44 所示。

## 2.5.3 客运专线铁路建筑限界

客运专线铁路（$200\ km/h\leqslant v\leqslant 350\ km/h$）建筑限界如图 2-45 所示。曲线地段的建筑限界，应考虑因超高产生车体倾斜对曲线内侧的限界加宽，如

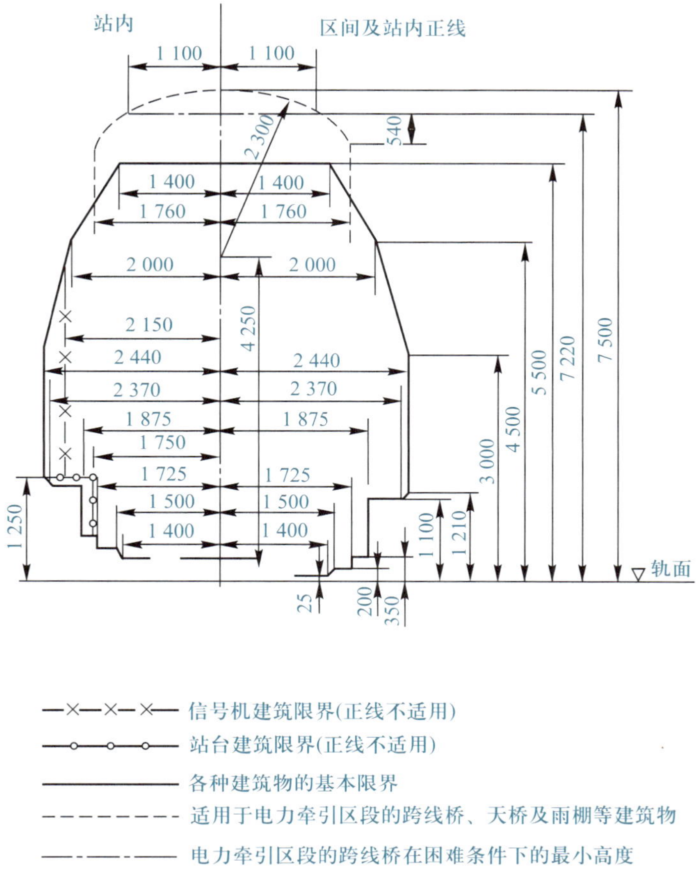


图 2-44　客货共线铁路基本建筑限界图
(160 km/h<$v$≤200 km/h)(单位:mm)

图 2-46所示。其加宽量为:

$$W=\frac{H}{1\ 500}h$$

式中　$W$——曲线内侧加宽量,mm;

$H$——轨顶面至计算点的高度,mm;

$h$——外轨超高值,mm。

曲线上建筑限界的加宽范围,包括全部圆曲线、缓和曲线和部分直线,采用如图 2-46 所示的阶梯加宽方法。

在机车车辆限界和直线建筑限界之间,留有一定的空隙,称为安全空间。留有安全空间的目的:一是为“组织超限货物列车”运行;二是为适应运行中的列车横向晃动偏移和竖向上下振动,防止与邻近的建筑物或设备发生碰撞。

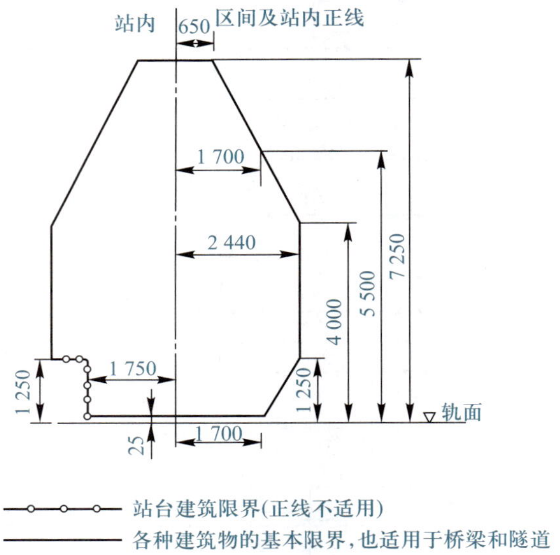


图 2-45 客运专线铁路建筑限界
(200 km/h≤$v$≤350 km/h)(单位:mm)

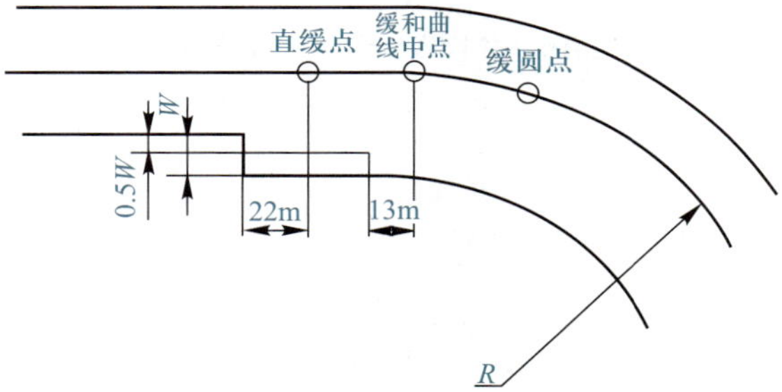


图 2-46 曲线上建筑限界阶梯加宽方法

## 2.5.4 超限限界

货物装车后在平直线路上停留时，货物的高度和宽度有任何部位超过机车车辆限界或特定区段装载限界，称为超限货物。按货物超限的程度，分为一级超限、二级超限和超级超限三个级别。一级超限和二级超限限界如图 2-47 所示。对于超限货物的运输，则需要采取特殊的组织方法来进行。

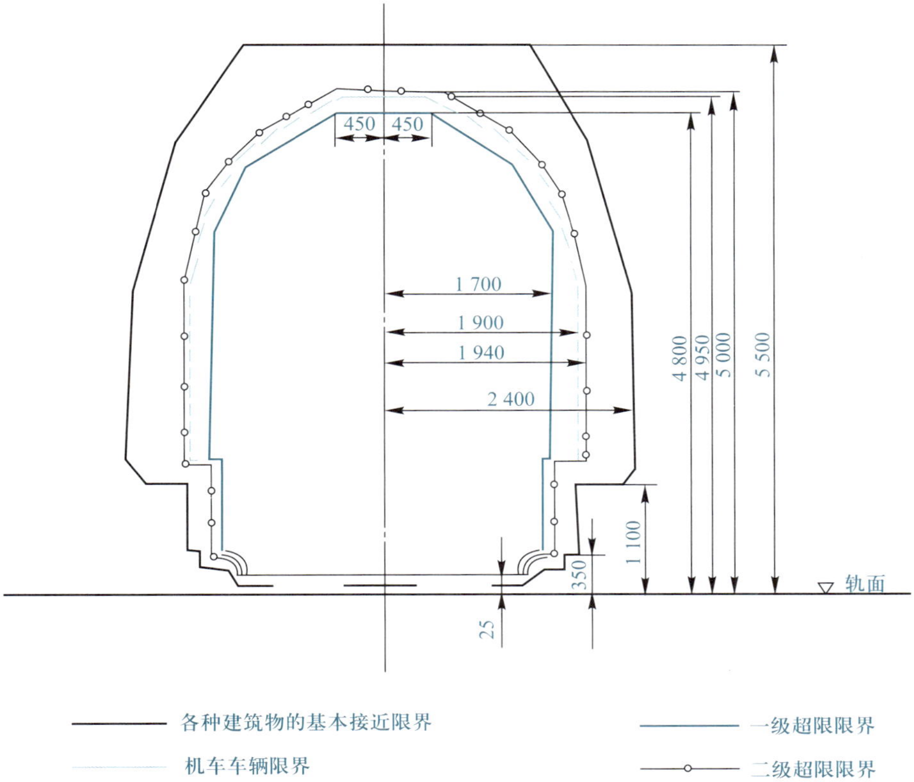


图 2-47 一级和二级超限货物限界(单位:mm)

## 2.6 工务工作

在列车不间断地运行和自然条件作用下,铁路线路会发生变形或损坏。为了确保列车能按规定的速度安全、平稳和不间断地运行,以及延长线路各组成部分的使用寿命,必须加强线路的养护和维修工作,使线路设备经常保持完好状态,这就是铁路工务部门的基本任务。

工务段是工务部门的基层生产单位,负责领导线路维修工作。每一工务段管辖的线路(营业长度)一般单线为 150~250 km,复线为 100~150 km。工务段下设若干个领工区,每一领工区再设 4~5 个工区或机械化维护工队,分别负责管辖范围内的线路维修工作。

线路的维修养护工作主要包括线路的经常维修和线路的大中修。

### 2.6.1 线路维修

线路经常维修的基本任务是经常保持线路状态的良好,使列车能按规定速度安全、平稳和不间断地运行，并尽量延长设备使用寿命。线路维修工作包括综合维修（计划维修）、紧急补修、重点病害整治、临时补修和巡道工作等。

综合维修是在线路大中修之间，根据线路变化规律和特点按周期对线路进行综合性修理，以改善轨道弹性，调整轨道几何尺寸，整修和更换设备零部件，以恢复线路良好的技术状态。我国铁路规定正线、到发线、道岔和主要站线、专用线每年必须做一遍计划维修。

综合维修基本作业包括起道、拨道、改道、调整轨缝、捣固、清筛道砟等。起道是矫正线路的纵断面，就是将钢轨和轨枕向上抬至必要高度；拨道是矫正线路的平面，就是将钢轨和轨枕一起横移至规定位置；改道是改正轨距；捣固是将钢轨底部轨枕下的道砟捣压密实。

紧急补修是指在计划维修之处的个别地点，由于出现超过容许误差的线路质量问题而必须立即进行的紧急修理工作。

重点病害整治是指彻底消除线路上较长时期存在的、工作量大的某些病害，例如全面整治接头、整治线路爬行，彻底整治路基翻浆冒泥等。

临时补修是指及时整修超过临时补修容许误差及其他不良处所的临时性修理，以保证行车平稳和安全。

巡道工作是保证线路状态良好，维护行车安全的必要措施。巡道工人的任务是在工区管内负责巡视钢轨、道岔及联结零件等的状态；察看路基是否有沉陷、塌方、水害、雪害等情况，以及信号及线路标志是否完好等。此外，巡道工人还应对所发现的不良现象尽力做好处理工作。

道口看守是在列车通过前后适时关、开栏杆或栏门，保证道口安全。

微课
线路医生与设备

### 2.6.2 线路大修

线路维修的特点在于预防线路病害的发生，保持线路的良好状态。但是经过较长时间后，线路的各个部分还会发生磨损或变形。当磨损或变形达到相当程度时，单靠维修就难以整治了，因此有必要进行线路大修。线路大修施工的内容有：矫正并改善线路的平面和纵断面，全面更换或抽换、修理钢轨；更换或补充轨枕；清筛和更换道床，补充道砟，全面起道并捣固、改善道床断面；整治路基和安装防爬设备等。线路经过大修后，其质量标准应符合设计要求或得到加强。

### 2.6.3 线路作业的机械化

电子课件
工务工作

线路作业是一项既费时费工，又极为繁重的体力劳动，它需要占用大量的人力、物力和财力。例如，更换 1 km 钢轨，其质量就有 100 多吨；更换 1 km 钢筋混凝土轨枕，需要 10 辆 50 t 的车皮来运输；清筛 1 km 道床需要 800～1 000 个工。人工养护线路劳动强度大，工作效率低、作业质量差。为了改变人工作业的落后面貌，提高维修质量和作业效率，节约劳动力和维修费用，世界各国都在努力研制各种养路机具。

我国线路作业机械化程序也大为提高，在工务段普遍设立了机械化工队和养路工区，配备了以单项、小型为主的养路机械，如小型液压捣固机、扒砟机、边坡回填机、液压机道机、锯轨机、钢轨钻孔机等，从而减轻了劳动强度，提高了作业效率。

随着铁路速度、轴重的不断增加，养护维修的标准不断提高。20 世纪 80 年代中期以后，我国开始引进少量国外先进的大型养路机械试用，在取得一定使用经验和效果后，引进国外先进的大型养路机械技术，在消化吸收的基础上实现了自行生产，如 08-32 型、09-32 型自动抄平起道拨道捣固车、RM80 清筛机、动力稳定车、配砟整形车、钢轨探伤车、钢轨打磨车、道岔捣固车等产品，并装备了多个大型养路机械化线路段，基本形成了综合生产能力，如图 2-48～图 2-50 所示。

图 2-48 道砟清筛车

图 2-49 配砟整形车

图 2-50 连续式捣固稳定车

目前，养路机械已由小型到大型、由低级到高级、由单机到联合机械，逐步发展到采用先进技术设备的大型、高效、多功能的机械。例如，08-32 型自动抄平起道拨道捣固车，每小时可以捣固线路 1 000～1 300 m；RM80 清筛机每小时可清筛道砟 650 m；线路大修列车能够完成拆卸旧轨排直到铺设新轨排的全部作业，每小时作业进度为 200 m 以上等。

由于客运专线、高速、重载铁路的快速发展，对行车安全和线路质量的要求也在不断提高。以动态检测、静态检测为基础的公务信息化管理已逐步取代传统的管理方法和手段。公务信息化开始于 1984 年，最早用于曲线拨移和桥梁鉴定计算等。随着数据库技术的广泛应用,建立了设备静态数据库管理。除此之外,利用综合检查车、轨检车、车载式线路检查仪、轨道检查仪等先进的检查、检测设备。在客运专线上还安设了雨量、风速、异物侵线等防灾预警系统,运用网络技术对线路进行不间断地检查、监控,并应用计算机进行科学分析,指导养护维修作业,以最快捷的方法消除病害、灾害对行车安全的影响,保证了列车运行的安全。

机械化维修机具比较笨重,综合作业时占用线路的时间较长,往往需要封锁线路。《铁路主要技术政策》明确规定,繁忙干线应在列车运行图上安排工务、电务、供电等设备综合维修“天窗”。铁路运输中的“天窗”是指铁路列车运行图中,不铺画列车运行线而为施工和维修作业预留的时间。目前,各国都在着重研究如何进一步强化线路结构的形式,以减少线路的维修作业量。

如果说一条条铁路就像人身体的动脉,那么铁路沿线的工务人员则像医生,现代化的养路机具则是医生的良器,他们共同为铁路线路的运输安全和提速扩能做出了巨大的贡献!线路的维修与养护虽然工务人员的工作内容,但是爱路护路,尽职尽责是对每一个铁路人工作态度的基本要求。热爱铁路事业,热爱本职工作,以高度的主人翁责任感,爱护和保卫铁路的各项设施,维护铁路治安和运输生产的正常秩序,是每一个铁路人应有的职业道德。

拓展视频
宜万铁路

## 【拓展提高】

### 宜万铁路线路简介

1. 工程简介

宜万铁路是我国铁路“四纵四横”铁路网中沪汉蓉大通道的重要组成部分,是连接我国中西部地区的重要交通纽带。建设宜万铁路,对于完善路网结构,促进长江流域国土资源开发和经济社会发展,加快实施中部崛起和西部大开发战略,具有重要意义。

宜万铁路线路全长 377 km,共有隧道 159 座,桥梁 253 座,被誉为“铁路桥隧博物馆”。沿线设宜昌东、宜昌南、长阳、巴东、建始、恩施、利川、齐岳山、罗田、鱼背山、五桥、万州等 12 座车站,其中宜昌东和万州站为既有车站改扩建。

线路途经湖北省、重庆市的七个市(县、区),由宜昌跨长江而出,经车溪、椰坪、巴东(野三关镇)、建始等少数民族重镇,进入恩施;由恩施跨清江后,经白果、利川、凉雾、罗田,再跨长江进入重庆万州。

2003 年 12 月 1 日在恩施举行开工典礼,2004 年年初开工建设,2010 年 12 月 22 日开通运营,历时 7 年。

2. 主要技术标准

线路等级:Ⅰ级。

正线数目：宜昌东至凉雾段复线，凉雾至万州单线。

轨道：正线采用 P60 轨，全线铺设无缝线路，大于 3 km 隧道采用 CRTS Ⅰ 型双块式无砟轨道结构。

限制坡度：9‰，加力坡 18‰。

最小曲线半径：160 km/h 地段（宜昌东至凉雾）一般条件 2 000 m，困难条件 1 600 m；120 km/h 地段（凉雾至万州）一般条件 1 200 m，困难条件 800 m。

牵引种类：电力。

机车类型：客机动车组和 $SS_9$，货机采用 $SS_4$ 和 $HXD_3$。

牵引质量：3 500 t。

到发线有效长度：单机 850 m，双机 880 m。

闭塞类型：复线区段自动闭塞，单线区段半自动闭塞。

宜万铁路建设者们坚持铁路建设新理念，依靠科技，自主创新，艰苦奋斗，拼搏贡献，攻克了复杂山区岩溶隧道、桥梁、路基等建设的多项世界级工程技术难题。宜万铁路的建成彻底改变了鄂渝川毗邻地区没有铁路的历史，铸就了中国铁路建设史上永远的丰碑。

## 【巩固练习】

### 一、填空题

1. 我国铁路一共分为________个等级。

2. 基建程序要求铁路建设划分为 3 个阶段，即____________、____________和____________。

3. 铁路线路是由________、________和________组成的一个整体工程结构。

4. ________、________是列车线路运行两大种类的阻力。

5. 路基最常见的两种基本形式是________和________。

6. 路基工程主要由________、________和________ 3 部分建筑物组成。

7. 坡道的陡与缓常用________来表示。坡度的大小通常是用________表示。

8. 桥梁主要由________、________和________ 3 部分组成。

9. 桥梁按建筑材料分有________、________和________等。

10. 在我国，钢轨的类型和强度以每米长度的质量________表示，现有的标准钢轨类型有________ kg/m、________ kg/m、________ kg/m 等类型。

11. 转辙器包括________、________和________。

12. 辙叉及护轨包括________、________及________。

13. 钢轨由________、________、________构成。

14. 目前我国钢轨的标准长度有________ m 和________ m 两种。

15. 轨枕按照制作材料分，主要有________和________两种。

16. 车轮与钢轨头部的接触面称为________。

17. 铁路轨道由________，________，________，________，________及________等主要部件组成。

18. 铁路轨道的作用是引导________，直接承受________，并把他传递给________或________。

**二、判断题**

1. 坡道坡度的大小通常用百分率来表示。（ ）

2. 线路标志应埋设在计算里程方向的线路的右侧。（ ）

3. 线路中心线在水平面上的投影叫作铁路线路的平面。（ ）

4. 我国采用 1 520 mm 宽轨距。（ ）

5. 桥梁标一般设于桥头，标明桥梁编号和桥梁中心里程。（ ）

6. 轮缘的作用是防止轮对脱轨，保证车辆在线路上安全运行。（ ）

7. 列车在运行的时候，速度越快，所产生的离心力越大。（ ）

8. 为了使钢轨具有最佳的抗弯性能，钢轨的断面形状采用“工”形。（ ）

9. 联结零件包括接头联结零件和中间联结零件两类。（ ）

10. 道岔上的有害空间不是限制列车过道岔速度的一个重要因素。（ ）

11. 在规定的距离范围内两股钢轨的轨顶面高差允许超过 4 mm。（ ）

12. 在列车重量大，列车密度和运行速度高的线路上，轨道强度应该大些，反之，则可以小些。（ ）

13. 轨距是两股钢轨轨头顶面下 16 mm 范围内两钢轨工作边之间的最小距离。（ ）

14. 因列车运行时纵向力的作用使钢轨产生纵向移动，有时甚至带动轨枕一起移动，这种现象叫轨道爬行。（ ）

15. 按货物超限的程度分为一级超限、二级超限和三级超限。（ ）

16. 铁路基本限界可分为机车车辆限界和建筑接近限界两种。（ ）

**三、简答题**

1. 什么叫轨道？其基本组成有哪几部分？

2. 什么叫线路的平面和纵断面？它们的组成要素分别是什么？

3. 什么叫缓和曲线？缓和曲线的作用是什么？

4. 什么叫限制坡度？限制坡度的大小对铁路运输有什么影响？

5. 道岔是一种什么设备？其组成包括哪三大部分？

6. 在曲线地段为何要进行轨距加宽与外轨超高？

7. 工务部门的职责是什么？其基层生产单位叫什么？

# 第3章 铁路车辆

## 【问题引入】

汽车和火车都是人们熟悉的交通工具，如图3-1所示，但是大多数人对汽车的了解通常会更多。人们可以通过汽车尾部的标志来识别汽车的品牌，通过汽车的外形识别汽车是货运汽车还是客运汽车，那么，铁路线上飞驰的火车是否也能这样区分？

- 铁路车辆也像汽车一样有自己的品牌标识吗？车体上涂打的标志代表什么含义呢？
- 评价汽车的技术参数有整备质量、百公里油耗等，对于铁路车辆而言，应主要关注哪些技术参数呢？
- 普通小型汽车有四个橡胶轮胎，铁路车辆的“轮胎”有什么特别之处呢？
- 列车是由多节车厢“拼接”而成的一列纵队，那么车厢之间是如何进行连接的呢？
- 汽车的制动可以通过踩刹车来实现，列车这样一个庞然大物是如何实现准确快速制动的呢？
- 汽车需要定期去4s店进行检修，铁路车辆的检修在哪里进行呢？

图3-1　汽车与火车

## 【教学导航】

本章主要学习铁路车辆的基本知识,具体如图 3-2 所示。

图 3-2 学习导航

## 【知识讲授】

微课
车辆这个大家庭

# 3.1 铁路车辆概述

铁路车辆是铁路运送旅客和货物的设备。除动车组的动车外,它一般没有动力装置,必须由机车牵引才能沿线路运行。

## 3.1.1 铁路车辆分类

电子课件
铁路车辆概述

铁路车辆按用途可分为客车、货车及特种用途车;铁路车辆按轴数分为四轴车、六轴车、多轴车等,轴数越多,车轮也越多,载重量就越大;按车辆的载重分,货车有 50 t、60 t、75 t、90 t 等不同的载重量。

### 1. 客车

客车分为供旅客乘坐、为旅客服务用及特种用途车辆三种。

(1) 供旅客乘坐的车辆主要有硬座车、软座车、硬卧车、软卧车、双层车等,如图 3-3 和图 3-4 所示。

图 3-3 25K 型空调硬座客车

图 3-4 25B 型双层硬座车

（2）为旅客服务用的车辆主要有餐车、行李车等。餐车设有厨房、餐室等设备，是供旅客旅途中进餐的车辆。行李车设有行李间、行李员办公室等设备，是供旅客运送行李、包裹的车辆。

（3）特种用途车辆主要有邮政车、空调发电车、公务车、医疗车、卫生车、文教车等。邮政车设有邮政间及邮政员办公室等设备，是供运送邮件使用的车辆。公务车是供有关铁路人员到铁路沿线执行公务用的专用车辆。卫生车是专供运送伤、病员用的车辆，车内设有简单的医疗设备。试验车有轨道检查车、电力试验车、牵引试验车等，供各种铁路试验用，如图 3-5 所示。

图 3-5 轨道检测车

## 2. 货车

微课
铁路货车车辆

货车是供运送货物的车辆。货车类型很多，按用途分为通用货车、专用货车和特种用途货车三种。

（1）通用货车

通用货车是装运普通货物的车辆，其货物类型多不固定，也无特殊要求，所占比例较大，一般有平车、敞车、棚车等。

棚车由侧壁、端壁、地板和车顶、门和窗组成，用于运送怕日晒、雨淋、雪侵的货物，包括各种粮谷、日用工业品及贵重仪器设备等，如图 3-6 所示。

敞车车体无车顶，主要供运送煤炭、矿石、矿建物资、木材、钢材等大宗货物用,也可用来运送重量不大的机械设备。若在所装运的货物上蒙盖防水帆布或其他遮篷物后,可代替棚车承运怕雨淋的货物。因此敞车具有很大通用性,在货车组成中数量最多,约占货车总数的50%以上,如图3-7所示。敞车按卸货方式不同可分为两类:一类是适用于人工或机械装卸作业的通用敞车;另一类是适用于大型工矿企业、站场、码头之间成列固定编组运输,用翻车机卸货的敞车。

图3-6 $P_{64}$型棚车

图3-7 $C_{80}$型敞车

大部分平车只有地板,两侧设有柱插,用于装运原木、钢材、建筑材料等长型货物和集装箱、机械设备等,有些平车装有高0.5~0.8 m可以活动的侧墙和端墙,需要时可以将其竖起,以便装运一些通常由敞车运输的货物,如图3-8所示。

图3-8 $NX_{70}$型平车

(2)专用货车

专用货车指专供装运某一种或某几种类货物的车辆,同一种车辆要求装载的货物重量或外形尺寸比较统一,有时在铁路上的运营方式也比较特别,如固定编组、专车运行等。专用货车有家畜车、罐车、冷藏车、矿石车、水泥车、集装箱车、粮食车、长大货货车等。

罐车如图3-9所示,车体外形大多为一个卧放的圆筒,也有立置筒形、槽形、漏斗形等。罐车用于装运各种液体、液化气体和粉末状货物等,按货物品种分为轻油用罐车、黏油用罐车、酸类罐车、水泥罐车、液化气体罐车、粉末状货物罐车等多种;按卸货方式可分为上卸式罐车和下卸式罐车。罐车罐体为全封闭型结构，本身有足够的强度和刚度，因此有些新型罐车取消了枕梁间的部分底架，成为无底架罐车。这种罐车自重较轻，但由于所装货物多属易燃品或危险品，为了保证运输安全，罐体连接处必须有极高的可靠性。

冷藏车外形似棚车，周身都装有隔热材料，侧墙上有可密闭的外开式车门，用于运送易腐货物。车内有降温装置，可使车内保持需要的低温；有的车还有加温装置，在寒冷季节可使车内保持高于车外的温度。按冷藏设备的不同，有加冰冷藏车和机械冷藏车等，如图 3-10 所示。

图 3-9　$GY_{80K}$ 型液化气体铁路罐车

图 3-10　$B_{20}$ 型五节式机械冷藏车组

矿石车是专门用来运送矿石、矿粉用的车辆，车体有固定的侧墙、端墙和卸货用的车门，为卸货方便，有的车体下部做成漏斗形，设底开门（又称漏斗车）。有的车体能向一侧倾斜，由侧门卸货（又称自翻车），如图 3-11 所示。

水泥车用来装运散装水泥，为密封式的罐型车体，车顶有装水泥的舱孔，设气卸式卸货装置，用压力空气卸货，供运送散装水泥之用，如图 3-12 所示。

图 3-11　Kf-60 自翻车

图 3-12　水泥车

集装箱车供运送各系列集装箱之用，无车底板和车墙板，车底架设固定式、翻转式锁闭装置和门止挡，以便锁闭伪装箱，如图 3-13 所示。

特长和特重货物无法用一般的铁路货车来装运，必须使用专门的长大货物车。长大货物车的车辆长度一般在 19 m 以上，无墙壁、载重 70 t 以上。长大货物车专供运送特大、特重、特长货物，如大型机床、发电机、化工合成塔等。长大货物车按其结构形式可分为长大平板车、凹底平车(俗称元宝车)、落下孔车、钳夹车等。由于这些车的载重及自重都较大，为适应线路允许的轴重要求，车轴数较多。

如图 3-14 所示是纵向梁中部做成下凹而呈元宝形的凹底平车；如图 3-15 所示是底架中央部分做成空心，货物通过支撑架坐落在孔内的落下孔车；如图 3-16所示是将车辆制成两节，货物钳夹在两节车之间或通过专门的货物承载架装载在两节车之间的钳夹车。

图 3-13　$X_{1K}$ 集装箱平车

图 3-14　载重 320 t 的 $D_{32A}$ 型凹底平车

图 3-15　$DK_{36A}$ 型落下孔车

图 3-16　$D_{38}$ 型钳夹式长大货车

(3) 特种用途货车

特种用途货车指一般不直接用于运送旅客和货物，而是有特殊用途的车辆，如卫生车、文教车、检衡车、发电车、救援车、扫雪车等。

## 3.1.2　铁路车辆尺寸

车辆的主要尺寸包含以下几项。

### 1. 车辆全长

车辆全长指车辆两端的车钩在闭锁位置时，两钩舌内侧面之间的距离，以米为单位，如图 3-17 所示的 $A$。

### 2. 车辆全轴距

车辆全轴距是指任何车辆的最前位车轴与最后位车轴中心线间的水平距离，如图 3-17 所示的 $B$。

### 3. 车辆定距

车辆定距又称车辆销距，是车辆底盘两心盘中心线之间的水平距离，如图 3-17中所示的 $C$。

### 4. 车辆固定轴距

车辆固定轴距是指同一转向架最前位和最后位车轴中心线间的水平距离，如图 3-17 所示的 $D$。

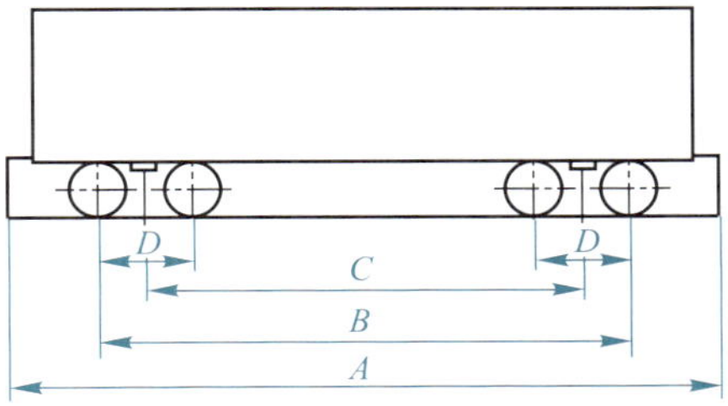


图 3-17　车辆纵向尺寸参数

$A$—车辆全长；$B$—车辆全轴距；$C$—车辆定距；$D$—车辆固定轴距

## 3.1.3　铁路车辆标记

微课
现场教学——铁路车辆

为了表示车辆的类型和特征，并使人们易于区别同一类型的各个车辆，满足使用、检修和统计上的需要，每一铁路车辆均应具备规定的标记。车辆标记分为运用标记、产权标记、制造标记和检修标记。

### 1. 运用标记

运用标记是铁路运输管理部门如何运用车辆的依据，主要有以下几种。

（1）车辆编码

为了对车辆识别与管理，特别是为了满足全国铁路用计算机连网管理的需要，必须对运用中的每一辆车都进行编码。

编码（即车号）一般由基本型号、辅助型号及号码三部分组成，如图 3-18 所示。基本型号用汉语拼音字母表示，代表车辆种类，客车用两个字母表示，货车一般用一个字母表示，如表 3-1 所示；辅助型号代表同一车型中车辆结构，用阿拉伯数字表示；号码表示某种车型的顺序编号。

车号编码均为数字，因车种、车型不同，区分了使用数字的范围，如客车中的硬座车起讫号码为 300000～499999，硬卧车起讫号码为 600000～799999；货车中的棚车起讫号码为 3000000～3499999，敞车起讫号码为 4000000～4899999，平车起讫号码为 5000000～5099999。

表 3-1 部分车辆基本型号编码表

| 客车 | | | 货车 | | |
|---|---|---|---|---|---|
| 序号 | 车种 | 代码 | 序号 | 车种 | 代码 |
| 1 | 软座车 | RZ | 1 | 棚车 | P |
| 2 | 硬座车 | YZ | 2 | 平车 | N |
| 3 | 硬卧车 | YW | 3 | 敞车 | C |
| 4 | 软卧车 | RW | 4 | 集装箱车 | X |
| 5 | 餐车 | CA | 5 | 矿石车 | K |
| 6 | 行李车 | XL | 6 | 罐车 | G |
| 7 | 邮政车 | UZ | 7 | 保温车 | B |
| 8 | 公务车 | GW | 8 | 毒品车 | W |
| 9 | 医务车 | YI | 9 | 家畜车 | J |
| 10 | 卫生车 | WS | 10 | 水泥车 | U |
| 11 | 试验车 | SY | 11 | 粮食车 | L |
| 12 | 文教车 | WJ | 12 | 特种车 | T |
| 13 | 特种车 | TZ | 13 | 长大货物车 | D |
| 14 | 双层硬坐车 | SYZ | | | |

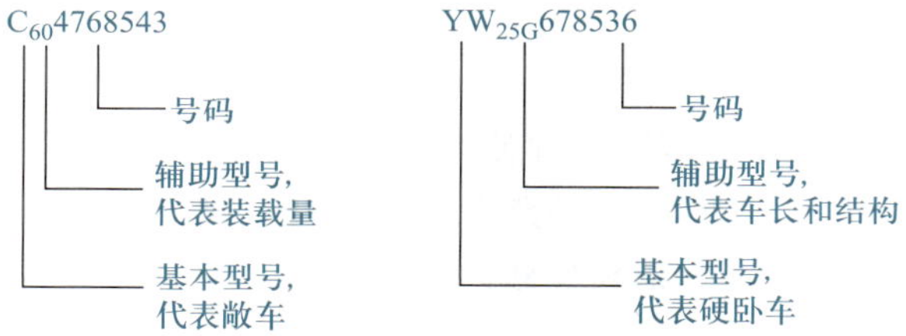


图 3-18 车辆型号编码

（2）自重、载重及容积

自重为空车时车辆本身的重量，以吨为单位，保留一位小数；载重即车辆允许的最大装载重量，以吨为单位；容积是货车内部可容纳货物的体积，以车体内部长、宽、高的乘积表示。

（3）车辆换长

换长是为了编组列车时统计工作的方便，将车辆全长换算成辆数来表示的长度，换算时以长度 11 m 为计算标准，也就是以车辆的全长（m）除以 11 m 所得的商，就是该车的换长，计算中保留一位小数，尾数四舍五入。

（4）车辆定位

设置车辆定位就像数学上给定坐标系一样，便于在设计、制造、检修、运用中确定同类型零部件在车辆中的位置。车辆的定位一般以制动缸活塞杆推出的方向为1位端，相反的方向为2位端，如图 3-19 所示，并在车上规定的部位涂刷上方位标志。

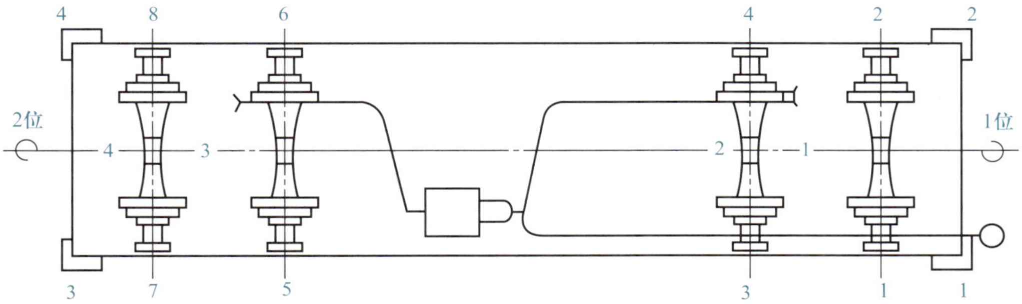


图 3-19　车辆方位图

车辆零部件方位称呼规则：当人面对车辆的 1 位端站立时，对排列在纵向对称轴上的构件可由 1 位端顺序向 2 位端编号，如转向架、轮对，底架上的同形横梁等均可按此编号；对分布在对称轴左右的构件，则左侧为奇数，右侧为偶数。

（5）表示车辆设备、用途标记

表示可以参加国际联运的客货车。

表示禁止通过机械化驼峰的货车。

表示具有车窗、床托等的棚车，可以运送人员。

表示具有拴马环或其他拴马装置的货车。

## 2. 产权标记

（1）国徽

凡参加国际联运的客车须在侧墙外中部悬挂国徽。

（2）路徽

凡产权归中国铁路总公司（原铁道部）的车辆均应在侧墙或端墙适当的部位涂刷路徽，表示人民铁路，如图 3-20 所示。对于货车还应在侧梁适当部位安装产权牌，如图 3-21 所示。

（3）路外厂矿企业自备车辆的产权标志

路外厂矿企业的自备车因运送货物或委托路内厂、段检修而需要在正线上行驶时，一般在侧墙上或其他相应部位用汉字涂打上“××企业自备车”字样。

图 3-20　路徽

图 3-21　产权牌

（4）配属标记

所有客车以及个别有固定配属的货车，必须涂刷上所属局、段的简称。

### 3. 检修标记

检修标记是便于车辆计划预防性修理制度执行与管理的标记，即厂修、段修标记和辅修及轴检标记。它记下本次修程、类型及检修责任单位，并提醒下一次同类修程应在何时进行等，且车辆一旦发生重大行车事故，可借此追查与车辆检修有关的责任单位及责任者。检修标记共有两种。

（1）厂修、段修标记

如图3-22所示的标记中，第一栏为段修标记，第二栏为厂修标记，左侧为下次检修年月，右侧为本次检修年月及检修单位的简称。

（2）辅修标记及轴检标记

货车除厂、段修外尚有辅修及轴检。辅修周期为6个月；轴检须视轴承的不同形式规定周期。若为滚动轴承装置，其轴检并入辅修内进行，不另打标记；若为滑动轴承装置，轴检周期一般为3个月。

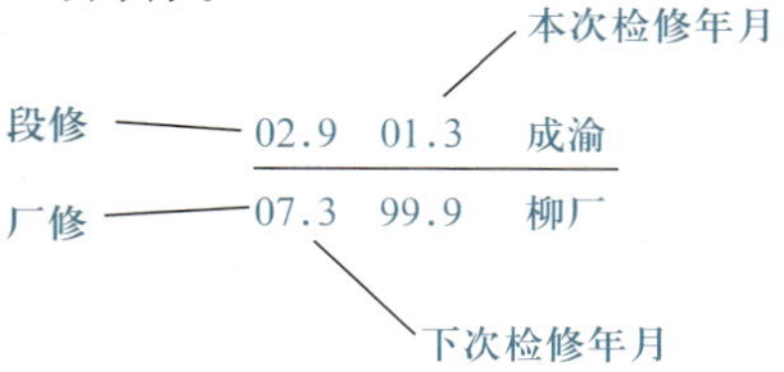

图3-22 厂修、段修标记

铁路车辆辅修检修周期为6个月，标记形式如图3-23a所示，图中辅修标记表示这辆车在9月15日由成都车辆段施行辅修，下次辅修到期是次年的3月15日。轴检标记形式如图3-23b所示。

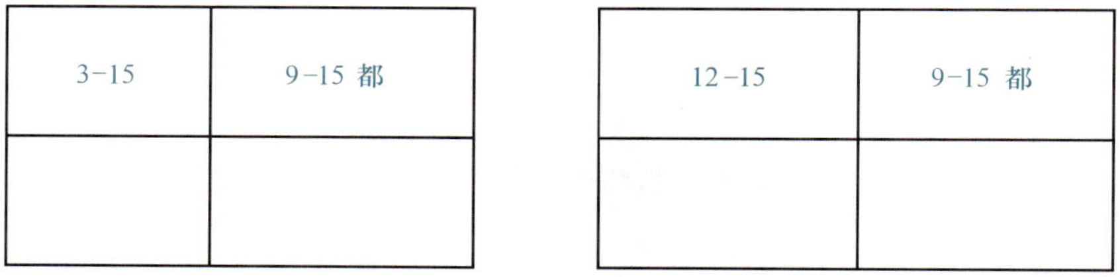

(a) 辅修标记　(b) 轴检标记

图3-23 辅修标记和轴检标记

作为铁路员工，工作过程中必须遵章守纪，遵章守纪是保证安全的前提和基础。在车辆的检修过程中，检修员必须遵章守纪，有强烈的责任感，不放走任何到期车，甚至过期车。列车到期或者过期未检修而在列车队中超期运行，将会带来许多隐患从而影响铁路运行安全。

## 3.1.4 车辆经济技术参数

车辆经济技术参数是表明车辆结构上和运用上某些特征的一些指标，通常包括下列各项。

### 1. 自重系数

自重系数是车辆自重与标记载重的比值。自重系数小,说明机车对运送单位重量货物所做的功少,比较经济。今后我国将大量制造大吨位的货车,以压缩车辆的自重系数,有利于降低货运成本,满足货物重载运输的需要。

### 2. 轴重

轴重是车辆总重与轴数之比,即车辆每一轮对加于轨道上的重力。车辆的轴重受轨道和桥梁结构强度(允许的荷载)的限制,所以不允许超过规定数值。目前,我国线路允许的最大轴重为 25 t。

### 3. 单位容积

单位容积是车辆设计容积和标记载重之比。这说明车辆载重力与容积能否达到充分利用的指标。

### 4. 每延米轨道载重

每延米轨道载重是车辆总重量与车辆全长之比(单位为 t/m)。它是车辆设计中与桥梁、线路强度密切相关的一个指标。按目前桥梁设计规范,允许车辆每延米轨道载重可取到 8 t。线路允许载荷我国规定一般不得超过 6.6 t/m。

### 5. 最高试验速度

车辆设计时,按安全及结构强度等条件所允许的车辆最高行驶速度是最高试验速度。车辆实际运行速度一般不允许超过最高试验速度。

# 3.2 铁路车辆构造

铁路车辆种类繁多,但其结构大致相似。一般由车体及底架、走行装置、车钩缓冲装置、车辆制动装置、车辆内部设备五个基本部分组成,如图 3-24 所示。

## 3.2.1 车体及底架

车体是旅客乘坐或装载货物的部分,车体一般和车底架构成一个整体,其结构与车辆的用途有关,一般由车底架、侧墙、端墙、地板、车顶等部分组成。

车底架是车体的基础,它承受车体和所装货物的重量,并通过上、下心盘将重量传给走行部。在列车运行时,它还承受机车牵引力和列车运行中所引起的各种冲击力,所以必须具有足够的强度和刚度。

客车车体采用薄壁筒形结构,由底架、侧墙、车顶、外端墙和内端墙、门窗等

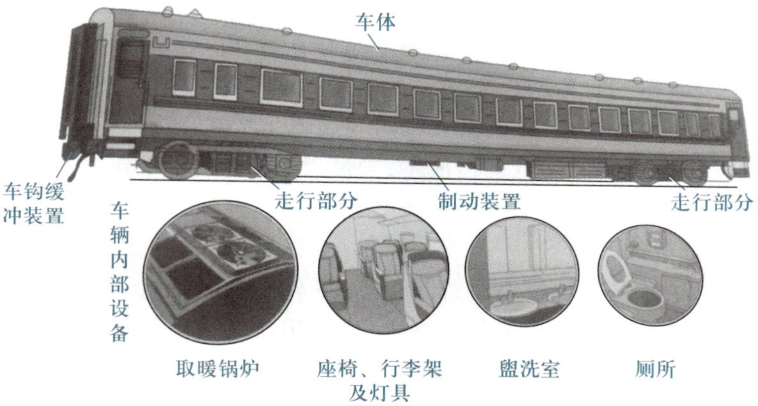


图3-24 客车车辆组成

组成。客车车底构造和货车底架相似。客车两端必须设置通过台,所以它的两端各有一个通过台架。为了满足旅客在旅行生活上的需要,车体内部设有坐卧设备、给水设备、车电设备、通风设备和空调取暖设备等。

## 3.2.2 走行装置

走行装置引导车辆沿轨道运行,并把车辆的重量和货物载重传给钢轨,它应保证车辆以最小的阻力在轨道上运行,并顺利地通过曲线。走行装置能否保持良好的状态,对于车辆能否安全、平稳、高速运行有很大影响。

微课
火车的风火轮

在四轴车上,车辆走行装置由两台转向架组成。转向架是由两组轮对和轴箱油润装置、侧架、摇枕、弹簧减振装置等组成的一个整体,货车转向架如图3-25所示。车辆采用转向架的形式后,能相对于车底架自由转动,缩短了车辆的固定轴距,便于车辆顺利通过曲线。

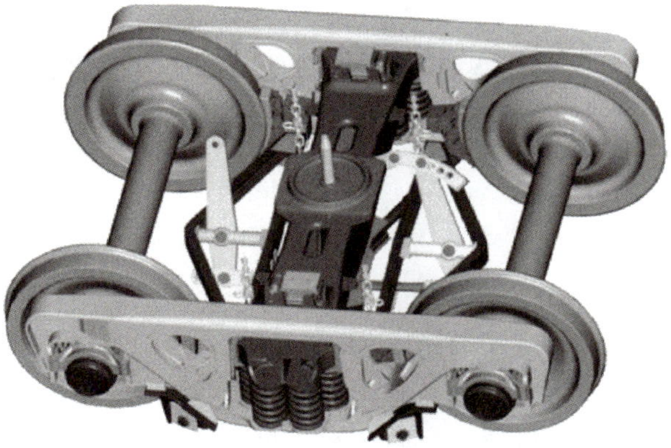

图3-25 转8A型货车转向架

电子课件

走行装置的组成及作用

## 1. 轮对

轮对由两个车轮紧密地压装在一根车轴上组成,如图 3-26 所示。轮对承受车辆的全部重量,并以较高的速度引导车辆在钢轨上行驶。

车轮与钢轨头部的接触面称为踏面,如图 3-27 所示。踏面做成一定的斜度,可使车辆的重心落在线路中心线上,以减少或避免车辆的蛇行运动,使轮对较顺利地通过曲线,减少车轮在钢轨上的滑行。

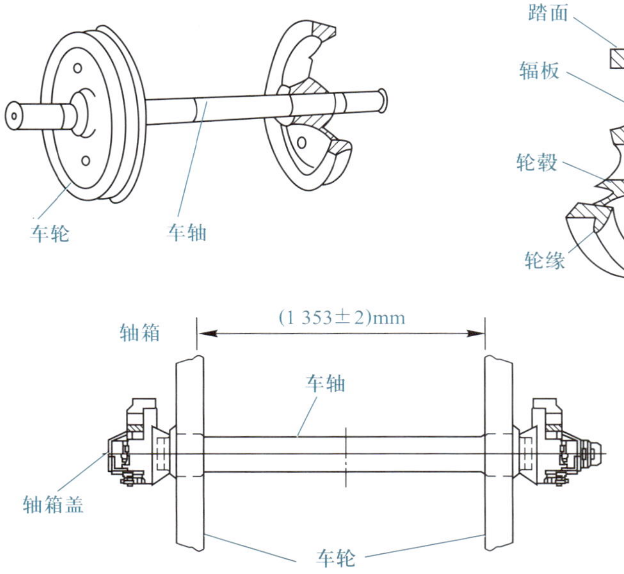

图 3-26 轮对

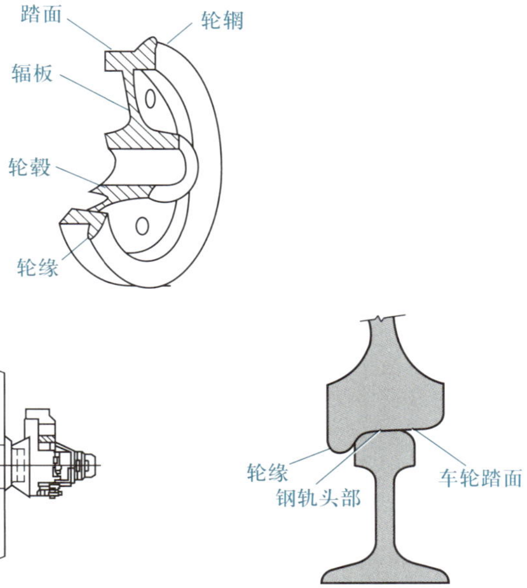

图 3-27 车轮踏面与钢轨的接触

车轮内侧外缘凸起的部分叫轮缘,它的作用是防止轮对脱轨,保证车辆在线路上安全运行。

车轴两端装进轴箱的部分叫轴颈,安装车轮的地方叫轮座,车轴的中部为轴身。

## 2. 轴箱油润装置

轴箱油润装置的作用是将轮对和侧架联结在一起,把车辆的重量传给轮对,保护轴颈,使轴承与轴颈间得到润滑,减少摩擦,防止在高速运行条件下发生热轴,保证车辆安全运行。

铁路车辆上有两种类型的轴箱装置,即滚动轴承轴箱和滑动轴承轴箱装置。现在大量采用的是滚动轴承轴箱,这种轴箱由轴箱体、轴箱盖、滚动轴承等组成,如图 3-28 所示。在轴箱内加入适当的软干油,当车轴和轴箱转动时,就能将油脂带入摩擦表面。滚动轴承能减少运动阻力,适合高速运行,减少燃轴事故,延长检修周期,加速车辆周转,节省油脂,降低运营成本,但由于车辆起动阻力降低，易使停留车辆产生溜逸，这是运输工作人员必须注意的。滑动轴承的主要缺点是运行阻力大，使用和保养不慎时容易发生燃轴事故，故已被逐渐淘汰。

图3-28 滚动轴承轴箱

### 3. 侧架、摇枕和弹簧减振装置

侧架和摇枕是货车转向架的主要部件，把转向架各零部件组成一个整体，承受、传递各种作用力。在侧架中部设有弹簧承台(安装弹簧减振装置的地方)。摇枕中间有下心盘，两旁铸有旁承座，它的两端支撑在弹簧上，车体的重量和载荷通过下心盘经摇枕传给两侧的枕弹簧，并通过摇枕将两个侧架联结起来，如图3-29所示。

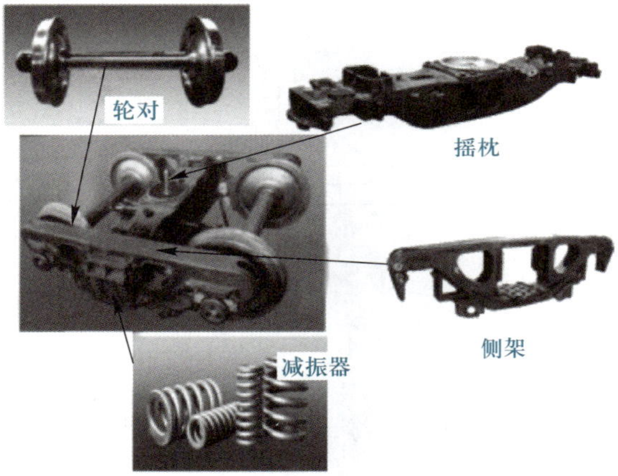


图3-29 侧架、摇枕和弹簧减振装置

下心盘和装在车体枕梁下面的上心盘相对，车体重量集中由心盘传给摇枕。

下旁承装在摇枕两端的旁承座内。当车辆通过曲线时，向下倾斜一侧的上旁承和下旁承相接触，可以防止车体过分摇动和倾斜。

客车转向架是一种无导框式(又称构架式)转向架，构架侧梁下面的轴箱弹簧，直接放置在轴箱体两侧的弹簧托板上。客货车用的弹簧一般是螺旋弹簧(也叫圆簧)，用来缓和车辆在运行中的振动以及车辆对线路的冲击作用。

为了更好地减轻振动，除了弹簧装置以外，还采用其他的减振设备，如我国客车转向架上采用的油压减振器，在高速客车、双层客车和地下铁道车辆转向架上还装有空气弹簧。

空气弹簧(见图3-30)是利用装在橡胶容器中的压力空气的气体体积可变化的原理制成的。当橡胶容器受压时，里面的空气体积变小，外力撤销后，空气体积又恢复原状，从而达到缓和冲击和减振的作用。空气弹簧与一般刚性弹簧相比，具有良好的吸收高频振动和隔声性能，以及自重轻等优点，因此，在高速客车上得到应用。

图 3-30 空气弹簧

## 3.2.3 车钩缓冲装置

微课
兄弟姐妹牵手行——车钩

车钩缓冲装置是使机车和车辆、车辆之间连挂在一起，并且传递牵引力和制动力，缓和列车运行或调车作业时所产生的冲击力的装置。

车钩缓冲装置包括车钩、缓冲器两部分，安装在车底架中梁的两端，如图3-31所示。

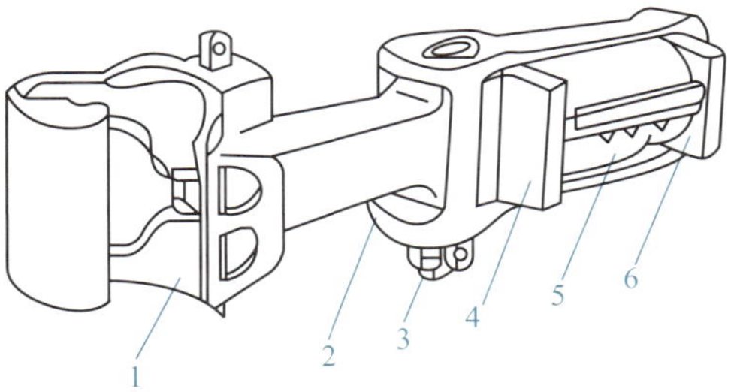


图 3-31 车钩缓冲装置

1—车钩；2—钩尾框；3—钩尾销；4—前从板；5—缓冲器；6—后从板

电子课件

车钩缓冲装置的组成及作用

当车辆受牵引力时，作用力的传递过程为：车钩—钩尾框—后从板—缓冲器—前从板—前从板座—牵引梁。

当车辆受冲击时，作用力的传递过程为：车钩—前从板—缓冲器—后从板—后从板座—牵引梁。

由上述可见，车钩缓冲装置无论是承受牵引力，还是冲击力，都要经过缓冲器将力传递给牵引梁，这样就有可能使车辆间的纵向冲击振动得到缓和和消减，从而改善运行条件，保护车辆及货物不受损坏。

### 1. 车钩

车钩由钩头、钩身和钩尾三个部分组成，如图 3-32 所示。钩头里装有钩舌、钩舌推铁和钩锁铁等零部件。

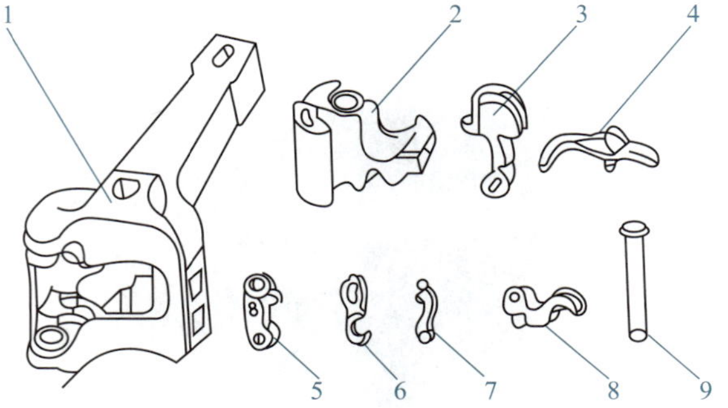


图 3-32 车钩组成

1—钩头；2—钩舌；3—钩锁铁；4—钩舌推铁；5—上锁销杆（上作用）；
6—上锁销（上作用）；7—下锁销（下作用）；8—下锁销杆（下作用）；9—钩舌销

为了实现挂钩或摘钩，使车辆连接或分离，车钩有以下三种位置。

（1）闭锁位置

车钩的钩舌被钩锁铁挡住不能向外转开的位置，称之为闭锁位置，如图3-33a所示。两个车辆连挂在一起时车钩就处在这种位置。

（2）开锁位置

钩锁铁被提起，钩舌只要受到拉力就可以向外转开的位置称为开锁位置，如图 3-33b 所示。

（3）全开位置

全开位置即钩舌已经完全向外转开的位置，如图 3-33c 所示。摘钩时，只要其中一个车钩处在开锁位置，就可以把两辆车分开。当两车需要连挂时，只要其中一个车钩处在全开位置，与另一车钩碰撞后就可连挂。

重载铁路上车辆采用的旋转车钩和高速铁路动车组列车采用的密接式车钩与普通车钩不同，本书第九章将会有详细介绍。

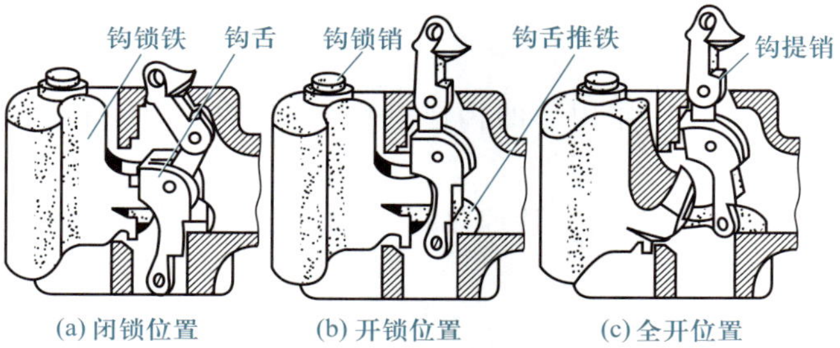


图 3-33 车钩三态作用位置示意图

## 2. 缓冲器

缓冲器的作用是缓和列车在运行中由于机车牵引力的变化或在起动、制动及调车作业时车辆相互碰撞而引起的纵向冲击和振动。缓冲器有耗散车辆之间冲击和振动的功能，从而减轻对车体结构和装载货物的破坏作用，提高列车运行的平稳性。

缓冲器的工作原理是借助于压缩弹性元件来缓和冲击作用力，同时在弹性元件变形过程中利用摩擦和阻尼吸收冲击能量。

根据缓冲器的结构特性和工作原理，可将缓冲器分为弹簧式缓冲器、摩擦式缓冲器、橡胶缓冲器、摩擦橡胶式缓冲器、液压缓冲器及空气缓冲器等。目前应用最广泛的为摩擦式缓冲器和摩擦橡胶式缓冲器。这两种缓冲器具有结构简单、制造方便、成本低的优点。

我国铁路车辆上所采用的缓冲器，客车为 1 号环弹簧缓冲器，货车为 2 号环弹簧缓冲器（见图 3-34）、MX-1 型橡胶缓冲器（见图 3-35）和 3 号摩擦式缓冲器等。3 号缓冲器容量太小，性能不稳，正在逐渐淘汰。为了改进现有的几种缓冲器的性能以满足近期铁路运输发展的要求，近些年来提出了多种改进方案，如 G3 型等（见图 3-36），在保持原 1 号、2 号等结构形式基本不变的前提下，增大了容量，改善了性能。

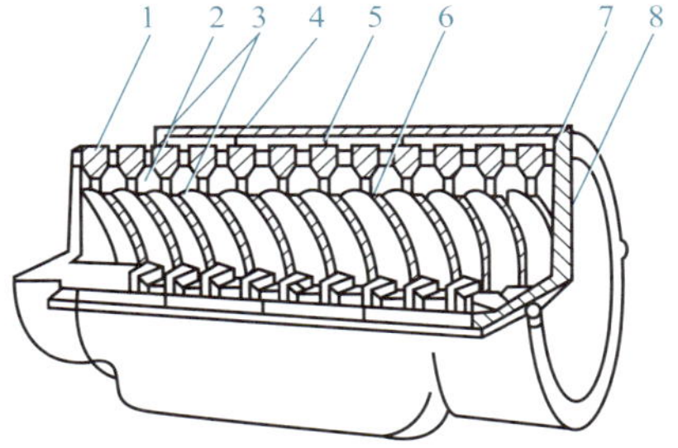


图 3-34　2 号缓冲器

1—盒盖；2—弹簧盒；3—开口内环弹簧；4—小外环弹簧；5—大外环弹簧；6—内环弹簧；7—半环弹簧；8—底板

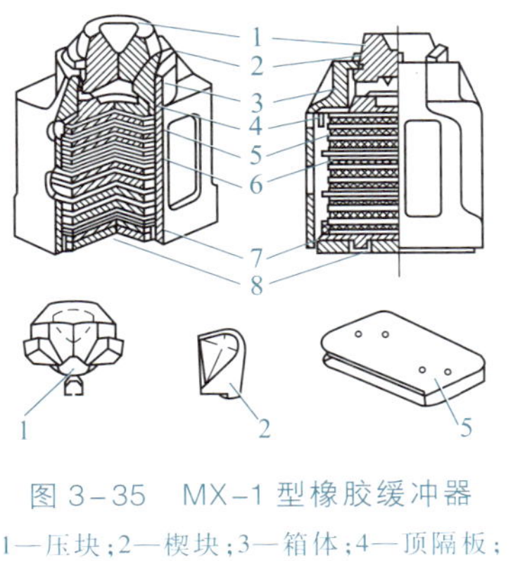


图 3-35　MX-1 型橡胶缓冲器

1—压块；2—楔块；3—箱体；4—顶隔板；5—中隔板；6—橡胶板；7—底隔板；8—底板

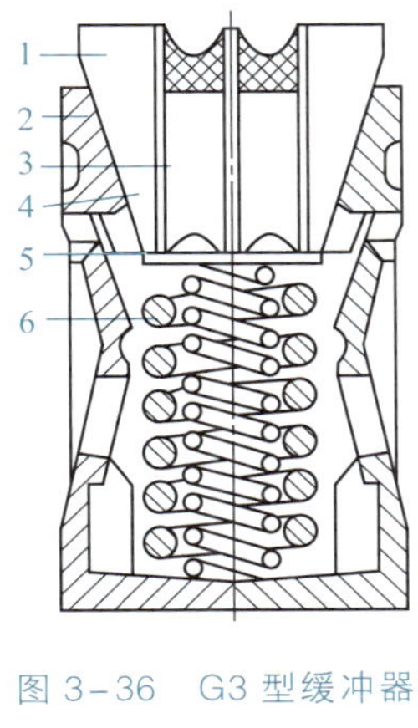


图 3-36　G3 型缓冲器

1—导板；2—箱体；3—橡胶片；4—隔板；5—垫板；6—圆弹簧

## 3.2.4 车辆制动装置

微课
要命的“刹车”

制动就是人为地制止列车的运动，包括使它减速、不加速或停止运行。制动装置是用外力迫使运行中的机车车辆减速或停车的一种设备。它不仅是列车安全、正点运行的重要保证，而且也是提高列车重量和运行速度的前提条件。因此，制动装置性能的好坏，对铁路的运输能力和行车安全都有重要作用。缓解是与制动相对的一种状态，是对已制动的列车解除或减弱其制动作用。

车辆上的制动装置主要由制动机、基础制动装置和停车制动装置三部分组成。我国机车车辆上安装的主要有空气制动机和人力制动机。空气制动机是利用压缩空气产生制动力的，一般作为列车制动用，人力制动机是用人力进行制动，一般只在调车时对个别车组实行制动用。

电子课件
车辆制动装置的组成及原理

### 1. 空气制动机

空气制动机是利用压缩空气产生并控制制动力的设备。空气制动机所需压缩空气是由机车总风缸供给的，列车中每个车辆的制动、缓解和保压作用都是由机车司机操纵制动阀来实现。空气制动机主要包括直通空气制动机和自动空气制动机两大类。

拓展视频
直通式空气制动机的工作原理

(1) 直通空气制动机

直通空气制动机的组成包括：列车管、制动缸、空气压缩机、总风缸及操纵整个列车制动系统的制动阀等。如图 3-37 所示为直通空气制动机的工作原理图。

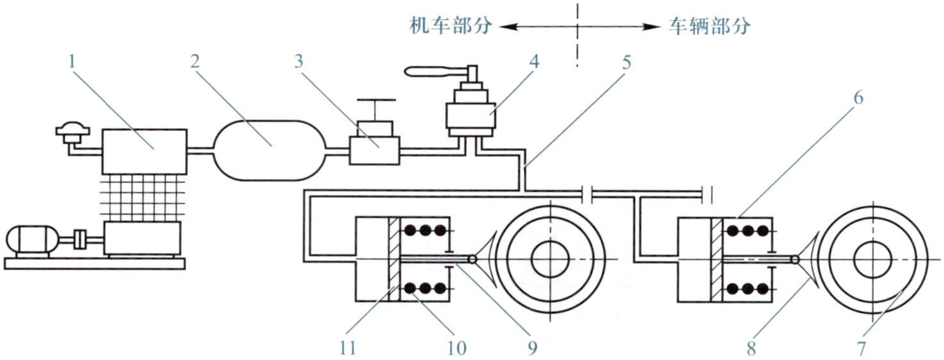


图 3-37 直通式空气制动机结构原理图

1—空气压缩机；2—总风缸；3—调压阀；4—制动阀；5—制动管；6—制动缸；7—车轮；8—闸瓦；9—制动缸活塞杆；10—制动缸弹簧；11—制动缸活塞

制动系统的工作过程主要包括：制动、缓解与保压三个基本状态。

① 缓解状态：司机操纵制动阀手柄置于“缓解位”，机车车辆制动缸内的压力空气经列车管和制动阀排向大气，在制动缸弹簧作用下，制动缸活塞反向移

动,并通过基础制动装置带动闸瓦离开车轮,实现缓解作用。

② 制动状态:司机操纵制动阀手柄置于“制动位”,总风缸内的压力空气经调压阀、制动阀和列车管直接向机车制动缸和车辆制动缸充风,压力空气推动制动缸活塞压缩弹簧移动,并由基础传动装置将此推力传递到闸瓦上,使闸瓦压紧车轮,产生制动作用。

③ 保压状态:司机操纵制动阀手柄置于“中立位”,既关断机车车辆制动缸的充风气路,又关断其排风气路,机车车辆制动缸内保持一定的压力,实现保压作用。

工作特点:列车管充风,产生制动作用;列车管排风,实现缓解作用。列车分离时,列车制动系统失去制动作用。制动时,前部车辆的制动缸充风快、压力高,而后部车辆的制动缸充风慢、压力低,使列车前、后部各车辆的制动同时性较差,造成较大的列车制动冲击。

拓展视频
自动空气制动机的工作原理

(2) 自动空气制动机

以 GK 型制动机为例,如图 3-38 所示,自动空气制动机的设备有空气压缩机、总风缸、制动阀、制动主管、折角塞门、制动支管、截断塞门、远心集尘器、三通阀、副风缸、降压风缸、空重车调整装置、制动缸、闸瓦等。

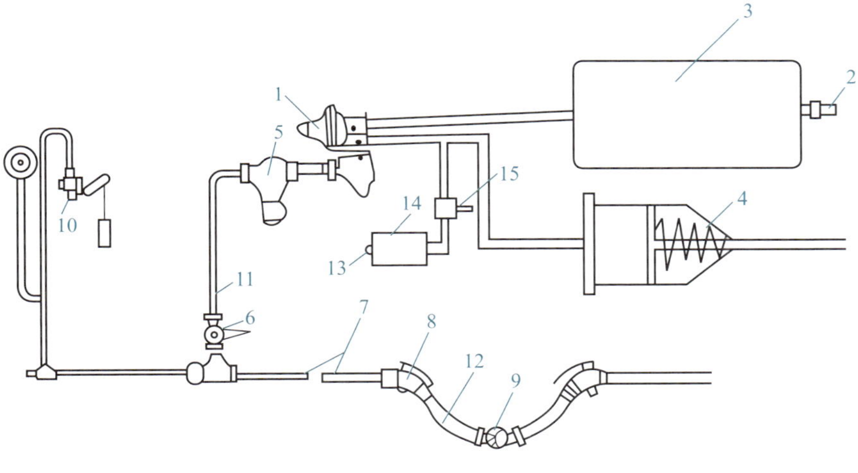


图 3-38 GK 型空气制动机

1—三通阀;2—缓解阀;3—副风缸;4—制动缸;5—远心集尘器;6—截断塞门;7—制动主管;8—折角塞门;9—连接器;10—车长阀;11—制动支管;12—软管;13—安全阀;14—降压风缸;15—空重车转换手把

① 各组成部分的作用。自动空气制动机各组成部分的作用如下所述。

制动主管:安装在车底架下面,贯通全车,是传递压缩空气的管路。制动主管的两端装有折角塞门和制动软管,并用软管连接器与机车的软管相连。

截断塞门:安装在制动支管上,用以开通或截断制动支管的空气通路。它平时总在开放位置,只有当车辆上所装的货物按规定应停止制动机的作用,或当制动机发生故障时，才将它关闭。

关门车：通常把关闭了截断塞门、停止制动机的作用的车辆叫作“关门车”。

远心集尘器：利用离心力的作用，将压缩空气中的灰尘、水分、铁锈等杂质，沉淀于集尘器的下部，以免进入三通阀等机件。

三通阀：是车辆制动机中最重要的部件。它连接自动支管、副风缸和制动缸，用来控制压缩空气的通路，使制动机起制动或缓解的作用。

副风缸：是储存压缩空气的地方，制动时利用三通阀的作用将压缩空气送入制动缸，起到制动作用。

制动缸：当压缩空气进入制动缸后，推动制动缸活塞，将空气的压力变成机械推力，然后通过制动杠杆后闸瓦紧抱车轮起制动作用。

降压风缸：它与制动缸相连，两者之间设有空重车调整装置，可满足空车、重车不同制动压力的要求。

空重车调整装置：在 GK 型制动机上安装，用它来控制降压风缸与制动缸的通路，可以达到调整制动力的目的。它包括空重车转换手把和空重车转换塞门。

② 工作原理。自动空气制动机的工作原理如下所述。

缓解作用。当司机将制动阀放在缓解位置时，总风缸内的压缩空气进入制动主管，经制动支管进入三通阀，推动主活塞向右移动，打开充气沟，使压缩空气经充气沟进入副风缸，直到副风缸内的空气压力和制动主管内的压力相等时为止。在三通阀主活塞移动的同时，和它连在一起的滑阀也跟着向右移动，使得制动缸内的压缩空气经过滑阀下的排气口排出，于是制动缸活塞被弹簧的弹力推回原位，使闸瓦离开车轮而缓解，如图 3-39 所示。

制动作用。当司机将制动阀移到制动位时，制动主管内的压缩空气向大气排出一部分，这时副风缸内的空气压力大于制动主管内的压力，因而推动三通阀的主活塞向左移动，截断充气沟的通路，使副风缸内的压缩空气不能回流。在三通阀主活塞移动的同时，带动滑阀也向左移动，截断了通向大气的出口，使副风缸内的压缩空气进入制动缸，推动制动缸活塞向右移动，通过制动杆的传动，使闸瓦紧抱车轮而制动，如图 3-40 所示。

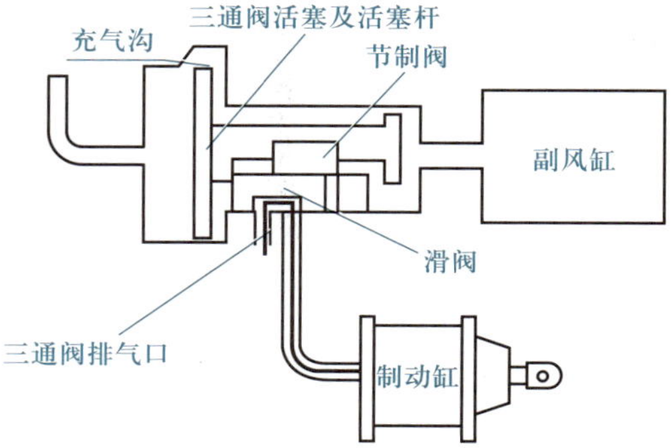

图 3-39 空气制动机缓解作用原理图

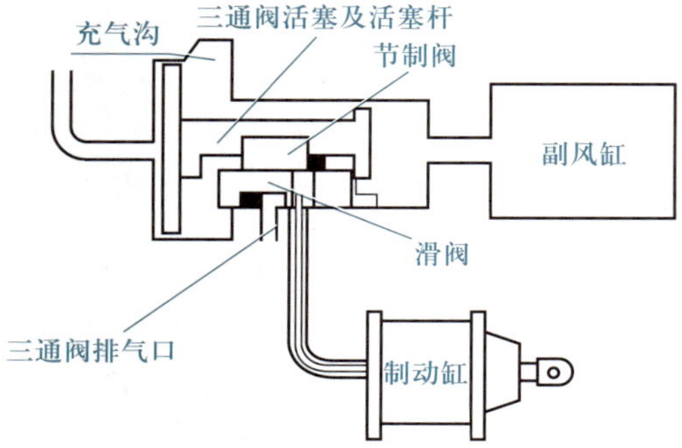

图 3-40 空气制动机制动作用原理图

保压作用。司机将制动阀手柄置于"中立位"，切断制动管的充、排风通路，即制动管压力停止变化。随着制动状态时副风缸向制动缸充风的进行，副风缸压力降低，当降到稍低于制动管压力时，三通阀活塞带动节制阀微微向右移动，从而切断副风缸向制动缸充风的气路，使制动缸既不充风也不排风，即制动机呈保压状态，如图 3-41 所示。

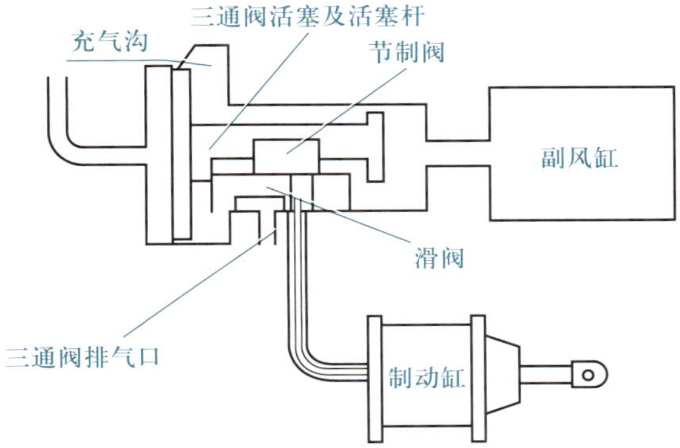


图 3-41 空气制动机保压作用原理图

③ 自动空气制动机的特点。由上可知，自动空气制动机的特点如下所述。

向制动主管充气（增压）时缓解；将制动主管内的压缩空气排出（减压）时制动。所以称为"增压缓解、减压制动"。当列车分离或拉动车长阀时，由于制动主管内的压缩空气向大气排出，压力突然降低，就可以自动地产生紧急制动作用，使列车立即停车，以防事故的发生或扩大。

这种制动装置在制动过程中不是直接将总风缸的压缩空气送入制动缸，而是将预先储存在副风缸内的空气送入制动缸起制动作用的，因此称为"间接制动"。它能使列车前后车辆的制动作用不致差别过大。

降压风缸和空重车调整装置。在装有空重车调整装置的制动机上，如果将空重车转换手把放在空车位置时，空重车转换塞门被打开，使制动缸与降压风缸连通。在这种情况下进行制动时，副风缸的压缩空气在进入制动缸的同时，也进入降压风缸中，由于容积的扩大，降低了进入制动缸内的空气压力，因而产生较小的制动力；当转换手把放在重车位时，降压风缸与制动缸不通，制动时副风缸中的压缩空气经三通阀直接进入制动缸而产生较大的制动力。

缓解阀和紧急制动阀。当机车和车辆连挂在一起时，可以由司机操纵制动阀，对列车进行制动或缓解。但是，当货物列车到达解体站后，机车摘下入段，而车列中的制动机仍处于制动状态。在这种情况下，就不可能用向制动主管充气的办法来使制动机缓解，而只能用降低副风缸的压力达到目的。因此在货车的副风缸上都装有缓解阀。使用时，拉动缓解阀，使副风缸的压缩空气经缓解阀排出，副风缸内的空气压力低于列车主管的空气压力，三通阀主活塞就动作，滑阀随其移动，使制动缸内的空气排出，闸瓦缓解而离开车轮。

（3）新型空气制动机

为了适应车辆向高速、重载方向发展，空气制动机中的三通阀已不能满足需要。为此，我国铁路已大量生产、装用新型空气制动机。新型空气制动机除增设一个工作风缸，用空气分配阀代替三通阀外，其余部分和上述空气制动机基本相同。

空气分配阀由中间体、主阀和紧急阀三个部分组成。中间体一侧接制动管、工作风缸；另一侧接副风缸、制动缸。主阀是分配阀中最主要的部分，具有控制充气、缓解、制动等作用。紧急阀能在紧急制动时加快制动管的排风速度，使制动作用可靠，提高制动波速和紧急制动的灵敏度。

工作风缸用来储存压缩空气。在紧急制动时，工作风缸和副风缸一起向制动缸输送压缩空气，使制动缸压力更快上升，紧急制动作用更加迅速。

新型空气制动机具有制动作用迅速、灵敏度高、制动力强、便于检修等优点，无论在常用制动和紧急制动时都能缩短制动距离，有利于提高列车运行速度，列车前后车辆制动力比较一致，制动平稳，操纵方便，确保行车安全。装有新型制动机的车辆能与装有普通制动机的车辆混合编组使用。

（4）电空制动机

电空制动机为电控空气制动机的简称，它是在空气制动机的基础上加装电磁阀等电气控制部件而形成的。它的特点是制动作用的操纵控制用电，但制动作用的原动力还是压力空气。在制动机的电控因故失灵时，它仍可以实行空气压强控制，临时变成空气制动机。

制动时，各车的制动电磁阀的排气口同时打开，将车管的压力空气排往大气，产生制动作用。缓解时各车的缓解电磁阀的通路也同时打开，使车的加速缓解风缸同时向列车管充风。列车施行阶段缓解、缓解电磁阀的通路被关闭、车管空气压强保持不变时，保压电磁阀将三通阀排气通路切断，可以实现阶段缓解。

在列车速度很高或列车编组很长、空气制动机难以满足要求时，采用电空制动机可以大大提高列车前后部制动和缓解作用的一致性。我国广深线准高速旅客列车采用电空制动机。

## 2. 人力制动机

人力制动机，通常称为手制动机。在每辆车辆的一端，都装有一套手制动机（见图3-42），可以用人力来使单节车辆或车组减速或停车。

我国铁路货车上多用链式手制动机，它结构简单、操纵灵活、制动力强。当进行手制动时，可将手制动轮按顺时针方向转动，使制动链绕在轴上，拉动制动杠杆，就如同空气制动机中制动缸活塞杆向外推动一样，使闸瓦紧压车轮而产生制动作用。

## 3. 基础制动装置

基础制动装置设在转向架上，是利用杠杆原理，将空气制动机或手制动机产

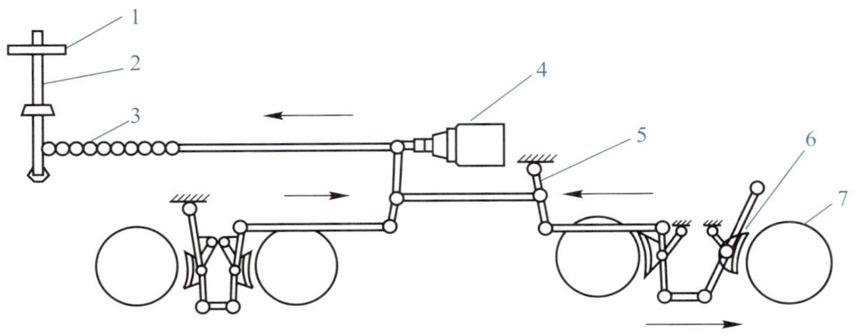


图 3-42 手制动机

1—制动手轮;2—手轮轴;3—制动链;4—制动缸;5—制动杠杆;6—闸;7—车轮

生的力量扩大适当倍数,再均衡地向各个闸瓦传力的装置,客车多为双瓦式,货车多为单瓦式。

车辆在运行中,闸瓦会因制动时与车辆踏面摩擦而变薄,致使制动力减弱而降低制动效率,为此必须经常调整制动缸活塞的行程。目前,在新造车上安装了闸瓦间隙自动调整器,使车辆在运行过程中可以自动调整制动缸活塞行程的大小,进而保证应有的制动力。

### 4. 车辆制动新技术

随着列车速度的不断提高,动能加大,对列车制动技术提出了新的要求。因为列车的动能随运行速度的增大而增大,在一定的制动条件下,列车的制动功率与速度的三次方成正比。所以,要在不太长的时间和距离内将列车动能转化、消散或转移,仅靠传统的闸瓦制动方式和自动空气制动机操纵控制是无法达到的。因此,高速列车的制动必须采用综合方式,即多种制动协调使用,方能获得较好的效果。

(1) 盘形制动

盘形制动是利用制动夹钳使闸片夹紧固定装置在车轴上的制动圆盘而产生制动力的,如图3-43所示。

世界各国在高速旅客列车上采用盘形制动装置。我国在动车组、双层客车及地铁车辆上使用。采用盘形制动的优点是动能转变成热能后散发快;闸片和制动圆盘材质相互间摩擦性能好,制动时减速均匀、平稳、无噪声,尤其在高速运行制动时更为明显,提高了旅客的舒适度;使车轮的磨耗减轻,消除车轮热裂纹,减轻维修工作量等。

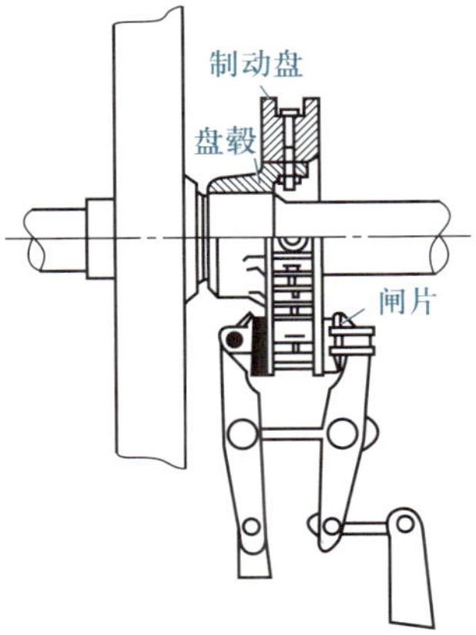


图 3-43 盘形制动装置

(2) 磁轨制动和轨道涡流制动

闸瓦制动和盘形制动都属于黏着制动。制动力由车轮来传递,其大小受到轮轨黏着力的限制,其制动力不能超过黏着力。随着列车速度的不断提高,还必须使用不取决于轮轨黏着系数的附加制动方式（非黏着制动），以缩短列车高速时的制动距离，常用的有轨道电磁制动。

轨道电磁制动分为磁轨制动（见图 3-44）和轨道涡流制动。前者是通过电磁作用，使该设备上的摩擦板与钢轨摩擦而产生制动力；后者是靠电磁铁与钢轨间的相对速度引起电涡流作用形成制动力。目前，它们作为一种辅助制动方式，使用在某些黏着制动力不够的高速列车上。

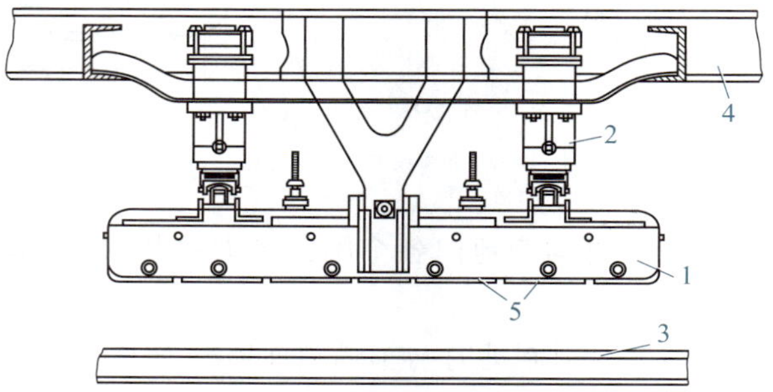


图 3-44 磁轨制动

1—电磁铁；2—升降风缸；3—钢轨；4—转向架构架侧梁；5—磨耗板

轨道涡流制动（见图 3-45）是一种独特的制动装置，在转向架两侧的两车轮之间装设条形电磁铁，电磁感应体为钢轨，电磁铁的磁极端面与钢轨表面保持 6~7 mm 的很小间隙。制动时，电磁体被励磁，由于它与钢轨相对运动，因此在轨头内产生感应电流，即涡流，当这些涡流在磁场运动时，受到一个与运动方向相反的力的作用，这个力就是起制动作用的制动力。目前，它作为一种辅助制动方式，用在某些黏着制动力不够的高速列车上。

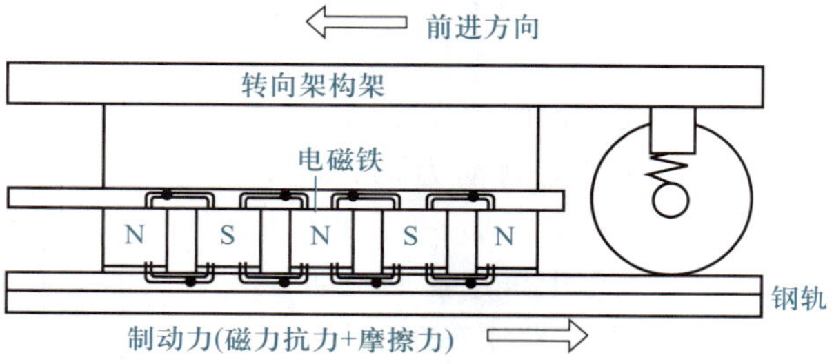


图 3-45 轨道涡流制动

（3）再生制动

制动时，使电力机车的牵引电动机转变为发电机，将列车的动能转变为电能反馈到电网，供电网范围内的其他列车牵引使用，是将列车的动能转变为可利用电能的制动方式。

（4）电阻制动

电阻制动用于电力机车、用电力传动的内燃机车或地下铁路车辆。制动时，变牵引电动机为发电机，将发出的电能消耗于电阻，用以控制速度。其优点是效率高，不会发生长时间抱死车轮的现象，高速时制动力大，但低速时效率降低，并且一般列车带电动机的车辆比例不大，故受到一定限制，平常均与空气制动机同时配合使用。

> **小提示:**
>
> **一个防尘堵底盖带来的灾难**
>
> 2009年6月29日，在湖南省郴州市京广铁路郴州站附近发生的一起严重的旅客列车相撞事故，共造成3人死亡，63人受伤，其中重伤6人。事故调查结果表明，这是一起因为在制造过程中，操作人员违反操作规定，将防尘堵底盖遗留在折角塞门内堵塞制动主管通道，使列车制动力突然丧失而造成的责任事故。事故的发生也暴露出有关工作人员安全意识淡泊，未能按章操作，管理单位质量检查流于形式等问题。事故详情请查看铁路安全知识纪录片《不该遗留的防尘堵底盖》。
>
> 作为一名铁路人，必须遵章守纪，注重质量，唯有严守规程，诚实工作，提高技能，精心操作，才能保证自己的生产和服务质量，这是对国家、对人民负责的表现，是铁路人必须共同遵守的行为准则。

拓展视频
6.29 事故
新闻视频

## 3.2.5 车辆内部设备

为了满足旅客旅行需要，客车上安装有直接为旅客生活服务的设备，如供水装置、采暖装置、通风装置、空调装置、电气装置、座席、行李架等都属于车辆内部设备。货车由于类型不同，内部设备也因此千差万别，一般来说比客车简单，如棚车中的拴马环、床托等分别为运送大牲畜及人员所设，其他如冷藏车、家畜车等各有其特殊的内部设备。

## 3.2.6 列尾装置

列尾装置全称为列车尾部安全防护装置，是货车取消守车后，在尾部无人值守情况下，为了保证列车运行安全而研制的、综合应用计算机编码、无线遥控、语音合成、计算机处理等技术的专用安全防护设备，也是重要的铁路行车设备。

通过列尾装置，机车乘务员能够及时准确地掌握列车尾部风压，当列车尾部风管因非正常泄漏低于规定限值时，该设备可以自动报警；当车辆折角塞门被意外关闭时，机车乘务员可操纵列尾装置进行尾部排风辅助制动，以防止列车“放飏”事故；该设备还可兼作列车昼夜尾部标志（白天用红白相间斜彩条标识，夜间用红色发光管闪光标识），除对列车起防护作用之外，还用以表示列车完整、标示列车尾部的位置等。

微课
检·爱——
车辆

电子课件
车辆的检修

## 3.3 车辆检测与维修

铁路车辆在运用中不可避免地会发生磨耗、裂纹、折损、变形、松弛及腐蚀等损伤。随着损伤的发生和发展,会降低车辆的运用性能,直至不能继续使用。车辆运用检修工作的中心任务是:及时发现和消除车辆零部件在运用中产生的不良状态,以恢复其正常的运用性能,保证客货运输工作不间断、安全地进行。

车辆段是设在铁路沿线负责车辆检修工作的基层单位,一般设在编组站、国境站、铁路枢纽以及货车大量集散和始发终到旅客列车较多的地点。它主要承担车辆的定期检修和日常保养工作,因此在段内设有修车库、修车线及辅助车间等。在它所负责范围内的每一编组站和区段站上均设有列车检修所,并根据需要设立站修所等日常检修单位。

我国铁路车辆的计划预防检修分为定期检修和日常维修两大类。

### 3.3.1 定期检修

微课
现场教学——
走进站修所

车辆定期检修就是按照规定的期限,对整个车辆或某些部分进行全部或部分的检修。它是根据车辆各部分在正常使用条件下的磨耗规律,对不同部件制定不同的检修周期和技术标准,到期进行检查、修理或更换。车辆经过定期检修后应使它的运用性能在整个检修周期内保持良好状态。

车辆厂修由车辆工厂负责,对车辆进行全面彻底的修理,车辆经过厂修后,车辆的性能要求达到或接近新车的水平。段修由车辆段承担,段修要求对车辆各部分做全面的检查,修换其损坏和磨耗过限部分。车辆的辅修和轴检主要是对制动装置和轴箱油润部分进行检修。

### 3.3.2 日常维修

为使车辆经常保持良好的技术状态,在定期检修之间的运用期内,还必须对车辆进行日常检查和维修工作。只有日常维修和定期检修配合起来,才能保证车辆的完好和正常运用。

日常维修工作由列车检修所和站修所等单位承担。列车检修所对经本站中转或到达本站的列车中所有车辆进行技术检查和修理,同时还负责扣修定检到期的车辆。站修所的任务是进行货车的摘车修理、轴检和辅修工作。为了车辆的良好运用和加速车辆周转,在日常维修中应尽量采取不摘车修理方式。

客车和货车不同,客车有固定的配属段,并按照规定的区段运行。所以客车的日常维修工作主要是利用旅客列车终到后、始发前在客车整备所进行,又称为库列检。在运行途中还要进行列车的技术检查。此外,在旅客列车上还派有固定的检车乘务员,负责检查车辆和车电设备的技术状态,防止因车辆技术状态不良而发生摘车或晚点,对某些检车乘务员无力处理的故障,要及时联系前方旅客列检所协助办理。

**小提示:**

铁路运用维修工作实行"铁路总公司—铁路局—车辆段"大三级和"车辆段—运用车间—班组(作业场)"小三级管理。

### 3.3.3 车辆运行安全防范预警系统

为保证列车运行的安全,一种全新的车辆运行安全防范预警系统已在全路建立起来,即"地对车安全监控体系"(称为"5T"系统)。它是采用不同检测手段的5大监控系统,全方位地对运行中的车辆进行动态监控,由于这5大监控系统的英文名称首字母都是T,所以被称为"5T"系统。

#### 1. 红外线轴温探测系统(THDS)

我国铁路自20世纪80年代起开始运用红外线技术探测轴温,经过不断发展,近年来适应提速要求安装了提速探头设备,从单独的探测站设备发展到全路三级网络,形成网络监控能力。

THDS(见图3-46)利用轨边红外线探头,通过传感器对通过车辆每个轴承的温度实时检测,把运行中列车的每个轴箱表面温度的红外辐射信号接收下来,转换成脉冲信号输出,经电缆传送到铁路局车辆运行安全检测中心,并把每个轴

图3-46 红外线轴温探测设备

箱的温度记录下来，按微热、强热、激热三个等级预报热轴状态。红外线轴温探测设备配套车号智能识别设备后，通过配套的故障智能跟踪装置，实现车次、车号跟踪，对热轴货车车号精确预报，并跟踪报警，重点防范热切轴事故。

红外线轴温探测器由五大部分组成，即红外探头、控制部分、记录部分、信号传输部分及电源。当列车通过时，用安装在线路两侧的红外探头来拾取每个轴承所产生的红外线，并将红外线能转变成电能即电信号，然后传输到记录器，红外值班员可根据记录的脉冲波形进行分析、比较，来监测运行在铁路线上的机车车辆的轴承状况。

### 2. 货车运行状态地面安全监测系统(TPDS)

TPDS(见图3-47)利用安装在铁路正线直线段上特制的框架式轨道检测平台、传感器和车号识别装置等，组成一个综合检测区对货车运行安全指标进行动态监测，重点检测车辆在轨道上产生的轮轨力和轮对运动状态，有效地防范货车脱轨，特别是空载货车在直线段脱轨，并监测因车轮踏面擦伤、剥离以及货物超偏载等引起的危及行车安全的情况，从而有效地保证了车辆运行的安全。

### 3. 车辆滚动轴承故障轨边声学诊断系统(TADS)

TADS(见图3-48)采用声学诊断技术和计算机网络技术，利用室外声音传感器阵列、车轮传感器、车号自动识别地面天线等设备，实时采集运动货车滚动轴承噪声，通过室内对资料进行分析，及时发现货车轴承早期故障，如轴承裂缝、破损等故障进行在线诊断预报，能够比红外线轴温探测系统更早地防范切轴事故。与红外轴温探测系统相结合，能更加有效地防止切轴和脱轨事故，提高轴承故障的防范水平，使列检对滚动轴承的检查，从人判为主逐步过渡到人机结合、机判为主的阶段。TADS增强了轴承的预警能力，将防范关口前移，体现了“预防为主”的安全指导思想，确保行车安全。

图3-47 TPDS

图3-48 TADS

### 4. 货车运行动态图像检测系统(TFDS)

TFDS(见图3-49)是一套集高速数字图像采集、大容量图像数据实时处理和精确定位、模式识别技术于一体的智能系统。系统利用轨边高速摄像头，对运行货车进行动态检测，及时发现货车运行故障，重点检测货车走行部、制动梁、悬吊件、枕簧、车钩缓冲装置等安全关键部位，重点防范制动梁脱落事故，防范摇枕、侧架、车钩缓冲器大部件裂损、折断，防范枕簧丢失和窜出等危及行车安全的隐患。

图 3-49 TFDS

### 5. 客车运行安全监控系统（TCDS）

TCDS 系统对 160 km/h 速度及以上的客车的轴温、制动系统转向架安全指标、火灾报警、客车供电、电器及空调系统运行安全状况进行检测，重点预防客车热轴事故、火灾事故，防范转向架、制动系统、供电、电器及空调故障。

## 【拓展提高】

### 跨国列车的运行——换轨

世界范围内，铁路的轨距种类很多，采用 1 435 mm 标准轨距的国家大约占 60%，包括中国、美国、德国、法国等众多国家。比准轨宽的称为宽轨，占到全球总量的两成多，主要包括俄罗斯、印度、西班牙等国；比准轨窄的称为窄轨，包括日本、菲律宾、马来西亚等国家。那么，在不同国家之间，同样的列车如何实现运行呢？

随着全球化进程的加速以及“一带一路”建设的推进，世界各国之间的联系愈发紧密，国际联运列车需要换轨才能实现跨国运行。换轨工作通常在换装站完成。换装站是设在不同轨距之间的铁路衔接处、为货物换装和旅客换乘服务的车站，配备完善的换装设备（换装线、换装仓库、站台、换装机械设备）和办理交接的货运工作人员。2017 年 10 月 1 日，为服务国家“一带一路”倡议，国内第二座口岸国际联运换装库在霍尔果斯落成，由乌西车辆段霍尔果斯运用车间负责国际联运列车换装任务。国际联运列车换轨工作主要包括以下步骤：

① 火车开进换装大库后，由工作人员摘开两节车厢间连挂的车钩、风管等设备，排出制动主管和总风管压力空气，如图 3-50 所示。

② 每节车厢之间拉开一定的间隙，并且与架车机对好位置。确认对位准确后，由工作人员操作架车机控制面板，将车厢升起，与转向架分离，如图 3-51 所示。

图 3-50 火车摘钩

图 3-51 架车

③ 工作人员用专用连接工具把单个的转向架一个个联结起来，形成一条“长龙”。通过公铁两用车将长长的转向架迁出火车底部，另外一辆公铁两用车把待换轨对应的转向架推至车厢下方，如图 3-52 所示。

④ 工作人员认真观察并仔细确认转向架与车厢位置准确后，按下控制面板的下降按钮，把车厢与转向架连接。最后工作人员更换火车两头的车钩缓冲装置。换装完成后对整列车进行质量检查，如图 3-53 所示。

相对于客运列车，货运列车在面对不同轨距的时候，联运方式也不同。铁路货运列车所谓换轨的意思，其实就是换车。例如，从我国出境运往俄罗斯的标准轨货运列车，需要在俄罗斯的后贝加尔站停留，将集装箱全部一一吊起，换装到俄罗斯的宽轨车上。

图 3-52 换下原转向架

图 3-53 连接检查

## 【巩固练习】

### 一、填空题

1. 铁路车辆通常由车体、________、________、________和________五个部分组成。

2. 车轮踏面内侧突起的部分叫做________，它可防止________并起________的作用。

3. 车钩包括________、________、________三部分。

4. 闸瓦制动和盘形制动都属于________。

5. 常见的客车有__________、__________、__________、__________、__________、__________、__________等。

6. 货车分为：________、________、________货车。

7. 铁路车辆按轴数分为：________、________和________。

8. 转向架是由________和________、________、________、________组成一个整体。

9. 我国铁路车辆的计划预防维修分为________和________两大类。

10. 我国客车车轮的标准直径为________ mm，货车为________ mm。

11. 车辆车钩的作用是________和________，缓冲器的作用是________。

12. ________是设在铁路沿线负责车辆检修工作的基层单位。

13. 车钩的三种作用位置指的是________、________和________，可以实现车辆的________、________和________。

14. 车辆上用的缓冲器主要有________、________、________三种类型。

15. 车辆上的制动装置由________和________两部分组成。

### 二、判断题

1. 车辆设计时，安全、结构强度等条件所允许的车辆最高行驶速度为最高试验速度。（　　）

2. 轴重就是车辆自重与轴数之比。（　　）

3. 我国车辆每延米轨道载重一般可取到 16 t。（　　）

4. 平车车体有地板，也有固定的侧墙和端墙。（　　）

5. 滑动轴承的主要缺点是运行阻力大。（　　）

6. 英文字母 C 和数字 50 组成的标记，即 C50，表示 50 t 敞车。（　　）

7. 我国客车、货车都实现固定配属。（　　）

8. 凡是车辆都应涂打铁路路徽标记。（　　）

9. 当两车准备连挂时，车钩必须处于开锁位置。（　　）

### 三、简答题

1. 车辆由哪几部分组成？各部分作用是什么？

2. 试述车钩的各作用状态。

3. 试述车辆直通空气制动机的工作原理。

**四、综合题**

1. 假设某车侧墙上写着:

P503214821

自重 21 t

载重 50 t

容积 101 $m^3$(13.02 m×2.851 m×2.71 m)

换长 1.3

问:(1) 车辆全长是多少?(2) “P”“50”“3214821”代表什么意思?(3) 各特殊符号表示什么?

2. 某车端墙上写着:

YZ2123837

自重 43.2 t

载重 11.2 t

全长 22.7 m

定员 118 人

问:(1) 换长是多少?(2) “YZ2123837”代表什么?

3. 某一辆货车的侧墙上涂有如图 3-54 所示的标记,表示什么意思?

92.9 — 91.9 兰兰
95.8 — 90.8 戚厂

| 8.4 | 5.4 兰段 |
| --- | --- |
| | |

| 8.1 | 2.1 兰段 |
| --- | --- |
| | |

图 3-54 某货车侧墙标记

# 第4章 铁路机车

## 【问题引入】

辽阔的地平线上，列车匆匆掠过，如钢铁巨龙，雄赳赳，气昂昂！

列车是铁路大动脉里的动力，是交通线上的重要工具。人们对它并不陌生，时常能看到它风驰电掣，听到它低吼嘶鸣。

都说“火车跑得快，全靠车头带”，火车头到底长得什么样（见图 4-1），由哪些部分组成？为什么有的列车驶过时冒着青烟，有的却没有烟尘排放呢？它的工作原理是怎样的？

有时列车车顶上会伸出一个支架与铁路上方的电线接触，这个支架是什么，它与电线接触的目的是什么呢？

列车司机室长得怎么样（见图 4-2）？一般有几个司机一起驾驶列车呢？列车在上千千米的运行过程中，需要更换司机和车头吗？

图 4-1　HXD3D 型电力机车

图 4-2　HXD3D 型电力机车驾驶室

## 【教学导航】

本章主要学习铁路机车的基本知识，具体如图 4-3 所示。

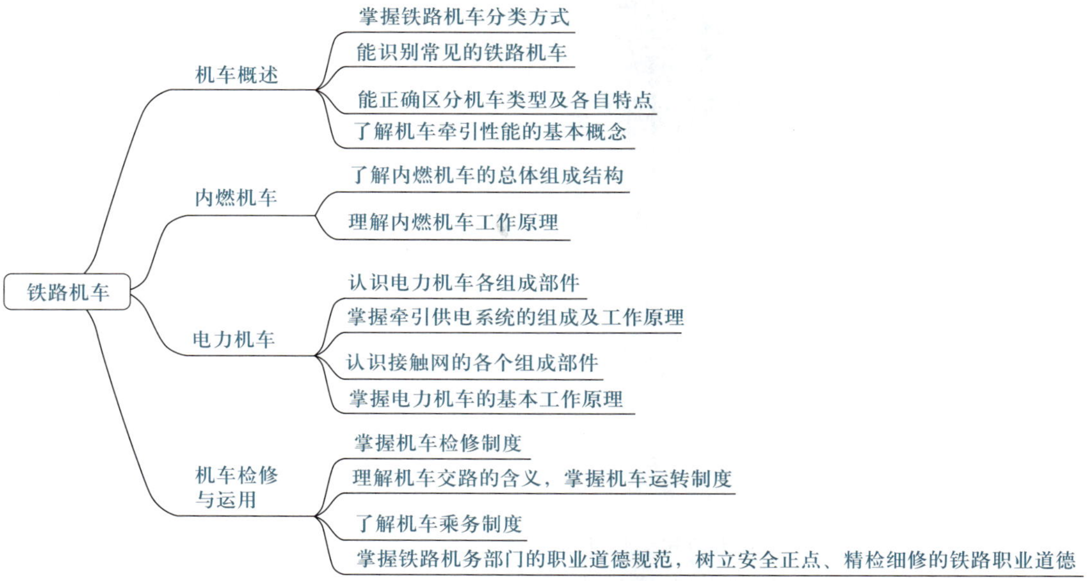


图 4-3 学习导航

【知识讲授】

微课
机车之家

## 4.1 机车概述

机车是铁路运输的牵引动力。由于铁路车辆本身不具备动力装置，需要将其连挂成列，由机车牵引沿钢轨运行。在车站内，车辆的转线以及货物车辆的取送等各项调车作业，都要由机车完成。因此，铁路为了完成客货列车的牵引和车站的调车工作，必须保证提供足够数量、牵引性能良好的机车；同时还必须加强对机车的保养与检修工作，正确组织机车的合理运用等。

### 4.1.1 机车分类

目前，铁路上使用的机车种类很多，分类方式也各不相同。

① 按运用来分：有客运机车、货运机车及调车机车三类。客运机车，对于机车的速度要求更高；而货运机车对于机车的牵引力要求更高；调车机车则与前两者完全不同，它强调的是机车的结构轻巧，便于司机瞭望。

② 按牵引动力来分：有蒸汽机车、内燃机车及电力机车等。

③ 按列车动力轮对分布和驱动设备的设置来分：可分为动力集中型和动力分散型。

④ 按列车转向架布置和车辆联结方式来分，可分为独立式转向架联结机车和铰接式转向架联结机车。

⑤ 按机车轴数分：有四轴车、六轴车、八轴车、十二轴车等。

蒸汽机车曾在铁路发展史上起过重要的作用，迄今已有近 200 年的历史。蒸汽机车是通过蒸汽机把燃料的热能转换成机械能。由于蒸汽机车结构简单，制造和维修都比较容易，成本低廉，因此最早被世界各国铁路所采用。但是，蒸汽机车的热效率太低，总效率一般只有 5%～9%，继续提高机车的功率和速度已相当困难，因此，在现代铁路运输中，蒸汽机车逐渐被其他新型机车所取代。

内燃机车是以内燃机作为原动力的一种机车。内燃机车的热效率可以达到30%左右，是各类机车中效率较高的一种；机车的整备时间较短，持续工作时间较长，适用于长交路；用水量少，适合于缺水地区；初期投资比电力机车少，机车乘务员劳动条件好，便于多机牵引，因此，内燃机车现在仍被许多国家广泛应用。但是，内燃机车最大的缺点是对大气和环境有污染。

电力机车的牵引动力是电能，但机车本身没有原动力，而是依靠外部供电系统提供电能，并通过机车上的牵引电动机驱动列车前行。采用电力牵引的铁道称为电气化铁道。

电子课件

机车概述

**小提示：**

在介绍机车时常见到 $C_0$—$C_0$、2($B_0$—$B_0$) 等符号，这是指机车的轴式。轴式就是车轴的排列方式。简单地说 A、B、C、D 代表每个转向架有几根带动力的车轴（动轴），“A”代表 1，“B”“C”“D”分别代表 2、3、4。下标“0”代表是电动机单独驱动的，无下标“0”代表液力驱动。$C_0$ 代表一个转向架上有 3 根动轴，电动机驱动。$C_0$—$C_0$ 表示有 2 个转向架一共 6 根动轴的电传动机车。2($B_0$—$B_0$) 表示有 2 节机车重联，每节车有 2 个转向架，共 4 根轴，电动机驱动。$B_0$—$B_0$—$B_0$ 表示 3 个 2 轴转向架，电动机驱动。机车是靠动轮转动牵引列车的，动轮轴数多自然起动牵引力和持续牵引力都大，机车总功率也要大。

## 4.1.2 机车牵引性能的基本概念

机车牵引列车运行是由于它具有相当大的牵引力，用来克服列车起动时和运行中所受到的阻力。在列车运行的任意瞬间，机车牵引力($F$)和运行速度($v$)的乘积，就是机车的功率($N$)，即 $F \cdot v=N$，常用“kW”做单位。任何一种机车，它的最大功率是一定的，叫作标称功率，例如，DF4B 型内燃机车的标称功率为 1 985 kW。

机车在牵引列车时，由于线路平纵断面及其他因素影响所受到的阻力是经常变化的。当阻力增大时，机车就要发挥出更大的牵引力来克服它；反之，当阻力减小时，牵引力就可以小一点。为了充分利用机车的功率，要求机车在各种不同运行阻力的情况下，都能具有恒功率输出性能。这就要使 $F \cdot v$=常数。可见，牵引力和速度之间应当成反比关系；当速度小时，牵引力大；速度大时，牵引力小。

在一定的功率下，随着机车牵引速度的提高，机车牵引力会下降。反映机车的牵引力和速度之间的关系曲线就是牵引特性曲线图，如图 4-4 所示。每台机车都有自己的牵引运行曲线，从中可以看到该机车的运行性能。当然，曲线的两端不能无限延长。左端，牵引力不能超过轮轨之间的黏着力，否则车轮会空转；右端，速度也不能超过机车构造所能允许的范围。

电力传动内燃机车是由牵引电动机通过齿轮驱动的，所以机车牵引力和速度取决于牵引电动机的转矩和转速，从而也就决定了机车的牵引特性。

电力传动内燃机车一般采用串励牵引电动机，它的转速与转矩关系如图 4-5所示。它所具有的工作特性最适合于机车牵引的要求，即机车上坡或负载增加时，牵引电动机转矩较大，而转速较低；反之，则转矩减小，转速上升。因此能满足机车牵引特性的要求。

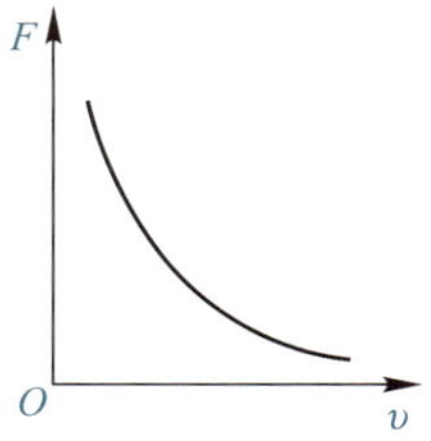

图 4-4 机车牵引特性曲线

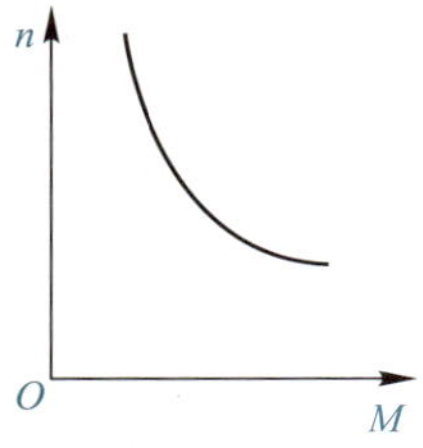

图 4-5 直流串励电动机转速与转矩关系示意图

## 4.2 内燃机车

### 4.2.1 内燃机车设置传动装置的原因

内燃机车是以内燃机作为动力装置的机车，铁路上采用的内燃机车绝大多数是柴油机。在内燃机车上，柴油机和机车动轮之间都装有传动装置，柴油机的功率是通过传动装置传递到动轮上去，而不是由柴油机直接驱动动轮的。究其原因如下：

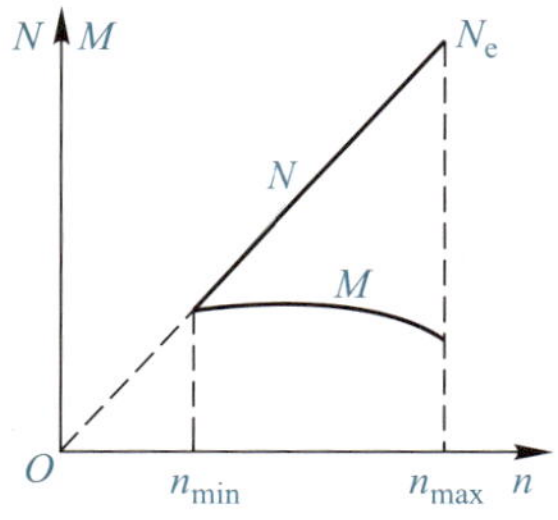

图 4-6 柴油机的转矩特性和功率特性

#### 1. 柴油机直接驱动动轮不能实现机车的理想牵引特性

柴油机的转矩特性 $M$[即 $M=f(n)$]和功率特性 $N$[即 $N=f(n)$]如图 4-6 所示。每一循环供油量一定时，柴油机的转矩 $M$ 几乎不随转速的变化而改变，因此柴油机的功率 $N$ 基本上与转速 $n$ 成正比。机车理想牵引特性曲线如图 4-4 所示，$F \cdot v = N$，显然如图 4-6 所示的牵引特性曲线，也就是采用直接驱动方式时内燃机车的牵引特性曲线，不符合内燃机车理想牵引特性曲线要求，并且只有当柴油机达到额定功率转速时，即机车在最高速度时，柴油机功率才能得到充分利用。

### 2. 柴油机转速变化范围很窄

柴油机转速范围变化范围的要求很窄，过载能力较差。当柴油机转速低于最低转速运转时会熄火，高于最高转速运转时又会引起飞车，而损坏柴油机。而机车最低运行速度为 3~5 km/h，最高运行速度为 100~160 km/h，甚至更高。

### 3. 起动负载要求不一样

柴油机应在无负载情况下起动，而机车起动负载都是很大的，所以柴油机无法直接驱动机车动轮。

### 4. 柴油机曲轴一般不能反转

柴油机曲轴一般不能反转，而机车需要既能前进也能后退。内燃机车设置传动装置，可使机车在运行过程中，当运行阻力发生变化时，可以不改变机车柴油机的供油量，即不改变柴油机的输出功率，而通过传动装置自动地调节列车的运行速度和机车的牵引力，维持 $F \cdot v =$ 常数，使柴油机始终工作在最佳状态，同时还保证了柴油机的空载起动、机车换向运行以及机车有较大的调速范围。

目前，内燃机车采用的传功装置有电力传动装置和液力传动装置两种。以电力传动内燃机车应用最多。

## 4.2.2 电力传动内燃机车

### 1. 电力传动装置的分类

电力传动内燃机车的能量传输过程是由柴油机驱动主发电机发电，然后向牵引电动机供电使其旋转，再通过牵引齿轮传动，驱动机车轮对旋转。按照牵引发电机和牵引电动机所用的电流制进行分类，电力传动装置可分为三大类：

（1）直流电力传动（直—直传动）

直流电力传动采用直流牵引发电机和直流牵引电动机，又称直—直流电传动。该型机车功率一般不大于 2 200 kW。

（2）交—直流电力传动

交—直流电力传动采用交流牵引发电机，通过大功率硅整流器将交流电变为直流电，然后供给数台直流牵引电动机。如图 4-7 所示，DF4B 型内燃机车是交—直型电力传动干线客、货两用内燃机车。机车额定功率为 1 985 kW。

（3）交流电力传动（交—直—交传动，交—交传动）

交流电力传动采用交流牵引发电机和交流牵引电动机，因两者都是交流电机，故称为交流电力传动。

采用交流主发电机，经可控硅逆变器，将电流转变成可变频的交流电，电动机为交流牵引电动机，这种具有中间直流环节的间接变频的交流电力传动，称为交—直—交流电力传动。该型机车起动力大，不易产生空转，运行平稳且牵引力大，目前我国动车组列车采用此种传动方式。没有中间直流环节的直接变频的交流电力传动，称为交—交流电力传动。

图 4-7 DF4B 型内燃机车

## 2. 电力传动内燃机车的组成

DF4B 型内燃机车的总体布置如图 4-8 所示，主要由柴油机、传动装置、走行部、车体、车底架、车钩缓冲装置、制动装置和辅助装置等部分组成。机车上部是车体，下部是走行部。柴油机、发电机等大部分设备都布置在机车车体内，机车下部则有前后转向架、燃油箱、蓄电池箱、总风缸等。牵引电动机就安装在转向架上。车体是个大房子，里面分成若干个小房间，两端各有一个司机室。从第Ⅰ司机室开始，依次是电器室、动力室、冷却室和第Ⅱ司机室。车体的底部是车架，车架两端有车钩和缓冲器。

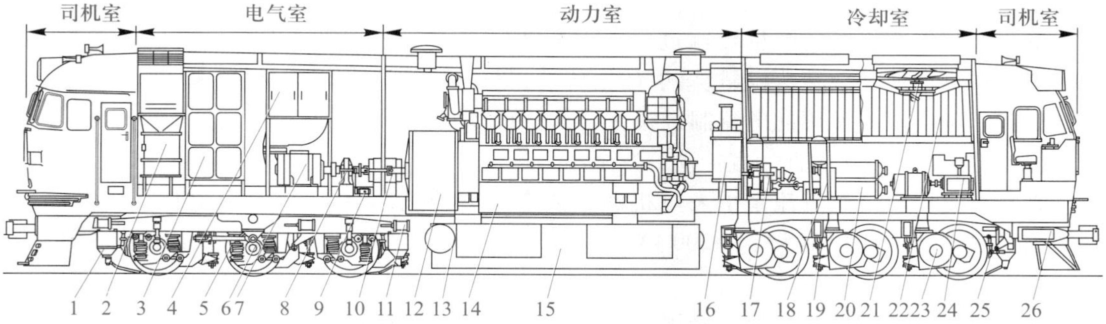


图 4-8 DF4B 型内燃机车的总体布置图

1—撒砂装置；2—电阻制动装置；3—电器柜；4—硅整流柜；5—牵引装置；6—走行部；7—启动辅助电动机；8—启动变速箱；9—测速发电机；10—励磁机；11—制动缸；12—主发电机；13—总风缸；14—柴油机；15—燃油机；16—预热锅炉；17—静液压变速箱；18—通风机；19—电动机悬挂装置；20—机油热交换器；21—冷却风扇；22—冷却器；23—牵引电动机；24—空气压缩机；25—基础制动装置；26—车钩缓冲装置

柴油机起动后带动同轴的发电机发电，供给位于转向架上的牵引电动机，牵引电动机带动车轮转动，机车就能跑起来。电器室中安装各种电器控制设备，冷却室有风扇来冷却高温的水或气，燃油箱中储有燃油。制动系统对机车进行制动，主要是利用总风缸的压缩空气推动闸瓦抱紧车轮制动。

（1）柴油机工作原理

柴油机是利用柴油燃烧后所产生的热能作动力的一种机械，多为四冲程、多缸、废气涡轮增压柴油机。柴油机是内燃机的动力装置，也就是“心脏”，只有柴油机起动了，机车才有可能跑得起来。DF4B 型内燃机车采用的“16 V 240 ZJB”型柴油机，即柴油机有 16 个气缸分成两排，呈 V 字形排列，气缸内径为 240 mm，Z 表示装有废气涡轮增压器和空气中间冷却器，J 表示铁路牵引用，B 表示产品改进符号，它是四冲程柴油机。柴油机由固定部件、运动部件、配气机构以及进排气、燃油、冷却、润滑等系统所组成，如图 4-9 所示。

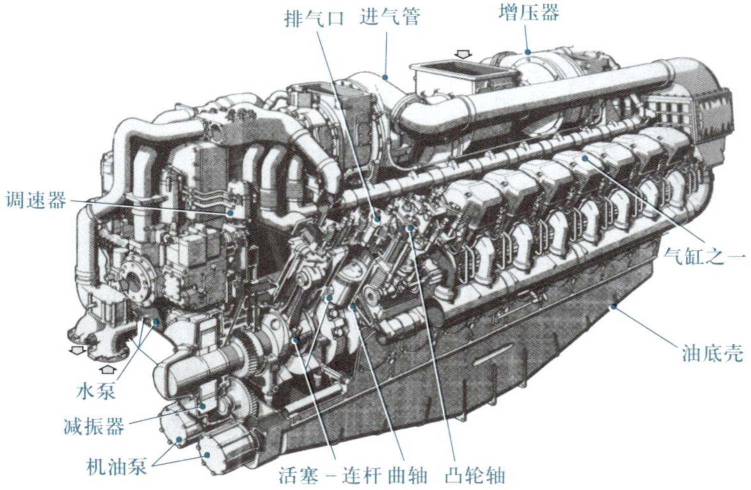


图 4-9 柴油机结构图

柴油机的整个工作系统包括七大部分：

① 固定件，用于支承各种部件，为柴油机提供燃烧做功的场所，由机体、主轴承、气缸、气缸盖、机座（油底壳）等组成。

② 运动件，是柴油机中做功并传递、输出功率的机构，由活塞组、连杆组和曲轴等组成。

③ 进排气系统，用于向气缸充入冷却的新鲜空气和从气缸中排出废气。

④ 燃油系统，向气缸按时喷入一定量的雾状燃油，以便燃烧后推动活塞做功。

⑤ 机油润滑系统，用于使活塞等运动零件的摩擦表面得到润滑和冷却。

⑥ 冷却水系统，保证各受热部件得到及时冷却。

⑦ 调控系统，主要有调速器（调节器）、杠杆系统、超速保护装置及紧急停车

装置等，使司机能对柴油机进行调速并能自动防止柴油机过载及“飞车”。

柴油机的核心部件是气缸。气缸盖在上，活塞在下，四周围是气缸套，围成了一个燃烧室。气缸盖顶上安排有进气门、排气门和喷油器。通过气缸盖上进气门放进来的空气与喷油器喷出的燃油混合后，在燃烧室燃烧膨胀，推动活塞在气缸套内往下运动，从而推动曲轴转动；由于曲轴转动的惯性，反过来又推动活塞向上运动，最终形成活塞在气缸套内的往复运动，而曲轴也就连续地转动，从而对外输出功率。

（2）传动装置

传动装置是柴油机曲轴与机车动轴之间的传速比可变的中间环节，作用是使柴油机的功率传到动轴上并符合机车牵引要求。DF4B 型内燃机车传动装置为交—直流电传动装置，主要由主发电机、整流装置、牵引电动机和齿轮传动等组成。

① 主发电机。主发电机是由转子和定子两部分构成的。转子上安装有磁极线圈（又叫励磁绕组），做成磁极，只要通入直流电就能产生磁场。直流电由励磁机供给，直流电输入磁极线圈后，使磁极铁心产生磁场。在定子槽中绕有定子线圈，又叫电枢绕组。当转子（磁极）被柴油机带动而旋转时，形成旋转磁场。电枢绕组切割磁力线而产生感应电势，发出三相交流电，然后利用硅二极管的单向导电特性，将交流电变成直流电，以满足直流牵引电动机的需要。

② 整流装置。由于在交—直流电力传动装置中采用的是直流电动机，因此发电机产生的交流电还必须经过整流后才能向直流电动机供电。利用硅二极管的单向导电特性，即可完成整流任务。

③ 牵引电动机。在电力传动内燃机车上，一般都采用直流串励电动机。这是因为这种电动机的转矩和转速能按照列车运行阻力和线路条件的变化自动进行调节。当机车上坡运行或负载加大时，电动机的转速能随着转矩的增大而自动降低，两者的关系非常接近理想牵引性能曲线，可以满足列车牵引的要求。牵引电动机安装在机车转向架上，每根轴一台。它的一侧悬挂在转向架的端梁或横梁上，另一侧抱在车轴上。电动机的构造主要包括定子和转子两部分。定子由机座、励磁绕组和电刷等组成，用来形成磁场。转子又叫电枢，由电枢轴、电枢绕组和整流子等组成。在定子形成的磁场作用下，使转子转动，将电能转变成机械能，并通过电枢轴上的主动齿轮传给动轮上的从动齿轮，使机车运行。由于这种电动机的励磁绕组和电枢绕组是串联的，使用的又是直流电，所以叫直流串励电动机，如图 4-10 所示。

（3）交—直型电力传动工作原理

交—直流电力传动的工作原理如图 4-11 所示。柴油机的曲轴输出端与发电机的转子连接在一起，组成柴油发电机组，当柴油机工作时，便带动发电机转子旋转，如果给励磁绕组输入电流，发电机便可发出三相交流电，把机械能变成交流电能，经三相桥式硅整流柜 1ZL 整流后，变成直流电，再供六台并联的牵引电动机 1D~6D 使用,此时又把电能变成了机械能,通过传动齿轮驱动动轮旋转,使机车运行。

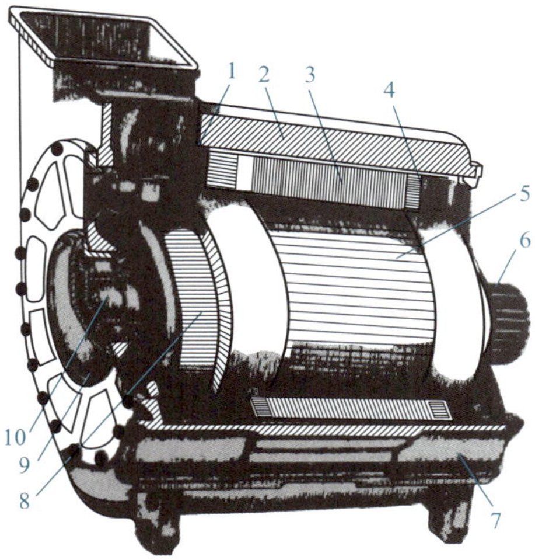


(a) 直流电动机

1—电刷；2—机体；3—磁极；4—电磁线圈；5—转子；6—齿轮；7—抱承轴；8—换向器；9—滚柱轴承；10 — 转子轴

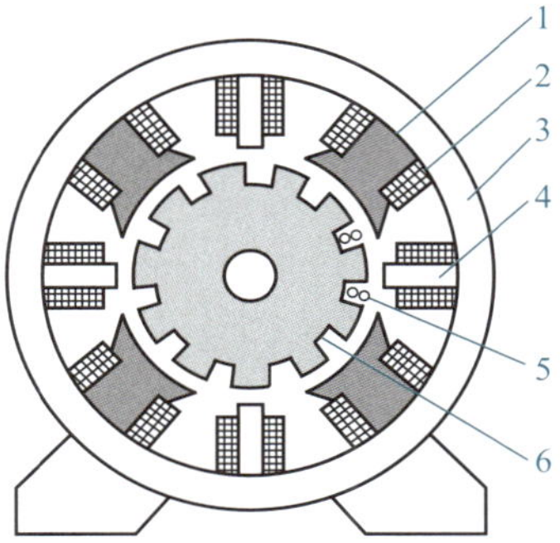


(b) 直流电动机剖面图

1—主磁极；2—励磁绕组；3—磁轭(机座)；4—附加极(换向极)；5—电枢绕组；6 —电枢铁芯

图 4-10 直流串励电动机

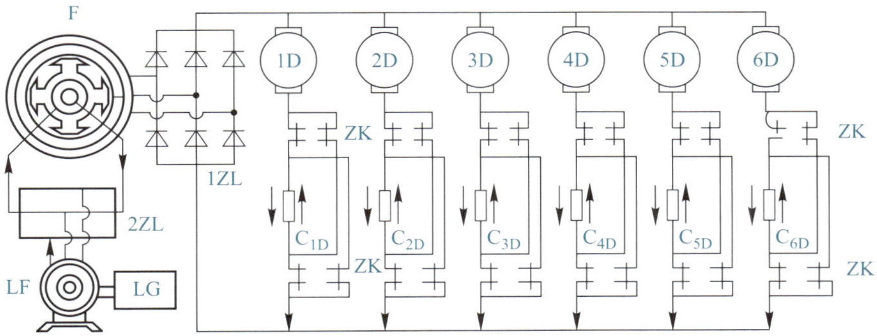


图 4-11 交—直流电力传动原理示意图

1D~6D—牵引电动机转子;ZK—转换开关;F—牵引发电机;LF—牵引发电机的励磁机;LG—励磁柜;1ZL—主整流器;2ZL—励磁整流器;$C_{1D}$~$C_{6D}$牵引电动机的励磁绕组

牵引发电机 F 的励磁机 LF 也是一台三相交流发电机,它是由柴油机曲轴通过变速箱带动的。励磁机 LF 发出的交流电,经过一个小型的三相桥式硅整流柜 2ZL 整流后,将直流电送给主发电机 F 的励磁绕组。而励磁机 LF 本身的励磁电流,则是由辅助发电机经励磁柜 LG 供给。

机车运行方向是由牵引电动机的旋转方向决定的。只要改变牵引电动机中励磁绕组的电流方向就能改变牵引电动机的旋转方向,从而改变机车的运行方向。励磁绕组电流方向的改变是通过转换开关 ZK 来实现的：当 ZK 接通左边一组触点时，各台牵引电动机上的励磁绕组 $C_{1D} \sim C_{6D}$ 的电流方向为从上至下，机车运行方向为前进；若改变转换开关触点，使右边一组接通时，励磁绕组上的电流方向正好相反，从而改变了牵引电动机的旋转方向，机车运行方向也就由前进变为后退了。

如今，无论是高速列车还是中低速列车，都已经采用交流传动系统。交流传动系统是将发电机发出的交流电经过整流器变换成直流电，再通过逆变器将直流电变换成电压、频率可调的三相交流电，供给三相交流异步牵引电动机驱动机车动轮旋转。

交流传动技术具有许多优点：

① 可靠性高、维修简便：主要是异步电动机结构简单，无换向器和电刷装置，除轴承之外无其他摩擦部件，提高了装置的可靠性和维修简便性。

② 提高列车牵引性能：交流电动机比直流电动机的体积更小、重量更轻，但功率却比直流电动机的大。由于没有了换向器和电刷装置，其机械转速不受换向条件和机械强度的限制，在通风冷却能力和转子结构容许的范围内，其额定转速和最高转速都可以设的比直流电动机高得多，可达 7 000 转每分钟左右，在同等体积的条件下，异步电动机的输出功率要大。

（4）走行部

内燃机车走行部采用构架式转向架的形式，如图 4-12 所示。机车转向架的作用是承受机车上部重量，并将它们均匀地传递给轮对，传递牵引力和制动力，以及缓和和吸收来自线路的各种冲击和振动，保证机车沿轨道运行并顺利通过曲线。DF4B 型内燃机车采用两台三轴转向架，每个转向架主要由构架、轮对、轴箱、摩擦旁承、牵引杆装置、电动机悬挂装置、基础制动装置及撒砂装置等部分组成。

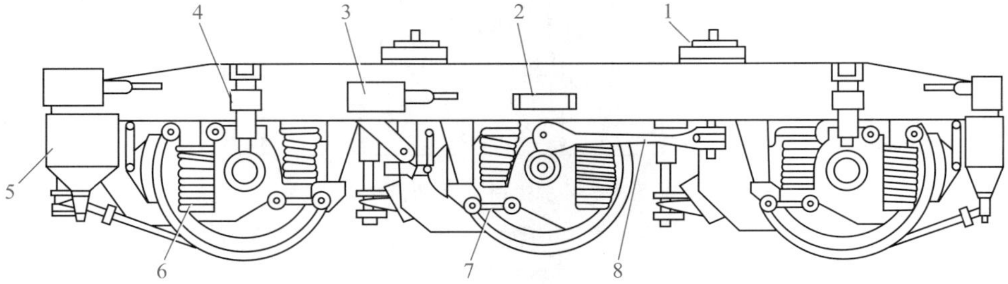


图 4-12 内燃机车转向架

1—旁承；2—倒挡；3—制动缸；4—油压减振器；5—砂箱；
6—圆弹簧；7—轴箱连杆；8—牵引杆装置

① 构架。转向架的构架是转向架的骨架，用以联系转向架的各个组成部分。在每一个转向架上安有 3 台牵引电动机，接收柴油发电机组的能量而产生牵引力，使机车运行。

② 牵引杆装置。牵引杆装置是将机车车体与转向架联结在一起，并且传递牵引力和制动力的机构。牵引杆装置可以比较容易地实现低位牵引，减少轴重转移，提高机车的黏着力。

③ 基础制动装置。基础制动装置采用的是独立作用式单侧闸瓦制动，即每个车轮都由一个制动缸带动，采用单侧闸瓦、带闸瓦间隙自动调节器的独立的制动系统。

我国几种主要国产内燃机车的概况见表 4-1。

表 4-1 我国几种主要国产内燃机车

| 项目 \ 机车型号 | DF4D 货运 | DF4D 客运 | DF8B | DF11G | HXN3 |
|---|---|---|---|---|---|
| 用途 | 干线客货运 | 干线货运 | 干线货运 | 干线客运 | 干线客运 |
| 传动方式 | 交—直 | 交—直 | 交—直 | 交—直 | 交—直—交 |
| 柴油机 | 16 V 240 ZJD | 16 V 240 ZJD | 12 V 280 | 16 V 280 ZJA | 16 V 265 H |
| 轴列式 | $C_0$—$C_0$ | $C_0$—$C_0$ | $C_0$—$C_0$ | 2($C_0$—$C_0$) | $C_0$—$C_0$ |
| 轴重/t | 23 | 23 | 23 | 23 | 23 |
| 机车装车功率/kW | 2 940 | 2 940 | 3 680 | 2 ×3 610 | 4 660 |
| 最大速度/(km/h) | 100 | 170 | 100 | 170 | 120 |
| 通过最小曲线半径/m | 145 | 145 | 145 | 145 | 250 |

**小提示：**

中国古代神话中的哪吒神通广大，脚踏风火轮，行走如飞。其实，机车就像神话中的哪吒一样也是脚踏风火轮的，它的“风火轮”就是动轮。动轮上装有驱动装置，因而具有牵引力。动轮有闸瓦或盘形制动器对它制动，因而具有制动力。有了牵引力和制动力，动轮就能加速行驶或减速至停车，机车也就进退自如。当夜晚机车牵引列车行驶在长大下坡道上时，为防止列车的声响、车溜坡速度太快，制动的闸瓦压紧动轮踏面，冒出一串串火花，并发出“吱吱”的声响，这时你会感到，说动轮是机车的“风火轮”，确实名不虚传。

### 4.2.3 液力传动内燃机车

液力传动内燃机车采用的是液力传动装置。一般由柴油机驱动液力传动装置,通过液力变速箱、牵引齿轮驱动机车轮对旋转。

在液力传动内燃机车上,原动力仍是柴油机,在柴油机和机车动轮之间,装有一套液力传动装置,利用工作油改变柴油机的外特性,以适合列车运行的要求。液力传动内燃机车与电力传动内燃机车相比,除传动装置不同外,其余部分都是相似的。我国自行设计制造的 BJ 型、DFH 型内燃机车都采用液力传动内燃机车。

液力传动内燃机车虽然具有牵引性能良好、起动平稳、造价低廉、维护方便及节省有色金属和大量钢材等优点,但液力传动内燃机车的传动效率较电力传动低、功率较小,不能牵引货物列车,也不适合高速旅客列车。

## 4.3 电力机车

### 4.3.1 概述

电力机车的牵引动力是电能,但机车本身没有原动力,而是依靠外部供电系统供应电力,并通过机车上的牵引电动机驱动列车前进。电力机车平均热效率比内燃机车高,且在提高铁路运输能力、合理利用资源、保护生态环境方面具有明显优势,是铁路最理想的牵引动力。

电气化铁路设备的主要特点是设有一套牵引供电系统。将电能从电力系统传送到电力机车的电力设备总称为电气化铁道的牵引供电系统,牵引供电系统主要包括牵引变电所和接触网两部分,如图 4-13 所示。

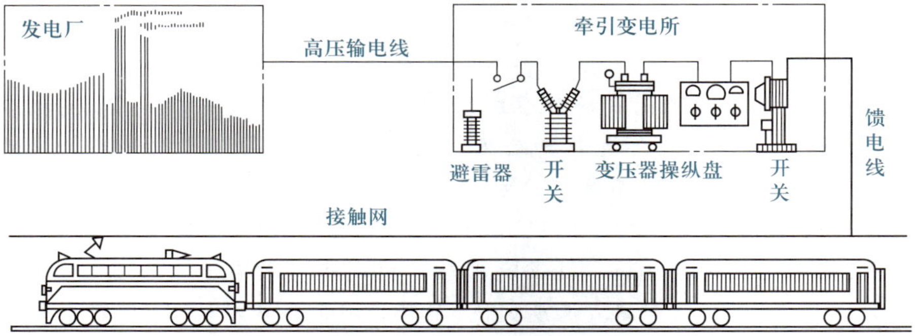


图 4-13 电气化铁道牵引供电系统示意图

## 4.3.2 牵引供电系统

牵引供电系统主要包括发电厂、变电所和接触网等。发电厂发出的电能，需先在升压变压站施行升压，变成 110 kV 或 220 kV 高压电能后，再通过高压输电线送到铁路沿线的牵引变电所。在牵引变电所里把电流或电压变换成所要求的电流或电压后，再转送到邻近区间和站场线路的接触网上供电力机车使用。

电气化铁道按接触网供给机车的电流不同，分为直流制和交流制两种。电流制不同，所用的电力机车也不一样。我国采用工频(50Hz)交流制。

在铁路牵引供电系统中，主要是牵引变电所和接触网两部分。

### 1. 牵引变电所

(1) 牵引变电所的作用

由于电力机车本身不带有能源装置，需要由外界供给电能，因而必须在电气化铁道沿线设置一套完善的不间断地向电力机车供电的设备，这就是牵引变电所。

牵引变电所是电气化铁路牵引供电系统的心脏。它的主要任务是将电力系统高压输电线输送来的 110 kV(或 220 kV)的三相交流电，降为不低于 25 kV 的工频单相交流电，然后送到邻近区间和所在站场线路的接触网上，作为电力机车的牵引电源，保证可靠而又不间断地供给机车使用。

微课
铁路电力
如何提供

(2) 牵引变电所的设备

牵引变电所内的主要设备有主变压器、电压互感器、电流互感器、高压断路器、各种高压隔离开关、避雷器以及信号显示等设备。为使牵引变电所内各种电气设备正常运行，确保安全可靠供电，牵引变电所内还装有各种控制、测量、监视仪表和继电保护装置等。

(3) 牵引变电所对牵引网的供电方式

牵引变电所是沿着电气化铁道区段分布的，每一个牵引变电所有一定的供电范围。而牵引变电所向接触网的供电方式，主要是根据牵引变电所的分布情况、供电长度、线路情况以及供电的可靠性而定。通常牵引变电所向接触网供电有单边供电、上下行并联供电和双边供电三种方式。

电子课件
铁路牵引
供电系统

① 单边供电

单边供电将电力系统输电线路电压从 110 kV(或 220 kV)降到 25 kV，经馈电线将电能送至接触网；接触网沿铁路上空架设，电力机车升弓后便可从其取得电能，用以牵引列车。牵引变电所所在地的接触网设有分相绝缘装置，两相邻牵引变电所之间设有分区亭，将两个牵引变电所之间的接触网分成两个供电分区，每一个供电分区只能从一端的牵引变电所获得电能的方式，称之为单边供电。单边供电时，当某一供电分区接触网发生故障时，只影响本供电分区，而不影响其他供电分区的正常供电，从而缩小故障范围，而且单边供电方式的牵引变电所馈电线保护装置也较简单。目前各国采用较多,我国单线电气化铁路采用单边供电,如图4-14所示。

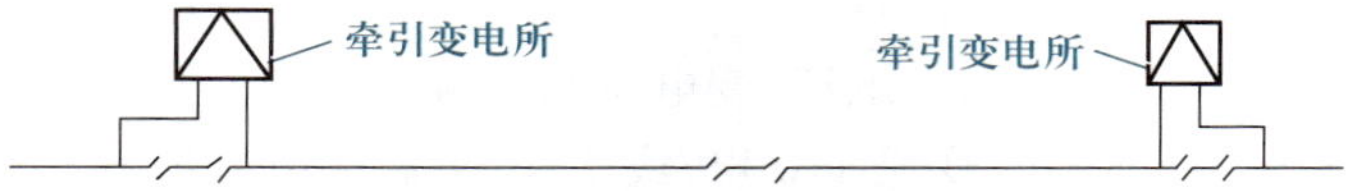


图4-14 单边供电示意图

② 上下行并联供电

在双线电气化区段的供电臂末端设有分区所,将上下行接触网通过断路器实行并联供电,如图4-15所示。这种供电方式的优点是,能均衡上下行供电臂的电流,降低接触网损耗,提高电压水平。在有轻重车方向和线路有较大坡道情况下,效果更为显著。我国双线电气化铁路大多采用这种供电方式。

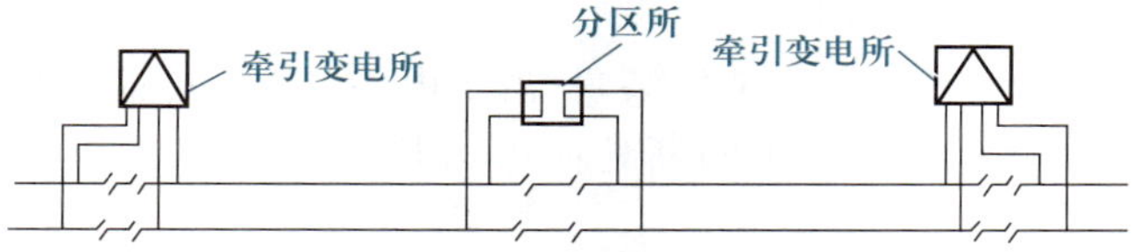


图4-15 上下行并联供电示意图

③ 双边供电

双边供电一旦某处发生故障时,影响范围大,要扩大到两个供电分区,需要安装比较复杂的保护装置和分区亭开关控制装置等,因此目前较少采用。

### 2. 接触网

接触网是架设在铁路线上空向电力机车提供持续电能的特殊形式输电线路。电能由地方电网输送到铁路牵引变电所后,经主变压器降压达到电力机车正常使用所需电压等级,再由馈电线将电能输送至接触网。电力机车通过受电弓从接触网获取电能以提供牵引动力,保证列车运行。

(1) 接触网的组成

接触网主要由接触悬挂部分、支持装置、支柱与基础等部分组成,如图4-16所示。

(2) 接触网的供电方式

我国电气化铁道采用工频单相25 kV交流制。铁路牵引供电系统主要的供电方式有三种。

① 直接供电方式。直接供电方式是在牵引网中不加特殊防护措施的一种供电方式,如图4-17所示。由于没有回流线,牵引回流通过钢轨直接流回牵引变电所,是结构最简单的一种供电方式。大地回流对沿线的通信线路有干扰,因此不能使用于平原地区或城市附近的电气化铁路系统,这是直接供电的主要缺点。

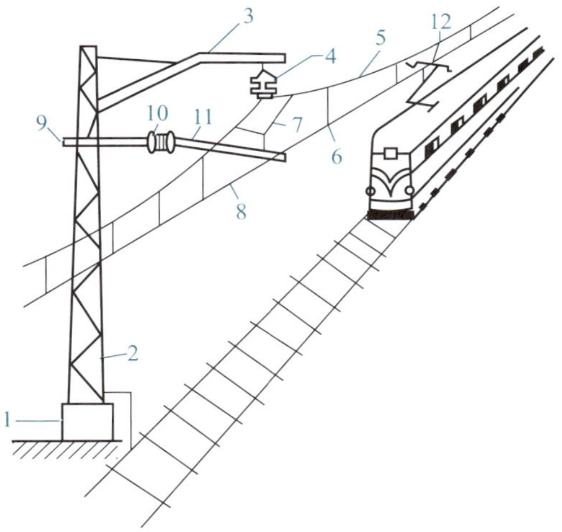


图 4-16 悬挂式接触网组成示意图

1、2—基础、支柱；3—腕臂支持装置；4—绝缘子；5—承力索；6—吊弦；

7—弹性吊弦；8—接触导线；9—定位肩架；10—棒式绝缘子；11—定位管；12—受电弓

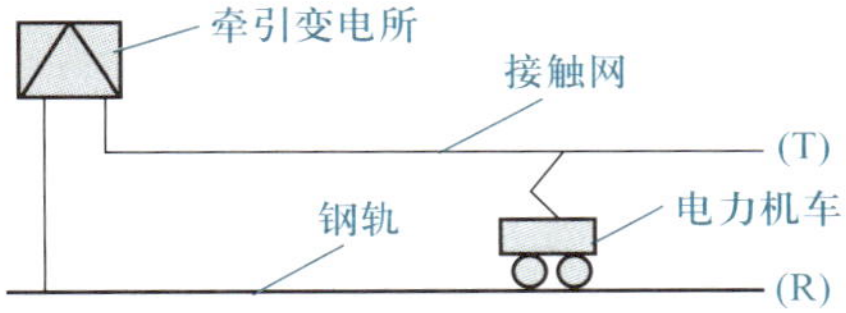


图 4-17 直接供电方式原理图

② 带回流线的直接供电方式。带回流线的直接供电方式是在接触网支柱上架设一条与钢轨并联的回流线（NF），如图 4-18 所示。利用接触网与回流线之间的互感作用，使钢轨中的电流尽可能地由回流线流回牵引变电所，因而能部分抵消接触网对邻近通信线路的干扰。相对于直接供电方式，钢轨电压降低，牵引网阻抗降低，供电距离增长。

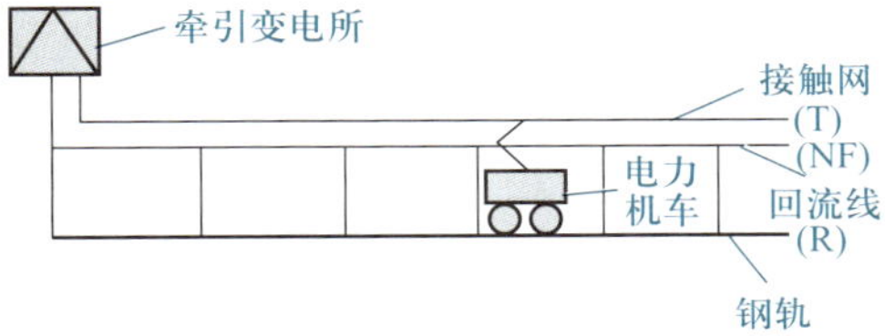


图 4-18 带回流线的直接供电方式原理图

③ 自耦变压器供电方式。自耦变压器供电方式又称 AT 供电方式，它是将自耦变压器以每隔 10 km 左右的距离并联接入接触网（T）与馈电线（F）之间的供电方式，馈电线与接触网架设在同一支柱上，相距较近，且两者大小近似相等，电流方向相反，所以它们的电磁场基本可以完全抵消，从而可以有效地减弱对通

信线路的干扰,如图4-19所示。

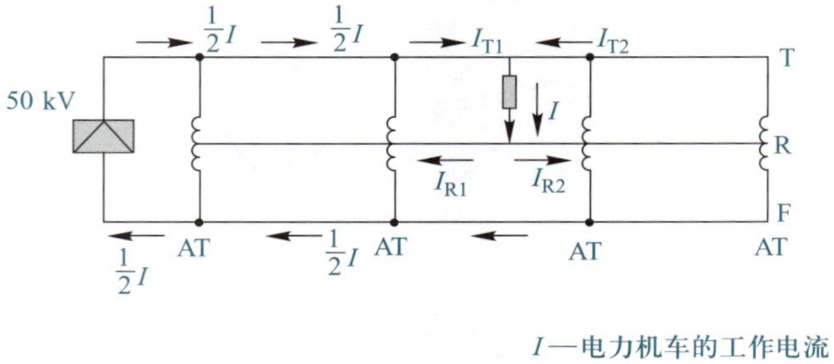


图4-19 AT供电方式原理图

这种供电方式的牵引网阻抗很小,电压损失小,电能损耗低,供电能力大,供电距离长,可达40~50 km,牵引变电所间隔也可增大。由于牵引负荷电流在接触网和正馈线中的方向相反,因而对邻近的通信线路干扰很小,现已成为高速铁路牵引供电优先采用的供电方式。

**小提示:**

接触网不但要把电能输送给边行走边受流的电力机车使用,还要保证电力机车在走行时其受电弓与接触线在滑动摩擦接触过程中有良好的受流条件,特别是在环境条件变化的时候,线路基础引起的振动,轨道的不平顺,车体上下弹性跳动,受电弓弓臂和接触滑板在受压状态下因机车快速运行时产生的垂直加速度,以及接触网导线不平整等因素的影响,都不应出现受电弓与接触线分离现象(通常称"离线"),否则将会导致受流恶化,严重时会产生电弧烧伤接触线和受电弓的滑板,后果不堪设想。看似简单地将一根接触线悬挂在单臂上,但是要做到悬挂高度不能有太大变化,既要平顺,又要弹性均匀,既要使弓网接触压力保持稳定,又要在运营维修作业中作业简单,还真不是件容易的事。弓网受流质量的好坏直接影响列车运行的安全性。

### 4.3.3 电力机车

电力机车按照传动方式不同分为直流传动电力机车和交流传动电力机车。直流传动电力机车根据供电电流的不同,又分为直流供电和交流供电两种。我国目前使用的干线电力机车主要是交流供电直流传动电力机车,主要的机型为韶山(SS)系列电力机车,如图4-20所示为SS9型电力机车。2006年开始大规模采用交流传动技术,生产和谐号(HXD)系列电力机车,如图4-21所示为HXD1电力机车。

图 4-20 SS9 型电力机车

图 4-21 HXD1 型电力机车

交—直型电力机车通过列车顶部升起的受电弓，从接触网上取得 25 kW 单相工频交流电，经机车内的主变压器降压，再经整流装置将交流电转换为直流电，供给直流牵引电动机，经齿轮传动装置转换成机械能后，牵引列车运行。

## 1. 电力机车组成

（1）电力机车基本构造

电力机车主要由车体、车底架、走行部、车钩缓冲装置、制动装置及一整套电气设备组成，除电气设备外，其余部分都与交—直流电力传动的内燃机车相似。

目前我国电力机车采用的转向架有两种：一种是二轴转向架（2 根轮轴），另一种是三轴转向架（3 根轮轴）。每台机车可以有 2 个转向架，也可采用 3 个转向架。如图 4-22 所示是 HXD1C 型电力机车总体及设备布置图。

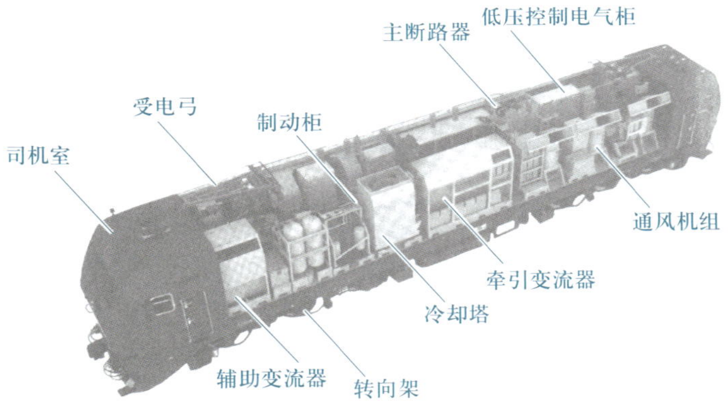


图 4-22 HXD1C 型电力机车基本构造

牵引电动机采用抱轴式半悬挂或空心轴传动全悬挂结构，安装在转向架上，当牵引电动机受电旋转时，通过电枢轴轴端的齿轮带动轮轴上的大齿轮使轮轴转动。牵引电动机转速不同，机车运行速度就不同；电枢的转向改变，机车运行的方向也改变。

（2）电力机车的电气设备及其电路

电力机车上设有各种复杂的电气设备，电力机车的电路，相当于它的“血脉”，供给全身的能量。一般包含主电路、辅助电路和控制电路这三大部分，各类电路基本是独立的。

① 主电路。主电路电源来自接触网，它连接着牵引电动机及其相关设备，电压高、电流大，称为高压电路或牵引动力电路。主电路连接的电器设备主要有受电弓、主断路器、主变压器（即牵引变压器）、整流调压装置、平波电抗器、牵引电动机和制动电阻等。

受电弓。机车顶部一般装有两套单臂受电弓，受电弓紧压接触网导线滑行，从电网上取得电流。机车运行时只需升起一套受电弓，另一受电弓作为备用。接触网上送来的 25 kV 工频单相交流电就由此引入机车。

主断路器。主断路器是机车的总电源开关和保护开关，用来接通或断开电力机车高压电路。当主电路发生短路、接地或整流调压电路、牵引电动机等设备发生故障时，它能自动切断机车电源，实现对机车上设备的保护。

主变压器。主变压器又称牵引变压器，它把从接触网上取得的 25 kV 高压电降低为牵引电动机所适用的电压。变压器一般有 4 个绕组：1 个一次侧绕组接 25 kV 高压电；3 个二次侧绕组，其牵引绕组用来向牵引电动机供电，励磁绕组用在电阻制动时给电动机提供励磁电流，辅助绕组用来给机车的辅助电机供电。

硅整流装置。硅整流装置用来把牵引变压器二次侧牵引绕组的交流电整流成可调节的直流输出电压，从而可以改变牵引电动机的端电压，达到调节机车速度的目的。

② 辅助电路。辅助电路是将辅助电机（如劈相机、压缩机电机、通风机、油泵等）、辅助设备（如取暖设备、电热玻璃等）及其相关的电气设备连接而成的一个系统。它的电源来自主变压器的辅助绕组，通过劈相机将单相交流电转变成三相交流电后，供给牵引通风机、油泵机组和空气压缩机等辅助电机使用。其作用是保证主电路设备工作正常并改善司乘人员工作条件，其工作电压较低，一般为交流 380 V、220 V 或直流几百伏。

③ 控制电路。控制电路将主电路和辅助电路中各电气设备的控制电器（包括各种控制开关、接触器、电空阀等）同电源、照明、信号等控制装置连成一个电系统。一般采用低压直流电源，电压值为 50～110 V，所以又叫低压线路，它是机车电气线路的指挥中心。

以上三个电路系统在电气方面一般是相互隔离的，但三者通过电磁、电气控制、空气控制或机械传动等方式相互联系，配合动作，用低压电控制高压电，以保证操作的安全和实现机车的运行。

## 2. 电力机车的基本工作原理

交—直型电力机车通过受电弓将接触网供给的单相工频交流电引入机车内

部，经牵引变压器降压，再经整流装置将交流电转换为直流电，然后向直流（脉流）牵引电动机供电，牵引电动机旋转带动车轴和车轮转动，由于轮轨间的黏着作用而产生牵引力使列车前进。牵引电动机的转速不同，机车的运行速度就不同。电动机的转向改变，机车的运行方向也随之改变，工作原理如图 4-23 所示。

当机车需要制动时，除使用空气制动装置外，还可以采用电气制动。当司机把控制手柄从牵引位转到制动位时，牵引电动机就改成发电机运行，产生一个与速度成比例的阻力阻止列车运行。如果发出的电能被制动电阻变成热能散掉就称之为电阻制动；如果将电能重新送回电网中再加以利用，就称之为再生制动。从能量利用上来看，电阻制动虽然不如再生制动，但电阻制动的主电路工作可靠、稳定，技术比较简单，故目前在电力机车上得到广泛使用。

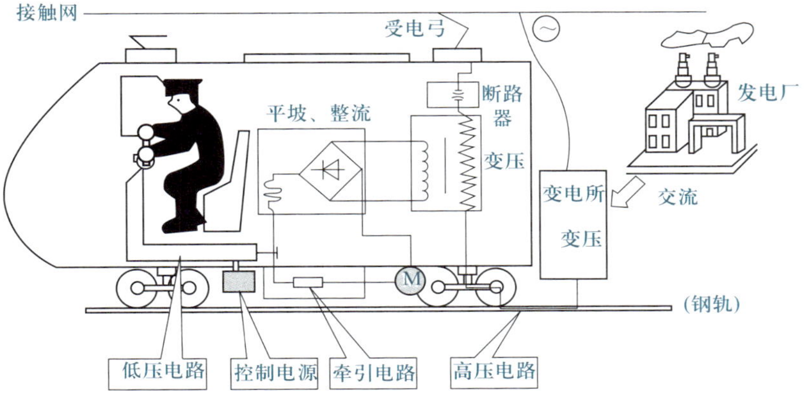


图 4-23 电力机车工作原理

## 3. 国产电力机车

（1）韶山（SS）系列电力机车

国产韶山（SS）系列电力机车概况如表 4-2 所示。

表 4-2 几种国产韶山（SS）系列电力机车概况

| 机车型号 | SS1 | SS3 | SS4 改进型 | SS6 | SS7E | SS9 |
|---|---|---|---|---|---|---|
| 用途 | 货运 | 客货两用 | 货运 | 客货两用 | 客运 | 客运 |
| 轴式 | $C_0—C_0$ | $C_0—C_0$ | $2(B_0—B_0)$ | $C_0—C_0$ | $C_0—C_0$ | $C_0—C_0$ |
| 网压 | 25 kV<br>50 Hz | 25 kV<br>50 Hz | 25 kV<br>50 Hz | 25 kV<br>50 Hz | 25 kV<br>50 Hz | 25 kV<br>50 Hz |
| 额定功率/kW | 4 200 | 4 320 | 6 400 | 4 800 | 4 800 | 4 800 |
| 最大牵引力/kN | 487 | 470 | 627.8 | 485 | 485 | — |
| 最大速度/(km/h) | 95 | 100 | 100 | 100 | 170 | 170 |
| 机车总质量/t | 138 | 138 | 184 | 138 | 138 | 126 |
| 轴重/t | 23 | 23 | 23 | 23 | 23 | 21 |

微课
$HXD_{1C}$ 型电力机车现场教学

（2）和谐（HXD）型系列电力机车

从 2004 年以来，我国先后生产了 HXD1 型、HXD2 型、HXD3 型以及 HXD3B 型大功率交流传动电力机车，成为支撑我国铁路主要干线货运牵引的主力机型。

HXD1 型货运机车采用交—直—交传动，轴式为 $B_0—B_0$，两节连挂，共 8 轴。机车总功率为 9 600 kW，双机重联可负担 2 万 t 货物运输，成为首批大秦铁路运煤货物列车。

HXD2 型货运机车采用交—直—交传动，轴式为 $B_0—B_0$，由两节相同的 4 轴机车重联组成。机车总功率为 9 600 kW，可单机牵引 7 000 t 重载列车，三机重联可满足 $2×10^4$ t 以上重载列车的牵引要求。

HXD3 型货运机车采用交—直—交传动，轴式为 $C_0—C_0$，其特点是黏着系数高，牵引力大，整车输出功率达到 7 200 kW，能有效避免机车起动时空转，使用 6 台1 200 kW交流牵引电动机，计算机控制技术，可以时刻监控、掌握机车运用状态和故障预警、预报，所有高度集成板均双备份，出现故障后，可自动切换，确保机车正常运行。

## 4.4 机车检修与运用

机车的检修和运用是铁路运输工作的重要组成部分，也是机务部门的基本任务。确保机车检修质量，经济、合理地运用机车，对完成铁路运输任务具有十分重要的意义。

微课
走进机务段

### 4.4.1 机车的管理

机务段是设在铁路沿线负责机车检修和运用工作的基层生产单位，一般设在编组站或区段站上。在机车交路的折返点，还应设有机务折返段。机务段和机务折返段设置的基本原则是满足牵引列车的最大需要，并能充分发挥各项设备的能力和机车运用效率；段间距离的长短，应考虑乘务员的连续工作时间，并结合编组站、区段站的位置尽可能长距离地设置。

#### 1. 机务段的任务和设备

根据各机务段所承担任务量的大小，为其配属一定数量的机车。

机务段的任务：机车运用方面，负责计划和组织本段机车和乘务组完成邻接区段的机车牵引或固定在某个车站上担任调车工作，并对日常运用机车进行整备和日常保养；机车检修方面，进行段修范围内的机车定期检修和日常维修工作，保证运用机车的良好状态。

机务段设有管理部门和生产车间。生产车间包括运用车间、检修车间、整备车间和设备车间。

运用车间主要负责机车的运用与保养；检修车间主要负责机车段修范围内

的定期修理及机车的日常维修；整备车间主要负责机车的燃料、润滑油、水、砂等物资供应和机车的各种整备作业；设备车间主要负责机务段内的各种机械设备、水电动力设施的管理与维修。

机车在出段牵引列车或担任调车工作以前，需要供应机车必需的物资和做好各项准备工作，这种物资供应和准备工作总称为机车整备作业。机车类型不同，整备作业的内容也不一样。为了完成整备作业，机务段内必须修建相应的整备设备，如机车整备线、加油站上水管、上砂管以及储存和发放油脂、化验、排水、照明设备等。

### 2. 折返段的任务和设备

设在机车交路折返点的机务折返段，一般没有配属机车，也不做检修工作，只供机车进行整备作业和折返前乘务人员临时休息之用。因此，在机务折返段上，只设机车整备设备，而不设检修设备。

## 4.4.2 机车的检修

机车经过一定时期的运用后，各部件都会发生磨耗、变形或损坏。为了保证机车的正常运用，延长使用期限，除了机车乘务员的日常检查和保养外，还必须进行各种定期检修。

微课

检·爱——机车的检修与运用

机车的检修可分为定期修理和临时修理两种。按机车检修地点的不同又可分为厂修和段修两种。

机车的定期检修除大修在机车工厂进行以外，其余的检修一般都在机务段内进行。因此，机务段除了机车整备设备以外，还必须具有机车的检修设备，如各种检修库及辅助车间等。

(1) 内燃机车定检千米或检修周期如表 4-3 所示。

表 4-3 内燃机车检修周期表

| 机车 / 检修公里或期限 / 修程 | 客运、货运机车 | 调车、补机、小运转机车 | 附注 |
|---|---|---|---|
| 大修 | 70 万～90 万公里 | 8～10 年 | 小修、辅修公里或期限允许伸缩 20% |
| 中修 | 23 万～30 万公里 | 2.5～3 年 | |
| 小修 | 4 万～6 万公里 | 4～6 个月 | |
| 辅修 | 不少于 2 万公里 | 不少于 2 个月 | |

(2) 电力机车定检公里或检修周期见表 4-4。

表 4-4 电力机车检修周期表

| 机车 / 检修公里或期限 / 修程 | 客运、货运机车 | 补机、小运转机车 | 附注 |
|---|---|---|---|
| 大修 | 160 万～200 万公里 | 不少于 15 年 | 小修、辅修公里或期限允许伸缩 20% |
| 中修 | 40 万～50 万公里 | 不少于 3 年 | |
| 小修 | 8 万～10 万公里 | 不少于 6 个月 | |
| 辅修 | 1 万～2 万公里 | 不少于 1 个月 | |

一般来说，机车大修是一种全面修复性修理，大修后的机车，基本上达到新车出厂的水平；中修的主要目的是修理走行部。内燃机车、电力机车的小修主要是为了对有关设备进行检测和维修等；辅修属于临时性的维修和养护。认真做好检修工作，对保证机车的正常运用和使用寿命，具有十分重要的意义。

## 4.4.3 机车运用

### 1. 机车交路与机车运转制

机车运用上的一个特点是，机车只要离开机务段，就要受负责运输有关人员的调度和指挥。所以机务部门和行车部门的关系特别密切，必须协调配合才能安全、优质地完成运输任务。

（1）机车交路

铁路机车牵引列车总是按区段接续进行的，机车在固定区段担当运输任务往返运行的回路称为机车交路。

（2）机车运转制

机车从事列车牵引作业的方式称为机车运转制。机车按运转制来分，有肩回运转制和循环运转制两种。

① 肩回运转制

机车担当与机务段相邻区段的列车牵引任务，列车每次返回机务段所在站都需要入段作业的叫肩回运转制。如图 4-24 所示，机车由机务段出段后，从机务段所在站牵引列车到折返段所在站，进入折返段进行整备及检查，然后再牵引相反方向的列车返回机务段所在站，再进入机务段进行整备及检查。这种运转

电子课件

机车的检修与运用

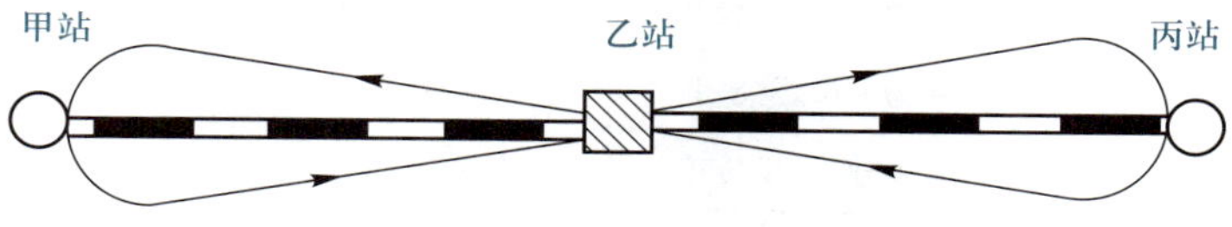


图 4-24 肩回运转制

方式,机车每往返一次,就要进入机务段进行作业。

采用肩回运转制时,机车要在段内进行整备,在车站不需另设整备设备。

② 循环运转制

循环运转制如图 4-25 所示,机车担当与机务段相邻区段的列车牵引任务,除因检修需要入段外,其余每次返回机务段所在站时,只在车站上进行整备作业的叫循环运转制。采用循环运转制时,机车从机务段出发,在一个牵引区段(如甲—丙间)往返牵引列车后回到机务段所在站(甲站)、机车不入段,只在到发线上进行整备作业,然后仍继续牵引同一车列或换挂另一个已经准备好的车列,运行到另一个牵引区段(如甲—乙间)的折返段所在站(乙站),再从乙站牵引列车返回丙站。这样,机车在两个区段(丙—乙间)上牵引列车循环运转,平时不进机务段,直到定期检修到期时才入段检修。

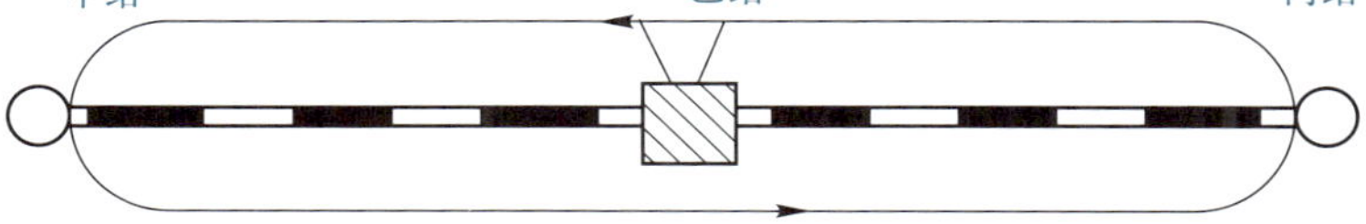


图 4-25 循环运转制

采用循环运转制时,由于机车很少进机务段,节省整备时间,机车交路可以延长,使内燃机车、电力机车的牵引性能充分发挥,从而提高机车运用效率,加速机车周转。但是,循环运转制一般只有在上下行都有大量不需要改编的中转列车经过机务段所在站时才能采用。

### 2. 乘务制度和乘务方式

机务段在为邻接区段提供机车的同时,还要负责计划和组织机车乘务员的工作。加强对乘务员的政治思想教育和业务培训,不断提高全体乘务员的思想和业务水平,是保证完成和超额完成国家运输任务的关键。

现行的机车乘务制度基本上可以归纳为两类。

(1) 包乘制:每台机车配备 2~3 个固定的乘务组值乘。

(2) 轮乘制:机车由各个乘务组轮流值乘。

包乘制由 3 班乘务员固定使用一台机车,轮流值乘。包乘制的主要优点是,机车乘务员对自己驾驶的机车非常熟悉,有利于机车的操纵和维修保养。但是,机车运用和乘务员的组织工作比较复杂,常会因为安排不当或运行秩序被打乱而影响机车的运用效率。

采用轮乘制时,机车乘务组值乘的机车是不固定的,这样可以有效地使用机车和合理安排乘务员的作息时间,以较少的机车或乘务组,完成较多的运输任务。当然,对乘务员的驾驶技术要求更高,对机车的质量和保养也要求更严。

机车乘务员的换班方式,即乘务方式,主要有外段驻班制、立即折返制。

拓展视频
$HXD_{1C}$一次标准化作业

小提示:

**一个人的"手舞足蹈"**

列车司机在行车过程中,要不断地手指确认、高声呼唤,一趟车下来,手指口呼多达几千次。司机为何总是在重复着无人欣赏的"手舞足蹈"呢?原来这是一次出乘作业化标准的要求。

列车司机是行车安全的最后一道屏障,而一次出乘作业化标准是铁路行车安全中的关键,乘务员必须认真执行标准化作业,养成标准化习惯,以"彻底瞭望,确认信号,高声呼唤,手比眼看"为中心思想,确保行车安全的最后屏障。其中"彻底瞭望"要做到:车动集中看,瞭望不间断。"确认信号"要做到:听不清就问,看不清就停。"高声呼唤"要做到:看准再喊,准确无误。"手比眼看"要做到:呼唤为主,手比为辅。列车司机只有在日常的工作中严格按照标准化作业程序的要求来执行,逐渐养成良好的作业习惯,才能真正地把好安全的最后的一道防线。

机车乘务员戴白色手套打出的标准手势不仅仅是铁路站线上一道靓丽的风景线,更是确保每一列车安全、正点到达终点站的安全保障。

### 4.4.4 铁路机务部门岗位职业道德规范

铁路机务部门主要工种有:机车乘务员(司机、学习司机、地勤司机)、机车钳工,机车电工,制动钳工,内燃机装试工等。

铁路机务部门岗位职业道德规范如下:安全正点,平稳操纵;精检细修,保证质量;爱护设备,勤俭节约;团结协作,顾全大局。

拓展视频
动力集中型动车组

【拓展提高】

**"复兴号"CR200J型动力集中型动车组**

"复兴号"CR200J型动力集中型动车组是中国铁路的一款动力集中式的电力动车组,是继和谐系列电力机车以及25T型客车后,中国中车生产的最新款普速铁路客运列车,可在设计最高时速低于或等于200 km/h的既有电气化铁路上行驶,如图4-26所示。

"复兴号"CR200J型动力集中型动车组本质上仍是传统单机牵引车列,并非完全意义上的动车组,只是它采用了列车头尾两端都配置驾驶室的设计,列车无须更换车头即可折返行驶,其依然以单节机车牵引多节车厢的模

图 4-26 “复兴号”CR200J 型动力集中型动车组

式运行。而在内部布局上，复兴号 CR200J 型电力动车组亦引入了高速型号“复兴号”的设计，在技术接口上也能在一定程度上互通。

CR200J 型动车组融合了传统普速列车和新型高速列车的部分优点，是高铁技术的下延，为新一代准高速机车。在保留大运量的同时，运用新结构、新材料对列车内饰等旅客界面进行动车化创新，如提升隔声隔热及减振性能等，按动车组标准增加人性化设计，如座椅调节、WiFi 系统等，大大改善了人们的出行环境与旅途质量，使一些普速线路进入动车时代。

CR200J 型电力动车组有短编组和长编组两种型号。其中，短编组为 9 节车厢，定员 720 人；长编组为 11 节到 20 节车厢不等，最高定员 1 102 人。

## 【巩固练习】

**一、填空题**

1. 机车按原动力可分为________、________和________。

2. 机车按用途可分为________、________和________。

3. 电气化铁道的牵引供电系统包括________和________两大部分。

4. 接触网包括________、________、________、________。

5. 牵引变电所的主要任务是将发电厂输送的高压三相交流电变成适合于电力机车牵引的________ kV 的________相交流电。

6. 电力机车主要由________、________、________、________和________等组成。

7. 内燃机车由________、________、________、________、________和________等部分组成。

8. 我国生产的内燃机车按传动方式可分为________内燃机车和________内燃机车。

9. 机车交路按机车在周转区段的运转方式可分为________、________、________和________。

10. 机车的乘务制度有________和________。

**二、简答题**

1. 铁路机车是如何分类的？按原动力不同分为哪几种？
2. 接触网供电设备包括哪几个部分？
3. 简述铁路供电系统的供电原理。
4. 我国的机车运转制度有哪些？各有何特点？
5. 接触网的供电方式有哪些？各有何特点？
6. 电力机车和内燃机车的检修周期如何？各类修程的主要作用是什么？
7. 我国的乘务制度有哪些？各有何特点？

# 第5章 铁路车站与枢纽

## 【问题引入】

随着铁路的建设与发展，一个城市往往出现好几个火车站。以我国的首都北京为例，共有大大小小81个火车站，我们比较熟悉的有北京火车站、北京西站（见图5-1）、北京南站、北京北站、北京东站等，而对诸如丰台火车站、丰台西火车站、清河火车站等，您是不是感觉很陌生呢？

图5-1　北京西站

铁路车站是如何定义的，不同的火车站在铁路运输中的作用有什么不同吗？

一个城市为什么要设置如此多的车站？车站的设置有什么要求？

铁路车站是如何分类的？不同种类的车站设备和业务又有什么区别？

在高铁沿线，有许多专门办理客运业务的客运站，那么铁路沿线是否也设有专门办理货运业务的车站呢？

## 【教学导航】

本章主要学习铁路车站与枢纽的基本知识，具体如图 5-2 所示。

图 5-2 学习导航

## 【知识讲授】

# 5.1 概 述

铁路车站是铁路办理客运与货运的基地，是铁路系统的一个基层生产单位。在完成运输的过程中，铁路车站起着非常重要的作用。在车站上，除办理旅客运输和货物运输的各项作业外，还办理和列车运行有关的各项工作，如列车接发、会让、越行，列车的解体与编组作业，机车的换挂与车辆的检修等。为了完成上述作业，车站上设有客货运输设备及与列车运行相关的各项技术设备，还配备了客运、货运、行车、装卸等方面的工作人员。

### 5.1.1 车站的定义及作用

车站既是铁路办理客、货运输的基地，又是铁路系统的一个基层生产单位。作为铁路运输生产基地和对外服务窗口，车站有着广泛的作用。

① 车站是铁路和外部（工农业和城市）联系的纽带。

② 车站是铁路运输业的基层生产单位。在车站上，除了办理旅客与货物运输的各项作业外，还要办理与列车有关的各项作业。例如：列车的接发、会让、越行；列车的解体与编组；机车的换挂与车辆的检修等。

③ 车站在铁路运输生产过程中起着重要的作用。它是客货运输的始发、中转和终到作业的地点，是铁路与运输有关的行车、客运、货运、机务、车辆、工务、电务、供电等部门协调地进行生产活动的场所。

④ 车站对于贯彻党的方针政策，执行铁路规章制度，充分利用设备能力，提高运输效率，降低运输成本，保证列车运行安全、正点，完成和超额完成铁路运输任务等方面，有着十分重要的作用。

微课
形形色色的车站

### 5.1.2 区间、闭塞分区、区段

#### 1. 区间

为完成国家运输任务，保证行车安全和必要的通过能力，以满足人们对运输的需要，铁路上每隔一定距离需要设置一个车站（线路所或通过色灯信号机），车站把一条铁路线路分成若干个长度不同的线段，每一线段称为区间，而车站和线路所就成为相邻区间的分界点，如图 5-3 所示。车站与车站之间的段落叫站间区间。车站与线路所、线路所与线路所之间的段落叫所间区间。

图 5-3 区间示意图

电子课件

车站分类

#### 2. 闭塞分区

同方向相邻两架通过色灯信号机柱中心线之间或进站（出站）信号机柱与通过色灯信号机柱中心线之间的一段线路空间，称为闭塞分区。

#### 3. 区段

区段通常是指两相邻技术站间的铁路线段，它包含了若干个区间和车站，如图 5-4 所示甲—乙区段和乙—丙区段，区段的长度一般取决于牵引动力的种类

或路网状况。

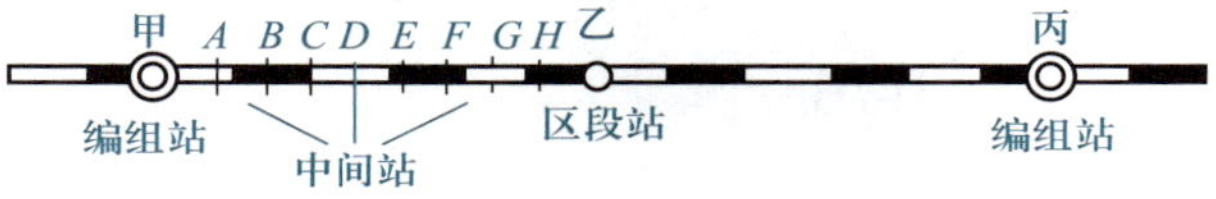


图 5-4 铁路线路示意图

## 5.1.3 车站的分类

目前,我国铁路网上有大大小小、各式各样的车站几千个。这些车站因所担负的任务量、业务性质和技术作业的类型不同,而有不同的分类。

### 1. 按业务性质分

车站按业务性质分为客运站、货运站和客货运站。

### 2. 按技术作业分

车站按技术作业分为中间站、区段站和编组站。区段站和编组站统称为技术站。

### 3. 按所担负的任务量和地位分

车站按其所担负客货运量和技术作业量的大小及其在政治、经济和铁路网上所处的地位,划分为特等站和一、二、三、四、五等站。车站等级是确定车站规模、设置和配备定员的依据。

## 5.1.4 车站线路种类及线间距

### 1. 车站线路的种类

铁路线路可分为正线、站线、段管线、岔线和特别用途线,如图 5-5 所示。其中正线、站线是属于车站管辖的线路,段管线及岔线是不属于车站管辖而与车站连接的线路。

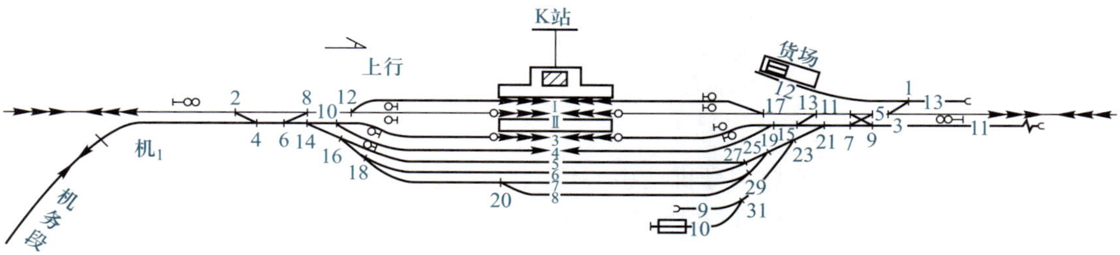


图 5-5

正线是指连接车站并贯穿或直股伸入车站的线路。

站线有多种，包括办理接发客货列车的到发线；办理解体或编组列车的调车线、牵出线、驼峰推送线、溜放线、迂回线、禁溜线等；办理货物装卸的货物线；办理其他作业的机车走行线、存车线、检修线等。

岔线是指在区间或站内接轨，通向路内外单位的专用线路。

段管线是指机务段、车辆段、工务段、电务段专用并由其管理的线路。

特别用途线是指安全线和避难线。其中安全线是为防止机车车辆在未开通进路的情况下，越过警冲标而进入其他线路，与其他线路上的机车车辆发生冲突而设置的隔开设备；避难线则是为了防止在陡长坡道上运行的列车因制动失效而失去控制，在区间颠覆或闯入站内与其他机车车辆发生冲突而设置的隔开设备。

## 2. 线间距

线路间距是指两相邻线路中心线之间的距离。线间距应能保证列车运行的安全及车站人员进行有关作业的安全和便利，同时还要考虑通行超限货物列车和在两线间装设行车设备的需要。线间距的大小应该根据《铁路技术管理规程》有关技术确定。直线部分区间及站内相邻线路中心线的标准距离规定如表 5-1、表 5-2 所示。曲线地段的线间距按曲线半径大小，根据计算进行适当加宽。

表 5-1　客货共线铁路线间距

<table>
<tr><th>序号</th><th colspan="3">名称</th><th>线间最小距离/m</th></tr>
<tr><td rowspan="3">1</td><td rowspan="3">区间双线</td><td colspan="2">$v \leq 120$ km/h</td><td>4.0</td></tr>
<tr><td colspan="2">120 km/h<$v \leq 160$ km/h</td><td>4.2</td></tr>
<tr><td colspan="2">160 km/h<$v \leq 200$ km/h</td><td>4.4</td></tr>
<tr><td>2</td><td colspan="3">三线及四线区间的第二线与第三线</td><td>5.3</td></tr>
<tr><td>3</td><td colspan="3">站内正线</td><td>5.0</td></tr>
<tr><td rowspan="7">4</td><td colspan="3">无列检作业</td><td>5.0</td></tr>
<tr><td rowspan="6">有列检作业或上水作业</td><td rowspan="2">$v \leq 120$ 公里/小时</td><td>一般</td><td>5.5</td></tr>
<tr><td>改建特别困难</td><td>5.0</td></tr>
<tr><td rowspan="2">120 km/h < $v \leq$ 160 km/h</td><td>一般</td><td>6.0</td></tr>
<tr><td>改建特别困难</td><td>5.5</td></tr>
<tr><td rowspan="2">160 km/h < $v \leq$ 200 km/h</td><td>一般</td><td>6.5</td></tr>
<tr><td>改建特别困难</td><td>5.5</td></tr>
<tr><td>5</td><td colspan="3">到发线与相邻到发线</td><td>5.0</td></tr>
<tr><td>6</td><td colspan="3">站内相邻两线均需通行超限货物列车</td><td>5.3</td></tr>
<tr><td>7</td><td colspan="3">站内相邻两线只有一条通行超限货物列车</td><td>5.0</td></tr>
<tr><td>8</td><td colspan="3">铺设列检小车轨道的两到发线</td><td>5.5</td></tr>
</table>

续表

| 序号 | 名称 | | 线间最小距离/m |
|---|---|---|---|
| 9 | 换装线 | | 3.6 |
| 10 | 编组站、区段站的站修线与相邻一条线 | | 8.0 |
| 11 | 牵出线与相邻线 | 调车作业繁忙车站 | 6.5 |
| | | 改建困难或仅办理摘挂取送作业 | 5.0 |
| 12 | 站内中间设有接触网支柱的相邻线 | | 6.5 |
| 13 | 线间设有融雪设备的相邻线 | | 5.8 |
| 14 | 安全线与其他线路 | | 5.0 |
| 15 | 其他站线 | | 4.6 |

表 5-2 客运专线铁路线间距

| 序号 | 名称 | | 线间设施 | 线间最小距离/m |
|---|---|---|---|---|
| 1 | 区间正线、站内正线 | $v \leqslant 200$ km/h | | 4.4 |
| | | 200 km/h$<v \leqslant$250 km/h | | 4.6 |
| | | 250 km/h$<v \leqslant$300 km/h | | 4.8 |
| | | 300 km/h$<v \leqslant$350 km/h | | 5.0 |
| 2 | 正线与其相邻到发线 | | 无 | 5.0 |
| | | | 声屏障 | 5.94+结构宽 |
| | | | 接触网支柱 | 5.20+结构宽 |
| | | | 雨篷柱 | 4.59+结构宽 |
| | | | 有站台 | 3.53+站台宽 |
| 3 | 到发线间或到发线与其他线 | | 无 | 5.0 |
| | | | 接触网支柱 | 5.0+结构宽 |
| | | | 雨棚柱 | 4.3+结构宽 |
| | | | 有站台 | 3.5+站台宽 |
| 4 | 正线与其他线 | | | 5.0 |

## 5.1.5 股道和道岔的编号及股道的有效长

### 1. 站界及警冲标

(1) 站界

为了保证行车安全和分清工作责任，车站和它两端所衔接的区间以进站信号机或站界标分割明确的界限，通常称为站界。站界范围的划定，单、双线铁路车站有所不同。如图 5-6 所示，在单线铁路车站，以车站两端进站信号机柱的中线为界，外方是区间，内方则属于车站范围。在双线铁路车站，站界则按上下行正线分别确定的，即一端以进站信号机柱中心线，另一端以站界标中心线为界。

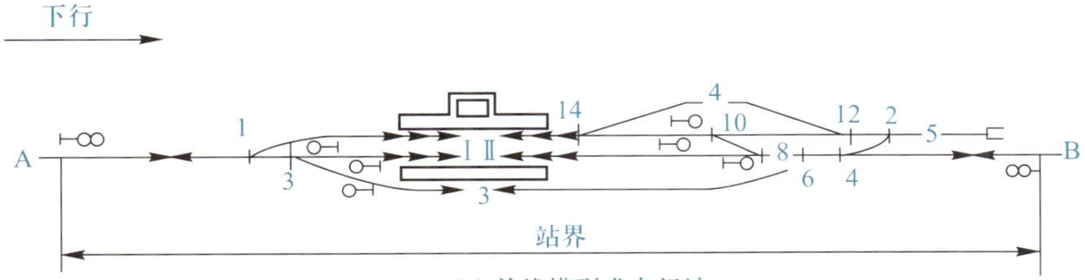


(a) 单线横列式中间站

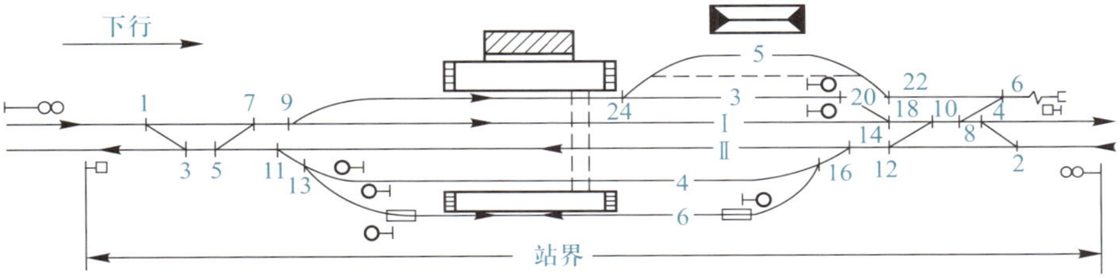


(b) 双线横列式中间站

图 5-6 站界

(2) 警冲标

警冲标是信号标志的一种，设在两线路会合线间距为 4 m 的中间，线间距离不足 4 m 时，设在两线路中心线最大间距的起点处，用来指示机车车辆停留的位置，防止机车车辆的侧面冲撞，如图 5-7 所示。

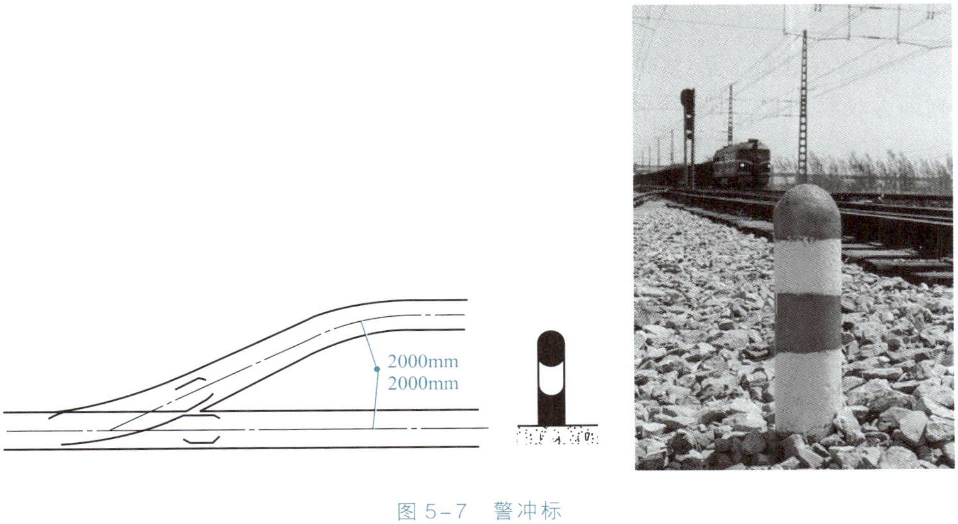


图 5-7 警冲标

**小提示:**

进京方向或是从支线到干线被称为上行,反之离京方向或是从干线到支线被称为下行。铁路采用的是左侧行车方式,即线路左侧为上行区间,右侧为下行区间。

### 2. 股道和道岔编号

为便于车站作业和对设备的维修管理,站内的线路(或股道)和道岔均应统一编号,且同一车站或同一车场内的线路和道岔均不得有相同的编号。

(1) 股道编号

站内正线规定用罗马数字编号(Ⅰ,Ⅱ,Ⅲ…),站线用阿拉伯数字编号(1,2,3…)。

① 单线铁路车站:从靠近站房的线路起,向站房对侧依次顺序编号;位于站房左右或后方的线路,在站房前的线路编完后,再由正线方向起,向远离正线顺序编号,如图5-8所示。

微课
几站台几道

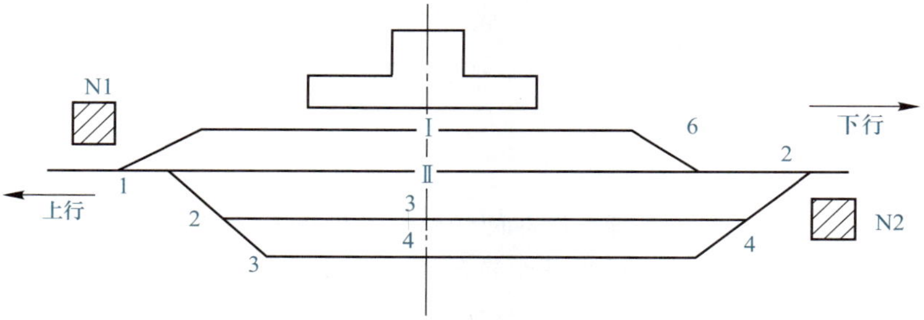


图5-8 单线铁路车站股道、道岔编号

② 双线铁路车站:从正线起按列车运行方向分别向外顺序编号,上行正线一侧编为双数,下行正线一侧编为单数,如图5-9所示。双线铁路横列式区段站的线路,不宜按列车运行方向分别编号,可比照单线铁路车站的股道编号方法进行编号。

电子课件
道岔和股道编号

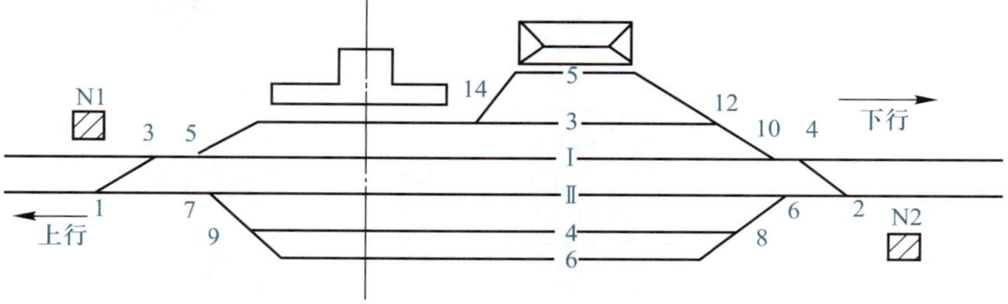


图5-9 双线铁路车站股道、道岔编号

③ 尽端式车站：站房位于线路一侧时，从靠近站房的线路起，向远离站房方向顺序编号，如图 5-10(a)所示。站房位于线路终端时，应面向终点方向由左侧线路起向右顺序编号，如图 5-10(b)所示。

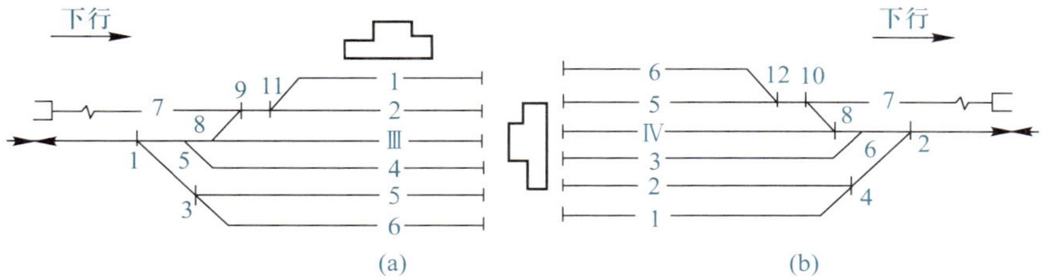


图 5-10　尽端式铁路车站股道、道岔编号

(2) 道岔编号

如图 5-8 和图 5-9 所示，站内道岔编号的一般原则如下所述。

① 用阿拉伯数字从车站两端开始，由外向内、先主（主要进路）后次（次要进路）依次编号。上行列车到达端编为双数，下行列车到达端编为单数。

② 站内道岔一般以站房中心线划分上、下行区域，若站房远离车站中心时，以车站或车场中心线划分。

如车站一端衔接两个方向以上（有上行亦有下行）时，应按主要方向编号。

③ 每一道岔均应编为单独的号码，对于同一渡线、梯线或交分道岔上的联动道岔，应编为连续的单数或双数。

④ 一个车站有数个车场时，每一车场的道岔应单独编号，道岔号码使用 3 位数字，百位数表示车场号码，十位和个位数表示道岔编号，如Ⅱ场道岔编为 201~299。

一个车场的道岔数在 100 副及以上时，可用千位数继续往下编号。千位数表示车场号码，如Ⅲ场的第 100 副道岔，编为 3100 号。各车场以外的道岔编为1~99。

## 3. 股道的有效长

车站上的每一股道都有全长和有效长之分。全长是指车站线路一端的道岔基本轨接头到另一端道岔基本轨接头的长度，如果为尽头式道岔，则指道岔基本轨接头至车挡的长度。

股道有效长是指股道全长范围内可以停留机车车辆而不妨碍信号显示、道岔转换、邻线行车的部分。

股道有效长的起止范围由下列因素确定。

(1) 警冲标。

(2) 道岔的尖轨始端（无轨道电路时）或道岔基本轨接头处的钢轨绝缘（有轨道电路时）。

(3) 出站信号机（或调车信号机）。

(4) 车挡（为尽头式线路时）。

上述各项因素怎样确定股道有效长度，视股道的用途及连接形式而定，其基本原则应保证本道及相邻股道的停留与作业安全。对于双方向使用的线路，应分上下行分别确定其有效长，如图 5-11 所示。

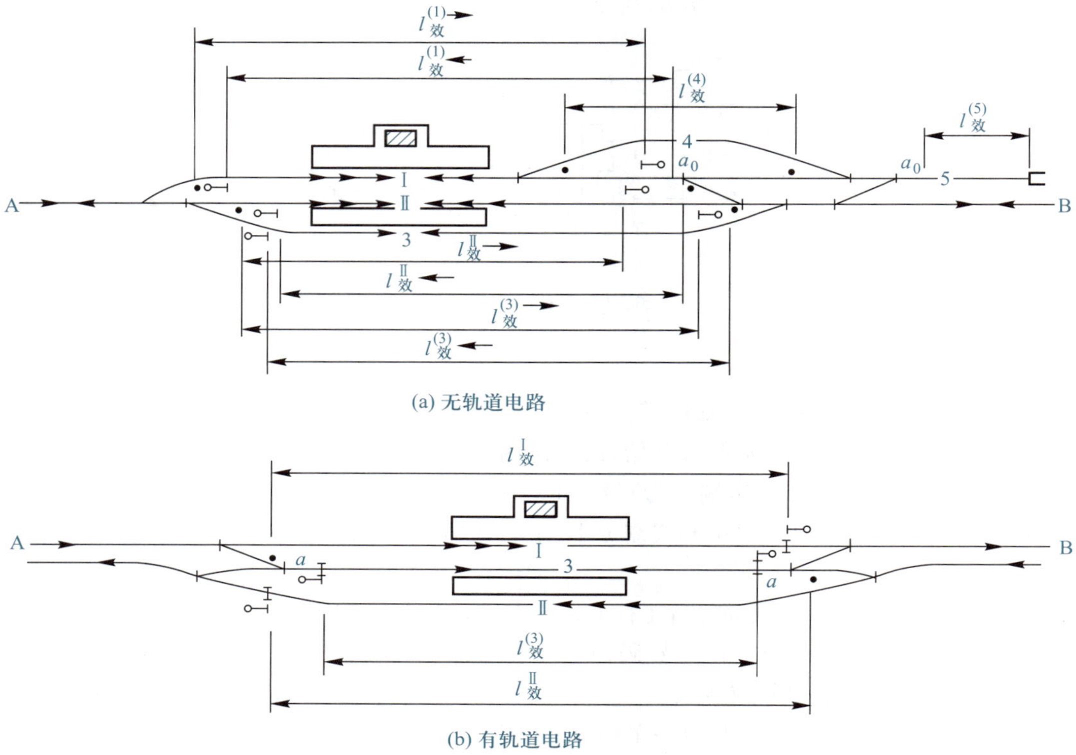


图 5-11 股道效长的确定

货物列车到发线的有效长度，应根据规定的列车长度及列车停车时的附加距离（规定为 30 米）等因素确定。

我国铁路采用的货物列车到发线有效长度在Ⅰ、Ⅱ级铁路上为 1 250 m、1 050 m、850 m、750 m、650 m，在Ⅲ级铁路上为 850 m，750 m、650 m 或 550 m。开行重载列车为主的铁路可采用大于 1 050 m 的到发线有效长度。

采用何种有效长度应根据运输能力的要求、机车类型及所牵引列车长度，结合地形条件，并考虑与相邻各铁路到发线有效长度相配合等因素确定。

## 5.2 中间站、会让站、越行站

### 5.2.1 中间站的作用及分布

铁路线划分成若干牵引区段，每一牵引区段中又设有不少车站。这些在铁路区段内设有配线的中间分界点，称为中间站。它的主要任务就是调整列车运行，办理列车的通过、会让、越行等任务，并办理客、货运业务，以达到提高铁路通过能力，保证行车安全，更好地为工农业生产和人民生活服务的目的。

中间站的规模虽然较小，但数量很多，遍布于铁路沿线。全路5 000多个车站中，中间站约占90%。中间站不但数量多，而且担负的客货运量很大，其中装卸作业量约占全路总装卸量的40%。因此，中间站在沟通城乡物资交流、发展工农业生产方面都起着十分重要的作用。

## 5.2.2 中间站的作业和设备

### 1. 中间站办理的作业

① 列车的到发、通过、会让和越行。

② 旅客的乘降和行李、包裹的承运、保管、装卸及交付。

③ 货物的承运、保管、装卸与交付。

④ 摘挂列车的车辆摘挂和向货场甩挂车辆或专用线取送车辆的调车作业。

此外，有的中间站如有工业企业线接轨或加力牵引起终点以及机车折返时，还需要办理工业企业线的取送车、补机的摘挂、待班和机车整备等作业。

### 2. 中间站的主要设备

为了完成以上作业，中间站应根据作业性质和工作量大小而设置以下设备：

① 客运设备：包括为旅客服务的站房、站台、站台间的跨线设备（天桥、地道或平过道）和雨棚等。

② 货运设备：包括为货运服务的货物站台、仓库、雨棚、堆放场、装卸机械及货运办公房屋等。

③ 站内线路：包括列车到发线、货物装卸线，必要时还应设有牵出线和调车线等。

④ 信号及通信设备：包括信号机、信号表示器、站内电话、广播及扩音设施等。

此外，在客货运量较大的个别中间站，还有始发、终到旅客列车及编组始发货物列车的作业。

## 5.2.3 中间站的布置图

中间站布置图按到发线的相互位置，主要分为横列式和纵列式两种。

中间站布置图按到发线的相互位置，主要分为横列式和纵列式两种，一般都采用横列式布置图，纵列式中间站因缺点较多一般只在山区因地势陡窄或需组织不停车会让才采用。如图5-12所示为单线横列式中间站布置图，如图5-13所示为双线横列式中间站布置图。

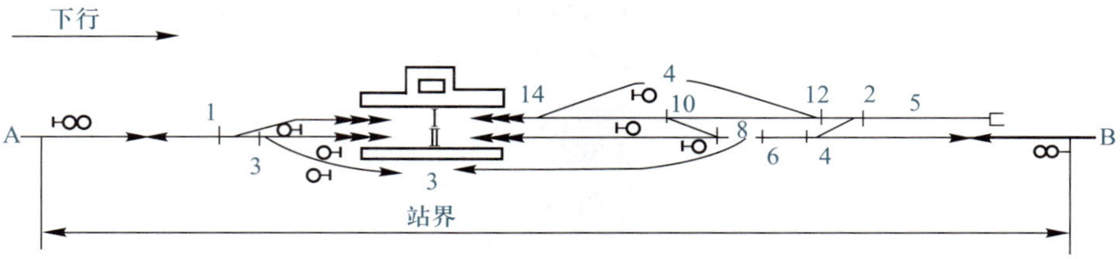


图 5-12 单线铁路中间站布置图

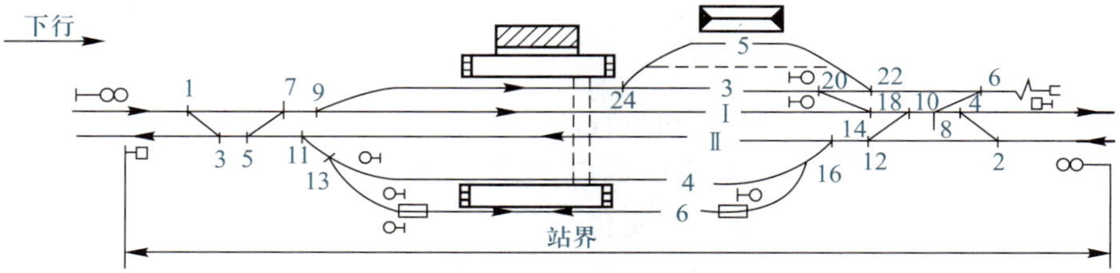


图 5-13 双线铁路中间站布置图

## 5.2.4 会让站和越行站

在我国铁路线上，主要用来提高线路通过能力而设置的车站，称为会让站和越行站。根据《铁路车站及枢纽设计规范》规定，会让站与越行站均包括在中间站之内。

### 1. 会让站

会让站设在单线铁路上，主要办理列车的到发与会让，也办理少量的客货运业务。会让站应铺设到发线、旅客乘降设备，并设置信号及通信设备、技术办公用房。在会让站上，既可以实现会车，也可以实现越行。先到的列车在本站停车，等待反方向的列车到达本站，两列车互相交会，叫作会车；先到列车在本站停车，等待后一个同方向列车通过本站或到达本站停车后先开，叫作越行。

### 2. 越行站

越行站设在双线铁路上，主要办理同方向列车的越行业务。因此越行站应铺设到发线、旅客乘降设备、信号及通信设备、技术办公房屋等。

# 5.3 区 段 站

## 5.3.1 区段站的任务和分布

区段站是设于铁路网上相邻牵引区段分界处的车站,它的主要任务是为邻接的铁路区段供应及整备机车或更换机车乘务组,并为无改编中转货物列车办理规定的技术作业。此外,还办理一定数量的货物列车解编作业及客、货运业务。在设备条件具备时,还进行机车车辆的检修业务。

区段站位于铁路网上各牵引区段的分界处,一般设在中等城市和铁路网上牵引区段(机车交路的起点或终点),其设置位置由下列因素决定:

### 1. 机车牵引区段的长度

这是确定区段站设置地点的主要依据。机车牵引区段的长度和机车的种类及其运用方式、行车速度以及机车乘务组的连续工作时间等密切相关。

### 2. 铁路网规划

根据铁路网规划所确定的该区段站在路网中的位置和作用、线路引入方向的数目、与相邻区段站(或编组站)的分工及合理组织车流等因素,来确定区段站的规模及位置。

### 3. 地区及城镇发展规划

区段站位置应与城镇规划相配合,并应尽量靠近城镇。这样既可以为居民的旅行和托运货物提供便利条件,又有利于解决铁路职工的生活供应、医疗、教育及文化生活等。

## 5.3.2 区段站的分类

按区段站不同的特征进行分类,有助于合理确定各项设备的数量、规模及布置形式。

### 1. 按作业性质及作业量分

(1) 无解编作业区段站。这种区段站只办理无改编中转列车有关作业,没有列车改编任务,或仅担任摘挂列车的整编作业。

(2) 有解编作业区段站。这种区段站除办理无改编中转列车有关作业外,还担任区段、摘挂列车和少量直通、直达列车的解编作业。

### 2. 按布置图型分

(1) 横列式区段站。

(2) 纵列式区段站。

(3) 客货纵列式区段站。

后面会对3种区段站进行详细讲解。

## 5.3.3 区段站的作业和设备

### 1. 区段站的作业

区段站的作业和设备尽管在数量和规模上都不是最大的,但其作业和设备的种类却是比较齐全的。根据区段站所担负的任务,主要办理的作业可以归纳如下:

(1) 客运作业

与中间站大致一样,包括旅客乘降,行李包裹承运、保管、装卸与交付,但数量大。

(2) 货运作业

与中间站大致一样,包括货物承运、保管、装卸与交付,但作业量大。在某些区段站上还进行冷藏车的整备及牲畜车的供水作业。

(3) 运转作业

① 与旅客列车有关的运转作业:包括车列技术检查与修理,有时还要更换机车等。

② 与货物列车有关的运转作业:主要办理无改编中转列车的接发和有关作业。对区段和摘挂列车,要进行解体和编组作业。同时还办理向货场、工业专业专用线取送作业车等。

(4) 机车业务

以更换货物列车机车和乘务组为主,有些车站还更换旅客列车机车和乘务组。当采用循环交路时,在机务段所在的区段站上,列车机车不进段,仅在站内到发线上或其附近进行检查、整备作业。当采用长交路时,有的区段站无需更换机车,仅更换机车乘务组或进行部分整备作业。

(5) 车辆业务

办理列车的技术检查和车辆的修理(摘车修和不摘车修)业务。在少数设有车辆段的区段站上,还办理车辆的段修业务。

### 2. 区段站的主要设备

为了保证上述作业的完成,在区段站上设有以下各类设备:

(1) 客运业务设备

主要有旅客站房、站台、雨棚及跨越线路设备等。

(2) 货运业务设备

货场及有关设备。如卸车线、货物站台、仓库及装卸机械等。

(3) 运转设备

① 旅客列车到发线。

② 货物列车到发线、调车线、牵出线(有时设简易驼峰)、机车走行线等。

(4) 机务设备

机务段或机务折返段。在机务段所在的区段站上,如采用循环运转制时,在到发场应设有机车整备设备。采用长交路轮乘制时可设置机车运用段或换乘点。

(5) 车辆设备

包括车辆段、列车检修所和站修所等。

除上述设备外,还有信号、通信、照明、办公房等设备。

由上述可知,区段站所办理的作业,无论从数量上或种类上,都远较中间站复杂。在所办理的各类列车中,又以无改编中转列车所占比重为最大,成为区段站行车组织工作的重要环节。

**小提示:**

所有到达区段站的货物列车按它在该站所进行的作业性质,可以分为两类:一类是到达本站不解体,只作技术检查和机车换挂等作业,然后继续运行的列车,叫作无改编中转列车;另一类是列车到达本站后,要将车列解体,车组进入调车场集结编组形成列车后由车站出发,这种列车叫作改编列车。

所谓解体,就是把车列中不同去向的车辆分别送入调车场的指定线路上;所谓编组,就是把停留在调车线上同一去向的车辆,按有关规定连挂起来,编成一个新的车列。编组应按货物列车编组计划进行,对于重车来说大多是对到达某一范围内车流的一种界定,对于空车而言是指定其编组的车种。

## 5.3.4 区段站布置图

区段站是为相邻牵引区段服务的,主要办理无改编中转列车的作业,因此区段站设备的布置主要应考虑如何缩短中转列车的停站时间和提高车站的通过能力。

上述客运、货运、运转、机务和车辆这五项设备的合理布置,由于地形、城市规划、运量及运输性质、正线数目等因素的影响,可以形成多种多样的布置图型。区段站图型的选择,是一项重要而复杂的工作。图型的选择应讲求经济效益,满足运输需要,节省工程投资,便于管理,有利于铁路、城市和工农业生产等的发展。

区段站常见的布置有横列式、纵列式及客货纵列式三类。

### 1. 横列式区段站布置图

这种区段站是上、下行到发场平行布置在正线一侧，调车场并列于到发场的外侧，如图 5-14 所示。

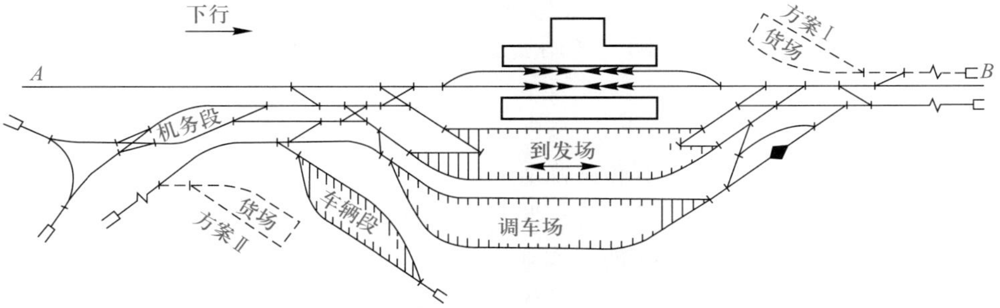


图 5-14 单线横列式区段站布置图

横列式区段站布置图的主要优点是布置紧凑，站坪长度短；占地少，设备集中，管理方便；作业灵活性大；对地形适应性强，并便于进一步发展。其缺点是，一个方向的列车机车出入段走行距离长，对于站房同侧的货场取送车作业与正线有交叉干扰。

对于双线铁路横列式区段站，若运量较大且旅客列车对数较多时，则在车站两端咽喉区产生的上、下行客、货列车的到发进路交叉就显得相当突出，成为双线横列式区段站布图的主要矛盾，将严重地影响车站的行车安全和通过能力。要根本解决这一矛盾，就需要变更到发场与正线的相互配置位置，如采用纵列式布置。

### 2. 纵列式区段站布置图

这种区段站是上、下行到发场分设在正线两侧，并逆运转方向全部错移，在其中一个到发场一侧，设一个双方向共用的调车场，如图 5-15 所示。

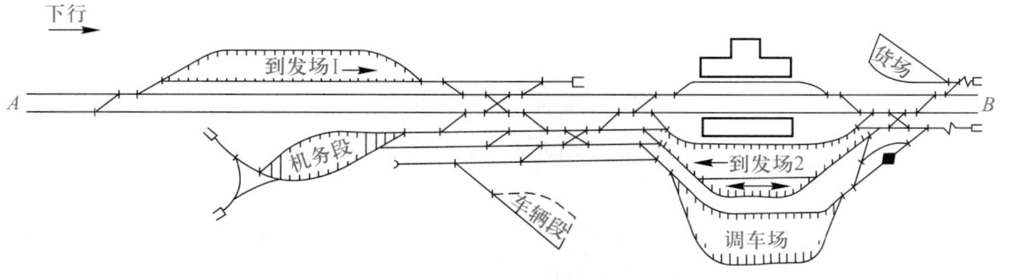


图 5-15 双线纵列式区段站布置图

纵列式区段站布置图的优点是作业的交叉干扰较横列式少；机车出入段走行距离短；如机车采用循环运转制时，设于到发线上的整备设备布置比较集中；与站房同侧的支线或工业企业专用线接轨也比较方便。其缺点是站坪长度长，占地面积大；设备分散，投资大，定员较多，管理不便；一个方向的货物列车机车出入段要横切正线等。因此，这种布置图多采用循环运转制交路或机车无须进段整备，以便充分发挥其优越性。

### 3. 客货纵列式区段站布置图

这种区段站是客运运转设备（主要指旅客列车到发场）与货运运转设备（主要指货物列车到发场）纵向配列，如图 5-16 所示。

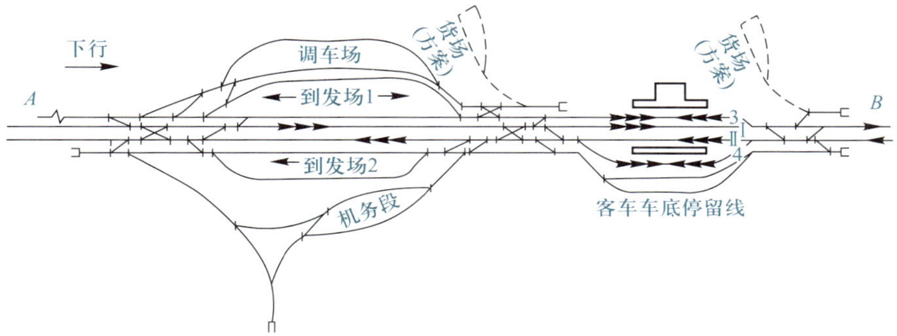


图 5-16 双线客货纵列式区段站布置图

客货纵列式区段站布置图往往是在改建时逐步发展形成的。由于客货两场分设并专用，客货作业相互干扰少，客货运转设备分别集中，管理方便。此外，货场、调车场布置在城镇一侧，有利于货场取送车、工业企业专用线的接轨。但机务段的位置往往不容易与客、货运车场很好配合，带来一定的交叉干扰。

# 5.4 编 组 站

## 5.4.1 编组站的任务和分布

微课
货物列车
制造工厂

### 1. 编组站的任务

编组站是在铁路网上办理货物列车解体、编组作业，并为此设有比较完善的调车设备的车站。在铁路网上，编组站是铁路运输的重要生产基地，办理大量的货物列车的解体和编组作业，故有“货物列车制造工厂”之称。它的主要任务是根据列车编组计划的要求，大量办理各种货物列车的解体与编组作业，并按照运行图规定的时刻正点接发车。此外，编组站还担负着组织和取送本地区车流

(小运转列车)、供应列车动力(机车)、整备检修机车及车辆的日常技术保养等任务。

### 2. 编组站的分布

编组站拥有的技术设备较多,作业量较大且作业过程较复杂,车辆在站的停留时间也较长,这些都直接影响着铁路运输生产指标。因此,编组站在铁路网中的布局是否合理、编组站的工作组织、技术设备是否完善与先进,对加速机车车辆周转、顺利完成货物运输任务、降低运输成本等都具有十分重要的意义。

从我国铁路目前的编组站分布情况看,其设置一般遵循以下原则:

① 编组站一般应设置在有大宗货流集散的地点(如大中城市、大工矿企业中心或大港湾地区等),以加速货物的送达,促进工农业生产的发展。

② 编组站应设置在车流的集散地点(如铁路干线的交叉点、牵引重量的变更地点,或由于轨距不同需要大量换装的地点),一般在车流集中的条件下加速中转作业。

③ 根据国防需要以及工农业生产和路网的发展等来选择编组站的位置。

## 5.4.2 编组站的分类

根据编组站在路网中的位置、作用和所承担的作业量,可分为路网性编组站、区域性编组站和地方性编组站。

### 1. 路网性编组站

路网性编组站位于路网、枢纽地区的重要地点,承担较多中转车流改编作业,编组大量技术直达和直通列车,一般设有单向纵列式、双向纵列式或混合式的车场,其驼峰设有半自动或自动控制设备。

### 2. 区域性编组站

区域性编组站一般位于铁路干线交会的重要地点,承担较多中转车流改编作业,编组较多直通和技术直达列车,一般设有单向混合式、纵列式或双向混合式的车场,其驼峰设有半自动或自动控制设备。

### 3. 地方性编组站

地方性编组站一般是位于铁路干支线交会处,铁路枢纽地区或大宗车流集散的港口、工业区,承担中转、地方车流改编作业,一般设有单向混合式、横列式布置的车场,其驼峰设有半自动或其他控制设备。

## 5.4.3 编组站作业和设备

电子课件

编组站

### 1. 编组站的作业

根据编组站在路网和枢纽内的作用和所承担的任务以及其作业对象，编组站主要办理以下几项作业：

① 改编中转货物列车作业。改编中转货物列车作业包括解体列车的到达作业和解体作业，始发列车的集结、编组作业和出发作业。

这些作业是在车站不同的地点，利用不同的设备办理的。改编中转货物列车作业是编组站最主要的作业，作业时间比较长，要占用编组站的大部分设备。因此，保证该项作业的流水性是编组站设计的关键。

② 无改编中转货物列车作业。无改编中转货物列车作业比较简单，内容少且时间短，地点仅限于到发场或通过车场，主要是换挂机车和列车技术检查作业。因此，合理配置机务段、通过车场和机走线的位置是缩短该项作业时间的关键。

③ 部分改编中转货物列车作业。部分改编中转货物列车除进行无改编中转货物列车的作业外，有时还要变更列车重量、变更列车运行方向或进行成组甩挂等少量调车作业，一般在到发场或通过车场进行。因此，保证部分改编中转货物列车作业的顺利进行是编组站通过车场设计必须考虑的问题之一。

④ 本站作业车的作业。本站作业车（地方作业车）是指到达本枢纽或本站货场及工业企业线进行货物装卸或倒装的车辆，其作业过程较有调中转车增加了送车、装卸和取车等内容，其中重点是取送车作业。

⑤ 机务作业。编组站的机务作业和区段站一样，包括机车出段、入段、段内整备及检修作业。保证机车顺利出入段、缩短机车出入段的走行距离是布置机务段、机车走行线和机车出入段线应注意的重要问题。

⑥ 车辆检修作业。编组站的车辆作业包括列车技术检查及不摘车的经常维修、轴箱及制动装置的经常保养，摘车的经常维修，货车的段修三类。

第一类是列车技术作业过程中的重要内容，在到发线上进行。

第二类是货车的站修，车辆破损程度较为严重时需摘车倒装后送往站修线或车辆段修理。

第三类段修是按车辆使用规定期限，定期入车辆段进行检修作业，有大修、中修、年修之分。

⑦ 其他作业。根据当地需要，编组站有时还需办理以下作业：

a. 客运作业，包括旅客乘降及换乘。

b. 货运作业，包括货物装卸、换装，冷藏车加冰、加盐，牲畜车上水、除粪便，鱼苗车换水等。

c. 军运列车供应作业。

为减少对编组站解编作业的干扰，确保主要任务的完成，应尽量不在编组站上办理或少办理客、货运业务。

### 2. 编组站的主要设备

为完成以上各项作业，编组站应设置以下设备：

① 调车设备。调车设备是编组站的核心设备，包括调车驼峰、调车场（线）、牵出线等几部分。当区段车流较大时，可设置专门的辅助调车场。

② 行车设备。行车设备指办理接发货物列车作业的到发线。为保证各衔接方向列车同时到发，避免与其他作业进路的交叉干扰，一般应将上、下行到发线分别设置。编组站作业量较大时，应将到达场与出发场分开，以提高作业的流水性。为加速无改编中转列车作业，减少对其他作业的干扰，有时需单独设置通过车场（直通场）。

③ 机务设备。机务设备是指用以对机车进行各项整备和修理作业的线路和设备。编组站一般均设机务段，而且规模较大。机务段位置应根据编组站主要车场的配置形式，结合地形、地质和风向等条件确定。路网性的双向编组站，为减少机车出入段的走行距离及与其他作业的交叉干扰，可考虑增设第二套整备设备。

④ 车辆设备。车辆设备是指供到发的车辆进行检查和修理的设备。用于日常检修的列检所通常设在到达场、出发场和到发场的适当地点，以方便与车站运转部门的联系。站修所按每昼夜摘车修理量分 10 辆以下、10～20 辆、20～30 辆三种标准设计，一般在调车场的最外侧设有 1～2 股站修线。车辆段的检修能力应根据全路分配的车辆检修任务确定，其在站内的位置应从取送便利、联系方便（与调车场、站修所、倒装站台、牵出线）以及不影响车站及本段发展三方面综合考虑。

⑤ 货运设备。

a. 整倒装设备。每昼夜办理装载不良或车辆破损的整倒装作业量较大时，为加速车辆周转，在调车场内车辆检修设备的一侧设置相应的整倒装设备，配线连通驼峰和站修线。作业量较小时，为节省投资，此项作业送往附近货场办理。

b. 加冰设备。根据全路分配的任务量，有些编组站上应设置加冰所，供冷藏车进行加冰作业。一般设在调车场附近。

c. 牲畜、鱼苗车的上水换水设备。因列车在编组站的到达场停留时间较长，给水栓一般设在到达线间。

d. 货场。兼办货运业务的编组站需设置货场，需要办理零担中转车作业时还应设置零担中转货场。为减少对车站各项作业的干扰，货场（或工业企业线）最好不要在编组站接轨，如必须在站接轨时，其衔接方式应视货场到发车流性质及车站布置图等因素确定，一般不宜靠近机务段的咽喉区，而在调车场尾部接轨，以便于取送。

⑥ 其他设备。

a. 客运设备。编组站的客运业务很少，一般利用正线办理客车到发（通过）。旅客列车较多时，也可以设置 1～2 条到发线及 1～2 个旅客站台。

b. 站内外连接线路设备。如进出站线路、站内联络线和机车走行线等。

此外,编组站还必须具有信联闭、通信和照明等设备。

**小提示:**

区段站和编组站虽然同属技术站,办理的作业内容有许多相同之处,但在作业的数量和性质上有着明显区别。在运转作业方面,区段站以办理无改编中转货物列车为主,少量办理区段、摘挂列车的改编作业;而编组站以办理改编中转货物列车为主,大量编解包括小运转列车在内的各种货物列车,且改编的列车多数是直通和直达列车。在客货运方面,区段站具有一定规模的作业量;而对位于大城市郊区的编组站,由于其所在城市一般都设有配套的客货运车站,故客货运业务很少或没有。在机车及车辆作业方面,区段站与编组站基本一样,但编组站的作业量要比区段站大得多。

从设备种类来看,编组站与区段站基本一样。由于编组站的客货运业务很少或没有,故一般不设专门的客货运设备;而在货物运转设备方面,作为编组站主要设备的调车场、驼峰、牵出线等调车设备,其规模和能力往往要比区段站大得多,也先进得多,以满足大量解编作业需求。

### 5.4.4 编组站布置图

编组站的主要工作是进行列车的解编作业,而列车的到达、解体、集结、编组和出发等一系列作业过程,又是在编组站的各个车场上完成的。因此,到达场、调车场、出发场就成为列车改编作业的主要场地。调车设备是编组站的核心设备。调车设备的数量与规模及各车场的相互位置,就构成了编组站不同形式的布置图。一般而言,编组站图型按设有的调车作业系统数量可分为单向和双向两类,按车场相互排列位置的不同又可以分为横列式、混合式和纵列式三种。

#### 1. 按照调车设备的套数及调车驼峰方向分类

① 单向编组站。只有一个调车场,上、下行合用一套调车设备(包括驼峰、调车场、牵出线),其驼峰调车方向一般顺主要改编车辆运行方向(也称顺向)。

② 双向编组站。有两个调车场,上、下行各有套调车设备。一般情况下,两系统的调车驼峰应朝向各自上行和下行调车方向。

#### 2. 按照每一套系统内车场的相互位置和数目分类

① 横列式编组站:上、下行到发场与调车场并列布置。

② 纵列式编组站:到达场、调车场、出发场等主要车场顺序纵向排列。

③ 混合式编组站:部分主要车场纵列,部分主要车场横列。

### 3. 主要的编组站类型

我国编组站布置的基本类型，归纳起来有六种：单向横列式、单向纵列式、单向混合式、双向横列式、双向纵列式、双向混合式，其他类型都是在这些类型的基础上派生的。

我国铁路现场对编组站图型在习惯上都称为“几级几场”。“级”是指车场排列形式，一级式就是车场横列，二级式就是指到达场、调车场纵列，而三级式就是到达场、调车场、发车场顺序纵列。“场”是指车场，车站有几个场就叫做几场。例如“一级三场”“三级三场”或是“三级六场”等。

单向一级三场横列式编组站的上、下行到发场横列在共用调车场的两侧，如图5-17所示。这种图型编组站的优点是站坪长度较短，车场较少，管理方便；缺点是解编车列往返转线的距离长。这种编组站适用于解编作业量不大或站坪长度受到限制，远期无大发展的中、小型编组站。

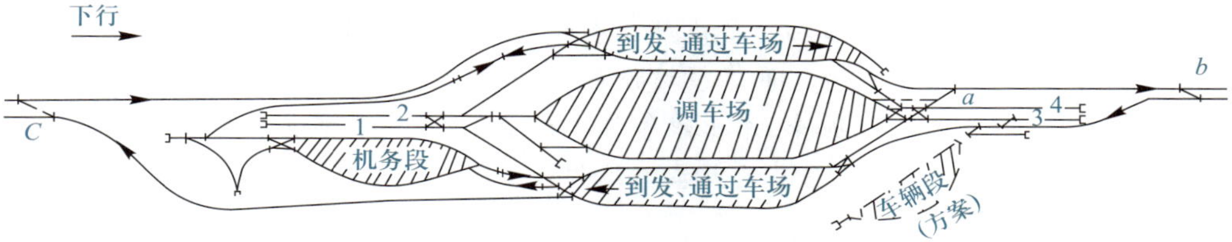


图5-17 单向一级三场横列式编组站布置图

单向三级三场纵列式编组站各衔接方向共用的到达场、调车场和出发场依次纵向排列，如图5-18所示。这种图型编组站的优点是各方向改编列车在站内的到、解、集、编、发作业过程都是“流水式”的，车站改编能力及通过能力均较大；车站只有一套调车系统且同类车场集中布置，有利于实现编组站现代化。其主要缺点是：反向改编列车走行里程较长；车站站坪长度较长。

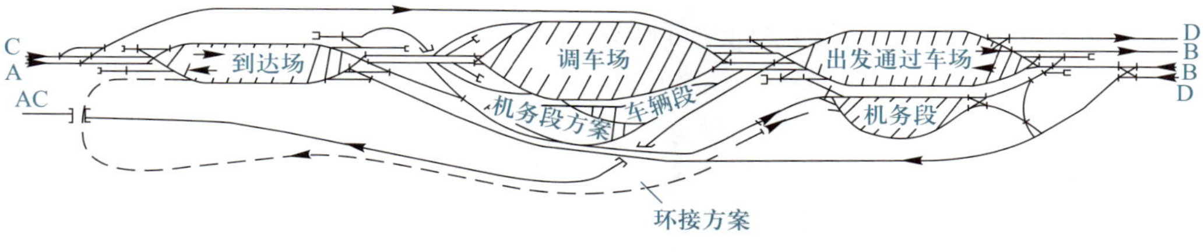


图5-18 单向三级三场纵列式编组站布置图

## 5.4.5 调车设备

调车工作是铁路运输生产过程的重要组成部分，是车站完成工作任务的重要环节之一，对技术站（尤其是编组站）来说则是非常重要的生产活动。为提高调车作业效率，保证调车作业的安全，车站需要设置较为完善的调车设备，牵出线和驼峰是车站的主要调车设备。

平面牵出线是车站的基本调车设备，基本上是设于平道上。调车时，车辆溜放的动力是调车机车的推力。牵出线一般设于调车场尾部，适合于车列的编组、转线、车辆的摘挂、取送等调车作业。

驼峰是专门用来解体溜放车辆的一种调车设备。调车时，车辆溜放的动力是以其本身的重力为主，调车机车的推力为辅。驼峰一般设于调车场头部，适合于车列的解体作业。

平面牵出线和驼峰纵断面比较如图 5-19 所示。

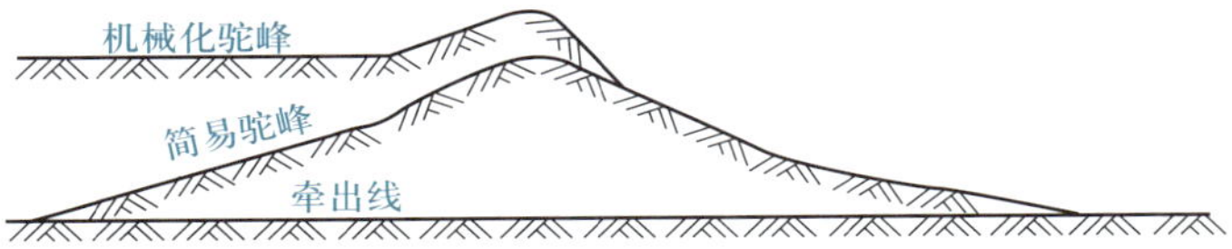


图 5-19 驼峰与牵出线纵断面比较图

### 1. 驼峰的分类

驼峰按日均解体作业量分为三类：大能力驼峰、中能力驼峰、小能力驼峰。

（1）大能力驼峰

大能力驼峰日均解体车数 4 000 辆以上，调车线不少于 30 条，设两条溜放线，应设有推峰机车遥控、钩车溜放速度和溜放进路自动控制系统，建在路网性和区域性编组站上。

（2）中能力驼峰

中能力驼峰日均解体车数 2 000~4 000 辆，调车线在 16 条以上，设 1~2 条溜放线，且设有推峰机车遥控、钩车溜放速度和溜放进路自动控制系统，建在区域性或路网性编组站上。

（3）小能力驼峰

小能力驼峰日均解体车数 2 000 辆以下，调车线 5~16 条，且设置溜放进路自动控制系统、推峰机车信号，有条件时可采用推峰机车遥控系统、钩车溜放速度自动或半自动控制系统。

根据技术设备的不同，驼峰还可分为简易驼峰、非机械化驼峰、机械化驼峰、半自动化驼峰和自动化驼峰。

### 2. 驼峰的组成

驼峰是指峰前到达场（在不设峰前到达场时为牵出线）与调车场之间的一部分线段，如图 5-20 所示，包括推送部分、溜放部分和峰顶平台。

（1）推送部分

推送部分是指经由驼峰解体的车列第一钩车位于峰顶平台始端时，车列全长所在的线路范围。设置这一部分的目的是为了使车辆得到必要的位能，并使车钩压紧，便于提钩。其中，由到达场出口咽喉的最外警冲标到峰顶平台始端的

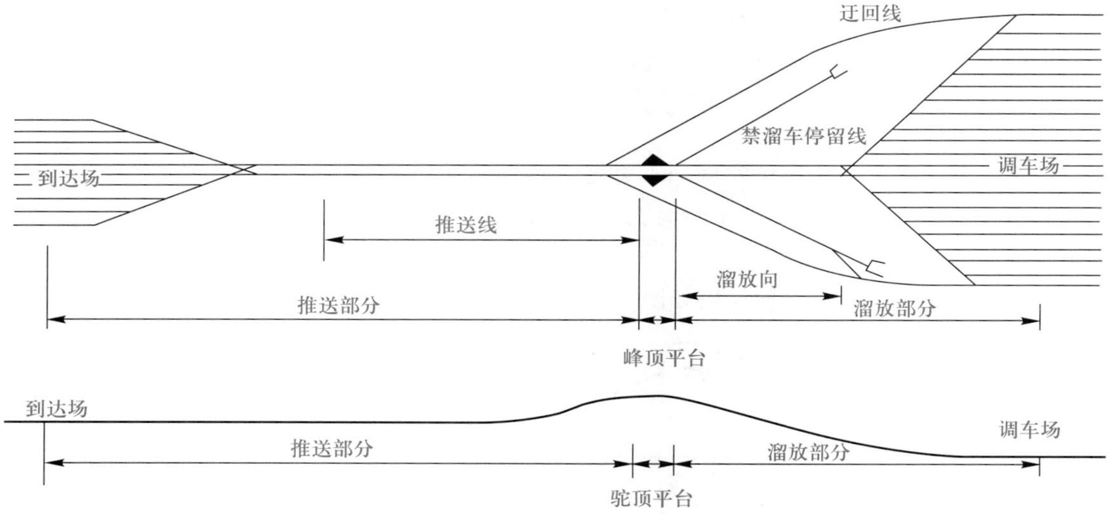


图 5-20 驼峰组成图

线段叫推送线。

（2）溜放部分

溜放部分是指由峰顶（峰顶平台与溜放部分的变坡点）到计算点的线路范围，这个长度也叫做驼峰计算长度。驼峰调车场的调速制式不同，计算点的位置也不同，简易驼峰和非机械化驼峰为调车线警冲标内方 50 m，机械化驼峰为调车线警冲标内方 100 m，半自动化和自动化驼峰为打靶区末端。

（3）峰顶平台

峰顶平台是指驼峰推送部分与溜放部分的连接部分，设置的一段平坦地段。

### 3. 驼峰调速工具

驼峰调车场调速工具是提高驼峰的改编能力，保证作业安全所必不可少的设备。用调速工具来调控溜放车辆的速度。按其在驼峰调车中的作用可分为间隔制动和目的制动。

间隔制动保证前后溜放钩车间有足够的间隔距离。该距离能确保安全转换道岔和减速器，并防止前后钩车进入相邻线路时在警冲标处的侧面冲突。

目的制动保证各钩车能溜到调车场指定地点或与停留车辆安全连挂，避免超速发生冲撞或相距太远造成过大的“天窗”。

目前，我国铁路驼峰调车中常用的调速工具有铁鞋、车辆减速器、减速顶等。

（1）铁鞋

铁鞋对溜放车辆的制动，是使溜放车辆的车轮压上铁鞋，迫使铁鞋在钢轨上滑行产生制动力。

（2）车辆减速器

目前，我国铁路采用的减速器主要有以下两种：

① 非重力式减速器：利用压缩空气作为动力，由钢轨两侧的制动夹板挤压车轮进行制动，如图 5-21 所示为它的构造及工作原理简图。当需要对车辆进行制动时，操纵制动按钮，使压缩空气进入气缸，活塞杆 5 和杠杆 4 的末端就被压向下方，而缸体 6 连同杠杆 3 的末端则上升。这样，由于两杠杆末端分开，使夹板 1 合拢而挤压车轮实现制动。

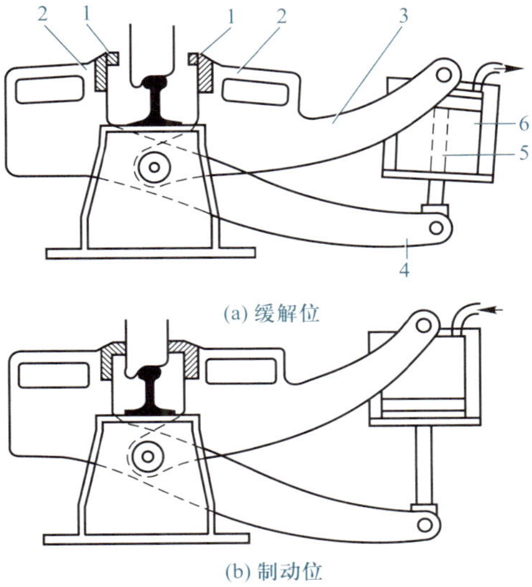


图 5-21 非重力式减速器图构造及动作示意图

1—夹板；2—制动器；3、4—杠杆；5—活塞杆；6—缸体

这种减速器制动能力的大小与制动等级（即大气压的大小）有关。一般使用中分为四个等级，可根据车辆的不同重量选择相应的风压等级，对车辆实行制动。

② 重力式减速器：主要借助于车辆自身的重量使制动夹板产生对车轮的压力而进行制动。这种减速器类型很多，我国铁路采用比较普遍的一种叫双轨条油压重力式减速器。

重力式减速器与非重力式减速器比较，其优点主要在于制动力的大小可由被制动车辆的自重大小而自动调节，不需再设置测重设备，也不需要空压和储风设备，成本较低。

（3）减速顶

减速顶由吸能帽和壳体（外壳、活塞组合件、密封组合件和止冲装置）等部分组成。减速顶安装在钢轨一侧，吸能帽斜对轮缘部分。

减速顶是一种不需要外部能源的、可以自动控制车辆溜放速度的调速工具。当车辆的走行速度低于减速顶的临界速度（事先设定的速度）时，减速顶不起减速作用；当车辆走行速度高于减速顶的临界速度时，则减速顶对车辆产生减速作用。

减速顶的优点在于灵敏度高、性能良好、维修简便，是一种较好的调速工具。目前我国铁路已在众多编组站上采用。

### 5.4.6 编组站综合自动化

编组站在铁路运输过程中担负着大量货物列车的解编作业。随着国民经济的迅速发展，铁路网的不断扩大，编组站的任务也日趋复杂，在技术设备和作业组织上都迫切需要不断地提高和更新，实现编组站作业综合自动化就成为各国不断努力与完善的目标。

作为编组站现代化主要内容和重要标志的驼峰自动化，是强化铁路编组站最有效的措施之一。驼峰调车作业的自动化，不仅能提高驼峰作业效率和编组站的改编能力，而且能保证作业安全，改善劳动条件和减轻劳动强度。

驼峰自动化主要包括：车辆溜放速度的自动调节和自动控制；车辆溜放进路的自动选排和自动控制；驼峰机车推送速度的自动调节和自动控制；摘解制动软管和提钩作业的自动化等。其中，最主要和最关键的是车辆溜放速度的自动控制，它是驼峰自动化的核心内容。

编组站综合自动化系统，包括从列车到达至列车出发的全部站内作业过程的自动化以及货车信息的收集、作业计划的编制和传递的自动化等。整个系统可分为两大部分：作业控制系统和信息处理系统。作业控制系统是利用电子计算机通过基础设备（如站场、信号、机车设备、测重、测长、测速、测阻及调速工具等）对列车到达、出发和调车作业的进路以及推峰解体的调机速度和车辆溜放速度等进行实时控制的系统。信息处理系统的任务就是利用计算机编制车站的各种计划，并将这些计划进行传递和下达。同时，要对站内货车进行实时跟踪记录，随时将站内各股道上的现在车信息及作业结果，储存到计算机的相应文件内，以供随时取用。另外，还要通过电传设备与相邻技术站进行列车到达和出发的预报资料交换以及填制货车的有关报表并进行整理和统计分析等。

从国内外铁路运营的实践来看，编组站作业的综合自动化，能使编组站的工作条件得到大大的改善，作业效率、作业安全和工作质量得以大幅度提高，这对于加强编组站的生产能力，全面提高编组站的运营管理水平均有显著效果。如果再能通过信息传输网将其与全路电子计算中心连接起来，将为实现整个铁路运输管理自动化创造条件。因而，它是铁路运输现代化的标志之一，也是我国铁路编组站的发展方向。

## 5.5 客 运 站

客运站是指专门办理客运业务的车站，一般设在政治、经济，文化中心等有大量旅客到发的城市，其主要任务是组织旅客安全、迅速准确方便地上下车；办理行包邮件的装卸搬运；组织旅客列车安全、正点到发和客车车底取送；为旅客提供舒适的服务条件。

## 5.5.1 客运站的作业和设备

### 1. 客运站的作业

（1）客运服务作业

客运服务作业包括旅客上下车、候车问询、小件寄存，以及对旅客文化、饮食、住宿购物和卫生方面的服务等。

（2）客运业务

客运业务包括客票发售，行包承运、装卸、保管和交付，邮件装卸和搬运等。

（3）技术作业

按列车种类不同，客运站办理下述技术作业：

① 始发、终到列车。包括列车接发、机车摘挂、列车技术检查、车底取送、个别客车甩挂以及餐车整备等。

② 通过列车。包括列车接发、机车换挂或整备、列车技术检查、客车上水等。

③ 市郊（通勤）列车。包括列车接发、机车摘挂、列车技术检查及车底取送等。

④ 在某些客运站还办理少量货物列车的到发和通过作业。

### 2. 客运站的设备

客运站主要有站房，站前广场和站场三部分组成，它们各有不同的作用，但在布局上是一个不可分割的整体。

（1）站房

站房是客运站的主体，包括为旅客服务的各种房屋、技术办公房屋以及职工生活用房等。

（2）站场

站场是办理客运技术作业的地方，包括线路、站台、雨棚、跨线设施等。

（3）站前广场

站前广场是客运站与城市的结合部，包括站房平台、旅客活动地带、人行通道、车行道、停车场、公交站点及绿化与景观用地等。

## 5.5.2 客运站布置图

客运站的布置图按线路配置的不同分为通过式、尽端式和混合式三种。

### 1. 通过式客运站布置图

通过式客运站布置图如图 5-22 所示，其全部旅客列车到发线为贯通式，设有两个咽喉区，站房在正线一侧，高架候车室为跨线式，基本站台与中间站台用地下通道相连。

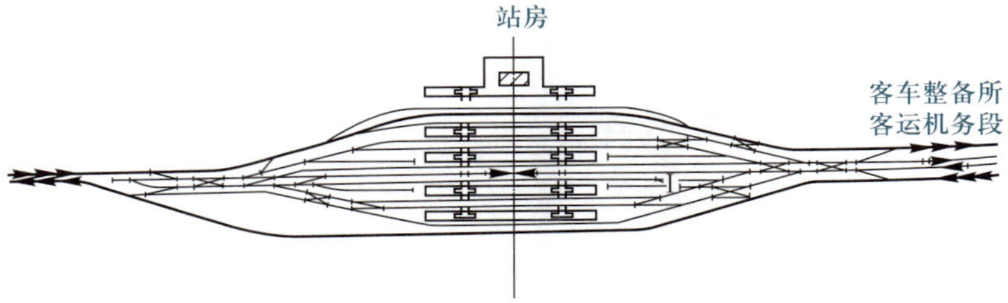


图 5-22 通过式客运站布置图

通过式客运站的优点是：车站有两个咽喉区，能分别办理接、发车作业，到发线使用机动灵活，通过能力大，运营条件好，可设计跨线式高架候车室，便于组织旅客进出站，缩短旅客进出站走行距离；旅客进、出站房与行包搬运流线交叉干扰少。

通过式客运站的缺点：与城市干扰较大，占用城市用地较多。

### 2. 尽端式客运站布置图

尽端式客运站布置图如图 5-23 所示，其全部旅客列车到发线为尽端式，站房设在到发线一端或另一侧，中间站台用分配站台相连接。

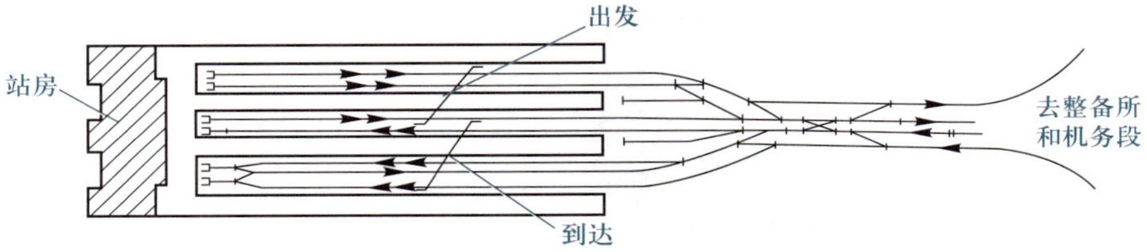


图 5-23 尽端式客运站布置图

尽端式客运站优点：车站容易深入市区中心，旅客出行方便，可缩短出行时间；与城市道路交叉干扰少、占用城市用少。

尽端式客运站缺点：车站作业集中在一端咽喉区进行，进路交叉干扰大，车站通过能力小；旅客进、出站行走距离长；旅客进、出站与行包搬运流线集中在靠近站房一端，互相交叉。

### 3. 混合式客运站布置图

混合式客运站布置图的特点是一部分线路为贯通式，另一部分线路为尽端式。贯通式线路供接发长途旅客列车用，尽端式线路供接发市郊旅客列车用。

## 5.5.3 客车整备所的作业和设备

为保持客车技术状态，在配属有大量旅客列车车底的始发、终到站，或有大量长途旅客列车的折返站，以及有大量市郊旅客列车的始发、终到站上应设置客车整备所，如图 5-24 所示，以便对客车进行技术整备和客运整备作业。

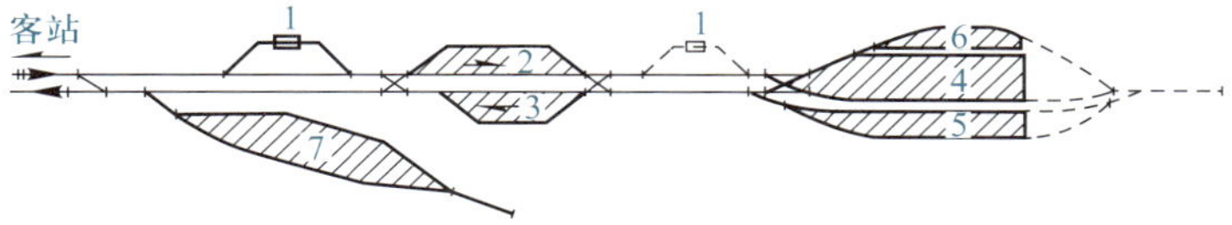


图 5-24 客车整备所布置图

1—洗车机；2—客运整备场；3—出发场；4—车辆技术整备场；5—车辆段；6—备用车停留线；7—机务段

### 1. 客车整备所的作业

（1）技术整备

① 客车车底取送（或到发）、改编、停留待发，公务车、备用车停留以及个别客车转向。

② 客车车底技术检查、日常维修和摘车维修，防寒、防暑的整备，以及外段车辆故障处理等。

③ 办理厂、段修客车的回送及车辆技术状态和备品的交接。

④ 冬季客车暖气管道预热、排汽，排水以及充电等。

（2）客运整备

① 客车车底内外部清扫、洗刷和排污。

② 客车上燃料、上水、上餐料和换卧具。

### 2. 客车整备所的设备

（1）线路：到达线、出发线、整备线、备用车停留线、洗车机线、临修线、消毒库线、机车走行线和牵出线等。

（2）客车外部清洗设备、消毒设备、排污设备、车底转向设备、洗烫卧具的洗衣房，供应餐车的餐料库以及技术办公房屋等。

# 5.6 货 运 站

## 5.6.1 货运站概述

凡专门办理货运作业（包括组织货源、货流办理货物的承运，保管、交付、货物装卸作业、计算核收运费、填制货运票据等）的车站，以及专门办理货物联运或换装的车站，均称为货运站。

### 1. 货运站的分类

（1）按工作性质分

货运站按其工作性质为装车站、卸车站和装卸站。装车站以办理货物的装车为主,需接入大量空车,发出大量重车。卸车站以办理货物的卸车为主,需接入大量重车,排出大量空车。装卸站里装车和卸车工作量大致平衡,可大量组织车辆的双重作业。

(2) 按其办理货物的种类分

货运站按其办理货物的种类分为综合性货运站和专业性货运站。综合性货运站可以办理多种不同品类货物作业;专业性货运站主要办理单品类大宗货物及危险货物作业。

(3) 按其服务对象分

货运站按其服务对象分为公共货运站、换装站、工业站和港湾站。公共货运站指为城市企业、居民和仓库区服务的车站;换装站指为不同铁路轨距之间货物提供换装服务的车站;工业站指为某一工矿企业或工业区生产服务的车站;港湾站指为港口服务的车站。

### 2. 货运站作业及设备

(1) 货运站作业

综合性货运站(以下简称货运站)是铁路枢纽内为城市居民和企业服务并办理多种货物作业的车站。其主要作业有运转作业和货物作业。

运转作业包括列车的接发、解编、按装卸点选编车组、调送车组、按货位配置车辆等作业内容。

货物作业包括货物的托运和交付、装卸和保管,货运票据的编制、货物的过磅、分类、搬运、堆码以及换装、加固和检查装载、铁路与其他运输部门的联运等作业;有时还兼办不良车的修理、调车机车的整备、车辆的清扫、洗刷、消毒、冷藏车的加冰等作业内容。

(2) 货运站设备

为了完成上述作业,货运站应设有运转设备、货运设备和其他设备。

运转设备包括到发线、调车线、牵出线等。

货运设备包括货场配线(包括货物装卸线、存车线、货场牵出线等)、场库设备(包括仓库、雨棚、站台、堆放场等)、装卸设备(包括各种装卸机械、运输机械等)、取送货物的道路及停车场和给排水设备车及消防设备。

其他设备有根据作业需要设置的货物站台、机车整备、车辆检修设备,集装箱及托盘的维修保养设备,货车消毒洗刷设备,篷布维修设备,加冰设备,货物检斤设备和量载设备等。

### 3. 货运站布置图

货运站按其与枢纽内铁路线衔接方式的不同,可分为尽端式货运站和通过式货运站。

尽端式货运站布置图如图5-25所示,作业量较大的通过式货运站布置图如

图 5-26 所示，其正线是贯通的，货场和车场均设在正线的一侧，可减少站内作业对正线的干扰，保证通过货物列车的顺利通行。

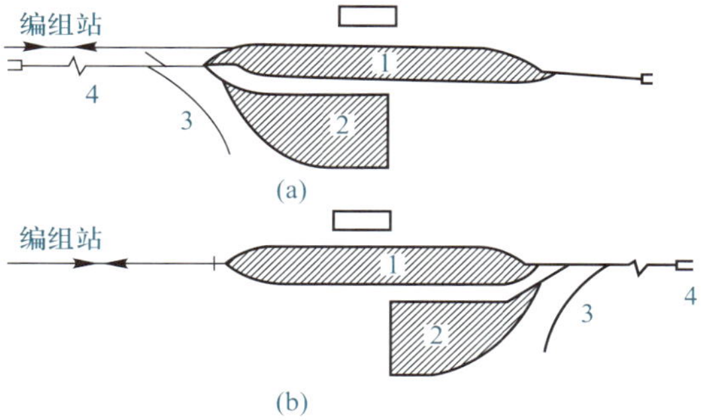


图 5-25 尽端式货运站

1—到发及调车场；2—货场；3—专用线；4—牵出线

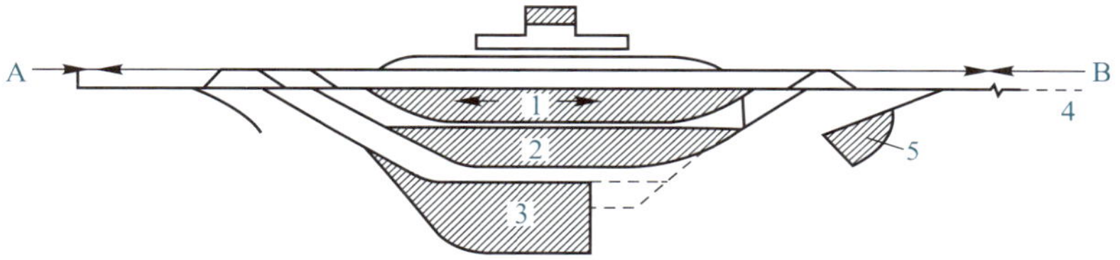


图 5-26 通过式货运站

1—到发场；2—调车场；3—货场；4—专用线；5—车辆检修设备

## 5.6.2 货场

货场是办理货运作业的基本场所。为了安全、迅速、便利地办理货物的承运、保管、装卸和交付作业，在货场内必须配备足够的场库装卸机械配线和道路等设备，并且要保证各项货运设备在货场内的合理布置。

### 1. 货场的分类

货场按办理的货物种类可分为：综合性货场和专业性货场。综合性货场指办理多种品类货物作业的货场。专业性货场指办理单品类货物作业的货场，如专办危险货物、煤、木材、砂石等的货场。

### 2. 货场的主要设备

为了完成各项货运作业，货场内应设置以下设备。

① 线路：包括装卸线、存车线、牵出线等。

② 场库设备：包括堆货场货物站台、仓库、货棚等。

③ 装卸机械及其检修设备。

④ 检斤设备和量载设备：包括磅秤汽车衡（地磅）、轨道衡、电子秤等。

⑤ 货场用具:包括装卸作业和保管货物所需的各种用具,如跳板、防湿枕木、防湿篷布等。

⑥ 道路及排水设备。

⑦ 房舍:包括货运室、装卸工人休息室、装卸机械修理所、门卫室及其他生产生活用房。

对于办理冷藏车加冰作业的货场还应设有加冰所,并配有制冰、储冰、加冰及加盐设备,装卸牲畜较多的货场应设有牲畜装卸及饮水设备,一些货场还应设有货车洗刷及储污设备。

### 3. 货场配置图

综合性货场的配置图基本上可以分为尽端式、通过式和混合式三种类型。

(1) 尽端式货场

尽端式货场是指由尽端式装卸线构成的货场,即其装卸线仅一端连接车站站线,如图 5-27 所示。

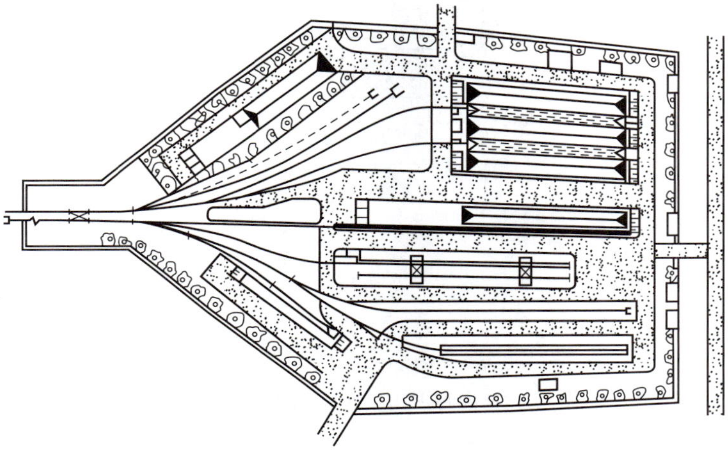

图 5-27 尽端式货场布置图

(2) 通过式货场

通过式货场是指由通过式装卸线构成的货场,其装卸线两端均连接车站站线,如图 5-28 所示。

(3) 混合式货场

混合式货场是指由尽端式装卸线和通过式装卸线共同构成的货场。货场布置图型应根据货物种类、车流特点、作业量、取送方式、货运站在枢纽内的位置、货场与车场的相互配置方式和地形条件等因素进行选择。在一般情况大中型货场采用尽端式布置比较合适,货运量较小的中间站货场可采用通过式或混合式布置。

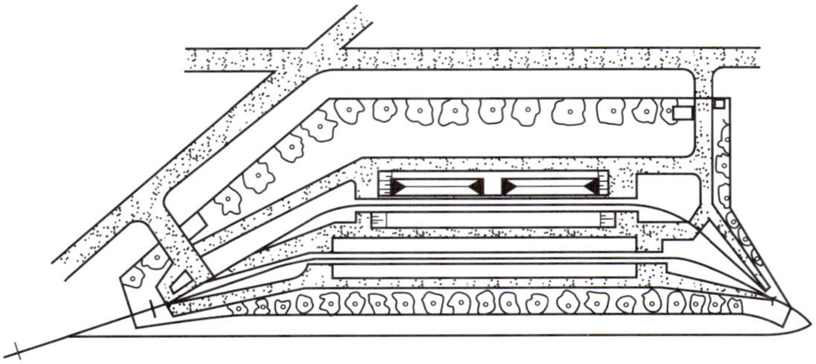

图 5-28 通过式货场布置图

# 5.7 铁路枢纽

## 5.7.1 铁路枢纽的意义

在铁路干、支线的交叉点或衔接地点(三个及以上方向交叉衔接),由各种铁路线路、专业车站或客货联合车站以及其他为运输服务的有关设备组成的总体称为铁路枢纽,其布置图如图 5-29 所示。枢纽各站既有分工又有联系,共同担负着枢纽地区的铁路运输任务。

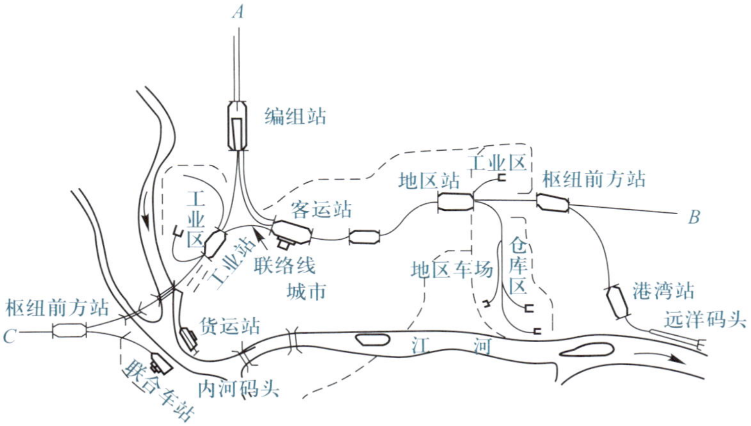


图 5-29 铁路枢纽布置图

铁路枢纽是铁路网的主要组成部分。它既是客货流从一条铁路转运到各接轨铁路的中转地区,又是城市、工业区客货到发和联运的地区。它除了办理枢纽内各种车站的有关作业外,在货运业务方面还办理货物的承运、装卸、发送和保管等业务,在客运业务方面办理直通、管内和市郊旅客列车作业,在货物运转方面办理无调中转和改编列车的转线作业和小运转列车作业。此外，它还是组织车流交换、进行机车车辆检修作业、调整列车运行和供应列车牵引动力的重要据点。

铁路枢纽是由于铁路网以及城市和工业的建设和发展等原因逐渐形成和发展起来的。它的形成和发展不但涉及的范围广泛，而且还各有其历史特点。一般来说，铁路枢纽选择在大、中工业城市所在的地区。同时，建成枢纽的地区又会促进所在地区的经济发展，形成新的工业城市。目前，我国铁路已经新建和扩建起来的大、中型铁路枢纽有哈尔滨、沈阳、锦州、北京、天津、上海、徐州、郑州、武汉、西安、兰州、石家庄、包头、太原、成都、南京、蚌埠、柳州等。这些铁路枢纽在铁路网上处于相当重要的位置，它们对提高铁路运输通过能力，加速机车车辆周转，促进工农业生产的发展和社会主义现代化建设以及改革开放等发挥着极其重要的作用。

### 5.7.2 铁路枢纽的设备

铁路枢纽为了完成所担负的各种复杂而繁重的运输任务，在枢纽内一般应具有下列一些设备。

① 车站，包括编组站、货运站（综合性或专业性货运站）、客运站、工业站、港湾站等。

② 铁路线路，包括引入正线、联络线、迂回线、环线、专用线等。

③ 疏解设备，包括线路所，铁路线路与铁路线路的平面和立体疏解设备，铁路线路与城市道路的交叉设备（如道口和立交桥）。

④ 其他设备，包括机务段、车辆段和客车整备所等。

上述部分或全部技术设备，应在分析枢纽内车流的基础上，结合既有铁路现状和地理、工程条件等因素，密切配合城市规划和工农业建设进行全面规划，分期发展。

### 5.7.3 铁路枢纽的类型及布置图

#### 1. 铁路枢纽分类

铁路枢纽按其在路网上的地位和作用可分为路网性铁路枢纽、区域性铁路枢纽和地方性铁路枢纽。

路网性铁路枢纽一般都位于铁路干线交叉或衔接的铁路网点上的具有重要政治和经济地位的大、中工业城市。它的设备规模和能力都很大，所承担的客、货运量和车流组织涉及整个铁路网，如沈阳、北京、郑州等铁路枢纽。

区域性铁路枢纽一般都位于铁路干线和支线交叉或衔接的铁路网点上的中、小型工业城市。它的设备规模和能力仅次于路网性铁路枢纽，所承担的客、货运量和车流组织主要为一定的区域范围服务，如太原、蚌埠、柳州等铁路枢纽。

地方性铁路枢纽一般都位于铁路网端或大工业企业和水陆联运地区，它的设备规模和能力较小，所承担的客、货运量和车流组织主要为某一大港湾或工业区等地方服务，如秦皇岛属港湾铁路枢纽、大同属工业铁路枢纽等。

## 2. 铁路枢纽图型

根据枢纽范围内专业车站和铁路线路在总图结构上的特征，并结合一定的车流条件，可有多种形式的枢纽图型，如一站式枢纽（见图 5-30）、放射式枢纽、三角形枢纽、十字形枢纽、顺列式枢纽、并列式枢纽、环形枢纽（见图 5-31）、混合型枢纽、尽端式枢纽等。

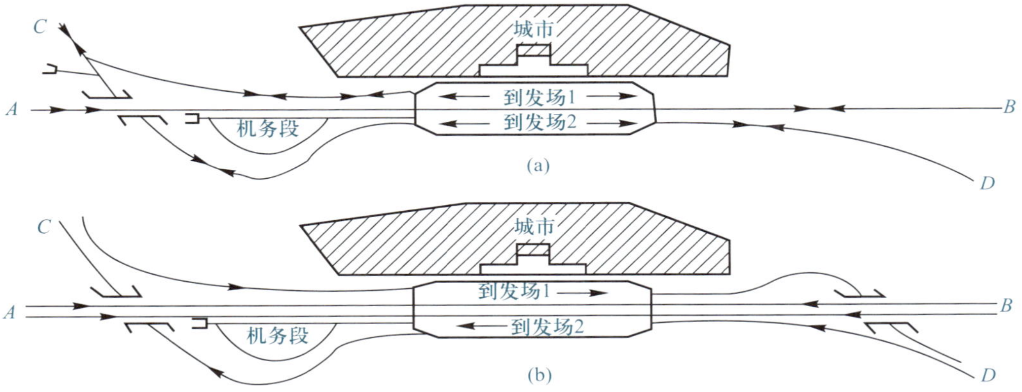

图 5-30 一站式铁路枢纽布置图

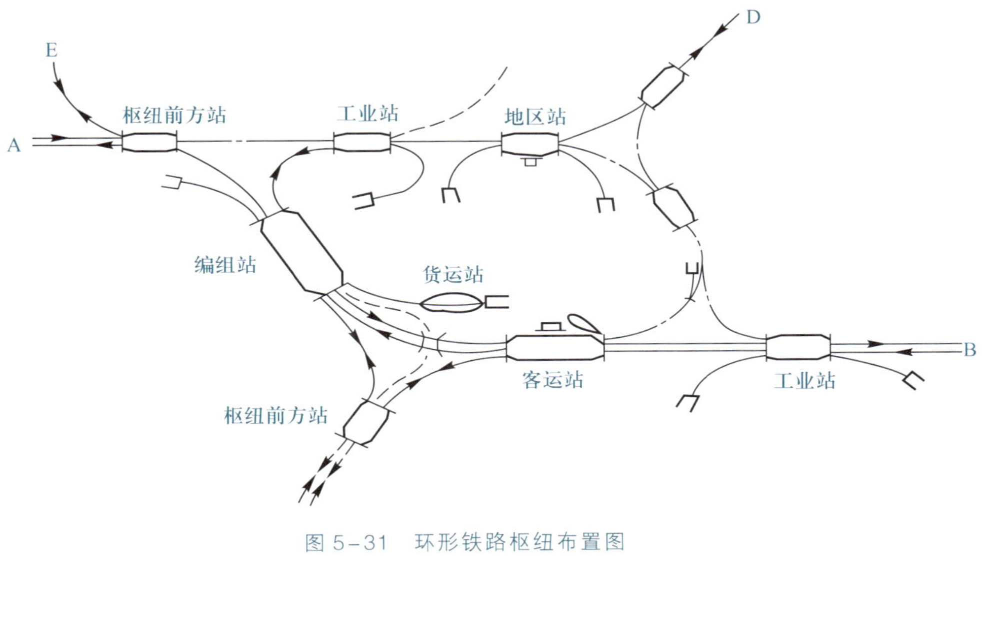

图 5-31 环形铁路枢纽布置图

拓展视频
广州南站
介绍

拓展视频
广州南站室
内导航介绍

## 【拓展提高】

### 广州南站介绍

广州南站位于广州市番禺区石壁街，从北端引入京广高铁和南广、贵广铁路，从南端引入广珠城际铁路和广深港高铁，是华南地区最大的高铁枢纽站。车站于 2007 年 3 月 23 日开工建设，2010 年 1 月 30 日部分开通，2010 年 9 月 30 日全站竣工，总投资为 114.39 亿元。

广州南站建设总面积约为 48.6 万 $m^2$，整体结构共五层，其中地下两层，分别为地下停车层和地铁站厅层；地上三层，分别为地面交通层、站台层和高架候车层，构成一个立体、综合的客运交通枢纽。

站台层面积 9.86 万 $m^2$（仅为站台面积，不含股道），共 28 条股道、28 个站台，15 个站台面，每座站台长 450m，可接发重联动车组列车，设计最高每天开行动车组 500 对。

高架候车层面积 7.7 万 $m^2$，设有 5 300 个候车座椅，可同时容纳 5 万人候车（应急情况下），是旅客安检、进站候车、休息购物的主要区域。

车站东、南、西、北角共设有 4 个售票厅，已启用东南、西南 2 个售票厅，共有 52 个人工售票窗口，151 台自助售、取票机，实行“自助售票为主，人工售票为辅”的售票组织模式。此外，各进出站口还设有 170 台检票闸机，采用先进的电子客票检票系统，通过互联网购票的旅客可直接刷二代身份证通过闸机。

广州南站实现了高速铁路、城际铁路、地铁、公路等多种交通方式的无缝衔接，旅客不出站即可快捷换乘。广州南站协同第三方研发打造的“智慧广州南站”综合应用，通过科学手段优化南站地区的交通组织，为旅客提供集智能导航、南站站内导航（寻人、寻车、寻地方）、智慧停车场（反向寻车）、公交车次查询、票务查询、租车等功能于一体的人性化、智能化、现代化综合应用，充分体现了“人民铁路为人民”的根本宗旨以及“安全、优质”的新时期铁路精神。

## 【巩固练习】

**一、填空题**

1. 车站是办理________与________的基地。
2. 铁路上每隔________ km 左右就设一个车站或________。
3. 区间有________和________之分。
4. 两相邻技术站之间的线段叫________。

5. ________和________属于特殊用途的线路。

6. 车站按照所负担的任务量可分为________、________、________、________、________、________六个等级。

7. 车站线路分为正线、________、________、________、________。

8. 铁路枢纽按其在路网上的地位和作用分为________、________和________三种。

9. 中间站的主要作业有________、________、________和________等。

10. 我国铁路采用________侧行车，并原则上规定开往北京方向为________行。

11. 股道有效长是指在线路全长范围内可停留机车车辆而不妨碍________、________、________的线路最长部分。

12. 牵引列车的机车应停于出站信号机的________方，以保证行车安全。

13. 区段站的主要作业有________、________、________、________和________五项。

14. 区段站的主要设备有________、________、________、________、________和________等。

15. 编组站是在路网上办理货物列车的________和________作业，并为此而设有一套完善的________设备的车站。

16. 编组站按车场配列位置的基本图型主要有________、________和________三种。

17. 按所使用设备的不同，调车工作可分为________和________两种。

18. 铁路驼峰的组成包括________、________和________三部分。

**二、判断题**

1. 相邻两技术站之间的距离叫区间。(　　)

2. 牵出线是站线。(　　)

3. 双线铁路车站内的线路下行编双号。(　　)

4. 站内道岔是以站舍中心线作为划分单数号和双数号分界线的。(　　)

5. 区段站不能办理解编作业。(　　)

6. 调车场、到达场、出发场纵向排列称为一级三场。(　　)

7. 编组站主要是采用驼峰调车。(　　)

8. 车辆溜放速度的自动化是驼峰自动化的核心。(　　)

9. 有的铁路枢纽不位于两条及以上干线交叉的地方。(　　)

10. 设在到发线之间所有设备的宽度，都对线间距有影响。(　　)

11. 会让站设置在双线铁路上，主要办理列车的到发、会车和让车，也办理少量的客货运业务。(　　)

12. 双线铁路中间站一般应设两条到发线。(　　)

13. 越行站设置在单线铁路上，它主要办理同方向列车的越行，必要时办理反方向列车的转线，也办理少量的客货运业务。(　　)

14. 旅客站房应与城镇设于同一侧。(　　)
15. 货物列车到发线应紧靠站台。(　　)

**三、简答题**

1. 车站的线路分哪些种类？分别用于何种作业？
2. 试述车站的作用与分类。
3. 车站股道编号的原则和规定是什么？
4. 什么是编组站？主要任务有哪些？

# 第6章 铁路信号与通信设备

## 【问题引入】

万里铁道线上每天都有大量列车昼夜不停地来来往往，一趟趟列车排着队进出车站，进站后又各进各自的轨道，有的直接通过、有的停靠站台、有的在站内来回倒腾进行调车作业。

如此众多的列车为何能相安无事、互不干扰、秩序井然、有条不紊地运行呢？是谁这么聪明在指挥列车的有序运行？

轨道旁设置有许多高矮不同，胖瘦不一的信号机（见图 6-1），它们就像铁路忠实的“哨兵”，会点亮不同颜色的灯光。不同颜色的灯光各代表什么含义，谁来控制信号灯的变化与显示呢？

图 6-1　铁路信号灯

进站的时候，在众多的线路当中，火车为何能准确无误地驶入目的站台？火车会不会有走错路的时候？

高速运行的列车，司机能看清楚铁路沿线的信号吗？

司机是如何判断列车与前车的距离，如何确保列车不会与前车追尾相撞？

## 【教学导航】

本章主要学习铁路信号与通信设备的基本知识,具体如图 6-2 所示。

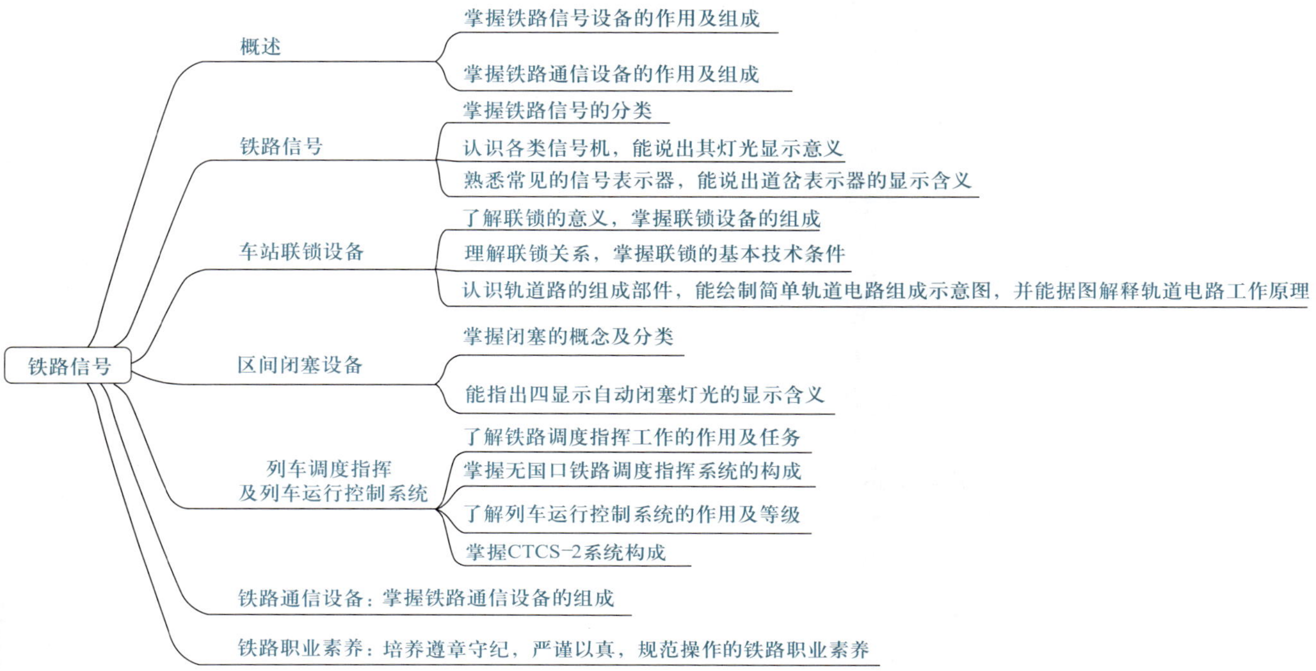


图 6-2 学习导航

## 【知识讲授】

# 6.1 铁路信号与通信设备概述

铁路信号设备是组织指挥列车运行,保证行车安全,提高运输效率,改善行车人员劳动条件的关键设施;同时也是铁路主要技术装备之一,其装备水平和技术水准是铁路现代化的重要标志。

## 6.1.1 铁路信号设备概述

铁路信号设备是铁路信号、车站联锁、区间闭塞等设备的总称。它的主要作用是保证列车运行与调车工作的安全和提高铁路的通过能力。同时,对改善行车人员的劳动条件及降低运输成本等也有重要作用。

① 铁路信号:是向有关行车和调车工作人员发出的指示和命令。

② 联锁设备;用于保证站内行车和调车工作的安全和提高车站的通过能力。

③ 区间闭塞设备:用于保证列车在区间内运行的安全和提高区间的通过能力。

### 6.1.2 铁路通信设备概述

铁路运输是一个在运输生产上实行高度集中与统一指挥的庞大的综合性企业,它的各个部门、单位分布在全国辽阔的土地上。为了有效地指挥列车运行,发布有关命令,以及路内各业务部门、单位职工密切配合与协同作业,将铁路各级机构联系成一个整体,从而保证行车安全,提高运输能力和工作效率。为此必须设置一整套完善、先进的铁路通信设备。

铁路通信设备是铁路经营管理的信息系统,它对组织铁路运输、指挥列车运行、确保铁路各部门之间联络和为旅客提供各种服务方面发挥着重要作用。按用途来分,铁路专用通信设备主要有:列车调度电话、无线调度电话、专用电话系统、铁路站场通信系统、高速铁路专用通信网络等。

## 6.2 铁路信号

铁路信号是向有关行车及调车人员发出的指示和命令。为了确保行车安全,行车及调车人员必须严格执行信号显示的要求。

### 6.2.1 铁路信号的分类

#### 1. 按人的生理感觉分类

微课

铁路红绿灯的学问

铁路信号按感官可分为听觉信号和视觉信号两大类。

(1) 听觉信号

听觉信号是以不同声响设备发出音响的强度、频率、音响长短和数目等特征表示的信号,包括用号角、口笛、响墩发出的音响,以及机车、轨道车的鸣响所发出的信号等。

(2) 视觉信号

视觉信号是通过各种信号器具的颜色、形状、位置、数目或数码显示等特征表示的信号,作用于人的视觉器官,如信号机信号表示器、机车信号、信号灯、信号牌、信号旗等。

视觉信号按其位置可否移动,又可分为固定信号、移动信号和手信号三种。

固定信号是指固定安装在一定位置的信号机，如各种用途不同的固定信号机。移动信号是指防护线路施工地点而临时设置的信号设备，如信号方牌、信号圆牌等。手信号是指用手拿信号旗、信号灯或直接用手势发出的信号，目前已经很少使用。我国规定视觉信号的三种基本颜色为红、黄、绿。信号显示的各种颜色光的显示意义如下：

红色表示要求停车。

黄色表示要求注意或减速运行。

绿色表示准许按规定速度运行。

月白色表示允许调车，或与红灯组合作为引导信号。

蓝色表示禁止调车或作为容许信号。

在铁路上使用的信号，绝大多数是视觉信号。一般说的铁路信号是指地面上固定设置的信号机和在机车机车上设置的机车自动信号，它不包括手信号和移动信号。后面将着重介绍固定信号的分类、作用、显示及设置。

电子课件

铁路信号

**小提示：**

响墩是一种紧急铁路信号装置，通过火车碾爆产生巨响，以提醒司机紧急停车。

火炬是一种在风雨天都能点燃并发出火光的视觉信号，司机发现火炬信号的火光时应立即停车。

火车鸣笛一长声是它开动或接近车站道口桥梁等地的预报；鸣笛一长声三短声是发生重大事故需要救援或发现前方有不安全因素的警报信号；鸣笛二长声是告诉人们，它要倒退行驶。

### 2. 按信号的固定形式分类

按信号固定的形式可以分为固定信号、移动信号和手信号三类。

（1）固定信号

固定信号是根据规定在固定地点安装设置的铁路信号。

（2）移动信号

移动信号相当于固定信号而言，是可以根据需要移动，临时设置的信号，分停车信号、减速信号和减速防护地段终端信号。例如，在铁路线路旁临时设置的信号牌、信号灯、信号旗、火炬信号、响墩信号等都属于移动信号。

（3）手信号

铁路手信号也是一种移动信号，是有关行车人员用手持信号旗或信号灯做出各种规定动作来下达停车、减速、发车、通过、引导信号等各种命令。手持信号灯、手持信号旗、口笛、号角或徒手显示的信号等都属于手信号。

## 6.2.2 铁路固定信号机

### 1. 类型

在所有铁路信号中，由固定信号机发出的视觉信号是最常见、最主要的信号。固定信号机按构造和显示方式不同可以分为臂板信号机、色灯信号机和机车信号机。

### 2. 设置要求

（1）色灯信号机的设置方位。我国铁路采用左侧行车制，机车司机在驾驶室内的位置统一设在左侧，如图 6-3 所示。为了便于司机瞭望信号，除特殊地点外，规定所有色灯信号机均应设在线路的列车运行方向的左侧。

图 6-3 左侧行车

（2）限界的要求。在线路旁设置的信号机，均不得侵入建筑接近限界。在准许接发或通过超限货物列车的线路旁设置的信号机，不得侵入超限限界。

如两线路之间距离不足以装设信号机时，可以采用信号桥或信号托架。装设在信号桥或信号托架上的信号机，可以在线路的左侧，也可以在其所属线路的中心线上空。

（3）特殊情况下的设置方位与注意事项。在特殊情况下，如线路左侧没有装设信号机的条件或因曲线、隧道、桥梁等影响，不适宜设置信号桥或信号托架，而将信号机设置在右侧比设置在左侧的显示状况较好，对行车更为有利时，经集团公司批准，信号机也可以设于右侧。

在右侧设置信号机时，还应考虑是否有被邻线列车误认或被邻线列车挡住视线看不到信号的可能性，应当避开这种可能的地点。

（4）设置流程。信号机设置的地点，对信号显示距离的远近，对司机确认信号和行车安全等都有极大的关系，所以设置信号的地点，要由电务（设计和施工）部门会同车务、机务等有关部门，共同研究确定，经集团公司批准。在确定

信号机装设地点时,应全面考虑以下几点:

① 信号显示距离满足《技规》的要求。

② 不至于被误认为邻线的信号机。

③ 尽量避免设在停车后起动困难的上坡道,或难以停车的下坡道上。

④ 自动闭塞区段还要考虑不影响列车间隔时间。

⑤ 不同用途的色灯信号机,设置的具体位置也存在一定区别。

### 3. 常见的固定信号机

(1) 进站信号机

进站信号机的作用主要用来防护车站。具体地说,就是用来防护接车进路。

为防护车站,指示列车可否由区间进入车站而设置进站信号机。进站信号机设于车站入口处距进站道岔尖轨尖端(顺向为警冲标)不少于 50 m 的地点,根据调车作业和制动距离的需要,有时外移至 400 m 以内。

进站色灯信号机有黄、绿、红、蓝、白 5 个色灯,其灯光的含义与区段采用的闭塞制式有关,铁路主要信号机的显示意义如表 6-1 所示。

表 6-1 铁路主要信号机的显示意义

| 信号名称 | | 色灯信号机 | 信号显示 | 信号显示意义 |
|---|---|---|---|---|
| 进站信号机 | 四显示自动闭塞 |  |  | 准许列车按规定速度经道岔直向位置进入或通过车站,表示运行前方至少有三个闭塞分区空闲 |
| | | |  | 准许列车按限速要求越过该信号机,经道岔直向位置进入站内正线准备停车 |
| | | | 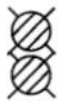 | 准许列车按限速要求越过该信号机,经道岔侧向位置进入站内准备停车 |
| | | | 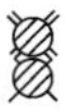 | 准许列车经过 18 号及其以上道岔侧向位置,进入站内越过次架已经开放的信号机,且该信号机所防护的进路,经道岔的直向位置或 18 号及其以上道岔的侧向位置 |
| | | |  | 不准列车超过该信号机 |
| | | |  | 准许列车按规定速度越过该信号机,经道岔直向位置进入站内,表示次架信号机已经开放一个黄灯 |
| | | |  | 准许列车在该信号机前方不停车,以不超过 20 km/h 速度进站或通过接车进路,并须准备随时停车 |

续表

| 信号名称 | | 色灯信号机 | 信号显示 | 信号显示意义 |
|---|---|---|---|---|
| 出站信号机 | 四显示自动闭塞 |   |  | 准许列车由车站出发，表示运行前方至少有三个闭塞分区空闲 |
| | | |  | 准许列车由车站出发，表示运行前方有两个闭塞分区空闲 |
| | | |  | 准许列车由车站出发，表示运行前方有一个闭塞分区空闲 |
| | | |  | 不准列车越过该信号机 |
| | | |  | 准许列车由车站出发，开往半自动闭塞区间 |
| | | |  | 兼作调车信号机时，准许越过该信号机调车 |
| | 半自动闭塞 |   |  | 准许列车由车站出发 |
| | | |  | 不准列车越过该信号机 |
| | | |  | 准许列车由车站出发，开往次要线路 |
| | | |  | 兼作调车信号机时，准许越过该信号机调车 |
| 进路信号机 | 接车进路信号机 |  | | 显示与进站信号机相同。<br>兼作调车信号机时，点亮一个月白色灯光，准许越过该信号机调车 |
| | 发车进路信号机 |  |  | 准许列车由车站经正线出发，表示出站和进路信号机均在开放状态 |
| | | |  | 准许列车运行到次架信号机之前准备停车 |
| | | |  | 表示该信号机列车运行前方至少有一架进路信号机在开放状态 |
| | | |  | 不准列车越过该信号机 |
| | | |  | 兼作调车信号机时，准许越过该信号机调车 |

续表

| 信号名称 | | 色灯信号机 | 信号显示 | 信号显示意义 |
|---|---|---|---|---|
| 通过信号机 | 四显示自动闭塞 |  |  | 准许列车按规定速度运行，表示运行前方至少有三个闭塞分区空闲 |
| | | |  | 准许列车按规定速度运行，要求注意准备减速，表示运行前方有两个闭塞分区空闲 |
| | | |  | 要求列车减速运行，按规定限速要求越过该信号机，表示运行前方有一个闭塞分区空闲 |
| | | |  | 列车应在该信号机前停车 |
| | | |  | 容许信号显示一个蓝灯，准许列车在通过信号机显示红灯的情况下不停车，以不超过 20 km/h 的速度通过，运行到次架通过信号机，并随时准备停车 |
| | 半自动闭塞 |  |  | 准许列车按规定速度运行 |
| | | |  | 不准许列车越过该信号机 |
| 遮断信号 | |  |  | 不准列车越过信号机 |
| | | | 无显示 | 不着灯时，不起信号作用 |
| 预告信号 | |  |  | 表示主体信号机在开放状态 |
| | | |  | 表示主体信号机在关闭状态 |
| | |  |  | 表示遮断信号机显示红色灯光 |
| | | | 无显示 | 不着灯时，不起信号作用 |
| 调车信号机 | |  |  | 准许越过该信号机调车 |
| | | |  | 装有平面溜放调车区集中连锁设备时，准许溜放调车 |
| | | |  | 不准越过信号机调车 |
| 驼峰信号机 | |  |  | 准许机车车辆按规定速度向驼峰推进 |
| | | |  | 指示机车车辆加速向驼峰推进 |
| | | |  | 指示机车车辆减速向驼峰推进 |
| | | |  | 不准许机车车辆越过该信号机或指示机车车辆停止作业 |
| | | |  | 指示机车车辆自驼峰退回 |
| | | |  | 指示机车到峰下 |
| | | |  | 指示机车车辆去禁溜线 |

注：—黄灯；○—绿灯；●—红灯；◎—白灯；⊙—蓝灯；—着灯；—闪光。

（2）出站信号机

为防护区间，指示列车可否由车站进入区间而设置出站信号机，如图 6-4 所示。出站信号机设于发车线警冲标内方。

图 6-4 出站信号机

① 出站信号机的作用。

在人工闭塞区间，指示列车可否发车，保证发车进路上的道岔位置正确，进路上无车，没有建立敌对进路，进路已经锁闭，运行安全。

在半自动闭塞区间，指示列车可否占用区间，保证进路和区间无车，进路上的道岔位置正确，没有建立敌对进路，进路已经锁闭，运行安全。

在自动闭塞区间，指示列车可否占用站外的第一个闭塞分区，保证进路和第一个闭塞分区空闲，进路上道岔位置正确，没有建立敌对进路，进路已经锁闭，运行安全。

② 出站信号机信号显示的含义。

在非自动闭塞区段，出站信号机有高柱、矮柱之分，显示红、绿两色。不同的显示组合表示不同的含义，如表 6-1 所示。

在自动闭塞区段，出站信号机各种信号显示的含义如表 6-1 所示。

③ 信号显示距离。

总体要求，出站信号机显示距离不小于 400 m。

其中，高柱出站信号机显示距离不小于 800 m，矮柱信号机显示距离不小于 200 m（在困难条件下）。

出站信号机设置如图 6-5 所示。

（3）进路信号机

① 进路信号机的作用。一个车站有几个车场时，需要设置进路信号机，以指示列车能否从一个车场转线到另一个车场，如图 6-6 所示。

正线上的进路信号机和进站信号机的防护长度一样，其防护区段的长度应等于或大于 1 200 m。

② 进路信号机的分类。进路信号机按用途分为：接车进路信号机、发车进

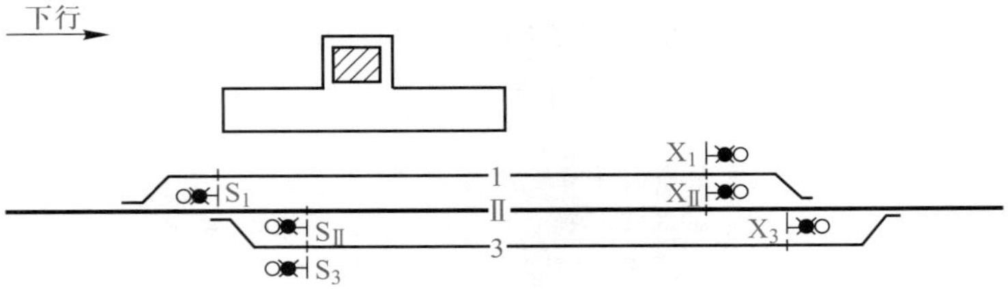


图6-5 出站信号机的设置与标号

○—绿灯；●—红灯亮

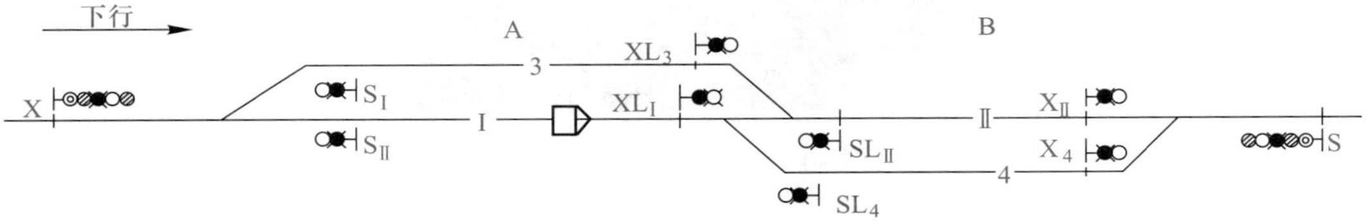


图6-6 进路信号机

◎—白灯；○—绿灯；●—红灯；●—红灯亮；◍—黄灯；○—绿灯亮

路信号机和接发车进路信号机。

③ 进路信号机的显示。接车进路信号机和接发车进路信号机的显示方式与方法，和进站信号机相同；发车进路信号机的显示方式与方法与出站信号机相同。

④ 进路信号机的设置。接车进路信号机与进站信号机的设置方法相同；发车进路和接发车进路信号机与出站信号机的设置方法相同。

转场进路始于进路信号机，止于出站信号机。只有在进路上的道岔位置正确、进路内无车和没有建立敌对进路，并且把进路锁好的条件下，才能使防护转场进路的进路信号机开放，以保证转场作业的安全。进路信号机一般都采用色灯信号机。

（4）通过信号机

车站与车站之间的线路称为区间。一个区间在同一时间内只能有一趟列车。如果区间的距离较长，就会影响线路的通过能力。因此，在双线铁路上，使用非自动闭塞的区段，可以在较长区间内设置一个线路所，线路所与两相邻车站构成两个所间区间。在线路所处，设置两架信号机，该信号机就为通过信号机，如图6-7所示。

当半自动闭塞的通过能力仍无法满足运输需求时，就需要采用自动闭塞，再扩大列车密度。

将区间划分成若干个闭塞分区，在每个闭塞分区的入口处，设置通过信号机

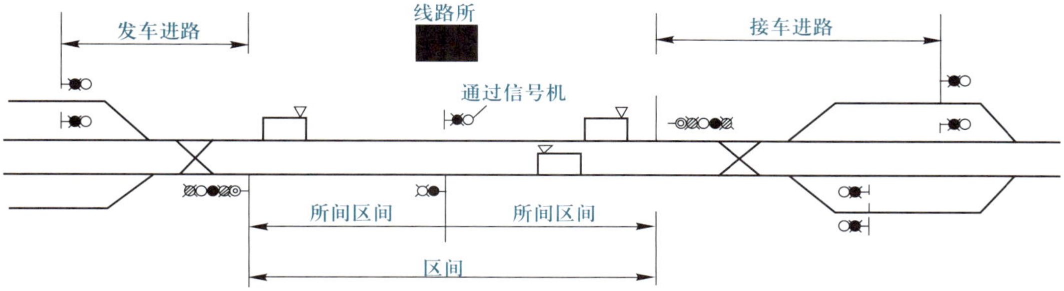


图 6-7 非自动闭塞区段通过信号机配置

◎—白灯；○—绿灯；—红灯亮；⊘—黄灯；●—红灯；—绿灯亮；—黄灯亮

防护，如图 6-8 所示。闭塞分区划分得越短，即分区数越多，线路的通过能力也就会越大。但闭塞分区的长度，是受列车速度、牵引重量和制动性能等因素限制的。为了保证行车安全，我国的铁路《技规》要求闭塞分区的长度，不得小于1 200 m。

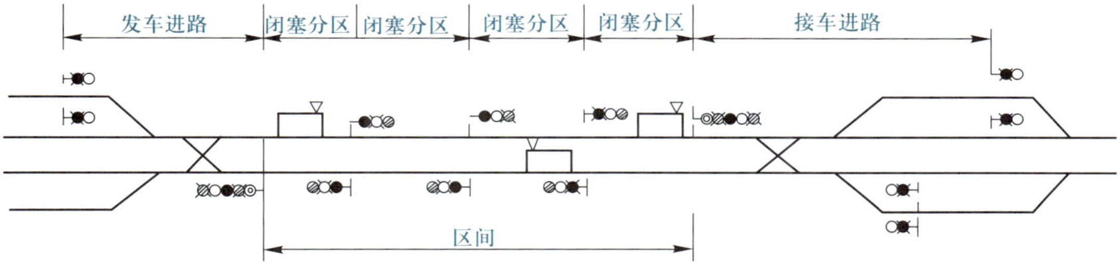


图 6-8 自动闭塞区段通过信号机配置

◎—白灯；○—绿灯；—红灯亮；⊘—黄灯；●—红灯；—绿灯亮；—黄灯亮

① 设置位置。通过信号机设在自动闭塞区段的闭塞分区分界处，以及非自动闭塞区段的所间区间的分界处。在确定通过信号机的具体设置位置时，应综合考虑以下几点：避免设在列车停车后、起动时容易发生车钩断裂的地点。应尽量避免设在停车后起动困难的上坡道上。不准许设在隧道内及大型桥梁上。

② 作用及显示距离。

通过信号机的作用是指示列车能否进入该信号机所防护的闭塞分区或所间区间。通过信号机的显示距离不少于 1 000 m，在最恶劣条件下不得少于200 m。

③ 显示含义。

通过信号机的显示含义，非自动闭塞区段与自动闭塞区段存在一定区别，见表 6-1。

（5）遮断信号机

① 遮断信号机的作用。为防护平交道口（铁路与公路的平面交叉点）、桥梁、隧道以及塌方落石等危险地点而设置的信号机，叫作遮断信号机。

在繁忙的平交道口上，若汽车或拖拉机等机动车因故障停留在道口，或道口上散落有货物，一时又移不开时，为了能指示列车在道口外方停车，需要设立遮断信号机。

在较大的桥隧建筑物和可能危及行车安全的塌方落石地点，一般均设有固定值班的看守人员，昼夜巡视。为在发生危及行车安全的情况时，及时向列车发出停车信号，要求列车在障碍地点前方停车，也需要设置遮断信号机。

② 设置位置与显示距离。遮断信号机的设置位置，距其防护地点不得少于50 m。

在自动闭塞区段，遮断信号机还应与通过信号机有联系。当遮断信号机与前方相邻的通过信号机之间小于 800 m 时，通过信号机应恢复信号机红色灯光显示；当遮断信号机与前方相邻的通过信号机之间大于 800 m 时，则通过信号机应为该遮断信号机的预告信号。自动闭塞区段，遮断信号机不应设在停车后起动困难的地点。遮断信号机显示距离不少于 1 000 m，恶劣条件下不少于 200 m。

③ 显示含义。遮断信号机为单显示信号机，其含义见表 6-1。

表示不准列车越过该信号；遮断信号机不着灯时，不起信号作用。

为与一般信号机相区别，遮断信号机采用方形背板，并在机柱上涂有黑白相间的斜线。

（6）预告信号机

① 预告信号机作用。信号显示直接关系到行车的安全和效率，也有利于改善乘务人员的劳动条件，而地面信号又常常受到现地条件和气象条件的影响，以至信号显示距离有时难以满足运营要求。因此，对进站、通过、遮断等绝对信号机，应根据实际需要，装设预告信号机，预先告知司机主体信号机的状态，以防止冒进绝对信号。

② 显示的含义。预告信号机为二显示信号机，有黄、绿两种色灯。黄色灯亮表示主体信号机在关闭状态。绿色灯亮表示主体信号机在开放状态。

③ 显示距离与设置位置。预告信号机的显示距离不少于 400 m，在困难条件下不少于 200 m。预告信号机距其主体信号机的距离规定不得少于 800 m，以满足列车制动距离的要求。当预告或其主体信号机的显示距离不足 400 m 时，为了让司机预先有足够的时间确认信号，预告信号机距其主体信号机不得少于 1 000 m。

自动闭塞区段的进站信号机，其前方的通过信号机即起预告信号机的作用；在非自动闭塞区段，装有机车信号时，由于机车信号能复示进站信号机的显示，所以在以上条件下，可免装预告信号机。

**小提示:**

预告信号机仅反映其主体信号机的开放或关闭两种状态,而不能反映主体信号机的显示内容。预告信号机的信号显示颜色虽与其主体信号机相同(绿、黄),但显示意义不完全一样。所以预告信号机均有特殊的标志,以示区别(如在柱上涂有黑白相间的标志)。

(7) 调车信号机

在车站内,为保证列车在站内的行车安全,凡影响列车作业的调车进路,均应设置调车信号机。

① 调车信号机的作用。调车信号机(见图 6-9)用于指示调车机车能否越过该信号机进行调车作业。

图 6-9 调车信号机

② 显示及其含义。蓝灯表示不准越过该信号机。白灯表示准许越过该信号机调车。

③ 显示距离与设置位置。调车信号机一般为矮柱色灯信号机,其显示距离不小于 200 m。

调车信号机设在调车作业繁忙的到发线、咽喉道岔区,以及非联锁(车站控制设备)区域到联锁区域的入口处。

(8) 驼峰信号机

① 驼峰信号机的作用。在驼峰调车场的峰顶上,用来指示调车机车能否向峰顶推送车列,以及用多大速度推送车列。

② 驼峰信号机的显示含义。驼峰信号机为四显示高柱信号机,从上至下有黄、绿、红、白四个色灯,其含义如表 6-1 所示。

③ 显示距离与设置位置。驼峰信号机的显示距离不能小于 400 m。

在整个推峰解体过程中,调车机车位于车列尾部,为让机车司机看清信号显示，在到发线适当位置，可以设置驼峰辅助信号机，如图 6-10 所示。若驼峰辅助信号机仍然不能满足要求时，可装设驼峰复示信号机。

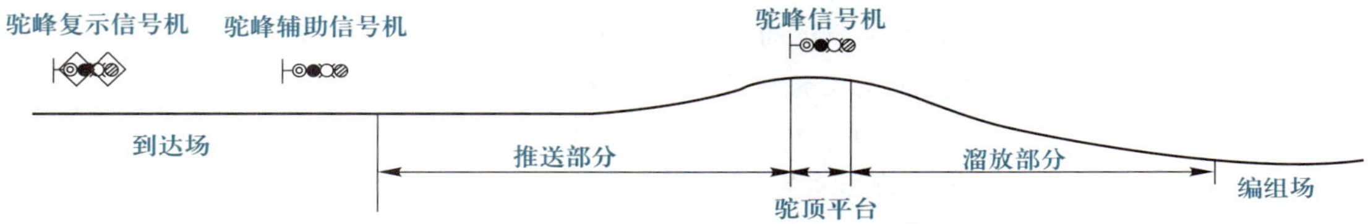


图 6-10 驼峰信号机及其设置

◎— 白灯；⊘— 黄灯；●— 红灯；¤— 绿灯亮

4. 机车信号

机车信号也是一种固定信号，固定安装在司机室中，如图 6-11 所示，机车信号与地面信号的关系为：地面信号显示→地面发送设备→信息通道→机车接受设备→机车信号。它的系统如图 6-12 所示。

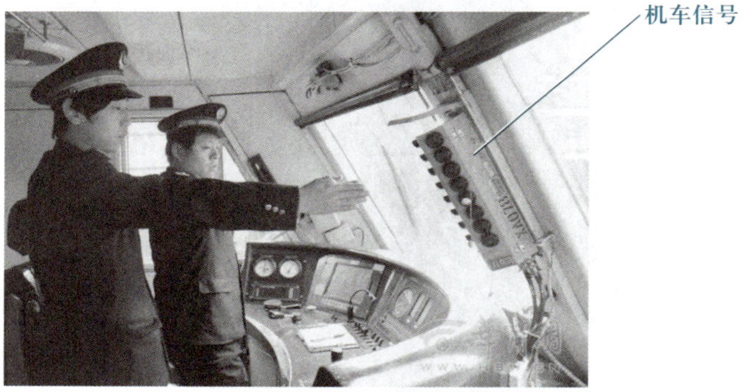


图 6-11 铁路机车信号

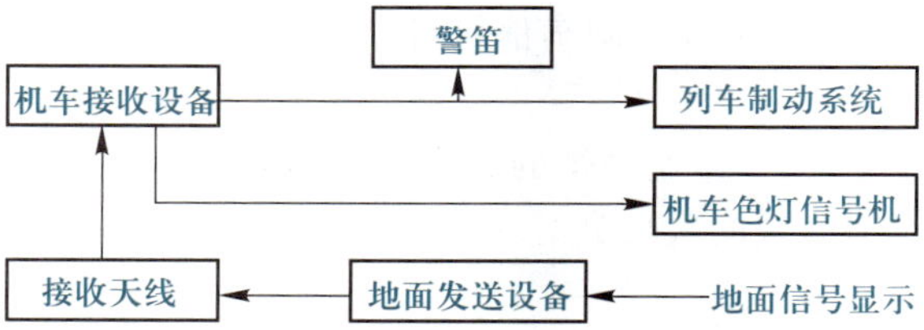


图 6-12 机车信号系统框图

按照从地面向机车传递信息方式的不同，机车信号分为三种类型：点式、连续式和接近连续式，其信号的显示含义如表 6-2 所示。

表 6-2 机车信号的显示方式

| 连续式(四显示) | | 接近连续式 | |
|---|---|---|---|
| 机车信号 | 地面信号机 | 机车信号 | 地面信号机 |
| ○ | ○ | ○ | ○ |
| ⊖ | ○ / ⊘ | ⊘ | ⊘ |
| ⊘ | ⊘ | ⊗或⊘（注 2） | ⊘ / ⊘ 或 ⊘ / ⊘ |
| ⊗ | ⊘ / ⊘ | ◓ | ● |
| ◓ | ● | ● | 已越过红灯信号机 |
| ● | 已越过红灯信号机 | ◎ | 不复示地面信号机的显示 |
| ◎ | 不复示地面信号机的显示 | | |

注:1. 在交流计数制式的自动闭塞区段为一个黄灯;

2. 用交流计数制式的轨道电路时为一个黄灯。

3. ○—绿色灯光;⊘—黄色灯光;⊗—双半黄色灯光;◓—一个半黄色半红色灯光;●—红色灯光;◎—白色灯光;⊖—一个半绿色半黄色灯光。

(1) 点式机车信号主要应用在非自动闭塞区段。只在线路上某些地点(一般在进站信号机外方制动距离附近)设置发送设备,将地面信号机的显示变成信息向机车上发送。它只在这个固定地点复示进站信号机的显示。

(2) 连续式机车信号,主要用在自动闭塞区段,利用自动闭塞分区的轨道电路向机车上传送信息。因此,在整个区间正线上,机车信号能连续地反映前方地面信号机的显示。

(3) 接近连续式机车信号,用于非自动闭塞区段,它是点式和连续式的综合。在进站信号机外方制动距离附近的固定地点设置发送设备,并从固定地点到进站信号机之间又加装一段轨道电路。因此它从固定地点开始一直到进站信号机处为止,都连续不断地向机车上传送地面信号的信息,使机车信号机连续复示进站信号机的显示。

## 6.2.3 信号表示器及信号标志

### 1. 信号表示器

信号表示器和信号机不同,它没有防护的意义,而是用来表示与行车有关设备的位置和状态,或表示信号显示的某种附加含义。例如,出站信号机给绿色灯光,而前方可以有三个发车方向,这是需要附加说明是向哪个方向发车的,该任务就依靠信号表示器来完成。

我国铁路上采用的信号表示器有:进路表示器、线路表示器、调车表示器、道岔表示器(见图 6-13)、发车表示器等。我们在此介绍常见的道岔表示器和发车线路表示器。

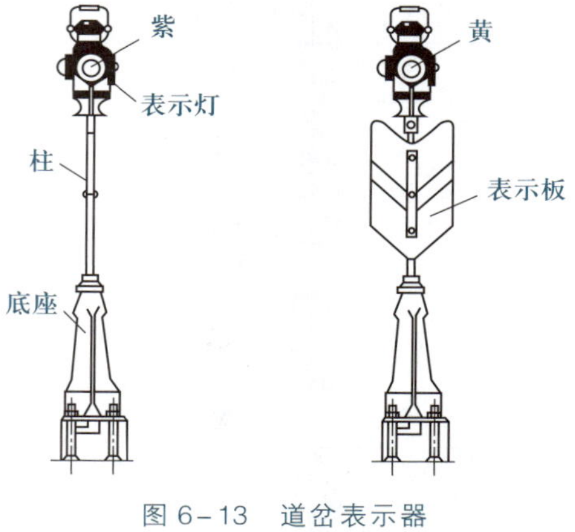


图 6-13 道岔表示器

(1) 道岔表示器

① 道岔表示器的作用。道岔表示器用来反映道岔所处的状态,便于扳道员确认进路和调车人员办理调车作业。

② 道岔表示器的设置位置。道岔表示器通常设在接发车进路上的手动道岔处,以及由非联锁区向联锁区的过渡区入口处的电动道岔处。联锁区域内的电动道岔,采用了调车信号机,所以不设置道岔表示器。

③ 道岔表示器的显示含义。

a. 道岔处于定位(道岔开通直股)时,表示器的鱼尾形黄色标板顺着线路方向显示,白天沿着线路方向看不到该标板,夜间显示一个紫色灯光。

b. 道岔处于反位(道岔开通弯股)时,鱼形标板横着线路方向显示,白天沿着线路方向可见该标板,夜间显示一个黄色灯光。

(2) 发车线路表示器

调车作业虽然要求在站内进行,但是在实际工作中,常因调车工作的实际需求而进行站外调车。

站外调车对车站信号有了新的要求。可以根据需要设置线群出站信号机,在每一发车线警冲标内方适当地点,设有线路表示器。当线群出站信号机在开放条件下,哪一个线路表示器亮一个月白色灯光,即表示在该线路停留的列车可以发车。这些并排的线路表示器,同时只准一个点亮月白色灯光,而且只有在线群出站信号机开放后,它才能亮灯,如图 6-14 所示。

## 2. 信号标志

信号标志是设在铁路沿线,用来表明该地点线路的状况,以便司机和其他有关行车人员能够及时、正确地进行作业。

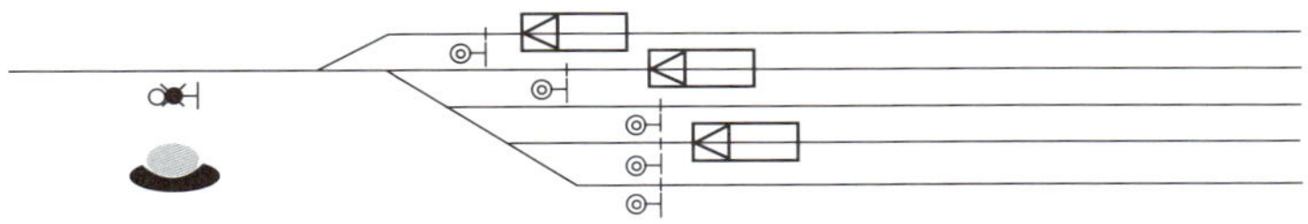

图 6-14 发车表示器

◎—白灯；○—绿灯；●—红灯亮

铁路系统常见的信号标志主要有以下几个：

（1）警冲标

警冲标（见图 5-6）如第 5 章所述，是用来指示机车车辆停车时，不准向道岔方向或线路交叉点方向越过，以防止停留在该线上的机车车辆与邻线上的机车车辆发生侧面冲突的标志。另外，在出站道岔上警冲标用来确定站界标位置。

（2）司机鸣笛标

司机鸣笛标（见图 6-15）设在道口、大桥、隧道或视线不良地点的前方 500~1 000 m 处。司机看到该标志时，应鸣笛示警。

（3）作业标

在营运线路进行施工维护时，为保障维护人员安全和行车安全，需要设置作业标。作业标（见图 6-16）设在施工线路及其邻线距施工地点两端 500~1 000 m 处，司机见到此标记时须提高警惕并长声鸣笛。

图 6-15 司机鸣笛标

图 6-16 作业标

（4）站界标

站界标（见图 6-17）设在双线区间列车运行方向左侧最外方顺向道岔（对向出站道岔的警冲标）外不少于 50 m 处，或邻线进站信号机相对处。

（5）预告标

预告标（见图 6-18）设在进站信号机外方 900 m、1 000 m 及 1 100 m 处，但在设有预告信号机及自动闭塞的区段，均不设预告标。在双线区间，退行的列车看不见邻线的预告标时，在距站界外 1 100 m 处特设一个预告标。

图 6-17 站界标

图 6-18 预告标

（6）引导员接车地点标

列车在距站界 200 m 以外，不能看见引导人员在进站信号机或站界标处显示的手信号时，须在列车距站界 200 m 外能清晰地看见引导人员手信号的地点设置引导员接车地点标（见图 6-19）。

（7）接触网终点标

接触网终点标（见图 6-20）设在站内接触网边界。电力机车通过接触网获得电动力，一旦脱离接触网将寸步难行。接触网终点标就是提醒电力机车司机不要超越接触网有效区间。

图 6-19 引导员接车地点标

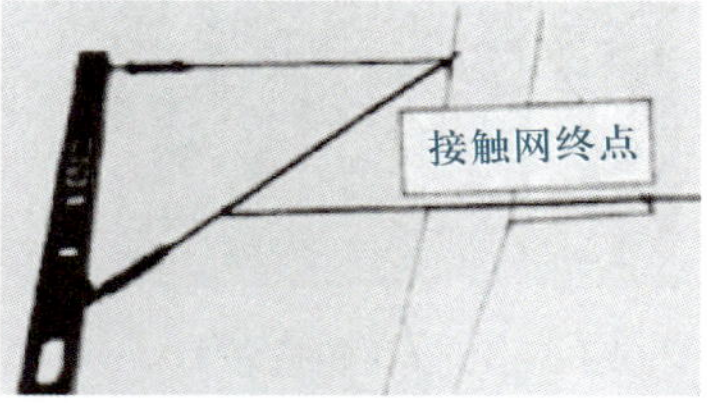


图 6-20 接触网终点标

（8）减速地点标

减速地点标（见图 6-21）设在需要减速地点的两端各 20 m 处。正面表示列车应按规定限速通过地段的始点，背面表示列车应按规定限速通过地段的终点。

（9）桥梁减速信号牌

桥梁减速信号牌（见图 6-22）设在需要限速通过的桥梁两端，上部表示客车限制速度，下部表示货车限制速度。

(a) 正面 (b) 背面

图 6-21 减速地点标

图 6-22 桥梁减速信号牌

## 6.3 车站联锁设备

车站联锁设备是保证车站内列车和调车作业的安全,以及提高车站通过能力的一种车站信号设备。

在车站有许多线路,它们用道岔连接着。根据道岔的不同位置可以组成许多供列车或车列行驶的不同路径。列车或车列在站内行驶时所经过的路径,叫进路。列车和调车车列必须依据信号的开放而通过进路,即每条进路必须由相应的信号机来防护,才能保证车站范围内行车和调车工作的安全。

### 6.3.1 联锁基本概念

#### 1. 联锁的意义

列车的进出站和站内的调车作业必须根据防护每一进路信号机的显示状态进行,而被防护的进路又是靠操纵道岔来排列。如果进路上的道岔位置不正确,或已经有车占用,有关的信号机就不能开放。信号机开放后,其所防护的进路不能变动,即此时该进路上的道岔不能再转换。这种在信号机、进路和道岔三者之间建立的相互制约的关系叫作联锁。

而联锁设备就是确保车站内列车和调车作业安全、提高车站通过能力的一种信号设备。

#### 2. 联锁的基本内容

联锁的基本内容包括:防止建立会导致机车车辆相冲突的进路;必须使列车或调车车列经过的所有道岔均锁闭在与进路开通方向相符合的位置;必须使信号机的显示与所建立的进路相符。

进路上各区段空闲时才能开放信号，这是联锁最基本的技术条件之一。如果进路上有车占用，却能开放信号，则会引起列车、调车与原停留车冲突。

进路上有关道岔在规定位置且被锁闭才能开放信号，这是联锁最基本的条件之二。如果进路上有关道岔开通位置不对却能开放信号，则会引起列车、调车车列进入异线或挤坏道岔。信号开放后，其防护的进路上的有关道岔必须被锁闭在规定位置，而不能转换。

敌对进路已建立时，防护该进路的信号机不能开放，这是联锁最基本的技术条件之三。否则列车或调车车列可能造成正面冲突。信号开放后，敌对进路必须被锁闭，防护敌对进路的信号不能开放。

微课
列车进站，请听联锁安排

车站联锁设备组成框图如图 6-23 所示。

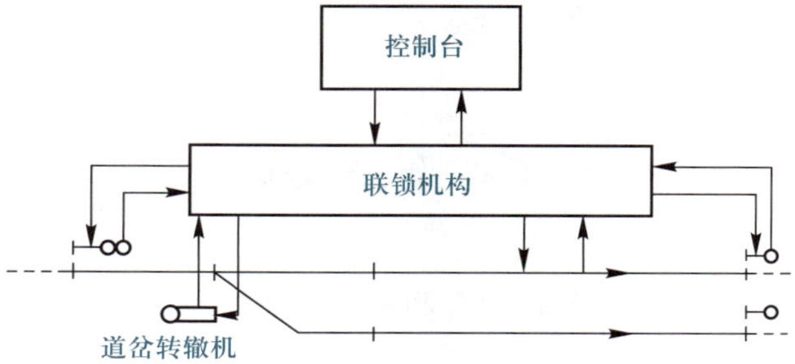


图 6-23 车站联锁设备组成框图

电子课件

车站联锁设备

值班员可以通过控制台上的各种按钮控制现场设备（信号机、道岔等），并通过控制台上的站场表示盘来监视现场设备的工作状态。

车站联锁设备应能及时、迅速地排列进路，并实现信号机和道岔之间的相互制约关系，同时还应能迅速及时地使进路解锁。因为只有加速建立和解锁进路的过程才能提高车站的通过能力。

通过下面一个例子，说明联锁的原理，如图 6-24 所示。

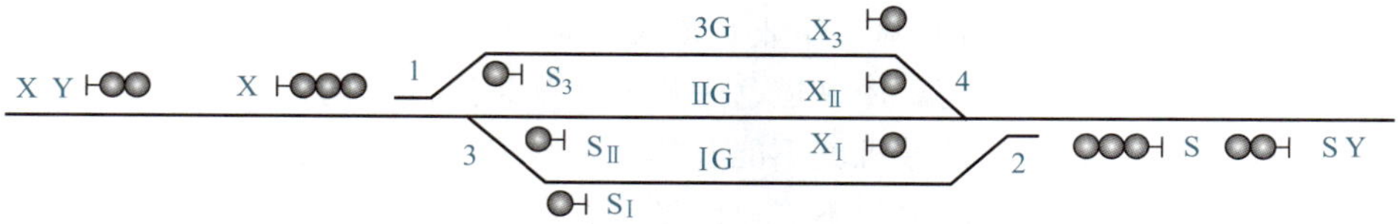


图 6-24 联锁举例

假设在某一会让站，有一下行旅客列车欲从车站正线通过，必须满足以下联锁条件：

① 在开股道放下行进站信号机 X 之前，必须先使进路上的所有道岔 1、3、4、2 都开通到Ⅱ道的位置，并锁闭 1、3、4、2 号道岔。

② 在道岔开通并锁闭后，出站信号机 $X_{Ⅱ}$、进站信号机 X、预告信号机 XY 依次开放，显示正线通过信号。

③ 当进站信号机 X 开放以后，这一进路上的所有道岔都应保持锁闭，不能被转动。

④ 当进站信号机 X 开放以后，敌对进路信号机 $S_{\mathrm{I}}$、$S_{\mathrm{II}}$、$S_3$ 和 $X_{\mathrm{I}}$、$X_3$ 都被锁闭，不能再开放。

只有做到了以上几点要求，才能够保证这一旅客列车安全通过本车站。

**小提示：**

**唯有遵章守纪，才能保证安全**

1997 年 4 月 29 日，京广线荣家湾车站发生旅客列车相撞事故，造成乘务员和旅客死亡 126 人，重伤 45 人的特别重大事故。调查结果表明，事故是由于当班信号工违章操作破坏了联锁功能而导致，请扫描二维码了解事故详情。

铁路的安全牵动着千家万户，铁路人在从事自己的本职工作时，应从思想到行为上，把遵章守纪、保证安全作为自己的行为准则，要加强对技术标准和操作规程的学习，养成遵章守纪的职业习惯及一丝不苟的严谨工作作风。在一丝不苟的工作作风方面，各部门各工种都形成了具有自身工作特点的精神风貌，如车务部门的"多想一点，多问一句，多看一眼，多跑一步"；车辆部门的"一车一辆不放过，一丝一毫不凑合，一分一秒不大意，一点一滴讲认真"以及"走到、敲到、听准、看准"；工务部门的施工质量精确到毫米的"毫米标准"；电务部门的"精检细修"；机务部门的"精心操作"；等等。这些都是一丝不苟的工作作风的具体表现。唯有遵章守纪、严谨认真，才能保证安全。

拓展链接
4.29 荣家湾列车相撞事故

### 3. 联锁设备的分类

联锁设备分为集中联锁（继电联锁和计算机联锁）和非集中联锁（臂板电锁器联锁和色灯电锁器联锁）。编组站、区段站和电源可靠的其他车站，有条件的均应采用集中联锁。在新建线路上条件不具备时，可采用非集中联锁。

电锁器联锁是一种非集中联锁设备，它用电锁器来实现主要联锁关系。信号机由车站值班员控制，道岔和信号由扳道员在现场操纵，色灯电锁器联锁的信号机则由车站值班员通过控制台操纵。

## 6.3.2 电气集中联锁

用电气器件集中控制和监督全站的道岔进路和信号机，并实现它们之间联锁的设备称为集中联锁设备。电气集中联锁包括继电集中联锁和计算机联锁。

若是用继电器组成的电路来进行控制并实现联锁的设备，称为继电集中联锁。计算机联锁是用计算机完成联锁及控制功能。目前，大多数车站都采用计算机联锁。

### 1. 继电联锁

继电联锁是集中联锁中最常用的一种，它是用继电器组成的电路来进行控制并实现联锁的。继电联锁采用色灯信号机，道岔由转辙机转换，进路上所有区段均设有轨道电路，在信号楼或者车站值班员室集中控制和监督信号机和道岔。

（1）继电联锁的主要设备

继电联锁设备由室内设备和室外设备两部分组成。室内设备主要有控制台、继电器组合及组合架、分线盘和电源屏等；室外设备主要有色灯信号机、电动转撤机、轨道电路及电缆等。

① 信号机。信号机有臂板信号机和色灯信号机两大类。

臂板信号机（见图 6-25）大多采用人力操纵、导线传动。白天用臂板的不同位置，夜间用不同颜色的灯光显示信号。

色灯信号机白天和夜间都采用不同颜色的灯光显示信号。根据色灯信号机构造的不同，可分为透镜式（见图 6-26）与探照式（见图 6-27）两大类型。

图 6-25 臂板信号机

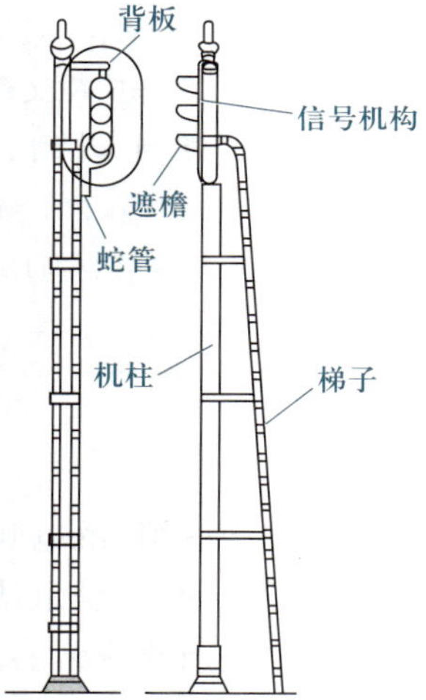


图 6-26 透镜式色灯信号机

与臂板信号机相比，色灯信号机的优点是，昼夜显示相同，易于辨认，易于实现自动化以及显示距离较远等。

② 继电器。继电器是自动控制系统中使用的一类电磁开关，是铁路信号设备中使用最多的一种电器设备。继电器相当于电路中的开关，可以接通和断开电路。通过继电器可以控制道岔的转换，锁闭和解锁进路，控制信号机的开放和关闭等。继电器的基本结构如图 6-28 所示。

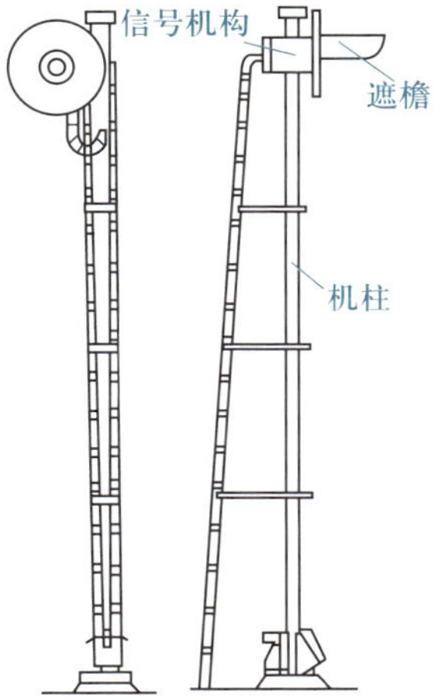


图 6-27 探照式色灯信号机

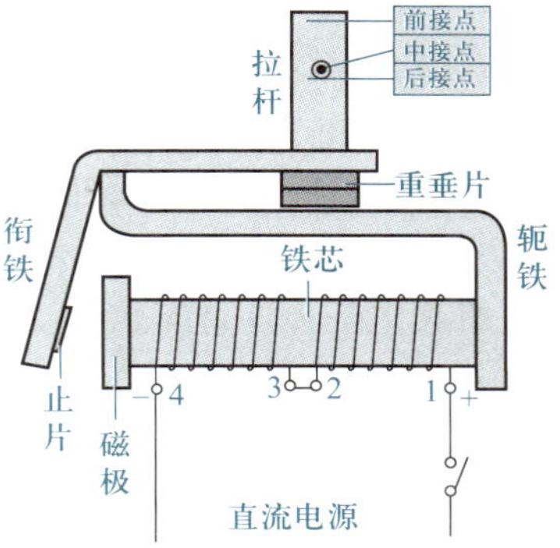


图 6-28 继电器的结构

最简单的一种是直流无极继电器。其工作原理为:合闸,对电磁铁供电,吸动衔铁,带动中簧片,使中接点断开后接点而与前接点闭合,电源切断后,铁芯失磁,衔铁因此自行释放,使中接点断开、前接点并和、后接点闭合。继电器的前、后接点及中接点都接有引线片。当引线片用导线连接在一个外部电路时,由于继电器的衔铁被吸动或复原,就可以达到控制这个外部电路的目的。

③ 电动转辙机。道岔尖轨转换位置是由转撤装置带动的。电动转撤机(见图 6-29)是以电动机带动的转撤装置。它可以实现正转或反转,从而使道岔实现两种不同的开通位置(开通直股或侧股)。

图 6-29 电动转辙机

电动转辙机由转换、锁闭和表示三部分组成。当需要转换道岔时,给电动转辙机的电动机接通电源,通过转换部分改变尖轨的位置;当转换到尖轨与基本轨密贴时,锁闭部分则将尖轨牢固地锁在与基本轨密贴的位置上,在道岔转换完成以后,表示部分则将表示接点接通,在控制台上反映道岔所处的状态,以便与进路信号机进行联锁。

采用电动转辙机可以准确地转换道岔位置,改变道岔开通方向,并可以锁闭道岔尖轨,反映道岔位置。其优点是道岔转换时间短、安全程度高,并且便于实现自动控制和远程控制。

④ 轨道电路。将一段轨道的钢轨作为导线，两端用绝缘节隔开，中间的轨缝用接续线连接起来，一端送电，一端受电，这样构成的电气回路叫轨道电路。

轨道电路可以反映线路和道岔区段是否有车占用，防止错误地办理进路，开放信号，即防止向已被机车车辆占用的线路上接车；可以检查和监督道岔区段有无机车车辆通过，防止在机车车辆经过道岔时扳动道岔；可以检查和监督轨道上的钢轨是否完整，当某一轨道电路区段的钢轨折断时，轨道继电器也将因无电而释放衔铁，防护这一段股道的信号机也就不能开放等。

轨道电路其次是传递行车信息。例如，移频自动闭塞利用轨道电路中传递不同的频率来反映前行列车的位置，决定各信号机的显示，为列车运行提供行车命令。轨道电路中传送的行车信息，还为列车运行自动控制系统直接提供控制列车运行所需要的前行列车位置、运行前方信号机状态和线路条件等有关信息，以决定列车运行的目标速度，控制列车在当前运行速度下是否停车或减速等。

采用直流电源的轨道电路称为直流轨道电路，是最简单的一类轨道电路。它主要由绝缘节、轨道电源、限流电阻、轨道继电器等组成。其工作原理为：当轨道电路区段空闲时，电流从轨道电源正极经过钢轨进入轨道继电器，再经另一股钢轨回到电源负极。这时因轨道继电器衔铁吸起，接通绿灯回路，信号机显示绿灯，如图 6-30a 所示。

当轨道电路区段有车占用时，由于机车车辆轮对的电阻很低，轨道电路被短路，轨道继电器衔铁落下，接通红灯回路，信号机显示红灯，如图 6-30b 所示。

目前铁路现场普遍采用的是交流轨道电路，其工作原理和直流轨道电路相同，只是送电端的轨道继电器可采用交流继电器或带整流器的直流无极继电器。

⑤ 控制台。控制台为联锁系统的重要设备，设于信号楼控制台室或车站值班员室内，是车站值班员指挥列车运行和调车作业的控制中心，用来控制道岔的转换和信号的开放，并对进路、信号、道岔进行监督。其外观结构如图 6-31 所示。

⑥ 信号电源屏。信号电源屏将为信号供电的部件集中起来，做成带有盘面的金属柜，将外部电源引入屏内，经稳压、调压、整流后，再输出不同电压的交、直流电，供车站内各类信号、通信设备使用。信号电源屏的实质，是向车站内信号、通信设备稳定供电。

（2）电气集中联锁的操纵方法

车站值班员主要工作，是办理进路和解锁进路。使用电气集中联锁办理进路和解锁进路迅速简便。

① 办理进路。办理接发车进路或调车进路时，只需要顺序按压该进路的始端按钮和终端按钮，就能将与该进路相关的道岔转换到符合进路要求的位置，防护该进路的信号机也自动开放，排好进路。

② 进路解锁。进路解锁分正常解锁和取消进路。

正常解锁是当列车或调车通过进路中的道岔区域后，进路中的道岔和经由该道岔的敌对进路就自动解锁。

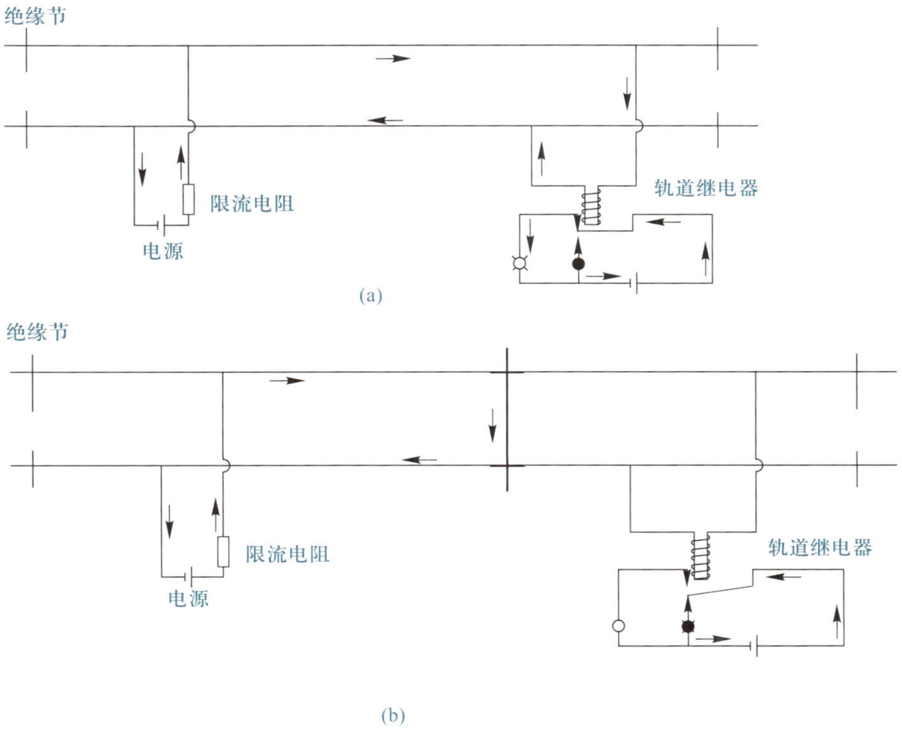


图 6-30 轨道电路示意图

○— 绿灯；●— 红灯亮；●— 红灯；☼— 绿灯亮

图 6-31 控制台

取消进路是指在进路未排好之前，例如值班员错误按压始端按钮后，可以按压进路取消按钮，停止排列进路。

（3）电气集中联锁的主要优缺点

① 由于采用了轨道电路，严格实现进路控制过程的要求，具有较完善的安全功能，基本上能防止因违章或操作失误而造成危及行车安全的后果。

② 采用色灯信号机和电动转辙机，操作人员仅需在控制台上按压按钮就能办理或取消进路，而且采用了逐段解锁方式时，还可大大缩短进路的建立和解锁

时间,提高了车站咽喉的通过能力。

③ 进路的排列和解锁都是自动进行的,从而改善了和行车有关人员的劳动条件。电气联锁虽然有上述优点,但是电气集中联锁的设备费用比较高,并要求车站上有可靠的交流电源。

## 2. 计算机联锁

计算机联锁是一种运用微型计算机对车站值班员的操作命令及现场表示信息进行逻辑运算,从而实现对信号机及道岔等进行集中控制的车站联锁设备。实现了从有接点(使用继电器)到无接点的变革,使联锁设备更加小巧和可靠。

(1) 计算机联锁的结构

计算机联锁可分为人机对话层、联锁层和监控层,相应地由人机对话计算机、联锁计算机和控制器来承担各层的任务。计算机联锁系统结构如图 6-32 所示。

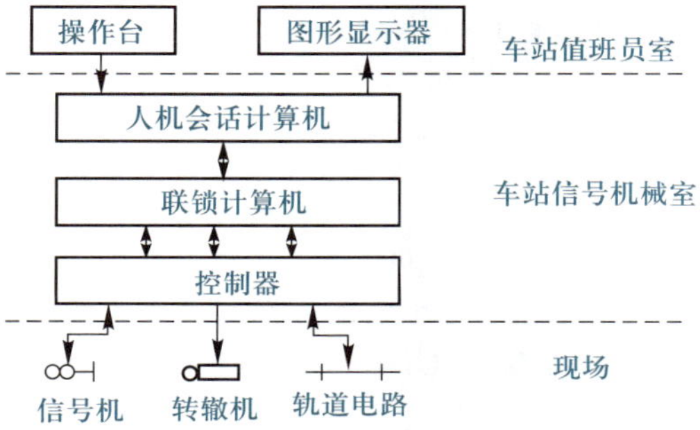


图 6-32 计算机联锁系统结构框图

(2) 计算机联锁的特点

① 采用计算机软硬件实现联锁逻辑关系,联锁设备动作速度快,信息量大,容易实现信号系统的自动控制和远程控制;可以扩大控制范围和增强控制功能。

② 设备体积小,机件重量轻,可节省信号楼的建筑面积,降低材料消耗和工程造价,同时也便于安装调试和维修。

③ 采用了积木式的软件和硬件,通用性强,能适应站场的改建与扩建,在站场改扩建后无需变动联锁设备,必要时只需修改软件。

④ 操作简便,提高了办理进路自动化程度。减少有关行车人员之间的联络,防止误操作,提高了作业的安全和效率。

⑤ 容易实现车站管理和联锁系统的自动化。微机可以向旅客服务系统和列车运行监护系统等提供信息,并对设备工作情况及时做出记录显示并打印。

⑥ 由于采用了软件和硬件的冗余技术,便于实现故障导向安全的要求。微机联锁是车站信号设备的发展方向,今后还有待于使执行器件电子化,使系统各组成部分标准化,并最大限度地发挥所用资源的潜力,使行车和调车、操作和维修进一步自动化,使系统的可靠性和安全性进一步提高。

# 6.4 区间闭塞设备

## 6.4.1 闭塞设备的概念

闭塞设备是用来保证列车在区间内运行安全,并提高区间通过能力的区间信号设备。

在单线铁路上,为防止一个区间内同时进入两列对向运行的列车而发生正面冲突,以及避免两列同向运行的列车(包括复线区间)发生追尾事故,铁路上规定区间两端车站值班员在向区间发车前必须办理的行车联络手续,叫作行车闭塞(简称闭塞)手续。用于办理行车闭塞的设备叫闭塞设备。闭塞设备必须保证在一个区间内,在同一时间里只能允许一个列车占用这一基本原则的实现。

## 6.4.2 闭塞设备的分类

在我国铁路上闭塞设备分为自动闭塞、自动站间闭塞和半自动闭塞。具体设置条件如下:

1. 在单线区段,应采用半自动闭塞或自动站间闭塞,繁忙区段可根据情况采用自动闭塞。

2. 在双线区段,应采用自动闭塞。

在一个区段内,原则上应采用同类型的闭塞方式。

## 6.4.3 半自动闭塞

半自动闭塞是我国铁路广泛采用的一种闭塞方式。半自动闭塞需要人工办理闭塞手续,列车凭出站信号机的进行显示发车,但列车发出后,出站信号机能自动关闭,所以叫半自动闭塞。半自动闭塞主要设备包括闭塞机、出站信号机和专用轨道电路。

### 1. 闭塞机

采用半自动闭塞的区间两端车站上各设一台闭塞机,一段专用轨道电路和出站信号机,它们之间用通信线路相连接,用来控制出站信号机并实现相邻车站之间办理闭塞,如图 6-33 所示。闭塞机包括电源、继电器、操纵按钮、表示灯和电铃等。

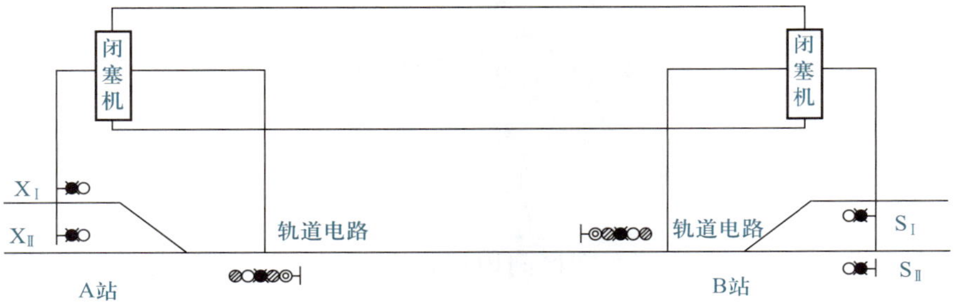


图 6-33 半自动闭塞示意图

◎— 白灯；○— 绿灯；●—红灯亮；⊘— 黄灯

微课
区间行驶，闭塞设备保平安

### 2. 出站信号机

出站信号机是指示列车能否由车站开往区间的信号机。

出站信号机不能任意开放，它受半自动闭塞机的控制。只有当区间空闲，经过办理手续后，出站信号机才能开放。还应注意，出站信号机既要防护列车区间运行的安全，又要防护出发列车在站内运行的安全。所以它既要受闭塞机的控制，又要受到车站联锁设备的控制，即受到双重设备控制。

### 3. 专用轨道电路

专用轨道电路应设在车站进站信号机内方适当地点，用以监督列车的出发和到达，并使双方闭塞机的接发车表示灯有相应的表示。专用轨道电路的长度一般不少于 25 m。

电子课件
区间闭塞设备

## 6.4.4 自动站间闭塞

采用半自动闭塞时，由于出站信号机受到对方站闭塞机的控制，因而在保证行车安全方面有一定的优越性。但是，当铁路的运量不断增大，要求进一步提高区间通过能力时，半自动闭塞也有它自身的局限性；而且，当区间线路发生故障，钢轨折断时，半自动闭塞设备也不能做出反应并由故障导向安全。为此，必须增加区间空闲检查设备，与半自动闭塞设备配套，自动检查区间的占用情况，同时实现列车到达后的自动复原。这种在原有继电半自动闭塞设备的基础上增加区间检查设备构成的新型闭塞系统就是自动站间闭塞。

自动站间闭塞不同于半自动闭塞之处在于，其既不需要人工办理闭塞手续，也无需人工办理到达复原手续，大大提高了区间的运输使用效率。

自动站间闭塞采用的区间检查设备主要有两类，即长轨道电路和记轴器设备。这两种设备都可以实现对区间占用情况的检查。采用长轨道电路可以实时检查区间钢轨的完好性，但其维护较麻烦。记轴器设备可靠性、安全性都较高，且室外设备的维护工作量也较少，但其无法实现对区间钢轨是否完好的实时检查。

## 6.4.5 自动闭塞

### 1. 自动闭塞简介

自动闭塞是由运行中的列车自动完成闭塞任务的一种设备。将两个相邻车站之间的区间正线划分成若干个小段——闭塞分区（其长度一般为 1 200～1 300 m），每个闭塞分区的起点设置一架通过色灯信号机进行防护。闭塞分区内钢轨上装设轨道电路，能够反映列车的运行情况和钢轨是否完整，并及时传给通过信号机显示出来，向接近它的列车指示运行条件，进一步保证行车安全。因为通过色灯信号机的显示是随着列车的运行通过列车自动控制的，不需要人工操纵，所以叫自动闭塞。

目前，我国铁路上采用的自动闭塞主要有单线双向自动闭塞（在线路两侧均设有通过色灯信号机，如图 6-34 所示）和复线单向自动闭塞（每条线仅一侧设信号机，如图 6-35 所示）两种。

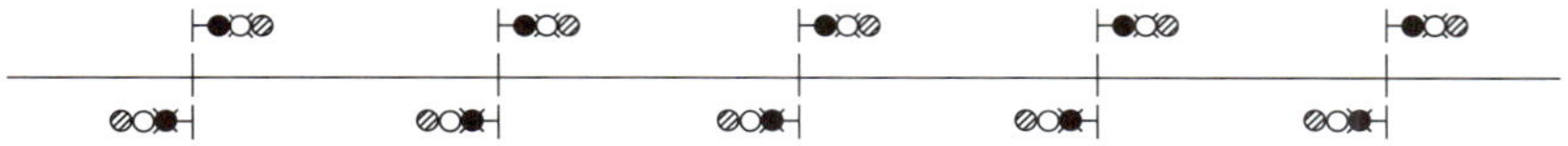

图 6-34 单线双向自动闭塞

●— 红灯；○— 绿灯；●— 红灯亮；⊘— 黄灯；○— 绿灯亮；⊘— 黄灯亮

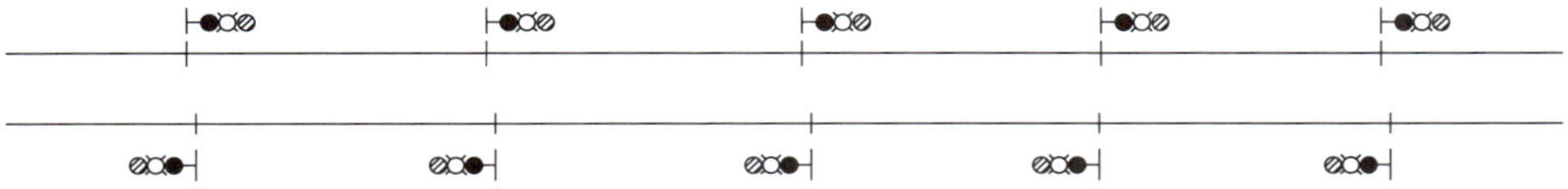

图 6-35 双线单向自动闭塞

○— 绿灯；●— 红灯亮；⊘— 黄灯；●— 红灯；○— 绿灯亮；⊘— 黄灯亮

### 2. 四显示自动闭塞

随着列车重量、速度和密度的不断增加，三显示自动闭塞也已不能适应需要，在我国运输繁忙的铁路线上，已经全部采用四显示自动闭塞。

（1）四显示自动闭塞的特征

① 通过信号机具有 4 种显示。

② 能预告列车前方 3 个闭塞分区状态。

③ 分 3 个速度等级，2 个闭塞分区的长度满足从规定速度到零的制动距离。

（2）四显示自动闭塞信号灯的显示要求

① 绿黄灯是警惕信号灯。表示运行前方有2个闭塞分区空闲，2个闭塞分区的长度满足从规定速度到零的制动距离，可以越过绿黄灯后再开始减速。

② 黄灯是限速信号灯。列车越过黄灯时必须减速至规定限速值，不然就难以保证在红灯前可靠停车。

四显示自动闭塞信号显示如图6-36所示。

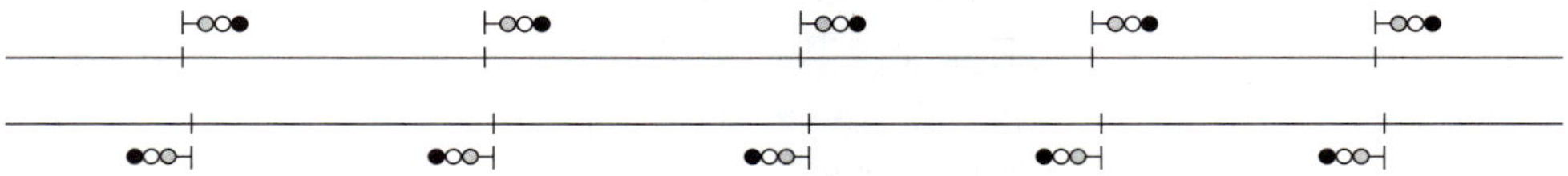

图6-36 四显示自动闭塞示意图

○—绿灯；—红灯亮；⊘—黄灯；●—红灯；—绿灯亮；—黄灯亮

四显示自动闭塞能预告列车前方3个闭塞分区的状态。要求高速列车按规定速度越过绿黄显示的通过信号机后必须减速，以便使列车在黄灯显示下运行时不大于黄灯所要求的允许速度，保证能在显示红灯的信号机前停车。而对于低速运行的列车来说，越过绿黄显示的通过信号机时，则不必减速。实际上对于低速列车来说绿黄显示的意义相当于绿灯显示，而对于高速列车来说是将两个闭塞分区作为一个制动距离来对待，将绿黄显示视为注意信号，在越过绿黄灯后准备在红灯前停车。这样可以解决线路上以不同速度运行的列车的行车要求。

### 3. 自动闭塞与半自动闭塞的比较与应用

在自动闭塞区段中，相邻两个车站之间的正线划分成许多闭塞分区，可以同时有两个以上的同向列车占用，与半自动闭塞及自动站间闭塞相比，区间通过能力大大提高了。同时，由于轨道上全部装设了轨道电路，当区间有列车占用或钢轨折断时，都可以自动地使信号机显示停车信号，能够更好地保证列车在区间内运行的安全。

自动闭塞设备虽然比较先进，但比其他闭塞设备的初期投资大得多，因此，应当根据具体情况选用。在我国铁路上，复线区段多采用自动闭塞，单线区段多采用半自动闭塞。

## 6.5 列车调度指挥及列车运行控制系统

铁路调度指挥工作是协调铁路运输各部门工作、保证列车行车安全正点、提高列车服务质量的核心。其主要任务是制定和执行运输工作日常计划，进行实时的生产调度指挥工作。

列车调度指挥系统是行车调度员（或车站值班员）对其管辖范围内的区段和车站联锁道岔和信号状态进行控制监督，并指挥列车运行的设备。列车调度控制系统有两种设备，调度集中和调度监督。

列车运行控制系统是一种利用地面发送设备向运行中的列车传送各种信息，用以保证行车安全，并可提高行车效率的设备。它主要包括列车自动停车装置、机车报警、机车信号、列车速度自动控制、列车运行监控记录装置等系统。当今由于通信技术和计算机技术的引入，必将促进列车运行控制技术向高度自动化方向发展。

## 6.5.1　列车调度指挥系统（TDCS）

微课
铁路的"大交警"——列车调度指挥系统

铁路是一个联系全国各地的网络系统，列车南通北达全凭调度指挥，为了充分发挥已建铁路的运输能力，非常需要利用现代信息技术和控制技术提高铁路运输调度指挥水平，提高运输效率。列车调指挥系统（TDCS）是一个覆盖全国铁路的大型计算机网络系统。它将计算机技术、网络技术、通信技术、多媒体技术及数据库技术等与铁路信号技术相互融合，从根本上改变了我国铁路信号在调度指挥手段、列车控制技术等方面的落后面貌，它实现了以列车调度为核心的铁路运输指挥系统对全路运输调度进行集中管理、透明指挥、实时监督、自动调整，不但是增强各级调度运输指挥手段、提高运输效率的重要技术项目，也是铁路信号技术的整体水平的提高。

为提高铁路调度指挥自动化水平，调度集中是调度中心（调度员）对某一区段内的信号设备进行集中控制，对列车运行直接指挥、管理的技术装备。TDCS是在调度监督和调度集中的基础上发展起来的。

### 1. 调度监督及调度集中

（1）调度监督

调度监督用来完成由调度区段内各站向调度所发送表示信息的任务。调度员可通过设在调度所内的表示盘及时了解所管辖区段内各站信号机设备的状态和列车运行情况。

调度监督是远动系统中属于分散目标的遥信系统，是铁路行车调度工作中的一种辅助设备。调度监督设备的功能是列车运行和信号设备状态信息的采集、处理和显示，监督内容包括本调度区段内各站进、出站信号机的状态，进路开通情况，正线和到发线的占用情况及列车的运行方向，接近、离去区段的占用情况，双向运行区段列车的运行方向以及本调度区段的邻站表示。

它和调度集中系统的区别在于，这种设备在调度室内只设反映区间和车站线路情况的表示盘，调度员利用它可以及时了解区段内列车运行和车站到发线使用情况，为调度工作提供方便，调度员只能监督管辖范围内所有列车的运行情况，不能直接利用该项设备控制列车运行。

（2）调度集中（CTC）

调度集中（Centralized Traffiic Control，CTC），除了与上述调度监督相同的遥信功能外，主要完成遥控功能，即由行车调度员在调度所远距离地通过调度集中设备直接控制所管辖区段内的各车站上的道岔和信号，办理列车进路，组织和指挥列车运行；并能在调度所内直接了解现场道岔、信号和列车运行等情况，因此，该系统不仅具有调度监督的功能而且通过遥控技术对管内各车站的列车进路进行控制，使调度员能机动灵活地调整列车的运行，缩短中间站办理列车到达、出发及通过作业时间，提高了区段的通过能力；可以防止命令传达上的错误，进一步提高行车的安全性；有利于改善劳动条件和提高劳动生产率。调度集中已成为铁路行车指挥自动化的基础设备。

与调度监督相比，调度集中除了分机向总机发送表示信息外，还有总机向分机发送的控制命令。它是将调度区段内各中间站（或大站上的部分区域）的继电联锁（或计算机联锁）及区间的自动闭塞结合起来，建立一个由列车调度员直接操纵的信号遥信与遥控的综合系统。

（3）新一代的调度集中——分散自律CTC

电子课件

列车调度指挥系统

传统的CTC存在的主要问题是调度中心集中办理列车进路和各车站自行办理调车进路经常发生矛盾而不能协调工作，影响铁路运输效率。另外，调度人员不能及时获取股道使用信息，不能直接指挥列车，更无法自动生成列车进路操作命令。

分散自律型调度集中系统的突出特点是调度中心将列车调整计划直接下达给各个车站的计算机，由车站计算机自动生成列车进路操作命令并下达给联锁设备予以执行。这样即可由车站计算机统筹调车进路与列车进路，较好地解决了列车作业与调车作业的矛盾。车站计算机受调度中心控制又按各自调车作业情况自行处理进路，自律之名由此而得。

① 系统组成。分散自律CTC由调度中心子系统、车站子系统和调度中心与车站及车站之间的网络子系统三部分构成，如图6-37所示。

调度中心子系统是CTC的网络核心，由中心机房设备及各调度台应用终端组成。车站子系统是CTC系统的控制节点。网络子系统是调度中心子系统和车站子系统联络的桥梁，由网络通信设备和传输通道构成双环自愈网络，采用迂回、环状、冗余等方式提高其可靠性。

② 主要功能。

具备局集团有限公司调度所与车站、司机用无线传输系统（GSM-R）下达调度命令（含书面凭证、调车作业通知单等）的功能；具备调度所布置列车进路时，助理调度员、综合维修调度员双确认功能；具备调度台间运行计划相互传递功能。

实现列车运行计划自动调整，实绩运行图自动描绘，行车日志自动生成，无线传送调度命令、校核车次号、列车停稳信息等功能。

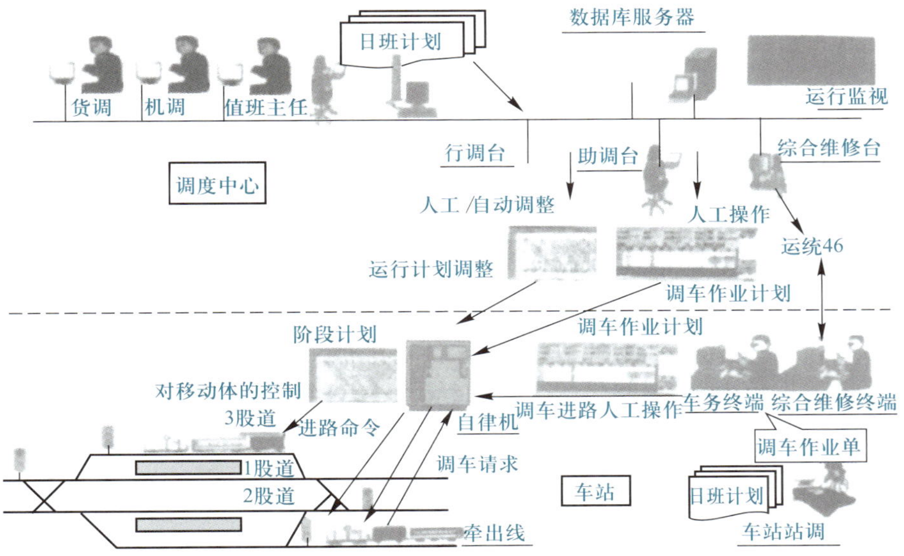


图 6-37 分散自律调度集中系统工作原理

对违反分散自律安全条件的人工操作，进行安全提示；对设备故障，具有报警、提示、记录等功能；具有完整的记录、查询、回放和打印功能。

具有车站及相邻站的列车运行调整计划显示和站间透明等功能。

根据接触网状态，自动区分不同类型机车的运行条件，自动控制内燃、电力牵引的列车运行，并自动选择列车进路。

③ 控制模式。控制模式分为 CTC 控制（分散自律）和非常站控模式两种。

CTC 控制模式是用列车运行调整计划自动控制列车运行进路。在 CTC 控制状态下，除非常站控按钮外，原控制台的任何操作均不起作用。

非常站控模式是指 CTC 系统设备发生故障、危及行车安全等情况时，车站脱离 CTC 系统控制转为传统控制台人工控制的模式。

## 2. 列车调度指挥系统（TDCS）

列车调度指挥系统（Train Operation Dispatching Command System，TDCS）是将调度管理信息系统 DMIS（Dispatch Management Information System）规范而成的，是实现铁路各级运输调度对列车运行实行集中管理、透明指挥、实时监控、自动调整的现代化信息系统，是依靠计算机和网络等技术手段而形成的新型通信信号设备。我国铁路调度指挥是以列车调度为核心，以站、段为基础，实行中国铁路总公司和局集团有限公司两级调度指挥管理的体制。系统构成如图 6-38 所示，TDCS 的设计分三层网络体系结构。其中原有的 TMIS，即铁路运输管理信息系统是 DMIS 的一个重要信息（例如列车的编组计划）来源。

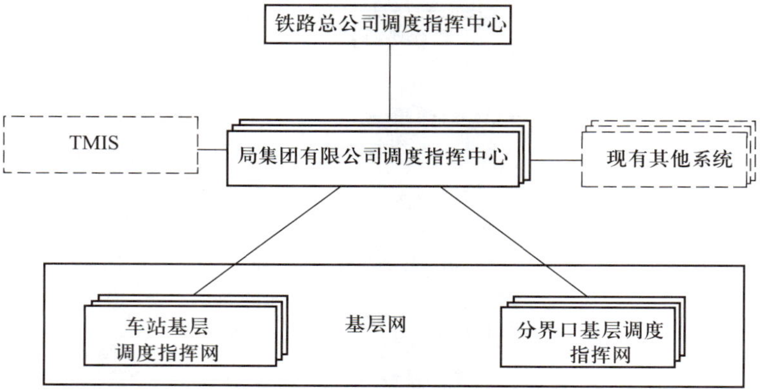


图6-38 我国铁路调度指挥系统构成

DMIS是一个覆盖全国铁路的大型网络系统，是我国铁路运输调度指挥系统现代化建设的标志，也是中国铁路信号系统从传统的独立的联锁设备向新型的数字化、网络化、信息化方向发展的起步工程，它是由中国铁路总公司、各局集团有限公司，以及基层车站、枢纽和编组站、区段、分界口、港口和口岸、大企业站和煤炭装卸点构成的三级网络。TDCS是在DMIS平台上发展而来的全路联网的调度指挥系统，一般意义上理解为DMIS系统的组成部分。

(1) 中国铁路总公司运输指挥中心

网络第一层是中国铁路总公司运输指挥中心，这是系统的核心，它能够获得各局集团有限公司分界口、重要铁路枢纽、主要干线等的运输状况和基层网等实时信息。

(2) 局集团有限公司调度所

局集团有限公司调度所处在系统的第二层，其主要设备包括中心机房设备、调度所设备和远程工作站设备三大部分。在各局集团有限公司所在地建有局集团有限公司调度指挥所局域网，通过专线通道、分组交换数据网、路由器与中国铁路总公司、相邻的局集团有限公司调度指挥所远程连接，进行信息交换。局集团有限公司调度指挥所不仅是指挥和管理中心，同时也是行车控制中心，因此，它不仅完成基层网信息的汇总、处理和标准化，同时还可以具有调度集中的功能。

(3) 基层调度指挥

基层调度指挥（简称基层网TDCS），它处在系统的末端（第三层）。它的主要功能包括：

① 信息的采集和传送。这是基层网的最基本功能，通过安装在每个车站的车站分机，系统采集得到现场的动态信息，然后通过传输设备及时发送到局集团有限公司调度所。车站分机是通过与车站联锁设备的接口采集信息、股道、进路的信息的。

② 无线车次号校对。

③ 车次跟踪及自动报点。可实现对列车车次的实时自动跟踪，如若发生信息丢失、车次跟踪错误时，可专门在车站值班员终端进行人工修正。此外，还可实现列车的自动报点（何时进站、通过、出站等），同时可以显示列车的早、晚点时分。

④ 显示本站和邻站信息。

⑤ 调度命令的签收和打印。

⑥ 调度命令无线传送。

⑦ 阶段计划的签收和打印。

⑧ 行车日志的管理。

⑨ 现在车的管理。

⑩ 甩挂车作业和列车速报表。

列车调度指挥系统（TDCS）是通信网、信息网、信号网三网合一的大网，它覆盖在全国的铁路网上，24 h 不间断地保证着铁路运输大通道的安全畅通与高效，发挥着重要的作用。

## 6.5.2 列车运行控制系统（CTCS）

微课
铁路的"大脑"——列车运行控制系统

列车运行控制系统（简称列控系统）就是以列车超速防护为主要功能的一种信号控制系统。它根据列车在铁路线路上运行的客观条件和实际情况，对列车运行方向、运行间隔和运行速度进行全方位监控和调整，并具有报警、制动及运行记录的功能。

列车运行控制系统是自动控制列车运行的设备，用来保证行车安全，并以最佳运行速度驾驶列车。它是利用地面发送设备向运动中的列车传送各种信息，使司机了解地面线路状态并控制列车速度的设备，不仅要保证行车安全，同时也要保证行车效率。

列车运行控制系统包括机车信号、列车自动停车装置以及列车速度监督和列车运行控制等。依据不同的要求，安装不同的设备。列车速度监督和速度运行控制是机车信号和自动停车装置的进一步完善，是列车运行控制系统的高级阶段。

列控系统用速度信号取代了存在模糊含义的色灯信号（例如要求减速的黄灯信号对于到底减多少并不不明确），显示了列车应有的安全速度值，它以车载信号作为行车凭证，并以车载控制设备直接控制列车。

### 1. 机车信号与列车自动停车装置

传统的铁路信号对列车的控制完全借助于地面信号机的显示，这种控制方式有它的弊端。首先，大雾、雨雪、风沙等不利的天气和地形、建筑物及线路旁植物的影响，给司机不间断地瞭望信号造成困难。其次，列车运行的安全要靠人的控制而不是靠设备保障，司机即便能看清信号，还必须严格遵守信号并正确驾驶，稍有疏忽，便可酿成大错。而人的疲劳等精神因素不可避免会带来安全的隐患。为此，人们研制出了装在司机室内的机车信号（也称车载信号），改善了司机对信号的瞭望条件。

机车信号与自动停车装置配套安装，可防止列车冒进信号。当地面信号显示停车信号或限速信号时，自动停车装置可产生报警，若司机不予理会（按压警惕按钮），它便实施紧急制动，强迫列车停车。但如果司机只是按压警惕按钮而未实施人工制动，列车仍可能冒进信号。随着技术进步，人们研制出了更加安全的列车超速防护系统。

列车超速防护系统由地面设备、车载设备和车地之间信息传输媒体三部分组成。列车运行中，地面设备不断地将速度控制信息、运行地段的实时参数等信息通过传输媒体传送给车载设备。车载设备根据接收到的信息，实时计算出列车运行的最大允许速度，用来监控列车运行。若列车运行速度超过最大允许速度，车载设备自动实施不同等级的制动，迫使列车减速或停车，保证行车安全。

电子课件

列车运行控制系统

### 2. 列车运行监控记录装置

20 世纪 90 年代由我国铁路在全路列车上推广使用了列车运行监控记录装置（简称监控装置，俗称“列车黑匣子”），建立了一套使用管理体系，取得了显著的保障行车安全效果，也带动了相关技术和管理工作的发展。目前，监控装置除部分担当特殊作业不宜安装的内燃机车外，运用机车已全部安装。

（1）监控装置的组成

监控装置是一套由一个安装于机车机械间的主机和分设于前后两端司机室的显示器组成。装置的基本控制和记录功能由主机实现，显示器完成运行提示及实现司机操作的人机对话。

监控装置实现控制需要运行指令、列车设备的状态和列车所在地线路设施状况三方面随时变化的信息。这些信息均被制成数据预先存储在监控装置的主机中，并在列车运行到对应地点时被随时调用。

监控装置作用输出主要有两个方面：一是运行提示，由设于司机室的显示器完成；二是使列车实施常用制动或紧急制动，将指令信号传给列车的制动机构完成。

（2）监控装置的功能

① 列车运行速度监控功能。它可以防止列车越过关闭的地面信号，防止列车在任何区段运行超过机车车辆的构造速度、线路允许的最高速度和对应于不同规格的道岔限制速度。如出现列车运行超速的倾向，监控装置将自动控制实施制动，进行减速或停车。这一功能对列车的运行速度和行驶限定区域进行了严格的控制，成为安全行车的保障。

② 运行提示功能。它可以随时显示列车运行所在地点的里程坐标、距前方地面信号机的距离及信号机的种类，以对比方式显示监控装置的上限速度和实际速度；当机车信号显示状态变更时进行语音提示；当列车运行接近监控装置的

控制上限速度时发出警告。这一功能缓解了司机的精神压力，改善了劳动强度，使司机操纵列车更加自如。

③ 运行记录功能。列车运行中，每当机车信号、运行速度或监控装置的控制上限速度、列车制动管压力、运行控制级位等变化时，控装置均将时间所在地点坐标、变化的数值以及司机对应的操作情况进行一次记录。由于记录的内容基本包含了列车运行中各种设备的状态变化，一旦发生事故，这些记录必然成为事故原因分析的依据。平时，通过对这些记录进行整理、检索，实现了对司机日常作业的科学考核和对主要设备质量状态的客观跟踪，促进了司机作业的规范化和操纵水平的提高。

中国列车运行控制系统（CTCS）分为五个应用等级：

CTCS-0 级为提速前既有线的现状，由通用机车信号和运行监控记录装置组成，并不具有严格意义上的列车运行控制功能。

CTCS-1 级由主体化机车信号和安全型运行监控记录装置组成，面向列车最高运行时速为 160 km 的区段。

CTCS-2 级满足时速 200 km 高速列车运行的安全要求，是基于轨道电路和点式应答器传输控车信息的列控系统。

CTCS-3 级面向客运专线等时速 300 km 以上的高速铁路，是基于GSM-R无线传输控车信息并采用轨道电路等方式检查列车占用的列控系统，地面可不设通过信号机，机车司机凭车载信号行车。

CTCS-4 级是完全基于无线传输控车信息的列控系统，地面可不设通过信号机，机车司机凭车载信号行车，并且取消轨道电路。

CTCS-2 级列控系统包括地面设备和车载设备两部分。其系统构成如图 6-39所示。

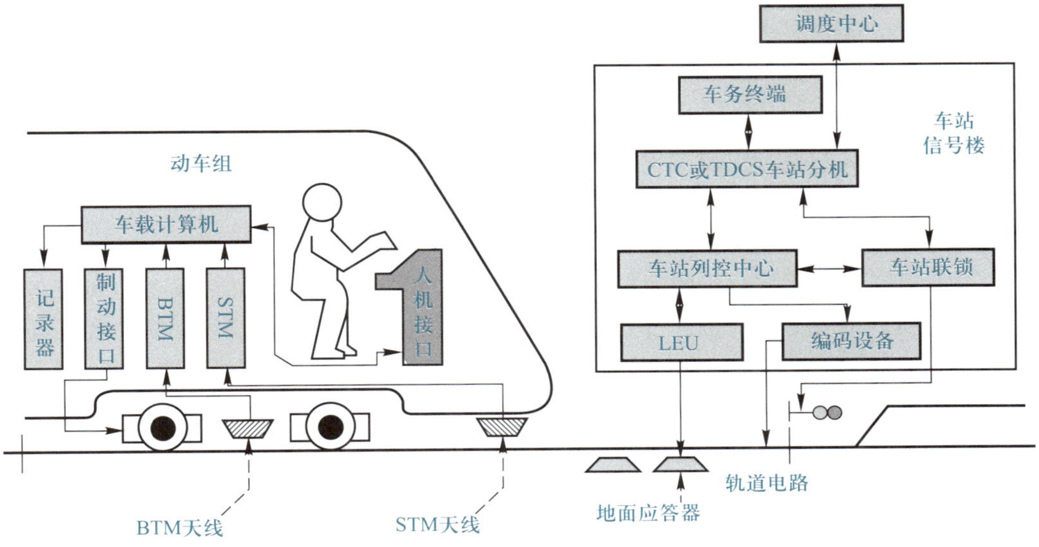


图 6-39 CTCS-2 系统构成示意图

地面设备包括信号楼内的车站联锁设备、车站列控中心,地面电子单元(LEU)和室外的轨道电路、应答器等轨旁设备。

车载设备包括车载安全计算机(VC)、轨道电路信息接收模块(STM)、应答器信息接收模块(BTM)、人机界面(DMI)、速度传感器、列车接口单元(TIU)、运行记录单元(DRU)、轨道电路信息接收天线、应答器信息接收天线等。

轨道电路、应答器用于地对车的信息传输。轨道电路传输的为连续信息,包括行车许可、空闲闭塞分区数量、道岔限速等;应答器提供的为点式信息,包括线路长度、线路坡度、线路临时限速值、进路信息等。更高级的 CTCS 还可由无线移动通信系统 GSM-R 提供无线传输通道,实现车载子系统与地面子系统之间的安全信息双向传输。

应答器(见图 6-40)向机车传输的信息都以固定的格式——报文来传送。无源应答器主要传送地面固定信息(例如线路长度、坡度等),其报文通过无线读写器写入;有源应答器通过电缆与地面电子单元(LEU)连接,负责向列车传送实时可变的信息(例如临时限速、车站进路等),其报文由列控中心、车站联锁等设备通过 LEU 发给它。

图 6-40 设在轨道中间的应答器

当列车通过无源应答器上方时,应答器接收到车载天线发射的电磁能量后,电子电路工作,把存储的数据报文循环发送出去,直到列车离去、能量消失。

车载天线将天线接收到的数据报文传送给应答器传输模块,经过滤波、放大、解调后,对接收到的数据报文进行解码,变成用户报文,然后发送到列控车载主机内的安全计算机进行处理。安全计算机将它从各接收模块获取的轨道电路信息(表示列车应在前方第几个闭塞分区停车)、列车制动力、线路坡度、列车当前运行速度等参数,生成目标距离模式曲线(见图 6-41),包括从最高速至应该停车处的一条连贯光滑的列车速度监控曲线,以及用虚线表示的列车实际驾驶曲线。列车减速运行在监控曲线下即可,若超速碰撞了监控曲线,列控车载设备将自动触发常用制动或紧急制动,防止列车超速运行。

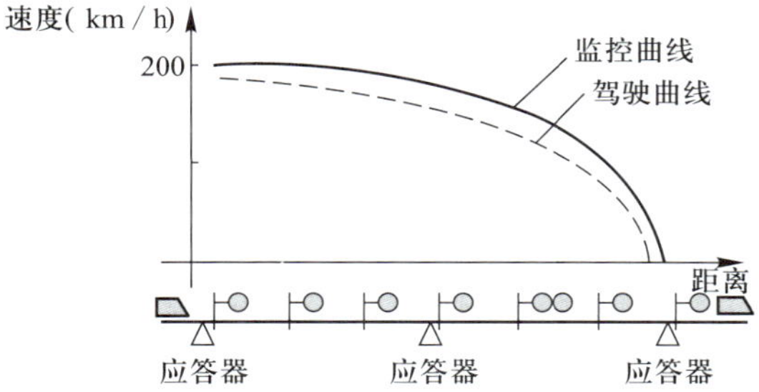


图 6-41　目标距离模式曲线

列控系统的人机界面(DMI)可用图像、声音的形式输出速度信息及各种显示信息,也可以输入各种司机的指令。

传统的铁路信号是调度、联锁、闭塞、信号等设备各自分头发展,而现代化的铁路信号系统由列车调度控制系统(TDCS 和 CTC)及列车运行控制系统(CTCS)两大部分组成,即管车也管地,是一种综合自动化系统,它集电子技术、计算机技术、通信技术、自动控制技术之大成,体现了系统化、网络化、信息化、智能化、通信信号一体化的特点,现代铁路信号正在发生革命性的大变革。

## 6.6　铁路通信设备

铁路运输是一个在运输生产上实行高度集中与统一指挥的庞大的综合性企业,它的各个部门、单位分布在全国辽阔的土地上。为了有效地指挥列车运行,发布有关命令,以及路内各业务部门、单位职工密切配合与协同工作,将铁路各级机构联系成一个整体,从而保证行车安全,提高运输能力和工作效率,必须设置一套完善、先进的铁路通信设备。

铁路通信按传输方式可分为有线通信和无线通信两大类,按业务性质不同可分为公用通信、专用通信及数据传输等。

铁路专用通信一般是指专门用于组织、指挥铁路运输及生产的专用通信设备。这些设备专用于某一目的,接通一些指定用户,一般不与公务通信的电报、电话网连接。

### 6.6.1　铁路专用通信设备

#### 1. 铁路调度通信

列车调度电话供列车调度员与其管辖区段内所有的分机进行有关列车运行通话用。在列车调度电话回线上,只允许接入与列车运行直接有关的车站值班员、车站调度员、机车调度员等的电话。列车调度电话的显著特点是调度员可以对个别车站呼叫，称作单呼；也可以对成组车站呼叫，称作组呼；或者对全部车站集中呼叫，称作全呼。列车调度员可以与车站互相通话，任何车站也可以方便地对列车调度员呼叫并通话。调度电话分机，应能在接受总机选叫后立即振铃或发出音响；并能直接呼叫总机及进行通话。

随着通信技术的发展，如果采用数字编码信号选叫分机及采用程序控制，则是程控调度电话。程控调度电话亦称为数字调度电话，简称数调。数调由模拟调度电话发展而来，于20世纪90年代中后期始应用于铁路调度通信中。数字调度电话选叫速度快、功能多、音质好，是今后普及发展的方向，目前对于新线建设，基本上都要采用数调设备；对于旧线，在干线线路进行用数调取代模拟调度的升级改造。

### 2. 无线调度电话

（1）列车无线调度电话

列车有线调度电话仅供列车调度员和车站值班员之间进行通信联系，而列车无线调度电话则可供列车调度员、机车调度员、车站值班员等调度指挥人员和列车司机相互通话。这对于提高运输效率、缩短运行时间、及时掌握和调整列车运行都有重大作用，同时列车在运行过程中发生临时故障或区间线路、桥梁出现不正常现象时，司机可以及时报告调度员或临近的车站值班员，也可直接通知邻近区段的司机，以便及时采取措施，更好地确保行车安全。

列车无线调度电话经过技术的不断更新，目前确定的制式为能双工兼容制列车无线列调系统。双工通信，即车站电台和机车电台收、发使用两个频率。各有自己的独立天线，或者设双工器共用一个天线。这样，甲方发射的频率就是乙方接收的频率，双方通话不需要操纵按键，像一般电话通信一样。

整个系统既实现了列车调度员、车站值班员与司机之间的双工通信，又保留了原来同频单工制无线列调通信组网方便的优点，实现了单双工兼容。

（2）站内无线调度电话

站内无线通信是为车站调度员、驼峰值班员等站内编组和解体作业的指挥人员和车站调车机车司机相互通话而设置的。

## 6.6.2 铁路调度通信网

铁路调度通信网的网络结构根据铁路运输调度体制来安排，按干线、局线、区段三级调度分三层网络结构，各层网络自成系统独立组网。

### 1. 中国铁路总公司干线调度通信系统

中国铁路总公司与局集团有限公司之间属干线调度。

干线调度通信网络由设在铁路总公司的 Hicom382 数字调度交换机为汇接中心，用数字中继通道与设在各局集团有限公司的 Hicom372 数字调度交换机用 2 Mbit/s 数字中继通道相连接。相邻铁路局集团公司的 Hicom372 数字调度交换机之间也用 2 Mbit/s 数字中继通道相连作为直达路由，从而构成一个复合星形网络的干线调度通信网。

纳入调度台的用户，调度员无需拨号，单键直呼所属调度分机，分机遇忙，调度员可强插通话，调度员还可进行全呼、组呼。调度网内用户相互间呼叫，听一次拨号音直拨 5 位码。

局集团有限公司调度有两种：局线调度和区段调度。

### 2. 局线调度通信系统

对所有局集团有限公司编组站、区段站、主要大站的调度指挥，与相邻局集团有限公司也有业务往来，同时接受中国铁路总公司的调度指挥，包括客运调度、篷布调度、计划调度、车流调度、机车调度、车辆调度、工务调度、电务调度等，称为局线调度。

局线调度通信网络，由局集团有限公司汇接中心利用干调 Hicom372 调度交换机或另设数字调度交换机与设在各铁路调度区段的数字专用通信系统组成，还可利用区段数字调度通信或专线延伸至区段站、编组站、中间站，构成星形网络结构的局调调度通信网。

### 3. 区段调度通信系统

区段调度道信系统可以全面实现铁路各项专用通信业务，包括区段调度通信、站场通信、站间通信、区间通信、专用通信等。区段调度是指调度员指挥某一段铁路线上的各车站（段、所、点）。按业务性质分为列车调度、货运调度、电力牵引调度（供电调度）、红外线调度等。该系统可以实现局集团有限公司所有方向、所有区段的区段调度通信业务，并可以实现与局调、干线高度的多机联网。

### 4. 站调

此外，还有以站段为中心组成的调度系统。如在大型车站（编组）及站场内车站调度员对各值班员之间的调度通信。

## 6.6.3 铁路综合数字移动通信系统

全球移动通信系统 GSM（Global System for Mobile Communication）是现在世界上大多数国家的移动通信都采用的系统。铁路综合数字移动通信系统（Global System for Mobile Communication for Railways，GSM-R）是专门为铁路通信设计的专用通信系统。它是在 GSM 上增加了调度通信功能和适合高速环境下使用的要素，可以满足国际铁路联盟（UIC）提出的铁路专用调度通信的要求。

GSM-R 由于接口中引入了语音广播呼叫、语音通话组呼叫和用户优先级等功能，可以实现调度员与司机间的通信、调车作业通信、远程遥控传输、车站和维修段的地区通信、旅客服务通信,也可实现与公网的互联互通。GSM-R 可以满足列车运行速度为 500 km/h 的无线通信要求,且安全性好,是高速铁路通信最理想的技术解决方案。

### 1. GSM-R 的组成

GSM-R 网络包括 GSM-R 陆地移动网络和固定用户网络(FAS)。两个网络分别连接着移动终端和固定终端,并且彼此互联互通。移动终端又称移动台,可放在机车或旅客列车上,它相当于手机,通过无线接口接入到 GSM-R 系统,并提供人机接口,如按键、屏幕显示以及送话器、受话器等。固定终端是有线交换网络的终端,包括调度台、车站台等。

铁路沿线采用无线覆盖,机车上采用无线终端,即机车综合通信设备,而车站台和调度台都是有线终端。车站台和调度台通过 FAS 连接到 GSM-R 系统上,从而实现有线和无线用户的通信。

### 2. GSM-R 调度通信网络的业务功能

GSM-R 调度通信网络的业务主要有 GMS 移动通信业务、高级语音呼叫业务和铁路基本业务等。

列车调度员的语音通信过程有点对点通信、多方通信、语音组呼、语音广播呼叫。

① 点对点通信:即普通的两人通话。

② 多方通信:即调度员、车站值班员、机车司机的通信以及车站值班员、机车司机之间的通信。

③ 语音组呼:即调度员同时呼叫若干个车站,并可以与个别人对话。

④ 语音广播呼叫:即一点对多点的广播,接收者只能收听。为适应铁路最重要的调度通信,GSM-R 提供了高级语音呼叫功能,包括调度员的优先级业务、语音组呼业务、语音广播呼叫业务以及具有铁路特色的寻址功能。

### 3. GSM-R 的技术优势

GSM-R 系统能够满足列车运行速度较高的无线通信要求,且安全性好。针对铁路运输中的列车调度、列车控制、支持高速移动等要求,它能够提供定制的附加功能,如:优先级和强插功能、语音组呼及广播功能、位置寻址及功能寻址和安全数据通信等。GSM-R 系统用于实现铁路移动通信,其优势主要体现在以下几个方面:

(1) 调度通信及时准确

GSM-R 应用有线、无线网,既承载了过去调度电话的一切功能,又增添了调度所、车站和机车三者之间的语音通信及传输数据的通信,使信息做到及时、准确。

(2) 调度凭证有根据

利用 GSM-R 系统的数据传输设备,可以在调度员下达命令时开具调度凭证，为司机提供有根有据的书面材料，便于发生意外或事故时分清是非责任。

(3) 信息传送多样

GSM-R 系统在机车上安装了综合通信设备，为各种各样的信息传送提供了服务平台。例如，配合列车调度指挥(TDCS)、调度集中系统(CTC)等就可以了解列车运行的动态状况和它的车次号。

(4) 区间通信随地可叫

在现场工作的铁路员工均可利用 GSM-R 的作业手持台与车站值班员、各单位调度员以及自动电话用户进行联系，并且在紧急情况下还可以呼叫司机，与司机通话。不仅提高了工作效率，而且进一步保证了安全。

(5) 列车风压一目了然

列车风压系统是列车制动的关键，司机必须随时注视风压状况以确认列车状态正常。有了 GSM-R 以后，可以利用它的数据传输功能来传递风压数据，使司机一目了然。

此外，在列车控制系统(CTCS)中，GSM-R 也是一个辅助驾驶系统，帮助司机以安全的方式驾驶列车。

## 【拓展提高】

### 认识铁路信号工

铁道线，钢筋铁骨，纵横万里，它承载着旅客的一路欢声笑语，承担着国家交通运输的重任。铁路信号，就像是这钢筋铁骨的神经，时刻传递着列车安全运行的各种控制指令，它是列车运行的指挥，也是线路安全的警示。

铁路信号工是指从事铁路信号相关设备的安装、维护、维修及改造工作的铁路职工。信号工这个工种为铁路电务段相对应的工种，是铁路行业里面技术含量较高的一个工种，一名优秀的铁路信号工需要有较高的综合素质。

首先，铁路信号工必须有良好的专业基础，牢固掌握铁路信号设备的构成及其工作原理等相关专业知识，以便即时发现铁路信号的故障隐患并及时对它们进行修复处理。

其次，铁路信号工还需具备吃苦耐劳、踏实肯干的个人品质，具有高度的责任心等。另外，良好的沟通能力和团队合作精神也是一名铁路信号工必须具备的素质，铁路信号设备一旦发生故障，铁路信号工要向行车室或值班室准确描述故障情况，冷静处理。

现代铁路信号工的主要岗位职责，就是根据设备运行周期和设备运行状况，对铁路信号设备进行安装、测试、维护和应急维修等。

在日常设备更换等施工过程当中，铁路信号工要根据上级主管部门事先制定好的施工计划，严格遵循安全、规范的操作程序，安装铁路信号设备。

安装好铁路信号设备之后，铁路信号工就要通过使用铁路专有频率等通信设备与室内值台人员保持联系，测试铁路信号设备是否正常运作。

对已经投入使用的铁路信号设施，信号工要经常性地巡视和维护，及时发现潜在的安全隐患，并有计划有重点地对超过规定使用周期的设备进行更换，以保持铁路信号系统时刻处于正常运行状态。

当信号设备出现故障等意外情况需要紧急处理时，铁路信号工要快速反应，不管刮风下雨还是白天黑夜，及时准确地排除铁路信号故障，保证铁道线路的安全运行。

对室内信号设备的维护也是铁路信号工的一项重要工作内容，比如，铁路信号工还需要检测控制台、电源屏、继电器、微机监测等设备。

为了使铁路信号系统正常有序地工作，铁路信号工付出了辛勤的劳动。信号工就像是铁路线上一名名医生和医护人员，时刻为铁路的神经系统把着脉，不让它出现任何“病痛”，即使有，也要迅速处理和医治（见图6-42）。

作为一名普通的铁路信号工，虽然难有惊天动地的壮举和轰轰烈烈的事迹，但他们是列车运行安全的守护者！

图6-42 铁路信号工

## 【巩固练习】

### 一、填空题

1. 按人的生理感觉分类，铁路信号可分为________信号和________信号。
2. 进站信号机设置在车站的________处，起防护车站及接车进路的作用。

3. 出站信号机设在________起点，防护发车进路和区间。

4. 色灯信号机一般采用灯光的________、数目表达显示意义。

5. 信号机灯光的主要颜色有：________、________、________三种基本颜色和月白、蓝色两种辅助颜色。

6. 信号机灯光为红色，表示________运行；黄色，表示________运行；绿色，表示________运行。

7. 信号标志包括________、站界标、预告标、司机鸣笛标。

8. 通过信号机防护________的闭塞分区和________的所间区间。一般设于区间闭塞的入口处或线路所所在地。

9. ________是指示列车运行及调车工作的命令，有关行车人员必须严格执行。

10. 信号机有关闭和开放两种状态，信号机经常保持显示状态作为________。

11. 地面固定信号一般设于线路________侧。

12. 列车________电话可以使列车调度员、机车调度员、车站值班员等指挥人员直接和运行中的机车司机通话。

**二、判断题**

1. 进站信号机设置在车站入口，指示列车能否进入车站，起防护车站及接车进路的作用。(　　)

2. 出站信号机设在发车进路起点，防护发车进路和区间，指示列车能否向区间发车；出站信号机可兼作调车信号机。(　　)

3. 调车信号机指示调车机车进行调车作业，防护调车进路。(　　)

4. 轨道电路能够防止列车追尾和冲突事故，确保行车安全。(　　)

5. 通过信号机防护自动闭塞区段的闭塞分区和非自动闭塞区段的所间区间。(　　)

6. 遮断信号机设于需要防护的道口、桥梁、隧道的前方，指示列车在危急情况时停车。(　　)

7. 预告信号机设于主体信号前方，对于进站信号、非自动闭塞的通过信号进行预告。(　　)

8. 轨道电路由钢轨线路、钢轨绝缘、钢轨接续线、引接线、送电设备、受电设备等组成。(　　)

9. 信号标志主要包括警冲标、站界标、预告标、司机鸣笛标、道岔表示器、线路表示器等。(　　)

10. 地面固定信号可以侵入建筑限界。(　　)

11. 铁路专用通信是由路外通信、站场通信及会议电话三部分组成。(　　)

12. 铁路电话通信按用途不同分为长途通信、地区通信和专用通信三类。(　　)

13. 干线列车调度电话是属于区段通信。(　　)

**三、简答题**

1. 什么是铁路信号设备？包括哪些内容？
2. 铁路固定信号有哪些？
3. 什么是联锁？实现联锁的技术条件包含哪些？
4. 轨道电路的工作原理如何？它有哪些作用？
5. 什么是列车调度指挥系统（TDCS）？其系统构成是怎样的？
6. 什么是列车运行控制系统？它包含了哪几个应用等级？
7. 铁路专用通信设备有哪些？

# 第7章 铁路运输组织工作

## 【问题引入】

一列列火车，一张张小小的车票。

经历从“彻夜排队”到“移动支付”，从拥挤的绿皮火车到宽敞大气的“复兴号”，从普快的长途颠簸到高铁的风驰电掣，小小的车票见证了时代的进步与发展，更是见证了中国铁路的发展与壮大，如图 7-1、图 7-2 所示。

现在的铁路车票票面上各种信息代表什么意思？车票是如何分类的？

铁路线上奔驰的列车是如何停车、会让及通过的？

新闻里总报道铁路“调图”，调的是什么图？

密密麻麻的列车时刻表是如何绘制出来的？

危险物品也能通过铁路运输吗？

铁路运输生产过程中，铁路员工如何确保人身安全？

图 7-1 乘客通过自动闸机检票进站

图 7-2 接发货物列车

## 【教学导航】

本章主要学习铁路运输组织工作的基本知识，具体如图 7-3 所示。

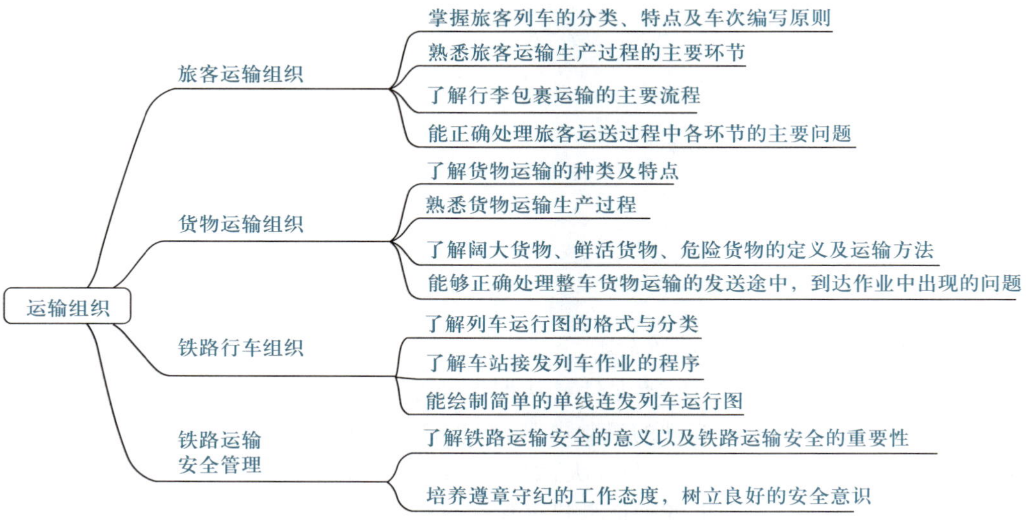


图 7-3 学习导航

## 【知识讲授】

铁路运输系统的基本任务是合理地运用铁路各种技术设备，科学的组织管理方式，完成旅客、货物的位移，同时高质量地满足市场对铁路运输的各种需求。

铁路运输生产过程每一个环节的工作以及整个生产过程的计划、组织与指挥都属于铁路运输工作范围。它包括客运组织工作、货运组织工作和行车组织工作三个方面。一般地说，凡是旅客出行乘车、行李包裹运输等均属于客运组织工作；凡是有关货物运送和铁路与托运人、收货人关系等方面的工作均属于货运组织工作；而凡是跟调车工作和列车运行相关的工作则属于行车组织工作范围。

# 7.1 旅客运输组织

旅客运输是铁路运输的一个重要组成部分。随着我国社会主义建设的迅速发展，人民物质文化生活水平的不断提高，经由铁路运送的旅客人数大幅度增长。因此，做好铁路旅客运输工作，对于国家的经济建设、文化交流以及满足人民群众的生活需要，有十分重要的意义。

旅客运输的基本任务是：最大限度地满足广大人民群众在旅行上的需要，安全、迅速、准确、便利地运送旅客、行李、包裹和邮件，保证旅客在旅行途中舒适愉快并得到文化生活上的优质服务。

## 7.1.1 铁路旅客运输概述

做好铁路旅客运输组织工作，必须对客运市场、客流进行客观、准确的调查分析，科学地预测运量，根据预测结果精心编制旅客运输计划，确定旅客列车的开行方案，实现高质量地运送旅客。

### 1. 客流

客流是指铁路某一方向上，一定时间内旅客的流量和流向。客流可以按不同的属性进行分类，如按旅行距离可分为长途、中途和短途客流。我国铁路采用的是按旅行距离结合铁路局管辖范围的分类方法，将客流分为直通、管内两种客流。

（1）直通客流

旅客旅行距离跨及两个及以上铁路局的客流为直通客流。一般来说，此种客流旅行距离较长，要求列车服务质量标准高，旅客看重旅行的舒适度。

（2）管内客流

旅客乘车距离在一个铁路局管辖范围内的客流。

客流调查分为综合调查、节假日调查和日常调查三种。根据客流调查资料，可以掌握客运量的变化和发展情况，为编制旅客运输计划提供依据。

微课
车票的秘密

### 2. 旅客列车的种类及车次

（1）旅客列车的种类

对不同的客流和不同的线路设备条件，需开不同等级的列车。目前，我国现行铁路旅客运行图将旅客列车分为动车组列车、特快旅客列车（含直达特快旅客列车）、快速旅客列车、普通旅客列车（含普通旅客快车和普通旅客慢车）。

电子课件
旅客列车的种类及车次

（2）旅客列车的车次

为方便旅客区分列车种类及考虑铁路人员的工作需要，需对每一列车编定一个识别码，即车次。在编车次时，为区别列车运行方向，原则上规定以开往北京方向为上行方向，车次编为双数；背离北京为下行方向，车次编为单数。一趟旅客列车在运行途中变换上下行方向时，其车次也随之变换。主要旅客列车种类及车次编号如表 7-1 所示。

表 7-1 旅客列车种类及车次范围

| 列车种类 | 车次范围 | 列车种类 | 车次范围 |
|---|---|---|---|
| 1. 高速动车组旅客列车 | G1～G9998 | (1)普通旅客快车 | 1001～5998 |
| 跨局 | G1～G5998 | 跨三局及以上 | 1001～1998 |
| 管内 | G6001～G9998 | 跨两局 | 2001～3998 |
| 2. 城际动车组旅客列车 | C1～C9998 | 管内 | 4001～5998 |
| 跨局 | C1～C1998 | (2)普通旅客慢车 | 6001～7598 |
| 管内 | C2001～C9998 | 跨局 | 6001～6198 |
| 3. 动车组旅客列车 | D1～D9998 | 管内 | 6201～7598 |
| 跨局 | D1～D3998 | 8. 通勤列车 | 7601～8998 |
| 管内 | D4001～D9998 | 9. 临时旅客列车 | L1～L9998 |
| 4. 直达特快旅客列车 | Z1～Z9998 | 跨局 | L1～L6998 |
| 5. 特快旅客列车 | T1～T9998 | 管内 | L7001～L9998 |
| 跨局 | T1～T4998 | 10. 旅游列车 | Y1～Y998 |
| 管内 | T5001～T9998 | 跨局 | Y1～Y498 |
| 6. 快速旅客列车 | K1～K9998 | 管内 | Y501～Y998 |
| 跨局 | K1～K6998 | 11. 回送出入厂客车底列车 | 001～00298 |
| 管内 | K7001～D9998 | 12. 回送图定客车底列车 | 在车次前冠以“0” |
| 7. 普通旅客列车 | 1001～7598 | 13. 因故折返旅客列车 | 原车次前冠以“F” |

### 3. 旅客列车编组

旅客列车的编组一般是固定的，在每次运行图实行期间，都是按照中国铁路总公司和局集团有限公司颁布的“旅客列车编组表”（见图 7-4）执行。编组固定是指每对列车的编组辆数、编组结构及车辆编挂次序是固定的（即固定旅客列车车底）。车底的组成根据客流密度、列车种类、机车牵引力、线路情况、站线和站台长度等因素加以确定，每一对列车都不尽相同。

### 4. 旅客运输计划

编制旅客运输计划的目的是为了充分挖掘运输潜力，组织旅客均衡运输，提高客运服务质量，保证旅客安全、迅速、准确、便利地旅行。

旅客运输计划根据执行期的不同，可以分为以下三种。

（1）长远计划

长远计划一般为 5 年、10 年或更长时期的规划，是铁路旅客运输的发展计划，通常根据国民经济计划的期间进行编制，主要是规定旅客运输的发展方向、技术政策、速度、重量及有关的指标。

北京—哈尔滨东 快速 K17/8次（车辆、乘务：三棵树、哈尔滨）

| 项目 | | | | | | | | | | | | | | | | | | | | 计 |
|---|---|---|---|---|---|---|---|---|---|---|---|---|---|---|---|---|---|---|---|---|
| 顺序 京开 | 1 | 2 | 3 | 4 | 5 | 6 | 7 | 8 | 9 | 10 | 11 | 12 | 13 | 14 | 15 | 16 | 17 | 18 | 19 | |
| 顺序 哈开 | 19 | 18 | 17 | 16 | 15 | 14 | 13 | 12 | 11 | 10 | 9 | 8 | 7 | 6 | 5 | 4 | 3 | 2 | 1 | |
| 车种 | KD | YW | YW | YW | YW | YW | YW | RW | RW | CA | YW | YW | YW | YW | YW | YW | YZ | YZ | XL | 19 |
| 定员 | | | 66 | 66 | 60 | 66 | 66 | 36 | 36 | | 60 | 66 | 66 | 66 | 66 | 66 | 118 | 118 | | 1022 |
| 吨数 | 69 | 55 | 55 | 55 | 55 | 55 | 55 | 55 | 55 | 54 | 55 | 55 | 55 | 55 | 55 | 55 | 56 | 56 | 61 | 1066 |
| 附注 | | 广宿 | | | | | | | | | | | | | | | | | | |

车客辆运段担任

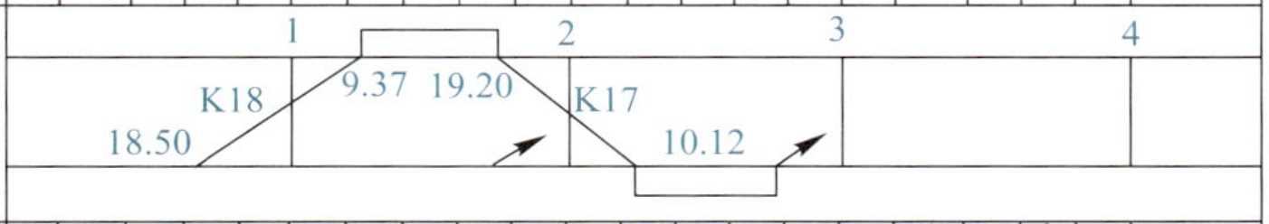


哈尔滨东—上海 特快 58/5 56/7次（车辆、乘务：三棵树、哈尔滨）

| 项目 | | | | | | | | | | | | | | | | | | | | 计 |
|---|---|---|---|---|---|---|---|---|---|---|---|---|---|---|---|---|---|---|---|---|
| 顺序 哈开 | 19 | 18 | 17 | 16 | 15 | 14 | 13 | 12 | 11 | 10 | 9 | 8 | 7 | 6 | 5 | 4 | 3 | 2 | 1 | |
| 顺序 上开 | 1 | 2 | 3 | 4 | 5 | 6 | 7 | 8 | 9 | 10 | 11 | 12 | 13 | 14 | 15 | 16 | 17 | 18 | 19 | |
| 车种 | UZ | YZ | YZ | YZ | YZ | YZ | YZ | CA | YW | YW | YW | YW | YW | YW | YW | YW | YW | XL | XD | 19 |
| 定员 | | 118 | 118 | 118 | 118 | 112 | 108 | | 36 | 60 | 66 | 66 | 66 | 66 | 66 | 66 | | | | 1184 |
| 吨数 | 63 | 56 | 56 | 56 | 56 | 56 | 56 | 54 | 55 | 55 | 55 | 55 | 55 | 55 | 55 | 55 | 55 | 61 | 69 | 1078 |
| 附注 | 北京 | | | | | | | | | | | | | | | | | | | |

车客辆运段担任

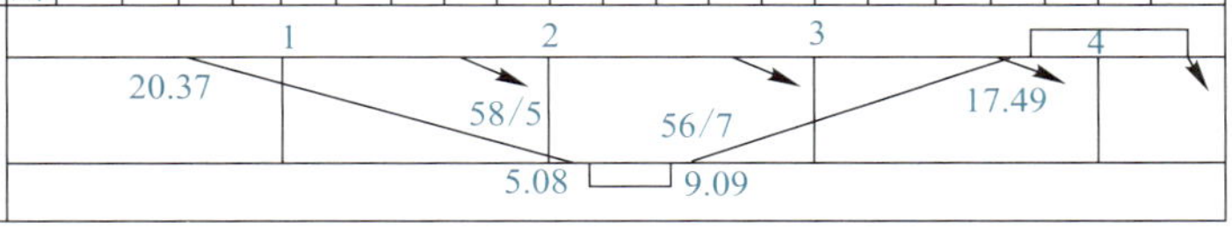


图 7-4 旅客列车编组表

(2) 年度计划

年度计划是旅客运输的任务计划，根据长远计划结合年度具体情况编制，是确定旅客列车行车量及客运运营支出计划的依据。

(3) 日常计划

日常计划是日常旅客运输的工作计划，根据年度计划任务，结合日常和节假日客流波动而编制，是实现年度计划的保证计划。

旅客运输计划主要依据客流调查资料和旅客运输统计资料而编制，其主要组成部分是客流计划。根据客流计划，可确定旅客列车的开行区段和对数，同时，参照过去客流规律，对每次列车的票额进行分配，从而使得运输能力得到充分利用，保证旅客均衡运输。由于影响客流变化的因素很多，每天的情况也不可能一样，客流往往会有波动，因此还须编制日常计划来进行调整，通过日常客运工作来完成旅客运输计划。

## 5. 旅客运输合同

(1) 铁路旅客运输合同的含义、履行期及凭证

铁路旅客运输在法律上体现为铁路旅客运输合同关系。铁路旅客运输合同是明确承运人与旅客之间权利义务关系的协议。铁路旅客运输合同的基本凭证是车票。起运地承运人与旅客订立的旅客运输合同，对所涉及的承运人都有连带关系，具有同等约束力。铁路旅客运输合同从售出车票时成立，自旅客进站检验车票为合同履行开始，至按票面规定运输结束旅客出站时止，为合同履行完毕。

(2) 承运人、旅客的权利义务

承运人应为旅客提供良好的旅行环境和服务设施，文明礼貌地为旅客服务，

确保旅客运输安全、正点；对运送期间发生的旅客身体损害以及因承运人过错造成的旅客随身携带物品损失，应予以赔偿。

旅客应购票乘车，旅行中遵守国家法律和铁路运输规章制度，爱护铁路设备、设施，维护公共秩序和运输安全，听从铁路车站、列车工作人员的引导，按照车站的引导标志进、出站。对运送期间发生的身体损害以及因承运人过错造成的随身携带物品损失，有权要求承运人赔偿。

### 7.1.2 旅客运输生产过程

铁路运输旅客主要的几个过程如图 7-5 所示。铁路行业具有服务性质，在旅客运输生产过程中，每一个铁路人要把尊客爱货、热情周到的职业道德规范转换为自觉行动，主动热情地为旅客提供优质服务。

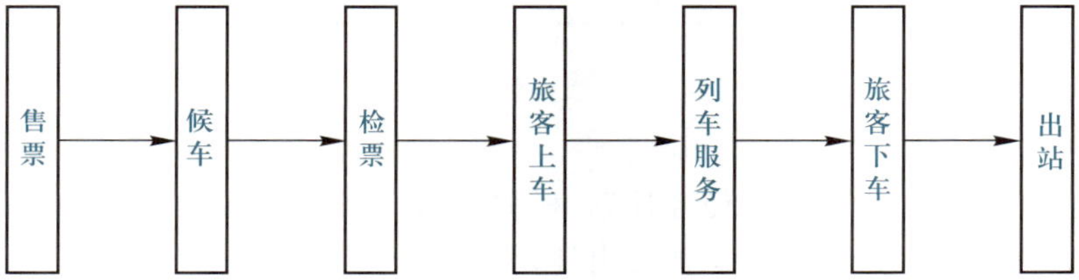


图 7-5 旅客运输生产过程图

#### 1. 售票

为了满足旅客运输的需求，不断提高服务质量与管理水平，铁路正在建设中的铁路客票发售和预定系统将目标定位在建立一个覆盖全国铁路的计算机售票网络，实现客票管理与发售工作的现代化。计算机联网售票以机器代替人工作业，以软票替代常备客票，在任一售票窗口均可发售任意方向和任意车次的客票；并可预订、预售各种客票，同时，具有发售返程、联程票等异地售票功能；实现票额、座席、计费、制票、结算、统计等工作的计算机管理功能。

车票是旅客乘车的凭证。车票包括客票和附加票两部分。客票部分包括软座、硬座客票。附加票部分包括加快票、卧铺票、空调票。附加票是客票的补充部分，可以与客票合并发售，但除儿童外，不能单独使用。

除车票外，有关人员还可以持铁路乘车证和特种乘车证乘车。

车票具有一定的时效，即有效期。车票的有效期按下列规定计算：客票根据乘车里程计算，1 000 km 以内为 2 天，超过 1 000 km 时，每增加 1 000 km 增加 1 天，不足 1 000 km 的尾数也按 1 天计算；自指定乘车日起至有效期最后一日的 24:00 止。

卧铺票按指定的乘车日期和车次使用有效，其他附加票随同客票使用有效。

### 2. 候车

候车室是旅客休息和等候乘车的场所。车站昼夜都有大量的旅客，而且流动性很大，必须为旅客创造一个良好舒适的候车环境。候车室一般实行凭票候车。候车室工作人员要主动、热情、诚恳、周到地为旅客服务，搞好清洁卫生，及时通告列车到、开和检票进站时间，加强安全和旅行常识的宣传，做好饮水、购物、娱乐等延伸服务。

为了维护站车的良好秩序，确保运输安全，方便旅客进出站、上下车，一般在旅客进入候车室之前需对旅客的随身携带品进行检查。旅客不得携带国家禁止或限制运输的物品、危险品、动物等进站上车。此外，每一个成人旅客只可免费携带物品 20 kg，儿童（包括免费儿童）10 kg，外交人员（持外交护照者）35 kg；旅客携带品的外部尺寸，每件长、宽、高之和不得超过 160 cm（动车组列车 130 cm）；对杆状物品不得超过 200 cm，重量不超过 20 kg。残疾人旅行时代步的折叠式轮椅可免费携带，不计入上述范围。

### 3. 检票

为维护车站秩序，保证旅客安全，防止旅客乘错车，车站对进站的旅客和人员持有的车票、站台票要检验和加剪。检票时先重点（老、弱、病、残、孕等旅客）、后团体、再一般。在确认车票有效后，一般要在车票边沿上加剪一个小口，表明铁路旅客运输合同开始履行，铁路旅客意外伤害强制保险开始生效。

### 4. 旅客上、下车

上、下车极易发生事故，为确保旅客安全，客运人员应有秩序地组织旅客上、下车，做好进出站引导工作，派人坚守检票口、天桥口、地道口及进站或出站通路交叉地点，严禁旅客钻车和横跨轨道。对老、弱、病、残、孕等行动不便的旅客应提供帮助，督促购物旅客及时上车，保证旅客安全。

### 5. 列车服务

旅客旅行大部分时间是在列车上度过的，列车服务工作的好坏直接影响到铁路的声誉、形象。列车乘务人员应主动、热情、文明、礼貌地为旅客服务，妥善照顾旅客乘降，及时安排旅客席位，保持车厢内清洁卫生，维护车内秩序，做好广播宣传、餐饮和开水供应工作，保障旅客人身财产安全，保证列车运行安全。

列车服务工作由列车乘务组担当。列车乘务组包括客运人员（列车长、列车员、广播员、行李员、餐车服务员等）、公安乘警（乘警长、乘警等）和车辆乘务员（检车长、检车员、车电员等）三部分人员。列车乘务组在列车长的统一领导下，相互密切配合，共同做好列车服务工作。

微课
乘务组的“家庭成员”

电子课件

列车乘务组介绍

6. 出站

旅客到达车站出站时，车站应收回车票。旅客需报销时，应事先声明，车站工作人员将车票撕角后交旅客作为报销凭证，学生票不给报销凭证。中途下车及换乘的车票，出站时不收回，如误撕车票，则换发代用票。

### 7.1.3 行李、包裹运输

1. 行李、包裹的范围

（1）行李范围

行李是指旅客自用的被褥、衣物、个人阅读的书籍、残疾人车和其他旅行必需品。另外，凭地、市级以上文化行政部门证明和“营业演出许可证”要求托运的文艺团体演出器材也可按行李运输。

为保证安全，贯彻国家有关运输政策，行李中不得夹带货币、证券、珍贵文物、金银珠宝、档案材料等贵重物品和国家禁止、限制运输物品、危险品。

行李每件最大重量为 50 kg，体积以适于装入行李车为限，但最小不小于 0.01 $m^3$。

（2）包裹范围

包裹是指适合在旅客列车行李车内运输的小件货物。为保证安全，有些物品是不能按包裹运输的，如危险品。包裹每件的体积、重量的规定与行李相同。包裹分为四类：

① 一类包裹：自发刊日起 5 天以内的报纸；中央、省级政府宣传用非卖品；新闻图片和中、小学生课本。

② 二类包裹：抢险救灾物资、书刊、鲜或冻鱼类、肉、蛋、奶类、果蔬类。

③ 三类包裹：不属于一、二、四类包裹的物品。

④ 四类包裹：一级运输包装的放射性同位素、油样箱、摩托车；泡沫塑料及其制品；国务院铁路主管部门指定的其他需要特殊运输条件的物品。

（3）快运包裹。快运包裹是铁路运输的一种方式，业务全称为“小件货物特快专递运输服务”，是以铁路为主要运输工具，配合航空、公路、海运开展的综合运输，辅以汽车运输实行门到门服务，同时根据国家主管部门批准的国际货物运输代理经营权开展国际运输，以满足顾客不同的需求。

快运包裹外部尺寸长宽高之和不得大于 0.6 m，货物的外部最大尺寸应不超过长 3 m、宽 1.5 m、高 1.8 m，超过时应先与中转机构或到达机构协商，同意后方能办理，并根据快运包裹的外部尺寸及重量选择合适的运输工具。每件最大重量一般不得超过 50 kg，超过时按超重快运包裹办理。

2. 行李、包裹的运送

① 托运。旅客或托运人向车站要求运输行李或包裹称为托运。旅客托运

行李时,必须提出有效的客票(市郊定期客票除外)和行李托运单。旅客凭客票在乘车区段内可从任何营业站托运至另一营业站,但每张客票仅限托运一次(残疾人用车除外)。

旅客托运包裹时,应提供包裹托运单。托运某些特殊物品时,还应提供规定部门签发的运输证明,如托运金银珠宝、货币、证券应提供中国人民银行的正式文件或当地铁路公安局(处)或公安分局(分处)的免检证明。

② 承运。车站行李员应对要求托运的行李、包裹进行必要的检查。检查完后,认为符合运输条件,即可办理承运手续,填写行李或包裹票(行李、包裹票一式 5 页,其中丙页为领货凭证),收运杂费。

③ 运送。运送行李、包裹时,应先行李、后包裹,做到行李随人走、人到行李到。所以,行李应随旅客所乘列车装运或提前装运,包裹应按其类别的顺序及性质统筹安排运输,保证行李、包裹在一定期限(即行李、包裹运到期限)内运至到站。

行李、包裹运到期限以运价里程计算,从承运日起,行李 600 km 以内为 3 天,超过 600 km,每增加 600 km 增加 1 天,不足 600 km 也按 1 天计算。包裹 400 km以内为 3 天,超过 400 km,每增加 400 km 增加 1 天,不足 400 km 也按 1 天计算。快运包裹的运到期限另有规定。

由于不可抗力等非承运人原因发生的停留时间加算在运到期限内。

逾期运到的行李、包裹,承运人应按逾期日数及所收运费的百分比向收货人支付违约金,违约金最高不超过运费的 30%。

④ 到达、保管、交付。行李随旅客所乘坐的列车运至到站,旅客即可领取。包裹由托运人在发站办理托运手续后,告知收货人按时领取,同时承运人在包裹到达后也应及时通知收货人领取。铁路对到达的行李、包裹免费保管 3 天(行李从运到日起,包裹从发出通知日起);逾期到达的行李、包裹免费保管 10 天。超过免费保管期限时,按超过日数核收保管费。

旅客或收货人领取行李、包裹时,凭行李、包裹领取凭证领取。如将领取凭证丢失或未到,必须提供本人身份证、物品清单和担保人的担保书,承运人对上述单、证和担保人的担保资格认可后,由旅客或收货人签收办理交付。

微课
旅客列车的排列与组合

电子课件
旅客列车的排列与组合

## 7.1.4　旅客运输安全

### 1. 旅客安全运输的意义

旅客运输安全是关系到人民生命财产以及国家和铁路企业声誉的大事。因此,保证旅客安全运输是我国铁路运输组织的基本原则之一,是衡量旅客运输工作质量好坏的重要标志,是客运职工的首要职责。客运职工要树立“安全生产人人有责”的思想,贯彻安全生产的方针,确保旅客运输安全。

### 2. 铁路客运事故

铁路客运事故分为旅客人身伤害事故和行李、包裹运输事故。

(1) 旅客人身伤害事故

凡持有效车票的旅客,经检票口进站加剪开始,至到达终点站缴销车票出站时止(中转和中途下车的旅客自出站至再次进站期间除外),在旅行途中遭到外来、剧烈及明显的意外伤害(包括战争所致者在内),致使旅客人身受到伤害以至死亡、残废或丧失身体机能者,均属于旅客人身伤害事故。

旅客人身伤害事故分为特别重大伤亡事故、特大伤亡事故、重大伤亡事故、一般伤亡事故、重伤事故和轻伤事故六类。

发生旅客人身伤害事故时,应根据《铁路旅客人身伤害及自带行李损失事故处理办法》的有关规定进行处理。车站、列车人员均应本着对人民生命健康高度负责的精神,采取有利于抢救的措施,尽力予以救助。事故发生单位和事故处理单位应依照实事求是、依法办事的原则,积极负责地处理事故。

(2) 行李、包裹运输事故

行李、包裹在运输过程中(自承运时起至交付完毕时止)发生灭失、短少、变质、污染、损坏以及严重的办理差错,均属于行李、包裹运输事故。

行李、包裹运输事故种类分为:火灾;被盗(有被盗痕迹);丢失(全批未到或部分短少,没有被盗痕迹的);损坏(破损、湿损、变形等);误交付;票货分离、票货不符、误装卸或顶件运输;其他(污染、腐坏等)。

行李、包裹运输事故分为重大事故、大事故和一般事故三个等级。

发生行李、包裹运输事故时,应认真分析调查,及时正确处理,明确责任,制定改进措施,并根据《行李包裹事故处理规则》的有关规定进行处理。

## 7.2 货物运输组织

铁路货运组织工作是铁路运输组织工作的一个重要组成部分。由于货运工作涉及面广、政策性强、有严格的办理程序,做好货物运输组织工作,对于国家经济建设、国防建设和人民生活都具有重要的意义。随着经济结构的调整,人民生活水平的提高,为铁路运输企业在运输市场中的竞争带来了新的机遇和挑战。因此,铁路运输企业必须树立市场观念、生产观念、产品观念和营销观念,铁路货运工作必须以“安全、迅速、经济、便利地运送货物”为宗旨,以满足市场的需求。

铁路所完成的全部运输产品中,包括货物周转量和旅客周转量两部分。货物周转量是在一定时期内,一个铁路局或全路在货运工作中所完成的产品总数。它是每种货物的发送吨数和平均运程乘积的总和,单位为 t · km。为了计算上的方便,通常采用换算吨千米作为计量铁路全部周转量的单位,并规定：

1 换算吨千米=1 货物吨千米=1 旅客人千米

因此，全部周转量(换算吨千米)= 货物周转量(t·km)+旅客周转量(人·km)

## 7.2.1 货物运输概述

### 1. 铁路货物运输计划

铁路货物运输计划是指为满足经济发展和人民生活的需求，合理利用铁路货物运输设备而制订的用以组织货物运输工作的计划，分为长远货物运输计划、年度货物运输计划和月度货物运输计划。

长远货物运输计划是较长时间的远景规划，它根据国民经济和社会发展的远景规划进行编制。年度货物运输计划根据长期计划规定的轮廓任务和年度国民经济发展情况进行编制，包括年度运量、装车数、货物周转量、货物平均运程和货物运输密度等指标。以年度计划为依据制定的月度货物运输计划成为全月运输工作的基础，据以指导日常的运输生产指挥。

### 2. 铁路货物运输种类

铁路运送的货物尽管种类繁多，但根据托运货物的数量性质、形状等条件并结合所用使用的货车，将铁路货物运输的种类划划分为整车、零担和集装箱三种。

(1) 整车运输

一批货物的重量、体积或形状需要以一辆及以上货车运输的，应按整车托运。整车货物运输费用较低，运送速度较快，安全性能好，承担的运量也较大，是铁路的主要运输方式。

但是，由于性质特殊，或需要特殊照料，或受铁路现有设备条件的限制，遇下列情况之一时，尽管不够整车运输条件，也必须按整车托运：

① 需要冷藏、保温或加温运输的货物；

② 规定限按整车办理的危险货物；

③ 易于污染其他货物的污秽品(例如未经过消毒处理或未使用密封不漏包装的牲骨、湿毛皮、粪便、炭黑等)；

④ 蜜蜂；

⑤ 不易计算件数的货物；

⑥ 未装容器的活动物；

⑦ 一件货物重量超过 2 t，体积超过 3 $m^3$ 或长度超过 9 m 的货物；

⑧ 煤炭、原木、腐殖酸；

⑨ 准、米轨间直通运输的货物。

**小提示:**

### “一批货物”办理的条件

铁路运输货物以批为单位。“一批”是铁路承运货物和计算运输费用的一个单位,是指使用一张货物运单和一份货票,按照同一运输条件运送的货物。

按一批托运的货物,托运人、收货人、发站、到站、装卸地点必须相同(整车分卸的货物除外)。

整车货物以一车为一批。跨装、爬装及使用游车的货物,以每一车组为一批。零担货物或使用集装箱运输的货物,以每张货物运单为一批。使用集装箱运输的货物,每批必须是同一箱型,至少一箱,最多不得超过铁路一辆货车所能装运的箱数。

由于货物性质各不相同,其运输条件也不一样。为保证货物安全运输,规定下列货物不得按一批托运:

① 易腐货物与非易腐货物。

② 危险货物与非危险货物(另有规定者除外)。

③ 根据货物的性质不能混装运输的货物。

④ 按保价运输的货物与不按保价运输的货物。

⑤ 投保运输险货物与未投保运输险货物。

⑥ 运输条件不同的货物。

上述不能按一批托运的货物,在特殊情况下,经铁路局承认也可按一批托运。

(2) 零担运输

凡不够整车运输条件的,即一批货物的重量、体积或形状都不需要单独使用一辆货车来运输的,应按零担货物托运。按零担托运的货物,一件货物体积最小不得小于0.02 $m^3$(一件重量在10 kg以上的除外),每批不得超过300件。零担货物一般为重量较小的成件包装货物,多为怕湿货物、贵重物品、日常用品等,一般使用棚车运输。

铁路零担运输业务将逐步由集装箱取代,按照集中化运输和规模发展的要求,走集约化经营的道路,由集装箱办理站逐步将零担货物纳入箱运输,积极开展各种箱型的拼箱业务,办理门到门运输服务。

(3) 集装箱运输

符合集装箱运输条件的适箱货物,可装入集装箱,按集装箱进行托运。贵重、怕湿、易碎货物都适合采用集装箱运输。

集装箱所装的货物不得腐蚀、损坏箱体,性质互相抵触的货物不得混装于同一箱内。易于污染和腐蚀箱体的货物及易于损坏箱体的货物等不得使用铁路通用集装箱装运。

集装箱运输只能在铁路开办集装箱业务的车站间办理，专用铁路、铁路专用线要求办理集装箱运输时，由产权单位向接轨站提出申请，经铁路总公司审核后方可运输。

### 3. 铁路货物的运输方式

微课
铁路货物运输

(1) 直通运输

按整车托运的货物，为了方便托运人或收货人，免去在途中换装作业站或者不同产权归属的交接站办理运输手续，而使用一份运输票据完成货物的全程运输，这种货物运输方式称为直通运输。

(2) 联合运输

铁路与其他运输工具或我国铁路与国外铁路共同参加，并以一份运输票据完成货物全程运输服务的运输方式称为联合运输。其形式主要有：铁路与水路的联合运输；铁路与公路的联合运输；国际铁路货物联运。

联运有利于发挥各种运输方式的优势，从而能以最高的效率和最好的服务完成货物的全程运输服务。

电子课件
铁路货物运输

(3) 快速运输

为加速货物送达，提高货物运输质量，适应市场经济的需要，铁路开办了货物快速运输（简称快运），并在全路的主要干线上开行了快运货物列车。

托运人托运的整车、集装箱、零担货物，除不需按快运办理的矿石、矿建等品类的货物外，托运人要求按快运办理时，经铁路同意，即可按快运办理。

我国铁路开行了不同种类的快运货物列车。如集装箱快运直达列车和鲜活货物快运直达列车等。

① 集装箱快运直达列车。从 1992 年起原铁道部组织开行了定点定线集装箱快运直达列车。开行通过编组站不解体的集装箱快运直达列车，体现了快速、高效、安全的特点，是提效扩能的有效措施。

② 鲜活货物快运直达列车。为了保证内地对港澳地区鲜活货物的及时运送，铁路每天分别从江岸西（或长沙北）、新龙华、郑州北各开行一列快运货物列车到深圳北站。从 1962 年至今，3 趟快车已开行了 50 多年，保证了“及时、均衡、适量、优质”地供应港澳地区鲜活商品的特殊需要。

### 4. 货物运到期限

铁路货物运到期限是指铁路在现有技术设备条件和运输工作组织水平的基础上，根据货物运输种类和运输条件，将货物运送一定距离而规定的最大运送限定天数。

货物运到期限起码天数为 3 天。运到期限按自然日计算。货物运到期限由货物的发送期间、运输期间和特殊作业时间三部分组成。

货物运到期限按下列规定计算：

（1）货物发送期间为1天。

（2）货物运输期间：每250运价千米或其未满为1天；按快运办理的整车货物每500运价千米或其未满为1天。

（3）特殊作业时间：

① 运价里程超过250 km的零担货物另加2天；运价里程超过1 000 km的零担货物，则另加3天。

② 整车分卸货物，每增加一个分卸站，另加1天。

③ 准、米轨间直通运输的整车货物，另加1天。

④ 需要上门装、卸货物，各另加1天。

⑤ 需要门到发站、到站到门接取送达货物，各另加1天。

货物的实际运到日数，从承运人承运货物的次日起算。货物实际运到日数的计算：起算时间从承运人承运货物的次日（指定装车日期的，为指定装车日的次日）起算。终止时间，到站由承运人组织卸车的货物，到卸车完了时止；由收货人组织卸车的货物，到货车调到卸车地点或货车交接地点时止。

承运人应在规定的运到期限内将货物运至到站，交付给收货人，逾期到达就要承担违约责任，支付违约金。货物运到期限既是对承运人的要求和约束，也是对托运人或收货人合法权益的保护，它有利于托运人和收货人据以安排经济活动。

例如，某托运人从武昌南站至上塘站托运一批零担货物，要求到站送货到门，运价里程728 km，其运到期限计算方式为：$T=T_{发}+T_{运}+T_{特}=1+728/250+3=7$（天），即该货物运到期限应为7天。

### 5. 铁路货物运输合同

铁路货物运输是利用铁路运输工具将货物从发站运往到站的运输生产过程，在法律上体现为铁路运输合同关系。

（1）铁路货物运输合同的签订与履行

托运人利用铁路运输货物，应与承运人签订货物运输合同。整车大宗货物可按季度、半年、年度或更长期限签订运输合同并提出月度要车计划表，其他整车货物应提出月度要车计划表。整车货物交运时还需向承运人递交货物运单，作为铁路货物运输合同的组成部分；零担货物和集装箱货物运输使用货物运单作为运输合同。

货物运单（见图7-6和图7-7）是承运人与托运人之间，为运输货物而签订的一种货物运输合同或合同的组成。

履行铁路货物运输合同要遵循“实际履行、全面履行、诚实信用”的原则，双方当事人要按照合同的约定或者法律、法规的规定，认真履行各自的义务。

托运人应完整、准确填写货物运单，缴纳运输费用，遵守国家有关法令及铁路规章制度，维护铁路运输安全。因自身过错给承运人或其他托运人、收货人造成损失时应负赔偿责任。

承运人应为托运人提供方便、快捷的运输条件，将货物安全、及时、准确运送到目的地。货物自承运时起至交付后止，发生灭失、损坏、变质、污染等，承运人应承担赔偿责任。

(2) 货物运输合同的变更或解除

货物运输合同的变更或解除，也称货物运输变更，是指对已承运的货物，在发送前托运人向承运人提出取消托运，或托运人、收货人提出变更到站、变更收货人的书面要求。

货物运输合同的变更和解除，将降低货物计划运输的质量，打乱正常的运输秩序，有时还要增加货车在途中的调车作业和非生产停留时间，增加作业费用，延缓货物的送达。因此，对于货物运输合同的变更和解除，应加以限制。

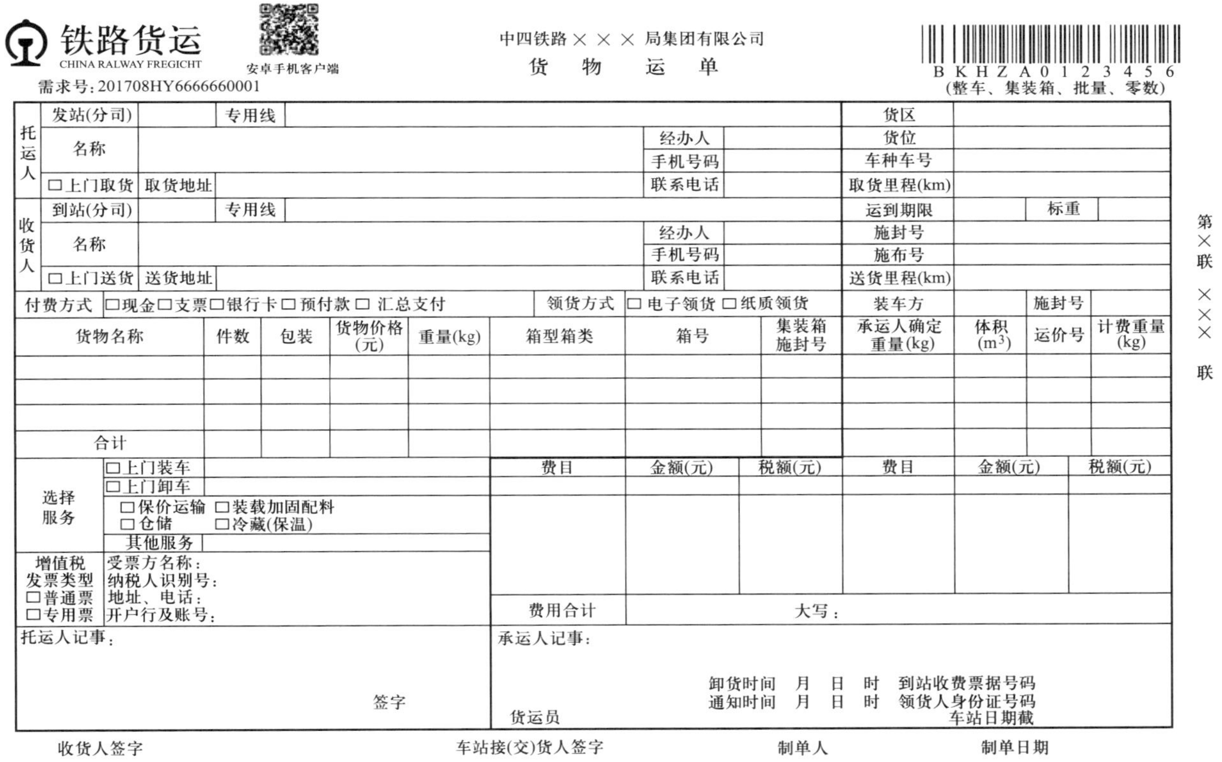
铁路货运 CHINA RALWAY FREGICHT　安卓手机客户端

中四铁路×××局集团有限公司

货　物　运　单

BKHZA0123456

(整车、集装箱、批量、零数)

需求号：201708HY6666660001

| | | | | | |
|---|---|---|---|---|---|
| 托运人 | 发站(分司) | | 专用线 | | 货区 |
| | 名称 | | 经办人 | | 货位 |
| | | | 手机号码 | | 车种车号 |
| | □上门取货 | 取货地址 | 联系电话 | | 取货里程(km) |
| 收货人 | 到站(分司) | | 专用线 | | 运到期限　标重 |
| | 名称 | | 经办人 | | 施封号 |
| | | | 手机号码 | | 施布号 |
| | □上门送货 | 送货地址 | 联系电话 | | 送货里程(km) |
| 付费方式 | □现金□支票□银行卡□预付款□汇总支付 | 领货方式 | □电子领货□纸质领货 | | 装车方　施封号 |

| 货物名称 | 件数 | 包装 | 货物价格(元) | 重量(kg) | 箱型箱类 | 箱号 | 集装箱施封号 | 承运人确定重量(kg) | 体积(m³) | 运价号 | 计费重量(kg) |
|---|---|---|---|---|---|---|---|---|---|---|---|
| | | | | | | | | | | | |
| | | | | | | | | | | | |
| | | | | | | | | | | | |
| 合计 | | | | | | | | | | | |

| | | 费目 | 金额(元) | 税额(元) | 费目 | 金额(元) | 税额(元) |
|---|---|---|---|---|---|---|---|
| 选择服务 | □上门装车 | | | | | | |
| | □上门卸车 | | | | | | |
| | □保价运输 □装载加固配料<br>□仓储 □冷藏(保温) | | | | | | |
| | 其他服务 | | | | | | |
| 增值税发票类型<br>□普通票<br>□专用票 | 受票方名称：<br>纳税人识别号：<br>地址、电话：<br>开户行及账号： | 费用合计 | 大写： | | | | |

| | |
|---|---|
| 托运人记事：<br>签字 | 承运人记事：<br>卸货时间 月 日 时 到站收费票据号码<br>通知时间 月 日 时 领货人身份证号码<br>货运员 车站日期戳 |

第××联　×××联

收货人签字　车站接(交)货人签字　制单人　制单日期

图 7-6 货物运单(正面)

背书

| 托运人须知 | 收货人须知 |
|---|---|
| 1.托运人在铁路托运货物，在本单签字或盖章，既证明愿意遵守《中华人民共和国合同法》《中华人民共和国铁路法》《铁路安全管理条例》等法律法规，以及《铁路货物运输规程》等铁路规章的有关规定。<br>2.托运人应签署《货物托运安全承诺书》，不得匿报、谎报货物品名，不得托运或在所托运货物中夹带国家禁止运输的物品，不得在普通货物中夹带危险货物，不得在危险货物中夹带禁止配装的货物。<br>3.托运人在本单所记载的货物名称、件数、包装、价格、重量等事项应与货物的实际完全相符，并对其真实性负责。<br>4.货物的内容、品质和价格是托运人提供的，承运人在接收和承运货物时并未全部核对。<br>5.托运人应妥善保管电子领货密码或领货凭证，并及时将电子领货密码告知或将领货凭证寄交收货人，收货人凭电子领货密码或领货凭证经到站验证后，在到站领取货物。<br>6.托运人选择电子领货方式时，应在电子运单中正确填记收货人的经办人姓名、身份证号码、手机号码和电子领货密码。<br>7.托运人选择保价运输时，应填写货物的实际价格，作为计算“保价金额”有依据。当货物在运输过程中发生损失时，承运人对保价货物按照货物和保价金额的损失比例赔偿，对非保价货物，按规定的限额赔偿。<br>8.托运人应凭本单于次月底前开具增值税发票。<br>9.本单于托运人和承运人双方签字或盖章之时起生效。 | 1.收货人应妥善保管电子领货密码或领货凭证，接到货物到达通知后，及时领取货物。<br>2.收货人凭电子领货密码领取货物时，应同时出示身份证原件；委托他人领取货物时，收货人应登录铁路货运网上营业厅，正确填记被委托人姓名、身份征号码、手机号码等委托信息，被委托人凭电子领货密码和本人身份证原件领取货物。<br>收货人凭领货凭证领取货物时，应同时出示身份证原件；委托他人领取货物时应同时提供领货凭证、收货人身份证复印件、被委托人身份证原件和委托书。收货人为法人单位时，除提供经办人身份证原件外，还需提供加盖单位公章的委托书。<br>3.收货人应按规定支付相关费用。<br>4.收货人接收货物时，发现货物损失应立即向承运人提出。<br>5.货物交付完毕，合同即为履行完毕；此后发生问题，承运人不承担责任。<br>**货物托运安全承诺书**<br>根据《中华人民共和国铁路法》《铁路安全管理条例》，托运货物必须遵守国家关于禁止或者限制运输物品的规定；托运人托运货物，不得匿报，谎报货物品名、性质、重量，不得在普通货物中夹带危险货物，不得在危险货物中夹带禁止配装的货物。<br>依据《铁路安全管理条例》第九十六条规定，托运人托运货物时，将危险货物，由铁路监督管理机构依法处置。依据《中华人民共和国铁路法》第六十条规定，以非危险品品名托运危险品，导致发生重大事故的，依照刑法有关规定追究刑事责任。<br>本公司(本人)已阅知上述法律法规规定。承诺申报的货物运单和物品清单所填记事项真实，与实际货物相符，没有匿报、错报货物品名。托运的货物没有国家法律法规及铁路部门禁止托运或混装的货物。违反此承诺造成的一切法律责任及后果由本公司(本人)承担。<br>托运人(盖章/签字)：　　　　年　　月　　日 |

图7-7 货物运单(背面)

## 7.2.2 铁路货物集装运输

集装运输包括集装箱运输和集装化运输，它是以集装箱、集装器具和捆扎索夹具为载体，将散裸装和成件包装货物集合组装成集装单元，以便适于在现代流通领域内运用大型起重机械和运载工具进行装卸、搬运作业和完成运输任务，以便更好地实现货物门到门运输的一种新型、高效率和高效益的运输方式。

### 1. 集装箱运输

（1）集装箱运输的定义

集装箱运输是将多种多样的杂货集装于具有统一长、宽、高规格的箱体内进行运输的一种方法。集装箱如图7-8所示。

（2）集装箱的类型

集装箱可按用途、总重、尺寸、结构和材质等多种方式进行分类。下面仅介绍按用途分类的方法。按照用途，集装箱分为普通货物集装箱和特种货物集装箱。

① 普通货物集装箱。普通货物集装箱又可以分通用集装箱和专用集装箱两种。通用集装箱又称干货集装箱、杂货集装箱，适用于装运大多数普通货物。

(a) (b)

图 7-8 集装箱

专用集装箱包括通风集装箱、敞顶集装箱、台架式集装箱、平台集装箱。

② 特种货物集装箱。特种货物集装箱是指用于装运需要控温货物、液体和气体货物、散货、汽车和活动物等特种货物的集装箱。有保温集装箱、罐式集装箱、干散货集装箱以及按货物命名的集装箱(如汽车集装箱、动物集装箱、服装集装箱)等。

(3) 集装箱运输的优点

由于集装箱在一定程度上对零担货物起到了"集零成整"的作用,它既可以装在铁路敞车或平车上运送,也可以装在汽车上运送,能使货物从托运人的仓库直接送到收货人的仓库,在不同运输工具之间进行联运时,箱内的货物不需倒装。因此,集装箱运输具有许多优点:

① 可以装运不带包装或只有原始包装的货物,大大节省了包装材料。

② 便于实现装卸作业机械化,缩短装卸作业时间,加速车辆周转。

③ 可以减少站内和途中倒装作业次数,加速了货物的送达,减少了货运事故,保证了货物的完整。

④ 可以减少棚车的需要量以及仓库的需要面积,节省了国家投资。

## 2. 集装化运输

(1) 集装化运输的定义

集装化运输是指以各类集装器具和捆扎索夹具为载体,把成件包装货物和散裸装货物组合成集装单元进行运输的一种货物运输方式。

(2) 集装化运输的特点

集装化运输的特点是集装器具的针对性强,可根据某种、某类货物的具体性质、形态,灵活、多样地设计和制造集装器具;集装器具造型简便、制造工艺不复杂;选材可因地制宜、因货制宜;集装器具制造成本较低、投资少;集装器具具有折叠、拆解和套装式结构,在空状态下体积小,便于堆码、回送和管理。集装件的捆扎所使用的索夹具,更是灵活多样、就地取材,费用更少。

集装箱运输和集装化运输统称为货物集装运输。它不仅可以提高装卸作业的综合机械化水平,缩短车辆停留时间,加速货物送达,保证货物运输质量,而且也为铁路货物运输过程的综合自动化创造了有利的条件。

### 7.2.3 铁路特种条件货物运输

经铁路运输的货物种类繁多、性质各异、形状各有不同。铁路上的货物可以分为普通货物、阔大货物、鲜活货物、危险货物。为保证货物安全、便捷地运送到目的地,铁路应对不同的货物有不同的运输条件。

#### 1. 阔大货物运输

阔大货物是超限货物、超重货物、超长货物和集重货物的总称。阔大货物装载时,要注意保证重车运行安全和避免损伤车辆。

(1) 超长货物

一车负重、突出车端、需要使用游车或两车负重跨装运输的货物,称为超长货物。

超长货物的装载方法有两种:一种是一车负重,在负重车的一端或两端加挂游车装运;另一种是两车负重跨装运送,可加挂中间游车,或在跨装负重车的一端、两端加挂游车。

(2) 集重货物

一件重量大于所装车辆负重面长度的最大容许载重量的货物,称为集重货物。在确定集重货物的装载方案时,应避免使车底架受力过于集中,造成其工作应力超过设计的容许限度。

(3) 超限货物

一件货物装车后,在平直线路上停留时,货物的高度和宽度有任何部位越过机车车辆限界或特定区段装载限界的,均为超限货物。在平直线路上停留虽不超限、但行经半径为 300 m 的曲线线路时,货物内侧或外侧的计算宽度仍然超限的,亦为超限货物。

(4) 超重货物

装车后,重车总重活载效应超过桥涵设计标准活载(中一活载)的货物,称为超重货物。

#### 2. 危险货物运输

(1) 危险货物定义

铁路运输的危险货物是指具有爆炸、易燃、毒害、感染、腐蚀、放射性等危险特性,在铁路运输过程中,容易造成人身伤亡、财产毁损或者环境污染而需要特别防护的物质和物品。

(2) 危险货物的分类

危险货物按其主要危险性和运输要求,共分为九类:爆炸品;气体;易燃液体;易燃固体、易于自燃的物质、遇水放出易燃气体的物质;氧化性物质和有机过氧化物;毒性物质和感染性物质;放射性物质;腐蚀性物质;杂项危险物质和物品。

(3) 危险货物运输条件

通过铁路运输危险货物,应具备以下条件:

① 场站条件。运输危险货物的车站、专用铁路、铁路专用线应当符合法律、行政法规和标准规定,具备相应品名办理条件,其安全生产条件经安全评价合格。

② 设备设施条件。储存、装卸、安全设施设备及运输车辆、集装箱、其他容器、运输包装等应当符合本规章有关要求和法律、行政法规、安全技术规范和标准规定的其他条件。

③ 从业人员应当掌握所运输危险货物的危险特性及其运输工具、包装物、容器的使用要求和出现危险情况时的应急处置方法,并经考核合格。

### 3. 鲜活货物运输

(1) 鲜活货物定义

鲜活货物系指在铁路运输过程中,需要采取制冷、加温、保温、通风、上水等特殊措施,以防止腐烂变质、病残死亡或失去其原有特性的货物。

(2) 鲜活货物的分类

鲜活货物包括易腐货物和活动物两大类。

(3) 易腐货物的运输

易腐货物系指若按一般条件保管和运输,极易受到外界气候的影响而损害其品质的货物。包括肉、鱼、蛋奶及制品、鲜水果、鲜蔬菜、冰、鲜活植物等。因此,易腐货物需要使用专用车辆(如冷藏车)或冷藏集装箱运送。

(4) 活动物的运输

活动物包括禽、畜、兽、蜜蜂、活鱼以及鱼苗等。

① 活动物的承运条件。

a. 托运人办理托运时,应将检疫证明提交给发站,这是活动物健康无病的凭证,又是销售和运输时的合法凭证。

b. 托运猛禽、猛兽(包括演艺用)时,托运人应与发送铁路局商定运输条件和防护方法。猛禽、猛兽必须要有坚固可靠的包装容器。跨局运输时,应将商定的事项通知有关的铁路局。

② 活动物的装车及运输。装运活动物必须选用家畜车、家禽车、活鱼车以及清扫干净、未受污染的棚车、敞车,但不得使用无窗的棚车。装运牛、马、驴、骆驼等大型牲畜,不得使用铁地板货车,应尽量选用木地板棚车装运,以免引起牲畜滑倒摔跌、坠落而致伤或死亡,甚至导致行车事故的发生。

运输途中应做好活动物的服务工作,如及时饲养、饮水、换水、洒水、看护和安全工作。车站在调车作业时,严禁溜放等。

## 7.2.4 货物运输生产过程

货物运输无论是整车运输、零担运输、集装箱运输还是其他特种运输，其生产过程的开始和终了都是在车站办理。2018 年 3 月 28 日，我国铁路全面实施货运票据电子化，取消了纸质票据随车传递，实现服务质量和效率效益的提高。目前铁路货运票据电子化作业流程主要由需求受理、进货、装车承运、途中作业、卸车、交付等环节组成。

### 1. 需求受理

铁路通过网络、电话、营业场所及上门服务等渠道敞开受理客户需求。运输需求在铁路货运电子商务系统（以下简称“电商系统”）中提报。局集团有限公司通过货运营销及生产管理系统（FMOS）和货调系统审定运输需求，车站通过电商系统进行实货核实和运单受理。

### 2. 进货

整车货物车站采用铁路货运站安全监控与管理系统（以下简称“货运站系统”）分配货区货位，确认货物进齐。集装箱货物车站采用铁路集装箱运输管理信息系统（以下简称“箱管系统”）打印铁路箱出站单出站，进行检斤验货。

### 3. 装车承运

整车货物，在铁路货场装车时，车站在货运站系统中录入装车作业信息及运单承运人填记信息；企业运输员在专用线（专用铁路下同）装车时，通过系统（货运站系统、电商系统或手机 APP）补充装车作业信息。车站在货运票据管理系统（以下简称“货票系统”）中核对“已装车”的整车运单、“已检斤验货”的集装箱运单信息，录入承运人记事，计算运输费用并打印运单。集装箱货物装车，车站或企业在箱管系统内进行装车操作，生成货车装载清单。凭特殊货车及用具回送清单、货车装载清单、货运记录运输的车辆在货运站系统或箱管系统进行装车操作。

### 4. 途中作业

车站行车人员根据货运站、箱管等系统推送到现车系统的信息组织取车作业，并在现车系统编制列车编组顺序表，补充车辆“其他记事”信息，发现问题编制普通记录。车站货检人员在铁路货检安全监控与管理系统（以下简称“货检系统”）编制普通记录，按规定进行途中签认。

### 5. 卸车

整车货物卸车，车站通过货运站系统接收现车系统的到达重车运单信息后，指定股道货位，接车对位进行卸车操作，发生货物损失时，应编制货物损失报告。专用线卸车的，还应按规定使用货车调送单进行路企交接。集装箱货物卸车，车站或企业在箱管系统调取运单信息进行卸车操作。专用线卸车的，还应按规定使用货车调送单进行路企交接。

### 6. 交付

车站在货票系统中调取运单信息，查验领货凭证、领货人身份证、领货密码等，采集收货人（经办人）身份证及头像影像资料，办理内交付手续，并且在货运站系统或箱管系统对“已内交付”的运单进行外交付出货操作。

**小提示：**

**货运票据电子化**

货运票据电子化相关信息系统主要包括电子货运票据管理系统（简称货票系统）、铁路货运电子商务系统（简称电商系统）、铁路货运站安全监控与管理系统（简称货运站系统）、铁路集装箱运输管理信息系统（简称集装箱系统）、铁路零散货物快运系统（简称零散系统）、铁路集装化用具管理系统（简称集装化系统）、铁路保价运输管理系统（简称保价系统）、接取送达系统、铁路危险货物运输安全管理与监控系统、铁路货运计量安全检测监控系统、铁路货检安全监控与管理系统（简称货检系统）、铁路车站综合管理信息系统（简称现车系统）、铁路确报管理信息系统（简称确报系统）、铁路运输信息集成平台（简称集成平台）、货车技术管理信息系统（简称 HMIS 系统）、车站十八点统计分析系统（简称十八点系统）、国境站管理信息系统（简称国境系统）、运输调度管理系统等。

## 7.3 铁路行车组织

铁路行车组织是铁路运输工作组织的重要组成部分。铁路运输企业必须贯彻安全生产的方针，坚持高度集中、统一领导的原则，发扬协作精神，综合运用铁路各种技术设备，高质量、高效率地完成客货运输任务。铁路行车组织工作的主要内容有：车流组织、列车编组计划、列车运行图和铁路通过能力，车站行车组织工作，铁路运输生产计划、调度组织指挥等。

## 7.3.1 列车的编组

铁路运输是以列车方式输送旅客和货物的。旅客列车采用固定车底和运行区段运行组织,比较有规律。而货物列车编组工作则比较复杂。

铁路车辆按规定重量、长度及编挂条件编成车列,并挂有机车及规定的列车标志且指定有列车车次时称为列车。发往区间的单机、动车及重型轨道车也按列车办理。

为适应旅客和货物运输的不同需要,列车按运输性质和用途分为旅客列车、货物列车、行包快运专列以及单机和路用列车(如救援列车、试运转列车、动检列车等)。

### 1. 货物列车分类

货物列车是为运输货物而编组的列车,分为以下几类。

① 快运货物列车:快速运送鲜活易腐及其他急运货物的列车。

② 直达列车:经过一个及以上编组站不进行改编作业的列车。

始发直达列车:在一个车站或相邻几个车站装车后编组的直达列车。

技术直达列车:在技术站编组的直达列车。

③ 直通列车:经过一个及以上区段站不进行改编作业的列车。

④ 区段列车:在技术站编组,到达相邻技术站,在区段内不进行摘挂作业的列车。

⑤ 摘挂列车:在技术站编组,到达相邻技术站,在区段内进行摘挂作业的列车。

⑥ 小运转列车:在技术站与中间站之间开行的列车。

⑦ 重载货物列车:牵引总重达到 5 000 t 及以上的列车。

为判明列车的性质和等级,便于列车运行组织和管理,每类列车都有一定的编号,称为车次。原则上规定开往北京或由支线开往干线的列车为上行列车,编为双号车次,反之为下行列车,编为单号车次。

### 2. 货物列车牵引定数与换算长度

一定的机车类型和数量,在某一区段所能牵引的最大列车质量,叫作列车牵引定数或牵引质量。列车牵引定数是按机车牵引车列在牵引区段内的限制坡道上以计算速度做等速运行(机车牵引力等于列车阻力)的条件,用下式计算(重力加速度 $g$ 的近似值取 10 m/s$^2$),并通过牵引试验确定的:

$$G=\frac{\lambda_y F_j-P(\omega_0'+i_x)}{\omega_0''+i_x}\quad (\mathrm{t})$$

式中 $G$——机车牵引质量,t;

$F_j$——机车的计算牵引力,kN;

$P$——每台机车计算质量,t;

$i_x$——限制坡度,‰;

$\omega'_0$——机车单位基本阻力,N/kN;

$\omega''_0$——车辆单位基本阻力,N/kN;

$\lambda_y$——机车牵引力使用系数,取0.9。

举例:某区段限制坡度 $i_x=7‰$,机车牵引力为30 200 kN,该机车的计算质量 $P=138$ t,若 $\omega'_0=1.6$ N/kN,$\omega''_0=1.2$ N/kN,则该区段货物列车的牵引质量应为:

$$G=\frac{0.9\times30\ 200-138\times(1.6+7)}{1.2+7}=3\ 170\approx3\ 150(\text{t})$$

根据计算结果,初步定为3 150 t(50 t的倍数,不足50 t时舍去),最后经过起动等多方面的检验才能确定。若货车的平均总重 $q_{总}$ 为70 t时,并可求得该区段的货物列车编成数:

$$m_{均}=\frac{G}{q_{总}}=\frac{3\ 150}{70}=45(\text{辆})$$

列车的长度一般以换算长度表示。除牵引动力外,列车所编挂的机车车辆换算长度的总和,称为列车换算长度。上面的例子中,若车辆的平均换长为1.3,则列车的换算长度为45×1.3=58.5。

## 7.3.2 列车运行图及线路通过能力

微课
列车时刻表是如何编制出来的

铁路是一个庞大复杂得多部门多工种组成的运输企业,在实现运输过程中要利用多种技术设备,各个环节各个部门必须相互配合、紧密联系、协同动作,才能保证行车安全、提高运输效率。列车运行图在这方面起着极其重要的作用。与运输有关的各部门都应根据列车运行图所规定的要求来安排工作。

### 1. 列车运行图

列车运行图是列车运行的图解,是全路组织列车运行的基础。列车运行图规定了各次列车占用区间的次序,列车在每个车站的到、发或通过时刻,列车在区间内的运行时间和在车站上的停站时间及机车交路,列车的重量和长度标准等。

(1) 列车运行图的性质和作用

列车运行图实际上是利用坐标原理来表示列车运行的一种图解。它以垂直线等分横轴表示时间,将纵轴用横线划分代表各车站中心线的位置,如图7-9所示,图上的斜线称为列车运行线。

列车运行图不仅是日常指挥列车运行的重要依据,而且也是保证行车安全、改善铁路技术设备运用、加速机车车辆周转、提高铁路通过能力和运营工作水平的重要工具。

(2) 列车运行图的分类

根据铁路线路的技术设备(如单线、双线)、同方向列车运行速度、上下行列

车数量和列车的运行方式等条件,列车运行图可以分为以下几种类型:

① 按区间正线数目的不同,列车运行图可以分为单线运行图、双线运行图和单双线运行图。

单线运行图是指在单线区段上,上下行列车都在同一条正线上运行,因此,列车的交会必须在车站上进行,区间是绝不会出现上下行列车运行线的交点,如图 7-9 所示。

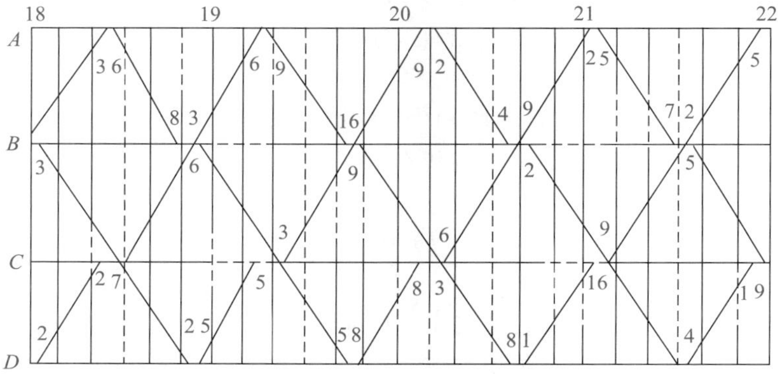


图 7-9 单线成对非追踪平行运行图

双线运行图是指在双线区段上,上下行列车在各自的正线上运行,互不干扰,列车可以在区间内或车站上进行交会,但列车的越行必须在车站上进行,如图 7-10 所示。

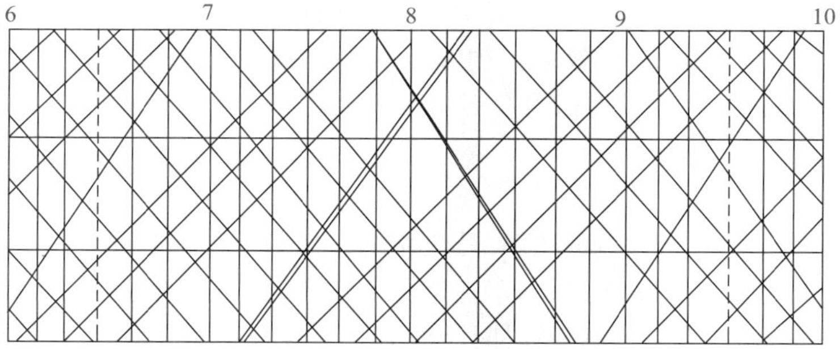


图 7-10 双线成对追踪非平行运行图

单双线运行图指的是在有部分双线的区段上铺画出的运行图,它分别具有单线运行图和双线运行图的特征。

电子课件

列车运行图

② 按同方向列车运行速度的不同,运行图又分为平行运行图和非平行运行图。

平行运行图指的是在同一区间内,同方向列车运行速度相同,因而铺画出的列车运行线相互平行,且在区段内无列车的越行,如图 7-9 所示。

非平行运行图指的是同方向列车运行的速度不相同,因而铺画出的列车运行线出现不平行,且在区段内有列车的越行,如图 7-10 所示。

③ 按上下行列车数目的不同，运行图又分为成对运行图和不成对运行图。在成对运行图上，上下行的列车数目相等，而不成对运行图中，上下行的列车数目不相等。

④ 按同方向列车运行方式的不同，运行图又分为追踪运行图和非追踪运行图。

追踪运行图指的是在自动闭塞的双线（或单线）区段上，同方向列车以闭塞分区为间隔，实行追踪运行，如图 7-10 所示。

非追踪运行图指的是在非自动闭塞的单线（或双线）区段上，同方向列车以站间或所间区间为间隔，实行非追踪运行，如图 7-9 所示。

以上的分类方法都是针对运行图的某一特征而加以区分的，实际上每张运行图都同时具有几个方面的特征。

## 2. 铁路区段通过能力

通过能力是指在一定的机车车辆类型和一定的行车组织方法的条件下，铁路区段内的各种固定设备，在单位时间内（通常指一昼夜）所能通过或接发的最多列车对数或列数。

铁路区段通过能力是指铁路区段内各种固定设备，如区间、车站、机务段设备、给水设备、电气化铁路的供电设备，其中通过能力最薄弱的设备能力，也称为区段的最终通过能力。与铁路行车组织有关的是区间通过能力和车站通过能力。

（1）铁路区间通过能力

铁路区间通过能力，主要取决于该区段的技术设备和所采用的行车组织方法，如区间正线数目、区间长度、线路纵断面、机车车辆类型及信号、联锁及闭塞方式以及列车运行图的类型等。列车运行图类型对区间通过能力影响很大，在同样的技术设备条件下，采取不同的列车运行图类型，通过能力就有很大不同。计算区间通过能力，一般是先计算平行运行图的区间通过能力，然后在此基础上计算非平行运行图的区间通过能力。

微课
如何为13亿人调度列车

（2）铁路车站通过能力

铁路车站通过能力是指车站在现有设备条件下，采用合理的技术作业过程，于一昼夜内所能通过或接发的最多列车对数或列数。它包括咽喉通过能力和到发线通过能力两部分。车站通过能力最后是取咽喉通过能力和到发线通过能力中的最小值。

## 3. 铁路运输调度指挥

铁路运输业具有点多、线长、部门分工细、各作业环节紧密联系等特点。运输生产过程是在长距离的连续空间带上进行的，涉及部门多、变化大、时间性强，常常是一点不通影响一线，一线不畅影响一片。为使铁路这一庞大而复杂的系统能够不间断地、均衡地、高效地运转，就必须对铁路的日常生产活动实行分级管理、集中统一指挥。为此，我国铁路的各级运输部门都建立了相应的调度机构，在各级调度机构中按照业务分工设有不同职能的调度员，分别代表各级领导掌管一定范围内的日常运输指挥工作。

(1) 铁路运输调度系统的机构

铁路运输调度工作实行分级管理，集中统一指挥的原则。中国铁路总公司设调度处，各局集团公司设调度所，技术站设调度室。我国铁路调度指挥机构设置如图7-11所示。

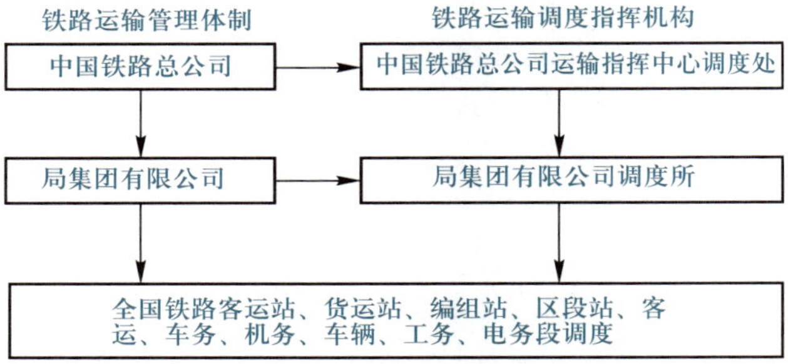


图7-11 我国铁路调度指挥机构示意图

中国铁路总公司设置：值班处长、调度员；

局集团有限公司设置：值班主任、主任调度员、调度员；

技术站设置：值班站长（值班主任）、车站调度员（设调度室的技术站应设室主任）。

(2) 铁路运输调度的基本任务

铁路运输调度的基本工作任务如下：

① 认真执行国家运输政策，完成国家规定的旅客和货物运输任务。

② 正确地编制和执行运输工作日常计划。

③ 科学地组织客流、货流、车流，搞好均衡运输，经济合理地使用机车车辆和运输设备。

④ 坚持“一卸、二排、三装”的运输原则，按运行图行车。在确保安全的基础上，努力提高运输效率。

(3) 行车调度指挥自动化

为进一步增加区段的通过能力，提高列车运行指挥的质量，改善行车调度指挥人员的劳动条件，必须实现行车指挥自动化。行车调度指挥自动化主要包含以下内容：

① 自动编制列车运行调整计划。

② 自动控制车站的接发列车进路。

③ 自动记录和绘制实绩列车运行图。

行车调度指挥自动化系统可以根据列车实际运行信息和列车运行图的要求，自动提前编制几个小时的列车运行调整计划方案；系统会不断地检查所有列车在区段内的运行情况,当发现列车位置与调整方案不符时,系统将根据列车在前方几个车站会让时的可能方案,优先选择最合理的列车放行方案,系统将其提供给列车调度员审核;根据列车运行调整计划和对列车的追踪运行情况,系统将自动实现对车站接发列车进路的控制,并完成实绩列车运行图的自动绘制。

目前,我国的铁路行车自动化主要是通过采用列车调度指挥系统(TDCS)和调度集中系统(CTC)来实现的。

### 7.3.3 车站行车组织工作

车站是铁路运输的基层生产单位,是客货运输的起始、中转和终到地点,铁路运输生产过程中的绝大部分作业环节都是在车站上进行的。车站工作的质量直接影响着铁路区段方向乃至整个路网运输工作的安全性、准确性、连续性和节奏性,决定着全路运输工作任务完成的数量和质量。因此,正确组织车站工作,特别是车站的行车组织工作,对于保证实现安全、正点、畅通、优质、高效等运输生产管理的基本要求有着十分重要的意义。车站行车组织工作的主要内容包括接发列车工作和调车工作等。

#### 1. 接发列车工作

铁路行车与公路行车不同,列车的会让和越行往往必须在车站上进行,因此要办理接发列车作业。接发列车工作中的任何疏忽或者差错,都可能导致列车晚点或者行车事故,不仅影响其他列车,甚至影响全局运输。因此,保证不间断地接发列车、严格按列车运行图、作业标准行车,是对车站接发列车工作的基本要求。

车站内的接发列车工作由车站值班员统一指挥。接发列车工作包括办理闭塞、布置进路(准备进路)、开闭信号(交接凭证)、接送列车等作业,这些作业原则上应由车站值班员亲自办理。如因设备条件和业务量关系难以做到时,除了布置进路必须由车站值班员亲自办理外,其他各项工作可指派助理值班员、信号员或扳道员等办理。接发列车作业程序见表 7-2。

表 7-2 接发列车作业程序表

| 作业程序 | 发车站 | 接车站 |
|---|---|---|
| 办理闭塞 | 请求闭塞 | 承认闭塞 |
| 布置进路(准备进路) | 准备发车进路 | 准备接车进路 |
| 开闭信号(交换凭证) | 开放出站信号或交付行车凭证 | 开放进站信号 |
| 接送列车 | 指示发车及发车 | 迎接列车 |

#### 2. 调车工作

列车的形成离不开调车,除了列车在车站到、发、通过及在区间内的运行之外,凡是机车车辆在站线或其他线路上进行的一切有目的的移动,统称为调车。调车工作是列车解编、摘挂、车辆取送过程中不可缺少的重要环节,对编组站来说,调车工作更是它的主要生产活动。据统计,全路用于调车工作的机车约占运用机车总台数的20%,用于调车工作的支出约占运营支出总额的25%。

调车工作按其作业目的的不同可分为以下几类:

① 解体调车:将到达解体的车列或车组,按其车辆的去向或其他需要分解到调车场各固定线路上去的调车。

② 编组调车:按列车编组计划、列车运行图以及有关规章的规定和要求,将车辆选编成车列或车组的调车。

③ 摘挂调车:对部分改编中转列车进行补轴、减轴、车辆换挂以及摘挂列车在中间站进行摘挂车辆的调车。

④ 取送调车:将待装、待卸、待修的车辆由调车场送至装卸作业、检修作业地点以及从上述地点将作业完了的车辆取回调车场的调车。

⑤ 其他调车:因工作需要对车列或车组进行转场、转线,对调车场内的停留车辆进行整理,以及机车出入段等调车作业。

车站由于作业性质的不同,完成各种调车工作的比重也不一样,如编组站有大量的解体和编组调车,而中间站一般只进行摘挂和取送调车。

# 7.4 铁路运输安全管理

## 7.4.1 铁路运输安全概述

铁路运输安全是运输生产系统运行秩序正常、旅客生命财产无险、货物和运输设备完好无损的综合表现。铁路运输生产的根本任务就是把旅客和货物安全、及时地运送到目的地,这就决定了铁路运输企业必须把安全生产摆在各项工作的首要位置。因此,铁路运输安全有着重要的意义。

### 1. 铁路运输安全的意义

(1)铁路运输安全是现代化经济建设的必要保证。

铁路是国家的基础运输设施,铁路运输安全对国家重点物资运输、重要工程建设、重大科研及军事运输极为重要,也为地方区域经济开发、招商引资和科技发展带来了生机和活力。如果铁路发生事故,将会给人民群众带来不幸,给国家造成损失。事实证明,铁路运输安全不仅直接关系到我国社会主义市场经济的健康发展和改革开放的进程,而且直接影响社会生产、社会生活和社会安定。

(2)铁路运输安全是法律赋予铁路运输企业的义务和责任。

旅客和货物托运人与铁路运输企业之间的关系是合同关系,合同形式是客票和运单。办完手续货物装车、旅客检票乘车后,彼此的权利和义务对等。铁路必须确保安全、准确、迅速、经济、便利和文明服务，保证将货物与旅客送至目的地。如果铁路运输企业因人为事故不能保证旅客和货物的运输安全，不仅违背了当事人的意愿，损害了他们的权益，而且也违反了相关法律法规（如《中华人民共和国铁路法》）的规定。

（3）铁路运输安全是铁路运输产品质量和工作质量的重要体现。

运输生产的全部意义就在于有计划、有目的、有成效地实现旅客和货物空间位置的移动。运输生产的产品为货物和旅客的“位移”，这种产品既不能储存，也不能调剂，它在运输生产过程中就被消费掉了。而且，运输生产的全过程是由车、机、工、电、辆各部门协同完成的，如果在途中发生了货物的损坏、丢失、旅客的伤亡等安全事故，都直接反映出铁路运输产品的质量与合格特性。因此，只有把货物与旅客安全地送到目的地，运输产品的整个生产过程才算最终完成，运输产品“位移”的质量和社会价值才能够同时得到体现，才能增强铁路运输的市场竞争力。

### 2. 铁路运输安全工作的特点

铁路是靠通过旅客与货物的位移来完成生产任务的，而旅客和货物的位移又是在多部门、多工种共同配合下，在长距离空间移动式的动态加工，主要生产过程是通过长大的列车在高速度的运动中实现的。所以，铁路运输生产的安全工作，一方面同其他行业有着共同的要求，即在生产过程中，防止和消除人身伤亡事故和设备事故，变危险为安全，变有害为无害。另一方面，由于铁路自身的特点，决定了铁路运输生产在安全上有其自己的特点，主要表现在以下几个方面：

（1）铁路是一架联动机，安全工作影响面广

铁路运输是由机务、车务、工务、电务、车辆、水电等多部门组成一架巨大的联动机，昼夜不停地运转，每个工作环节必须紧密联系、协同动作，才能确保安全运输，否则，一个部门、一个环节出了问题，都会影响旅客、货物运输的安全。特别是行车安全方面更为突出，如果一个地方发生行车重大、大事故，就会影响一线、一片，甚至波及整个运输生产。

（2）铁路运输生产过程复杂、安全工作贯穿始终

铁路运输旅客和货物，要经过复杂的生产过程，要经过若干工序若干人员的共同劳动才能实现旅客、货物的位移，把其送到目的地。因此，安全生产贯穿运输生产的始终，牵扯着生产环节中的每一道工序、每一个人。在一系列的生产过程中，各个工作环节部必须严格遵章守纪，才能确保旅客和货物的运输安全。否则，只要某一个工种、某一个职工违章作业，就将造成行车事故、货运事故或人身伤亡事故。

（3）铁路点多、线长，安全工作受社会环境影响大

铁路运输是在漫长的铁路线上、遍及全国各地的车站上进行的，这样各地的社会治安秩序的好坏、沿线人民群众对铁路安全知识的了解、爱路护路情况，或一些旅客违章携带危险品、易燃、易爆品上车等，都将影响铁路的安全生产。

（4）铁路运输不间断进行，安全生产受外界影响大

铁路运输生产一年四季昼夜不停地进行,这样,安全生产工作必然会受到外界自然环境变化的影响。天阴、下雨、刮风、下雪、下雾等,影响机车乘务人员瞭望信号和观察线路情况,稍不注意就可能发生事故。雨季,由于雨水浸入,可能发生塌方落石、洪水冲毁线路桥梁,危及行车安全。严冬季节,可能造成运输设备的冻坏。雷雨季节,由于强烈的雷电可能毁坏、干扰通信、信号设备,使行车安全得不到保证。

(5) 铁路是现代交通工具,技术性强

铁路是现代化的主要交通工具,设备先进、结构复杂,因而技术性很强。例如,各种机车车辆、现代化的通信、信号设备、养路机械、修车设备、各类装卸起重机械、各种机床、仪表、电气设备、锅炉、压力容器等结构复杂,要求有相应的安全技术措施和有关技术知识。因此,各类操作人员都必须经过培训和严格考试,合格后才能任职。只有这样,才能确保安全。

(6) 铁路运输是动态加工,时间因素对安全影响大

铁路运输旅客和货物是通过长大的列车使其发生位移,把他们送到目的地的。由于列车或调车的速度高,因此,在作业时要求有关人员特别注意时间因素,要做到分秒不差,准确无误,才能确保运输安全。否则,由于分秒之差而可能导致事故的发生。

微课
运输安全
重于泰山

## 7.4.2 铁路行车安全

行车安全是铁路运输的主要工作,也是最容易产生不安全因素的工作环节,铁路运输中出现的大部分不安全事故都在行车过程中。

### 1. 铁路交通事故的定义与分类

铁路机车车辆在运行过程中发生冲突、脱轨、火灾、爆炸等影响铁路正常行车的事故,包括影响铁路正常行车的相关作业过程中发生的事故;或者铁路机车车辆在运行过程中与行人、机动车、非机动车、牲畜及其他障碍物相撞的事故,均为铁路交通事故(以下简称事故)。依据《铁路交通事故调查处理规则》事故分为特别重大事故、重大事故、较大事故和一般事故四个等级。

(1) 有下列情形之一的,为特别重大事故

① 造成 30 人以上死亡。

② 造成 100 人以上重伤(包括急性工业中毒,下同)。

③ 造成 1 亿元以上直接经济损失。

④ 繁忙干线客运列车脱轨 18 辆以上并中断铁路行车 48 h 以上。

⑤ 繁忙干线货运列车脱轨 60 辆以上并中断铁路行车 48 h 以上。

(2) 有下列情形之一的,为重大事故

① 造成 10 人以上 30 人以下死亡。

② 造成 50 人以上 100 人以下重伤。

③ 造成 5 000 万元以上 1 亿元以下直接经济损失。

④ 客运列车脱轨 18 辆以上。

⑤ 货运列车脱轨 60 辆以上。

⑥ 客运列车脱轨 2 辆以上 18 辆以下,并中断繁忙干线铁路行车 24 h 以上或者中断其他线路铁路行车 48 h 以上。

⑦ 货运列车脱轨 6 辆以上 60 辆以下,并中断繁忙干线铁路行车 24 h 以上或者中断其他线路铁路行车 48 h 以上。

(3) 有下列情形之一的,为较大事故

① 造成 3 人以上 10 人以下死亡。

② 造成 10 人以上 50 人以下重伤。

③ 造成 1 000 万元以上 5 000 万元以下直接经济损失。

④ 客运列车脱轨 2 辆以上 18 辆以下。

⑤ 货运列车脱轨 6 辆以上 60 辆以下。

⑥ 中断繁忙干线铁路行车 6 h 以上。

⑦ 中断其他线路铁路行车 10 h 以上。

(4) 一般事故

凡事故性质或损害后果不够特别重大、重大事故及较大事故的为一般事故,又可分为一般 A 类事故、一般 B 类事故、一般 C 类事故、一般 D 类事故四个等级。

#### 2. 铁路交通事故的预防

预防铁路交通事故,确保行车安全,必须加强领导,坚持把安全工作摆到各级领导的重要议事日程;加强政治思想工作,教育广大职工牢固树立安全第一、质量第一的思想;严格遵守劳动纪律,认真执行规章制度;加强科学管理,坚持预防为主的方针,开展群众性的安全生产活动,及时消除隐患;加强职工的技术培训工作,发动广大职工努力钻研技术业务,不断提高技术水平;采用新技术、新设备,搞好设备养护维修,不断提高技术设备质量;对长期坚持安全生产和防止事故有功人员给予表扬和奖励;加强职工心理素质训练,提高安全心理的稳定性;建立安全检查机构、健全安全检查体制。

### 7.4.3 人身安全

在铁路运输生产过程中,确保人身安全是日常工作的重要内容之一。因此,除了不断地改善劳动条件和设备条件外,应经常组织宣传、学习、贯彻、落实人身安全的有关规定,以确保人身安全及生产任务的顺利完成。

#### 1. 通用人身安全标准

(1) 班前禁止饮酒。班中按规定着装,佩戴防护用品。

（2）顺线路行走时，应走两线路中间，并注意邻线的机车车辆和货物装载状态，严禁在道心、枕木头上行走。不准脚踏钢轨面、道岔连接杆、尖轨等。

（3）横越线路时，应“一站、二看、三通过”，注意左右机车车辆动态及脚下有无障碍物。

（4）横越停有机车车辆的线路时，先确认机车车辆暂不移动，然后在离该机车车辆较远处通过。严禁在运行中的机车车辆前面抢越。

（5）必须横越列车、车列时，应先确认列车、车列暂不移动，然后由通过台或两车车钩上越过，勿碰开钩销，要注意邻线有无机车车辆运行，严禁钻车。

（6）不准在钢轨上、车底下、枕木头、道心里坐卧或站立。

（7）严禁爬乘运行中的机车车辆，以车代步。

### 2. 人身伤亡的预防

行车事故的发生往往会导致人身伤亡，因此，预防人身伤亡除遵守预防行车事故的有关规定外，还应做到：

（1）加强铁路沿线的防护设施建设，特别是道口建设。

（2）强化铁路安全常识宣传，普及铁路安全知识。

（3）教育职工遵章守纪，按“人身安全的要求”来要求自己。

拓展视频
不该遗留的防尘堵底盖

## 【拓展提高】

1. 铁路安全知识纪录片《失守的防线》——4·28 胶济铁路特别重大交通事故介绍

https://v.youku.com/v_show/id_XMjc5MjY3NzgxMg==.html

2. 《铁路安全管理条例》专题动漫介绍

https://www.bilibili.com/video/av12396915/

## 【巩固练习】

**一、填空题**

1. 旅客列车分为________、________、________、________、________、________、________、________ 8 种。

2. 各种旅客列车都是根据需要由固定数量和类型的车辆组成，每对列车的________固定，车辆在列车中的________固定，________固定，即旅客列车的编组是固定的。

3. 旅客站台按站台高度可分为：________站台，其站台面高出相邻线路规面________ mm；________站台，其站台面高出相邻线路规面________ mm；________站台，其站台面高出相邻线路规面________ mm。

4. 按一批货物办理的条件必须是________、________、________、________、________相同。

5. 铁路货物运到期限由________、________、________组成。

6. 货物运输到限起码________。

7. 集装箱按箱型分类有________、________、________、________。

8. 货运事故分为________、________、________、________、________、________、________。

9. 根据《技规》和列车编组计划的要求，将车辆选编成车列或车组称为________。

10. ________是全路组织列车运行的基础。

11. 在列车运行图上，________的交点即为列车到、发、通过车站的时刻。

12. 横越线路时，应“________、________、________”，注意左右机车车辆动态及脚下有无障碍物。

13. 顺线路行走时，应走________，并注意邻线的机车车辆和货物装载状态，严禁在________、________上行走。不准脚踏________、________、________等。

**二、简答题**

1. 铁路旅客运输的基本任务是什么？

2. 铁路旅客运输合同的含义和凭证是什么？

3. 简述旅客运输生产过程。

4. 行李的范围和包裹的分类是如何规定的？

5. 货物运单的作用有哪些？

6. 货物运到期限是如何规定的？

7. 简述货物发送作业和到达作业的流程。

8. 在列车编组计划中，货物列车主要有哪几种？

9. 简述接发列车的主要程序。

10. 简述调车的概念和分类。

11. 什么是列车运行图？

# 第8章 高速铁路

## 【问题引入】

提到中国高铁，人们马上就会想到“和谐号”动车组，2010 年 12 月 3 日，京沪高铁枣庄至蚌埠段综合试验速度达到 486.1 km/h，刷新世界铁路运营试验最高速纪录，标志着中国高速铁路开始引领世界高速铁路的发展潮流。2017 年 6 月 26 日，中国的高铁家族注入了一个新的成员“复兴号”，从北京南站和上海虹桥站双向首发的中国标准动车组，具有里程碑的意义，标志着中国高铁由此告别混血时代。

据中国铁路总公司相关数据显示，2019 年春运新增铁路超过 4 600 km，其中高速铁路 4 100 km，广深港客运专线等多条铁路新线首次投入春运，高速铁路线路的增加，大大提升了铁路运输能力。

客运专线就是高速铁路吗？客运专线上运行的列车就称为高速动车组吗？如何保证高速运行下的旅客列车在线路上运行安全？

什么是动车组？动车组具体有哪些型号系列？中国标准动车组有哪些技术特征？高速动车组为什么能跑这么快？它和一般的列车在结构组成与工作原理上到底有什么不同？如图 8-1 所示为高速铁路。

图 8-1　高速铁路

## 【教学导航】

本章主要学习高速铁路的基本知识，学习导航如图 8-2 所示。

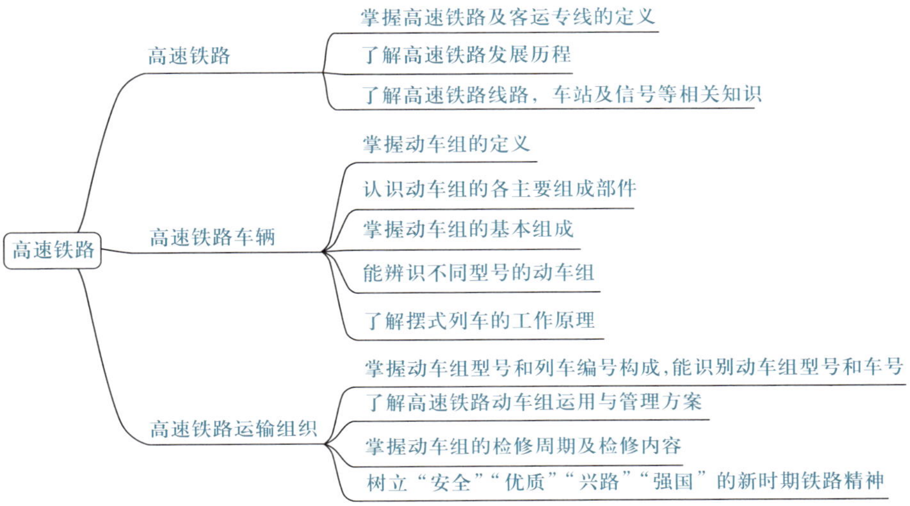


图 8-2 学习导航

## 【知识讲授】

高速铁路是现代新技术的集成，是一个庞大而复杂的系统工程，包括：高速铁路线路、高速列车和高速铁路安全运行管理系统。高速铁路线路是实现高速的基础，在线路布置方面比普通铁路的要求更高，运行在高速铁路线路上的列车称为动车组，是高速铁路新技术的核心。高速铁路技术是当今世界铁路的一项重大技术成就，也是近年来铁路发展的一个趋势。

微课
奔向“高速之路”

# 8.1 高速铁路概述

## 8.1.1 高速铁路的定义

电子课件
高速铁路概述

国际铁路联盟（UIC）对高速铁路的定义为：高速铁路是指通过改造原有线路（直线化、轨距标准化），使最高营运速度达到不小于 200 km/h，或者专门修建新的“高速新线”，使营运速度达到至少 250 km/h 的铁路系统。

随着京津城际铁路的开通，高速铁路的定义又起了变化。按照 2008 年世界高速铁路大会的定义：高速铁路必须同时具备三个条件：新建的专用线路、时速

250 km 动车组列车、专用的列车控制系统。

中国2014年1月1日起实施的《铁路安全管理条例》规定：高速铁路是指设计开行时速250 km以上(含预留)，并且初期运营时速200 km以上的客运列车专线铁路(客运专线)。

## 8.1.2 世界各国高速铁路的发展

回顾高速铁路的发展过程，可以分为三个时期：首先是高速铁路初创时期，日、法、德等国开发并建成高速铁路；其次是高速铁路技术成熟时期，日本和欧洲一些国家提高和完善高速铁路技术，高速铁路成为成熟技术并已为更多的国家所掌握；第三是高速铁路的广泛发展时期，更多的国家与地区着手开发和建设高速铁路。

### 1. 日本高速铁路

日本的东海道新干线于1959年开工建设，于1964年10月1日东京奥运会开幕前夕开通。该线路的成功运营，开创了世界上高速铁路的新纪元。1985年，日本东北、上越新干线相继开通。1987年之后，新干线网络不断扩大。2002年12月1日，东北新干线盛冈—八户新建标准新干线开通运营，东日本公司采用E2系1000型动车组，每列车由10辆编组(8M2T)。E2系1000型动车组最高设计速度达到315 km/h，最高运行速度达到275 km/h。

拓展视频
高铁的前世今生

### 2. 法国高速铁路

作为世界铁路运输最为发达的国家之一，早在1955年3月29日，法国就创造了电力机车牵引列车331 km/h的试验速度纪录。1969年11月，法国成功研制了第一代ETG型燃气轮动车组，最高试验速度达到248 km/h。1971年，法国政府批准修建TGV东南线(巴黎至里昂，全长417 km，其中新建高速铁路线389 km)。1976年10月正式开工，1983年9月全线建成通车。1981年，TGV高速列车在东南线南端部分投入运营，试验速度达到380 km/h，商业运行速度达到270 km/h。1990年5月，TGV在大西洋线创造了515.3 km/h轮轨系统高速行车的世界纪录。2007年4月3日，法国试验动车组V150创造了574.8 km/h的高速铁路试验速度新纪录。

### 3. 德国高速铁路

早在1970年，原联邦德国政府技术研究部就开始组织对未来长途运输系统新技术的研究。1982年5月13日，原联邦德国铁路成立董事会，决定修建高速铁路。1985年，2动3拖的ICE/V试验型高速电动车组试制成功，同年，其最高试验速度达到317 km/h。1988年5月，ICE/V型试验列车在汉诺威—维尔茨堡间创造了406.9 km/h的动车组最高速度纪录。在ICE/V的基础上，1986年开始试制 ICE-1 型动车组,1990 年 7 月试制完成并于 1991 年 6 月 2 日以 280 km/h的速度正式投入运行,之后又研制和开发了 ICE-2、ICE-3 型动车组。

由于高速铁路具有良好的经济促进作用,随后,西班牙、意大利、瑞典、韩国、比利时、荷兰、英国和美国等国家都纷纷研究高速铁路技术,先后发展了一系列的高速动车组。

## 8.1.3 我国高速铁路创新历程

### 1. 技术准备阶段

1991 年国家"中长期科学技术发展纲要"发布,明确提出 2020 年修建客运专线,并设立国家"八五"科技攻关课题,开始研究高速铁路关键技术,提出中国高速铁路技术路线和方案。"九五"期间继续设立国家科技攻关课题,研究高速铁路技术标准和动车组列车。

1994 年建成广深准高铁,设计时速为 160 km/h;1997 年开始三大干线第一次提速,达到时速 140 km/h;1998 年第二次提速,三大干线达到时速 160 km/h,并在郑武段开展综合试验,最高时速达 240 km,形成既有线提速标准。

结合"八五""九五"攻关成果,形成速度为 200~250 km/h 的高铁设计标准,指导秦沈客运专线设计,并于 1999 年开工建设,从而进入工程试验阶段。

### 2. 工程试验阶段

1999 年秦沈客运专线开工建设,设计速度 250 km/h,是中国自行研究、设计、施工的第一条高铁;2002 年 11 月,中国自主研发的"中华之星"动车组在秦沈客运专线的冲刺试验中,达到了 321.5 km 的最高时速,创造了我国当时铁路试验速度的最高纪录,250 km/h 高铁技术标准得到验证。

2005 年,京津城际作为京沪高铁的综合试验线开工建设,它是中国第一条设计时速为 350 km/h 的高速铁路。2008 年 8 月 1 日,北京奥运会前夕建成开通运营,时速为 350 km/h 高速铁路技术标准得到验证。

### 3. 大规模建设阶段

在工程试验全面验证高铁标准体系以后,2008 年以京沪高铁开工建设为标志,中国高铁进入快速发展阶段。2010 年,在京沪高铁枣庄至蚌埠间的先导段联调联试和综合试验中,国产"和谐号"CRH380A 新一代高速动车组最高运行速度达到 486.1 km/h,刷新世界铁路运营试验最高速度。

2017 年,由中国铁路总公司牵头组织研制,具有完全自主知识产权,达到世界先进水平的中国标准动车组"复兴号"上线运营,在京沪高铁上运营速度为 350 km/h,标志着我国成为世界高铁商业运营速度最高的国家,我国高速动车组技术全面实现自主化、标准化和系列化。

截至 2018 年底,中国高铁营业里程已达 2.9 万 km,超过世界高铁总里程的 2/3，成为世界上高铁里程最长、运输密度最高、成网运营场景最复杂的国家。

### 8.1.4 客运专线

我国铁路运输需求巨大，因此产生了“客运专线”这一名词，即客货分线运输。客运专线是专供旅客列车行驶的路网铁路。我国铁路等级除Ⅰ、Ⅱ、Ⅲ级外，又增加了“客运专线”等级，曲线半径一般在 2 200 m 以上。

客运专线列车运行快，实现了历史性跨越。客运专线设计速度从 210 km/h 到 270 km/h、300 km/h、350 km/h，如图 8-3 所示为胶济铁路客运专线。

图 8-3 胶济铁路客运专线

客运专线运量大、效能高，社会经济效益显著。客运专线列车最小行车间隔可达 3 min，列车密度可达每小时 20 列，列车定员可达 1 600~1 800 人/列，理论上每小时最大输运能力可达 2×32 000~2×36 000 人，能够实现大量、快速和高密度运输。

客运专线安全可靠。铁路客运专线采用了先进的列车运行控制系统，能够保证前后两列车必要的安全距离，有效防止列车追尾及正面冲撞事故。信息化程度很高的行车设施诊断、监测、预警设备和科学的养护维修，构成了客运专线现代化的、完善的安全保障系统。

### 8.1.5 我国高速铁路技术突破

拓展视频
5min 了解
中国高铁

#### 1. 京津城际铁路

京津城际铁路是一条连接北京市与天津市的城际铁路，全长 200 km，是中国大陆第一条高标准、设计速度为 350 km/h 的高速铁路，京津城际铁路于 2005 年 7 月 4 日正式动工，2008 年 8 月 1 日正式开通运营。

## 2. 京沪高铁

京沪高铁，又称京沪客运专线，是一条连接北京市与上海市的高速铁路，是世界上一次建成线路最长、标准等级和技术含量最高的高铁，其设计速度 380 km/h，全长 1 318 km。京沪高速铁路于 2008 年 4 月 18 日正式开工，2011 年 6 月 30 日，全线正式通车。

## 3. 京广高铁

京广高铁，又称京广客运专线，是京港高速铁路（北京至香港）的重要组成部分，是世界上运营里程最长的高速铁路。京广高速铁路于 2008 年 10 月 15 日动工建设，2012 年 12 月 26 日，京广高铁全线开通运营，其运营里程长达 2 298 km，共设 37 个车站，设计速度 350 km/h，运营速度为 300 km/h。

## 4. 沪昆高铁

沪昆高铁，又称沪昆客运专线，是中国东西向线路里程最长、影响范围大、经过省份最多的高速铁路。2009 年 2 月，沪昆高速铁路正式开工，2016 年 12 月 28 日，沪昆高速铁路全线正式通车，线路全长 2 252 km，设计速度 350 km/h。

## 5. 兰新高铁

兰新高铁于 2014 年 12 月 26 日全线开通运营，是世界上第一条沙漠地区高铁。线路全长 1 777 km，穿过高原、戈壁沙漠、大风区，最高海拔 3 680 m，超过 1 000 km线路修建在戈壁沙漠中，450 km 线路穿越最大风力 17 级以上的五大风区，如图 8-4 所示。

图 8-4 兰新高速铁路

## 6. 哈大高铁

哈大高铁于 2012 年 12 月 1 日正式通车运营，全长 921 km，是世界上第一条最寒冷地区的高速铁路，沈哈段于2013年纳入中国八纵八横高速铁路京哈通道。冬季平均气温-25 ℃，最低气温-41.4 ℃。随着路基冻胀的有效控制，实现了哈大高铁冬季速度300 km/h安全运营，成为世界上高寒地区运营速度最高的高铁，如图8-5所示。

### 7. 海南环岛高铁

海南环岛高铁于2015年12月30日竣工运营，是中国海南省境内的高速铁路，线路呈环形状，是世界上第一条热带地区高铁。线路全长653 km，年平均气温25.5 ℃，最高气温达到43 ℃，年降水量1 000~2 600 mm，如图8-6所示。

图8-5 哈大高速铁路

图8-6 海南环岛高速铁路

### 8. 广深港高铁

广深港高铁是中国华南地区连接广州市、东莞市、深圳市和香港特别行政区之间的高速铁路，线路呈西北至东南走向，线路全长141 km；为中国“八纵八横”高速铁路网京哈—京港澳通道的南端部分，广深港高速铁路广深段于2005年12月18日动工建设，2011年12月26日通车运营；香港段于2010年1月27日动工建设，于2018年9月23日通车运营。

中国高铁继续保持快速发展步伐，“四纵四横”高铁网基本成形，技术成就赢得国际声誉，服务品质不断攀升。中国高铁已经成为中国发展、中国成就、中国价值的一张独特而靓丽的“名片”。

## 8.2 高速铁路的基础设施

### 8.2.1 高速铁路线路

#### 1. 高速铁路线路特点

线路是列车运行的基础，高速运行的列车要求线路具有高平顺性、高稳定性、高精度、小残变和少维修性，并要有良好的环境保护性。只有这样，才能保证列车运行的高速、平稳和安全。

高速铁路线路主要具有以下基本特征：

（1）高平顺性。轮轨相互作用的理论指出，轨道不平顺所引起的轮轨动力响应及其对行车安全性、平稳性和乘客舒适性的影响随着速度的提高而增大。因此，对于高速铁路，要求具有高平顺性的轨道。

（2）高稳定性。稳定、沉降小且沉降均匀的平顺路基是高稳定轨道的基础。其稳定性好主要需要控制路基的“变形”并要求桥梁具有足够大的刚度。

（3）高精度、小残变、少维修性。轨道铺设的初始不平顺是运营不平顺发生、发展、恶化的根源，因此，要求轨道初始铺设时具有高精度。同时，由于高速动车组的频繁及强烈的冲击载荷作用，要保证运营后仍然具有高平顺性，则必须保证铺设时的小残余变形。只有这样，才能保证线路的少维修量。

（4）宽大、独行的线路空间。列车高速运行将带动周围的空气流动，形成一种特定的流场，威胁沿线工作人员和旅客的安全，对线路两侧的建筑物也有破坏作用。1988 年我国在京广铁路许昌—小商桥间进行高速试验时，试验列车与南宁—西安的旅客列车交会时将客车车窗玻璃吸下并击打在试验车的车体上。因此，需要在高速线路上增加大线间距和旅客的安全退避距离，并采用全封闭线路。

（5）高标准的环境保护。高速铁路需要强调高线路本身与环境的完美结合。当列车速度高过 250 km/h 后，来自轮轨、弓网相互作用，以及与空气摩擦产生噪声是让人无法忍受的，因此，需要设置隔声墙等降噪措施。

此外，高速铁路还要求在开通时即以高速运行，并要有严密的轨道状态检测和防灾安全监控措施。

## 2. 高速铁路线路标准

（1）最小曲线半径

最小曲线半径的选定主要应考虑行车速度、地形条件和机车牵引种类等因素，其中行车速度是选定最小曲线半径的主要因素。客运专线铁路区间线路最小曲线半径如表 8-1 所示。

表 8-1 客运专线铁路区间线路最小曲线半径

| 路段设计行车速度/(km/h) | 最小曲线半径/m | |
|---|---|---|
| | 一般地段 | 特殊困难地段 |
| 200 | 2 200 | 2 000 |
| 250 | 4 000 | 3 500 |
| 300 | 4 500 | – |
| 350 | 7 000 | – |

(2) 缓和曲线

缓和曲线线形要力求简单,便于测设与养护;缓和曲线应尽量短些,以减少工程量和投资费用。缓和曲线的线形很多,我国京沪高速铁路采用三次抛物线形,该线形简单、设计方便、平立面的有效长度长,有现场运用和养护经验。

(3) 线路间距

在高速复线铁路上,当两列车相遇时,会产生较大的风压力(排斥力或吸引力),为避免强大风压造成损害,各国根据具体情况选择了适当的线路间距。例如:日本铁路在区间线路上取 4.2 m、在站内线路上取 4.6 m;法国铁路取 4.8 m;德国取 4.7 m。我国京沪高速铁路结合国外高速铁路的线间距取值方法,并考虑我国高速铁路实际运行情况,线间距最终选定 5.0 m。

(4) 限制坡度

与传统铁路相比,高速铁路比较突出的特点是允许采用较大的坡度值。日本新干线早期采用的最大坡度均小于 20‰,北陆新干线采用了 30‰的最大坡度值,九州新干线的最大坡度值为 35‰。法国铁路一直采用较大的坡度值,东南线和地中海线采用 35‰,其他几条高速铁路为 25‰。德国修建科隆—法兰克福线路时,采用了 40‰的坡度值。我国台湾高速铁路最大坡度为 35‰。我国京沪高速铁路最大坡度为 12‰,个别困难地段经牵引计算检算,可采用不大于 20‰的坡度。

(5) 竖曲线半径

高速铁路线路的相邻坡度差大于 1‰时,应设置竖曲线。竖曲线一般采用圆形曲线。在一定机车车辆构造条件下,竖曲线半径与行车速度有关,行车速度越高,竖曲线半径也应越大。法国 TGV 东南线的竖曲线半径采用 25 000 m;而日本除东海道新干线采用 10 000 m 以外,其余各线均采用 15 000 m。我国客运专线铁路需设置圆曲线形竖曲线,且竖曲线最小长度不小于 25 m,竖曲线半径不小于 15 000 m,允许速度大于 200 km/h 的地段,竖曲线半径应不小于20 000 m。

### 3. 高速铁路路基结构特点

与普通路基相比,高速铁路路基工程具有强度高、刚度大的道床可以控制路基缓慢沉降或没有沉降等。因此,为了保证高速行车,路基工程必须具有抵抗这些不良因素的能力,保证强度不降低,弹性不改变、变形不会加大,真正做到长寿命、少维修。只有这样,才能高速行车,减少维修费用,并增加行车的舒适性和安全性。

路基横断面处除应满足高速行车的技术要求外,还要为高速行车的安全及线路维修检查提供便利条件,因此需要设计较宽的路基宽度。法国高速铁路路基宽度规定为 12.6 m;日本东海道新干线为 10.7 m,山阳新干线为 11.6 m;意大利高速线为 13 m;德国则采用 13.7 m。

道床的基底除路堤可用石块填筑外,均应铺设 15~55 cm 厚的垫层,以保证高速列车良好的运行条件及行车安全。

我国高速铁路对路基宽度的技术要求如下。

（1）客运专线路堤、路堑两侧路基面宽度均应不小于1.0 m。

（2）高速铁路路基面宽度见表8-2。

表8-2 直线地段路基面宽度 /m

| 单线 | | 双线 | |
|---|---|---|---|
| 路堤 | 路堑 | 路堤 | 路堑 |
| 8.8 | 8.8 | 13.8 | 13.8 |

（3）高速铁路正线曲线地段路基面加宽值应在曲线外侧按如表8-3所示，规定的数值加宽。曲线加宽值应在缓和曲线内渐变。

表8-3 曲线地段路基面加宽值 /m

| 曲线半径 | 路基外侧加宽值 |
|---|---|
| 11 000～14 000 | 0.3 |
| 7 000～11 000 | 0.4 |
| 5 500～7 000 | 0.5 |

## 4. 高速铁路对桥隧建筑物的要求

由于速度大幅度提高，高速列车对桥梁结构的动力作用远大于普通铁路桥梁。桥梁出现较大挠度会直接影响桥上轨道的平顺性，造成结构物承受很大的冲击力，旅客舒适度受到严重影响，轨道状态不能保持稳定，甚至影响列车的运行安全。此外，为保证轨道的平顺性还必须限制桥梁的预应力徐变上拱和不均匀温差引起的结构变形，这些都对高速桥梁结构的刚度和整体性提出了严格的要求。

（1）我国高速铁路桥梁的特点

① 所占比例大、高架长桥多。高速铁路设计参数限制严格，曲线半径大、坡度小，并需要全封闭行车，导致桥梁建筑物数量要大大多于普通铁路。我国京沪高速铁路的桥梁总延长占80%以上，合计超过1 000 km。

② 以中小跨度为主。由于高速铁路对线路、桥梁、隧道等土建工程的刚度要求严格，因此，高速铁路桥梁的跨度不宜过大，应以中小跨度为主；法国高速铁路直到修建地中海线时才首次采用100 m跨度的桥梁。

我国京沪高速铁路线上桥梁也绝大多数为中小跨度，跨度有24 m、32 m、40 m几种，以32 m居多，以保证桥梁具有足够的刚度和良好的整体性。

③ 刚度大、整体性好。列车高速、舒适、安全行驶要求高速铁路桥梁必须具有足够大的刚度和良好的整体性，以防止桥梁出现较大挠度和振幅，同时，必须限制桥梁的预应力徐变上拱和不均匀温差引起的结构变形，以保证轨道的高平

顺性。

④ 结构的耐久性与环境的协调。高速铁路是极其重要的交通运输设施,任何中断行车都会造成很大的经济损失和社会影响,因此桥梁结构构造应易于检查与维修,并应尽量做到少维修或免维修。

另外,高速铁路作为重要的现代交通运输线,应强调结构与环境的协调,重视生态环境保护。这主要指桥梁造型要与周围环境相一致并注重结构外观和色彩,在居民点附近的桥梁应有降噪措施,避免桥面污水损害生态环境等。

(2) 高速铁路隧道的特点

高速铁路隧道与普速铁路隧道最大的区别就是当列车以高速通过隧道时,会产生极强的空气动力学效应,即瞬间压力、洞口微气压和行车阻力,对行车安全性、旅客舒适度及洞口环境等均产生不利影响。当列车以 200 km/h 以上的速度通过铁路隧道时,这种不利影响就已十分明显地起到控制作用。

另外,高速铁路隧道对于防排水标准、防灾救援和耐久性等方面有较高的要求。

5. 高速铁路对轨道的要求

(1) 高速铁路对轨道结构的要求

① 应具有可靠的稳定性和高平顺性。

② 应具有沿纵向轨道均匀分布的合理刚度。首先,轨道必须有合理的弹性,以满足吸收振动与噪声和减少冲击作用的需要,并保持钢轨轨底应力在允许范围内。其次,应保持沿线路纵向轨道弹性均匀分布,是无砟轨道耐久性的重要保证。

③ 质量良好的养护和维修。高速铁路对舒适性标准和安全性标准要求更高,因此,可维修性是轨道结构的重要特点,也是设计和运营阶段需要考虑的重要方面。

(2) 高速铁路轨道结构特点

铺设超长轨道无缝线路、重型轨道结构、强韧性与弹性的轨道部件、有足够弹性及稳定性的道床、采用可动心轨或可动翼轨结构的大号道岔等。

(3) 高速铁路轨道结构类型

高速铁路轨道结构可分为有砟轨道(道砟轨道)和无砟轨道(板式轨道)两种类型。

① 有砟轨道。有砟轨道即所谓常规轨道,在国内外已获得广泛的应用。有砟轨道结构形式简单,造价低,线路的弹性和减振性能较好,建设周期短、轨道超高和几何形态调整简单,而且噪声较小,但它的缺点是轨道的横向抗力较小、桥上道床稳定性、维修工作量、道砟飞散及道砟资源等问题需要解决。

② 无砟轨道。无砟轨道结构是用耐久性好、塑性变形小的材料代替道砟材料的一种新型轨道结构。由于取消了碎石道砟道床,轨道保持几何状态的能力提高,轨道稳定性相应增强,维修工作减少,明显优于有砟轨道,成为目前高速铁

路轨道结构的主要发展方向。德国、日本等高速线路都大比例地应用无砟轨道，荷兰、西班牙、意大利、韩国等世界各国也都积极进行无砟轨道的试验与试铺。我国京沪高速铁路全线共铺设无砟轨道 1 200 双线 km，占总长的 91%。

### 8.2.2 高速铁路车站

高速铁路的车站是高速铁路运输组织的基地。由于高速铁路的建设模式不同，车站的修建也不同。

#### 1. 修建模式

① 既有线改造，客货列车共线运行模式。

② 全部新建客运专线，全高速旅客列车运行模式。

③ 高速线与既有线并行，全高速旅客列车运行或中、高速旅客列车共线运行模式。

#### 2. 车站的类型与作用

高速铁路车站主要是为高速客流提供运输服务，其服务对象决定车站在功能、分类上有别于普通的铁路车站。

根据技术作业性质不同，高速铁路的车站可划分为越行站、中间站、始发（终到）站和通过站。始发（终到）站主要位于高速铁路线的起点和终点及有大量客流出发和到达的大城市。主要有以下几项功能。

① 主要办理高速旅客列车的始发、终到作业及客运业务。

② 办理高速旅客列车的折返、动车组的取送作业。

③ 设有动车段，办理动车组的客运整备和客车的检修作业等。

通过站设在高速铁路沿线大、中城市的铁路枢纽，一般都有普通铁路干支线接轨，以办理通过的高、中速旅客列车作业为主，兼办部分始发、终到的高速列车。

### 8.2.3 高速铁路信号与控制系统

高速铁路信号与控制系统是集计算机技术、通信技术和控制技术为一体的行车指挥、列车运行控制和管理自动化系统，是保障高速列车运行安全，提高运输效率的关键技术装备。

#### 1. 高速铁路信号与控制系统的组成

高速铁路信号与控制系统主要由列车运行控制系统（用于控制列车间隔）、联锁系统（用于控制进路）、调度集中系统（用于行车指挥）、代用信号设备和专用通信设备等组成，如图 8-7 所示。高速铁路信号系统的设备主要布置在调度中心、车站、区间信号室、线路旁和动车组内。

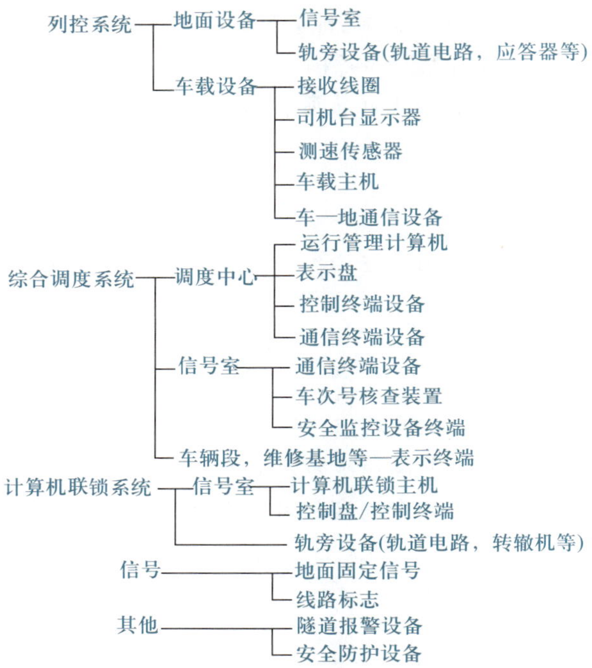


图 8-7 高速铁路信号系统组成

## 2. 高速铁路信号与控制系统的特点

（1）采用列车运行自动控制（advanced train control，ATC）系统。高速铁路列车速度达到 200 km/h 以上，其紧急制动距离接近 4 000 m。通常的地面信号为主体信号的自动闭塞制式已不能确保列车安全，因此已建成的高速铁路无一例外地全都采用了列车运行自动控制系统完成闭塞功能。该系统以车载信号作为行车凭证，直接向司机提供速度命令，信号直接控制列车制动。

（2）采用调度中心指挥列车。由调度员统一指挥全线列车运行。调度集中（centralized traffic control，CTC）系统远距离控制全线信号、转辙机和列车进路，正常行车不需要车站本地控制。

在各车站及区间信号室附近设置车次号核查等列车—地面信息传递设备（TIPB），对列车实际位置进行确认。

（3）重视安全防护。配备了热轴探测、限界检查、自然灾害报警等监测点，并与调度中心联网，防患于未然。

（4）通信信号一体化。专用通信系统承载业务以数据为主，辅以话音和图像。信息传递的实时性、安全性、可靠性要求更高。车站和调度中心大都采用局域网。

## 3. 列车运行控制系统（CTCS）

CTCS 是中国列车运行控制系统（Chinese Train Control System）的英文缩写。它以分级的形式满足不同线路的运输需求，在不干扰机车乘务员正常驾驶的前提下有效地保证列车运行的安全。

第六章已有介绍,此处不再赘述。

# 8.3 高速铁路动车组

## 8.3.1 动车组简介

### 1. 动车组的定义

动车组全称动车组列车,是现代列车的一种类型,由若干带动力的车辆(简称动车)和不带动力的车辆(简称拖车)共同组成,在正常使用寿命周期内始终以固定编组运行、不能随意更改编组的一组列车。一般来说,由于需要双向运行,在列车的两端均设有驾驶舱。

微课

认识高速动车组

### 2. 动车组的分类

(1) 按速度等级分类

① 准高速动车组——运行速度为 160~200 km/h。

② 高速动车组——运行速度为 200~400 km/h。

③ 超高速动车组——运行速度为 400 km/h 以上。

(2) 按牵引动力类型分类

① 内燃动车组——由柴油机提供动力。

② 电力动车组——由供电接触网提供动力。

③ 磁悬浮动车组——由电磁系统提供动力。

电子课件

认识高速动车组

(3) 按动力配置方式分类

① 动力集中型动车组。动力集中型动车组就是指将整车动力集中在动车组一端或两端的车辆上,其余中间车辆不带动力(即为拖车),动力车只牵引不载客,拖车只载客不牵引,如 ICE1、TGV-A 等。

② 动力分散型动车组。动力分散型动车组就是指将整车动力分散到动车组的若干车辆上,中间车辆有带动力的(即动车),也有不带动力的(即拖车),也可以全部车辆都带动力,动车组的全部车辆都可以载客,如 300 系、ICE3、AGV 等。我国生产的 CRH 型动车组均属于动力分散型动车组。动力集中型动车组和动力分散型动车组的优缺点分析如表 8-4 所示。

(4) 按转向架连接方式分类

① 独立式高速动车组。独立式动车组即为传统的车辆与转向架的连接方式,每节车辆的车体都置于两台转向架上,车辆与车辆之间用密封式车钩相连接,列车解体后车辆可独立行走,如德国的 ICE 型动车组、日本新干线。

② 铰接式高速动车组。铰接式动车组是将车辆的车体之间用弹性铰相连接,并放置在一个共用的转向架上,因此每节车辆不能从列车上分解下来独立行

走，如 TGV、AGV 等。

表 8-4 动力集中型动车组和动力分散型动车组优缺点分析表

| 类型 | 优点 | 缺点 |
|---|---|---|
| 动力集中型动车组 | 1. 可灵活编组，便于管理<br>2. 便于监测和维修保养<br>3. 车厢内振动小、噪声低<br>4. 可进入既有线，也可进入非电气化铁路区段 | 1. 载客量相对较少<br>2. 轴重相对较重<br>3. 黏着与高速的矛盾难以协调<br>4. 制动性能相对欠佳 |
| 动力分散型动车组 | 1. 载客量相对较多<br>2. 最大轴重较轻<br>3. 黏着与高速的矛盾容易协调<br>4. 具有较好的制动性能<br>5. 具有较低的每一座位寿命周期费用 | 1. 车厢内的舒适度较低<br>2. 故障率相对较高<br>3. 不能驶入非电气化铁路运行 |

## 8.3.2 动车组的基本构造

一般动车组有动车（M）、拖车（T）、带司机室车和不带司机室车等多种形式。按各部分具体功能来分，一般动车组由车体、转向架、车端连接装置、牵引传动系统、制动装置、受流装置、车辆内部设备、列车网络控制系统等部分组成，如图 8-8 所示。

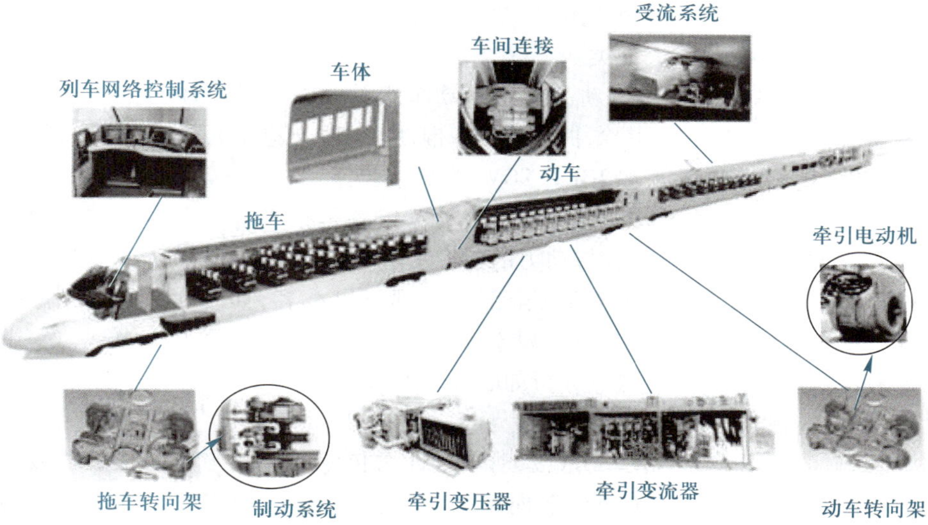


图 8-8 一般动车组的基本组成

## 1. 动车组车体

车体是容纳乘客和司机驾驶的地方，又是安装与连接其他设备和部件的基础和骨架。通常车体由底架、端墙、侧墙和车顶等组成。其作用是：提供乘客乘坐空间；安装设备；纵向连接承载。在技术上，要求车体轻量；有足够的强度和刚度；有良好的空气动力学性能；保证良好的乘坐舒适性等。车体分为带司机室车体和不带司机室车体两种。

为保证高速运行条件下具有较好的舒适性和安全性，高速动车组车体在结构方面要达到轻量化、高结构强度、减振降噪并具有良好的气动外形等。

(1) 车体结构轻量化

对于高速动车组而言，在动力一定的情况下，列车的重量越轻越容易达到更高的速度；在速度相同的情况下，车体越轻，牵引和制动消耗的能量就越少。为了节省牵引功率，降低列车高速所引起的动力作用对线路结构、机车车辆结构产生的损伤，以及提高旅客乘坐舒适度，需要最大限度地降低高速动车组的轴重和减小簧下质量。

在高速车辆的重量中，车体所占比例最大，因此，使车体轻量化对减轻高速列车整体重量的效果更明显。实现车体结构轻量化的主要途径有两个：一是车体使用轻量化的材料，如采用不锈钢、铝合金以及碳素纤维等新材料；二是在保证车体强度和刚度的基础上，对车体结构进行优化设计，以减轻车辆自重。

车体结构轻量化的优点：一是节约能量；二是减小对轨道的损坏；三是减轻因振动而引起的噪声，可改善对环境的污染。

(2) 高结构强度

列车在运行过程中，车体作为承载结构，除了承受旅客的重量和各种设备的重量外，还要承受横向、纵向、垂向和扭转等各种动态载荷，因此，车体必须具有足够的强度和刚度，既要满足静强度要求——有足够的能力承载旅客及各种设备；还要满足疲劳强度要求——在不断变化的载荷作用下，不出现事故性破坏。

(3) 减振降噪密封隔声

为了提高旅客乘坐的舒适度，就必须降低车内的振动和噪声。

① 从振动和噪声源入手

降低振动和噪声，采用如下办法：

车体结构采用连续焊缝以消除焊接气隙。

采用固定式车窗，侧门采用密封性能良好的塞拉门，头、尾的端门要采用可充压缩空气的橡胶条，通过台风挡采用橡胶大风挡。

空调设备设立压力控制，厕所、洗脸室的水不能采用直排式，而要采用密封装置等。

② 从噪声的传播途径考虑

从噪声的传播途径考虑，主要采用隔振、吸振、隔声和吸声等措施减振降噪，如：

在车轮上安装消声器和开发弹性车轮，车体外形设计成流线型，采用橡胶风挡等以削弱噪声源发出噪声的强度。

采用双层墙、双层车窗，在车体金属表面涂刷防振阻尼层等措施，以提高车体的隔声性能。

总之，在高速动车组上应用了大量的高性能新型隔振吸声材料，以隔离和减弱来自车下和车外的振动与噪声。

（4）良好的气动外形

随着列车运行速度的提高，列车与周围空气的动力作用加剧除空气阻力外，作用在列车上的还有各种力和力矩，以及在列车、线路附近产生的“列车风”，并且当列车在隧道内高速运行或列车交会时，这些动力作用更强烈，如当列车以 200 km/h 行驶时，根据测量，在轨面以上 0.814 m、距列车 1.75 m 处的空气运动速度将达到 7 m/s，这是人站立不动能够承受的风速，当列车以这样或更高的速度通过车站时，列车风将给铁路工作人员和旅客带来危害。所以它们都关系到列车运行的稳定性、安全性、舒适性和能耗大小等问题。为此，必须对车体外形给予足够的重视。

好的头型设计可以有效地减少运行空气阻力、列车交会压力波和解决运行稳定性等问题，可以有效地减少列车表面压力、列车空气阻力、会车压力波、隧道内列车表面压力和列车风等问题。

① 车头设计成流线形，整个车身断面呈鼓形，即车顶为圆弧形，侧墙下部向内倾斜（5°左右）并以圆弧过渡到底架，侧墙上部向内倾斜（3°左右）并以圆弧过渡到车顶。这不仅能减小空气阻力，而且有利于缓解列车交会压力波及横向阻力、侧滚力矩的作用。

② 车辆底部形状对空气阻力的影响很大，为了避免地板下部设备的外露，采用与车身横断面形状相吻合的裙板遮住车下设备，以减少空气阻力，也可防止高速运行带来的砂石击打车下设备。

③ 车体表面光滑平整，尽量减少突出物。如侧门采用塞拉门，扶手为内置式，脚蹬做成翻板式，使侧门关闭时可以包住它。

④ 两车辆连接处采用橡胶大风挡，与车身保持平齐，避免形成空气涡流。

具有良好头形和车身外形的动车组如图 8-9 所示。

## 2. 转向架

转向架位于车辆的最下部、车体与轨道之间。它是保证车辆运行品质和保障运行安全的关键部件。动车组转向架一般由构架、轮对、轴箱、一系悬挂、二系悬挂、驱动装置和基础制动装置等组成。其作用是：承载、导向、缓冲、牵引和制动等。

（1）转向架的结构特点

动车组转向架分为动力转向架（动车转向架）和非动力转向架（拖车转向架）两类，如图 8-10、图 8-11 所示。

图 8-9 良好的车体和流线型车头

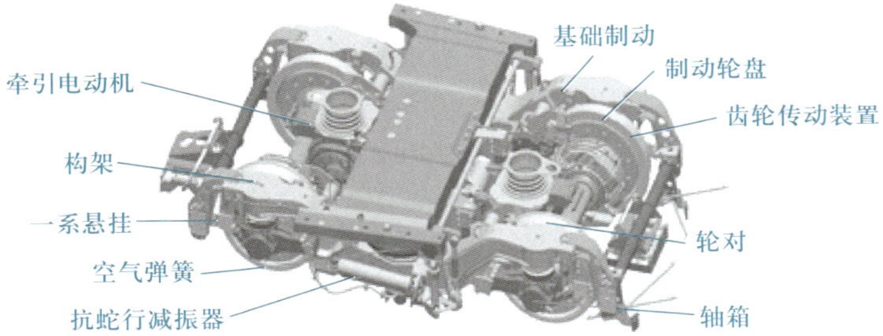


图 8-10 CRH3 动车组动力转向架

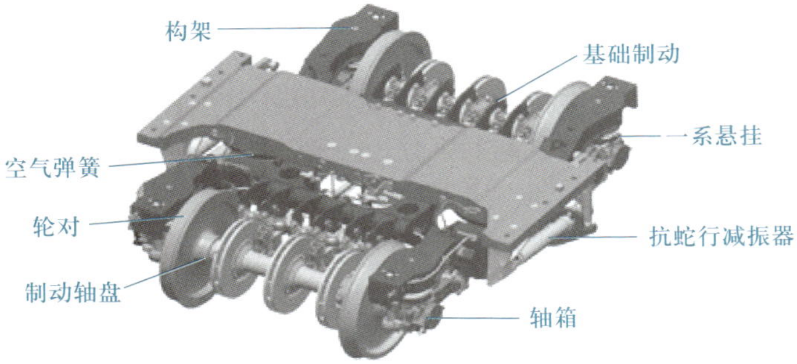


图 8-11 CRH3 动车组非动力转向架

动车转向架带有牵引电动机，拖车转向架不带牵引电动机，其余部分基本一致。特点如下：

① 均为二轴无摇枕转向架。

② 轮对为空心车轴，整体轧制车轮、磨耗型车轮踏面。

③ 全部车轮安装制动轮盘，拖车车轴安装制动轴盘。

④ 采用空气弹簧。

⑤ 牵引装置主要采用拉杆方式。

⑥ 采用抗蛇行减振器兼顾高速稳定性和曲线通过性能。

动车转向架还要有：

① 牵引电动机：安装方式采用架悬或体悬或半架半体。

② 驱动装置：齿轮传动装置通过轴承安装在车轴上，牵引电动机与齿轮传动装置通过联轴节传递驱动力。

此外，动车和拖车均采用空电联合复合制动方式。由于动力转向架有牵引电动机和驱动装置，空间位置比较紧张，因此需采用轮盘式闸片（每轴 2 个），而非动力转向架采用轴盘式闸片（每轴 2~3 个）。

（2）动车组转向架的技术性能

高性能的转向架，必须解决其高速运行时的平稳性和良好的曲线通过性能等关键技术问题。当转向架运动不稳定时，不仅车辆运行性能恶化，旅客舒适度也会下降，而且直接影响行车安全。减少轮对的蛇行运动和减低振动是保证乘客舒适度的要素。因此，通过改变转向架结构、优化参数使其具有较高的临界速度，合理设计转向架的悬挂装置（弹簧减振系统）和选择其参数来提高高速列车的平稳性。

高速列车通过曲线时，产生过大的侧压力会造成轮、轨的剧烈磨损，还易引起脱轨、倾覆等安全事故。一般来说，改善车辆的曲线通过性能与抗蛇行运动稳定性往往是矛盾的。因此在选择高速转向架的有关设计参数时，要合理地兼顾两方面的性能要求。

### 3. 车端连接装置

车端连接装置是指连接两车辆间或两车列间的所有机械、电气和空气装置，主要包括车钩、缓冲器、风挡、车体间减振器和电气连接器。动车组普遍采用密接式车钩缓冲装置，该装置的两车钩连接面纵向间隙一般小于 2 mm，上下左右偏移也很小，这为高速列车运行的平稳性和电气线路、风管的自动对接提供了保障。

高速动车组的车钩缓冲装置主要分为三种：即用于动车组两端的自动车钩（见图 8-12a），用于动车组车辆之间相连的半永久车钩（见图 8-12b），以及紧急情况下用于非密接式车钩与动车组间救援使用的过渡车钩（见图 8-12c）。

(a) 自动车钩

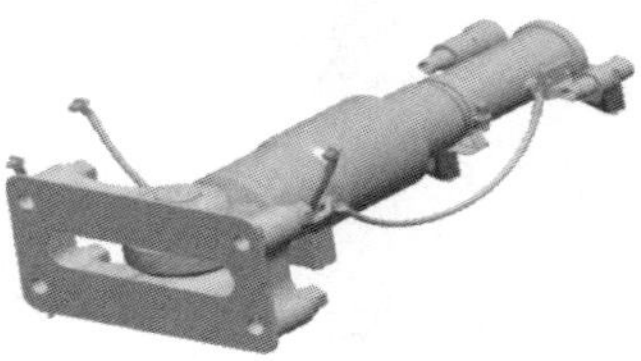

(b) 半永久车钩

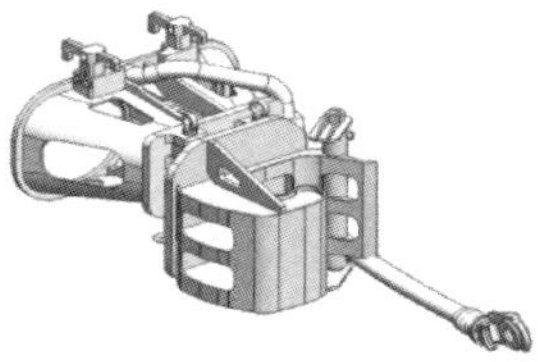

(c) 过渡车钩

图 8-12 动车组车钩缓冲装置

自动车钩主要包括以下部件：机械钩头、车钩钩身、空气管路、解钩气缸、缓冲装置等。机械钩头和钩锁铁可以确保实现相邻车辆的机械连挂，其连挂结构的特点就是在连挂结合面上带有一个凸锥和一个凹锥，可以允许车钩在一个比较大的横向和垂向范围内自动对中，如图 8-13、图 8-14 所示。

微课
"小动"之吻

电子课件
高速动车组车钩

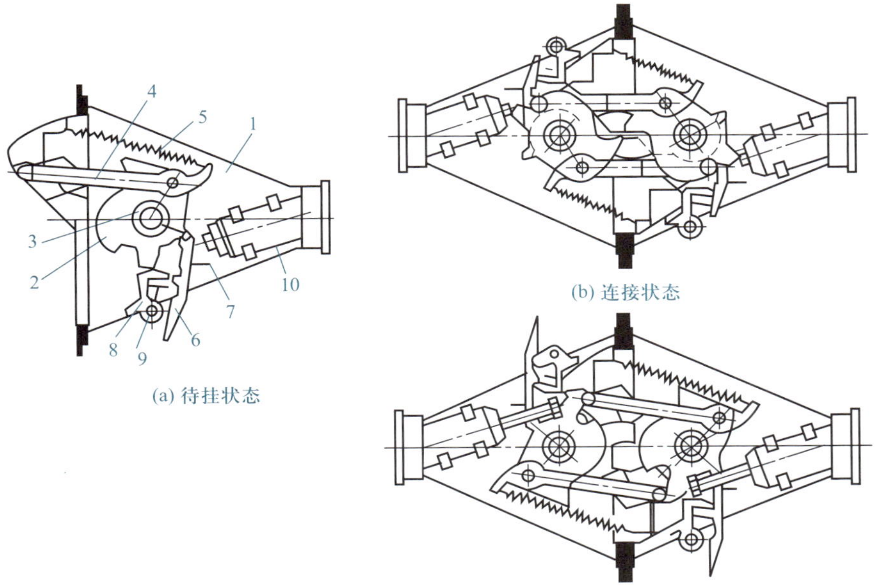


(a) 待挂状态

(b) 连接状态

(c) 解钩状态

图 8-13 自动车钩的工作原理

1—壳体；2—钩舌；3—中心轴；4—钩锁连接杆；5—钩锁弹簧；6—钩舌定位杆；7—钩舌定位杆弹簧；8—定位杆顶块；9—定位杆顶块弹簧；10—解钩风缸

图 8-14 自动车钩的实物

(1) 待挂状态

待挂状态指车钩连接前的准备状态，此时钩舌定位杆被固定在待挂位置，钩锁弹簧处于最大拉力状态，钩锁连接杆退至凸锥体内，钩舌上的钩嘴对着钩头正前方。

（2）连接状态

相邻车钩的凸锥伸入对方车钩的凹锥孔并推动定位杆顶块，定位杆顶块推动钩舌定位杆离开待挂位置。由于钩锁弹簧的回复力使钩舌做逆时针转动，带动钩锁连接杆伸进相邻车钩钩舌的钩嘴，完成两钩的连接锁闭。这时连挂两钩的钩锁连接杆和钩舌形成平行四边形，车钩受牵拉时，拉力由两钩锁连接杆均匀分担，使钩舌始终处于锁紧位置。当车钩受冲击时，压力通过两车钩壳体连接法兰传递。

（3）解钩状态

司机操纵按钮控制电磁阀，使解钩风缸充气，风缸活塞杆推动钩舌顺时针转动，使相邻车钩的钩锁连接杆脱开钩舌，同时使自身的钩锁连接杆克服钩锁弹簧拉力缩入钩头凸锥体内，这时定位杆顶块控制钩舌定位杆使钩舌处于解钩状态。当两钩分离后，定位杆顶块由于弹簧作用复位，钩舌定位杆回至待挂位，车钩又恢复到待挂状态。

**小提示：**

动车组上常用的有沙库式全自动密接式车钩和柴田式全自动密接式车钩两种，图 8-14 介绍的是有沙库式全自动密接式车钩。柴田式全自动密接式车钩多用于我国早期北京地铁和广州地铁的列车上，我国的 CRH2 型动车组也是采用的柴田式密接式车钩。

### 4. 牵引传动及控制系统

动车组的牵引传动及控制系统主要是指动车电气设备，包括动车（或拖车）上的各种电气设备及其控制电路。其作用是：实现电能有效传递和转换；驱动列车前进；控制列车正常运行。

当列车需要牵引运行时，牵引传动系统的受电弓将接触网上 25 kV、50 Hz 单相工频交流电，经过相关的高压电器设备，传输给牵引变压器，牵引变压器降压输出单相交流电供给牵引变流器，脉冲整流器将单相交流电变换成直流电，经中间直流电路将直流电输出给牵引逆变器，牵引逆变器输出电压、频率可调的三相交流电供给牵引电动机，控制电动机的矩速特性满足动车牵引特性的要求，实现电能到机械能的转换。能量变换与传递的途径如图 8-15 黑色箭头所示。

当列车需要制动时首先实行动力制动，牵引电动机作发电机运行，牵引传动系统将牵引电动机输出的电压、电流、频率不断变化的三相交流电转换成25 kV、50 Hz 单相交流电反馈给电网，实现再生制动，从而实现机械能到电能的转换。能量变换与传递的途径如图 8-15 白色箭头所示。

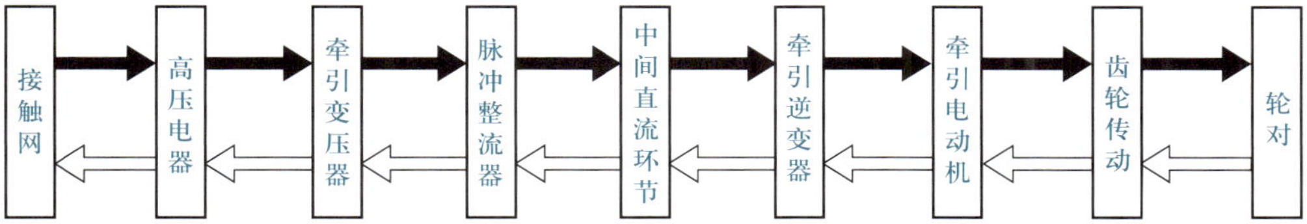


图 8-15 传动装置及能量转换

目前动车组大都采用的是交流传动装置,其牵引电动机采用的是三相交流异步电动机。交流牵引传动系统包括牵引电动机、牵引变压器、牵引变流器和牵引控制系统。

## 5. 制动装置

制动装置是保证列车安全运行所必不可少的装置,不仅在动车上设制动装置,而且在拖车上也要设制动装置。其作用是:产生一定的制动力,使列车在规定的距离或时间内减速或停车。该装置包括机械部分、空气管路部分和电气控制部分。现代动车组通常以再生制动为首选制动方式。

(1) 高速列车制动系统的基本要求

由于列车的制动能量和速度成平方关系,速度在 200~300 km/h 的高速列车的制动能量是普通列车的 4~9 倍,从而在制动系统的性能要求和组成方面,均完全不同于常速列车。

① 制动能力的要求。高速列车的制动能力首先表现为停车制动时对制动距离的控制,制动距离基本上与列车制动初速度的平方成正比的关系,随着列车速度的提高,必须相应地改进其制动装置和制动控制方式才能满足缩短制动距离的要求。

高速列车采用能提供强大制动力并更好利用黏着的复合制动系统。复合制动系统通常由制动控制系统、动力制动、摩擦制动(如盘形制动)系统、微机控制的防滑器和非黏着制动装置等组成。为了满足制动能力强、响应速度快的要求,一般采用两种复合制动的模式:

采用电气与空气联合制动模式,电气制动优先。电气制动与空气制动结合可保证列车在从低速到高速的整个速度范围内都有充足的制动力。另外,防滑装置可使轮轨间的黏着力得到充分运用,进而有效地缩短制动距离。

电气制动由于操纵控制方便,且可以大大减少空气制动系统零部件的磨耗,因而得以优先使用。空气制动只作为电气制动的后备和补充,在列车调速、低速行驶和紧急情况下(电气制动无法发挥作用)要求迅速停车时使用空气制动以确保可靠的制动。

操纵控制采用电控、直通或微型计算机控制电气指令式等灵敏而迅速的系统。

这些装置使制动系统的反应更为迅速,进一步缩短了制动距离。

② 舒适性的要求。从列车动力学的观点出发，旅客的乘坐舒适性主要受列车速度变化的影响。动车组制动减速度远大于普通的旅客列车。因此，动车组的制动系统采用微型计算机控制，实现制动过程的优化，在提高平均减速度的同时限制制动减速度的变化率，制动冲动小，减少了动车组的纵向冲动，从而提高了旅客乘坐的舒适性。

③ 安全可靠性要求。制动系统作用的可靠性是列车行车安全的基本保证，特别是高速运行时，制动系统失灵的后果将不堪设想。因此，动车组制动系统具有高可靠性，其特点表现在以下两个方面：

多级制动控制方式。动车组的制动方式分成三级控制：网络控制、电空制动控制、空气制动控制。其中，网络控制是以列车网络控制系统控制并传输全列车各车辆的制动信息；电空制动控制是以贯穿全列车的电气制动指令线来传输制动控制指令；空气制动则是以制动管的空气压力进行控制。上述三种控制方式的指挥级别以网络控制为最高，电空制动控制次之，空气制动控制级别最低；而安全级别的顺序恰好相反。

当高级别的制动控制系统发生故障时，能自动转为低一级别的制动控制方式，以保证在不良状态下使列车可靠地制动。

制动能力互补。在正常条件下，复合制动系统的各种制动方式应合理分担制动能量，一旦其中的某种制动方式发生故障，其他制动方式应能提供补充。

（2）制动控制系统的组成

动车组制动控制系统由电气部分和气路阀类部分组成。

电气部分包括制动控制器、微型机算机控制系统和安全联锁装置。

气路阀类部分包括制动电磁阀和缓解阀、紧急制动电磁阀、强迫缓解电磁阀和切换阀、荷重传感器、重空车压力平衡阀、紧急限压阀、制动缸压力中继阀、总风缸及电空制动压力开关、空电转换电磁阀等。

制动控制系统由列车管减压方式变为电气指令式的控制装置，不仅缩短列车制动空走时间，还包括有复合制动控制、空重车调整制动模式控制、监控信息处理和显示等功能。

**小提示：**

制动的重要性不仅在于它直接关系到运输安全，还在于它是进一步提高列车运行速度的决定因素。列车速度越高，对制动的要求也就越高。300 km/h速度的动车组，每秒钟的行驶距离达到 80 余米，因而，动车组的制动技术成为其高速运行的关键技术之一。

### 6. 受流装置

该装置作用是：将电流（能）顺利导入动车。

从接触导线(接触网)或导电轨(第三轨)将电流引入动车的装置称为受流装置或受流器。受流装置按其受流方式分为多种形式,但高速动车组通常采用受电弓受流器,属上部受流。受电弓可根据需要进行升降。

在受流制式上,目前世界各国高速铁路既有采用直流供电(1 500 V、3 000 V),也有采用交流供电$\left(16\frac{2}{3}\ \mathrm{Hz}、15\ \mathrm{kV};50\ \mathrm{Hz}、25\ \mathrm{kV}\right)$。

我国客运专线全部采用单相交流 50 Hz、25 kV,有如下优点:

(1)可提高牵引电网的供电质量,降低迷流数值。

(2)增加牵引供电距离,从而减少牵引变电所数量。

### 7. 车辆内部设备

车辆内部设备是指服务于乘客的车内固定附属装置。如车内电气供水、通风、取暖、空调、座席、车窗、车门、行李架、旅客信息服务系统等。也可以根据服务水平要求设置其他辅助设施,如餐车、车载电话、自动售货机、饮水机等。

(1)车门

车门系统的任务是保证乘客进出列车时的安全和舒适。动车组车门一般分为外门和内门两大类。外门是乘务人员和乘客进入车内的通道,每节车左右各一扇或两扇外门,布置在每节车的端部,内门是车厢内各部分之间的通道,又分为风挡门、内端门、司机室门、乘务员室门、卫生间门等。动车组车门如图 8-16 所示。

图 8-16 动车组车门

(2)车窗

动车组的车窗为气密构造,具有良好的隔声隔热和光学性能,乘客可通过车窗观赏旅途沿线的人文风光,并且车窗起到车内采光作用,如图 8-17 所示。紧急车窗还可作为应急出口,每个客室一般不少于 2 个应急车窗。车窗主要分客室普通侧窗、紧急侧窗和信息显示窗。

(3)座椅

动车组座椅分为商务座、一等座和二等座,为了保证乘客的安全和舒适,动车组座椅都必须按照人体工程学的原理来设计,如图 8-18 所示。其中商务座设置在头车观光区或商务车,是动车组上的高级座椅;一等座椅采用 2+2 座椅布置形式，布置在一等座车厢中；二等座椅采用 2+3 座椅布置形式，布置在二等座车厢中。

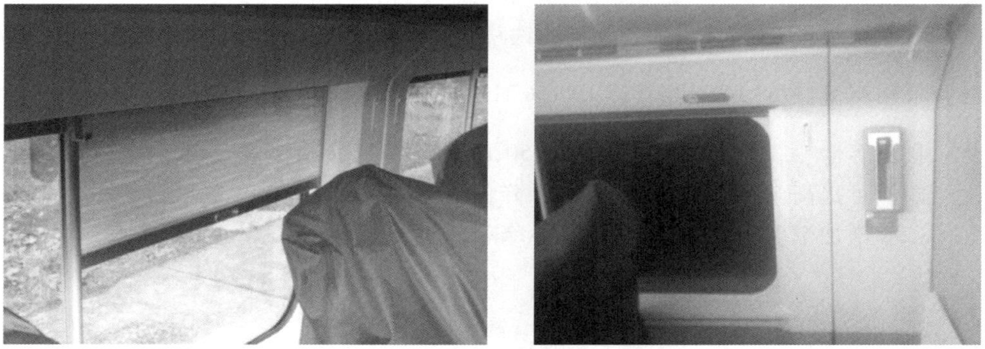

图 8-17 动车组车窗

(a) 商务座椅 (b) 一等座椅 (c) 二等座椅

图 8-18 动车组座椅

（4）餐饮设备

动车组设有餐车，餐车通常位于列车中部，便于乘客就餐。餐车设有厨房和吧台区，厨房主要提供快速食品以及酒水饮料等服务，以满足乘客在乘车过程中的基本饮食需求，如图 8-19 所示。

图 8-19 动车组餐饮设备

动车组厨房主要用于食品和饮料在服务区准备和存放，食品和饮料通过柜台销售给乘客。动车组厨房设备有：冷藏展示柜、储藏柜、微波炉、饮水机、开水炉、人造石台面及带有冷、热水龙头的双洗池等。

动车组的餐车厨房附近设有站立吧桌、吧靠，或在客室设有餐桌。乘客可根据食物食用的需求，选择站立吧桌或餐桌。由于动车组为了方便旅客，采用送餐或流动售卖食物的服务，在就餐时间，餐饮服务员到每个车厢登记用餐需求，然后根据需求配送快餐或食物，这种方式减轻了餐车就餐的餐位不足的问题。

#### 8. 列车控制网络信息系统(TCMS)

列车控制网络信息系统的作用是对整个列车的牵引、制动和车内所有设备进行控制、监测和诊断。该系统主要由列车信息中央装置(CCU)、列车信息终端装置、列车信息显示器(含 IC 卡架)、列车总线(WTB)、车辆总线(MVB)、控制总线(CAN)、网关(GW)以及车内各种设备的监控、诊断和显示装置等组成。

### 8.3.3 国内动车组

在我国铁路建设发展中，随着速度的不断提高和社会经济建设的需要，逐步发展了高速列车，继而出现了动车组。动车组按速度级别可以分为两类，只有最高运营时速达到 200 km 及以上的动车组才可以称为高速列车。可以说，动车组不等于高速列车。

#### 1. 中国早期动车组

20 世纪末期，我国铁路各机车车辆工厂开始进行动车组研究与开发，并在国内局部线路进行试制性运营。

1998 年 6 月在南昌—九江投入运营的我国第一列“庐山号”双层内燃动车组，最高时速为 120 km。

1999 年 4 月，长春客车厂为迎接 1999 年昆明世界园艺博览会开发制造了中国首列商业运行电动车组——120 km/h 的“春城号”电动车组，成功运用于昆明世博会的旅客运输。

1999 年 10 月，沪宁线上开行了由我国自己设计制造的“新曙光”双客内燃动车组，最高速度达到 180 km/h。

2000 年 10 月投入京津之间运行的“神州号”双层内燃动车组(见图 8-20)为动力集中式双层内燃动车组。编组形式为 2 动 10 拖(1M+10T+1M)，首尾为动车，中间 10 辆双层拖车。

“蓝箭”电力动车组(见图 8-21)是为满足广深线“小编组、高密度、高速度”的公交化客运要求而研制的新一代交流传动高速电力旅客列车组，牵引“蓝箭”的 DJJ1 型动车是中国第一台动力集中式交流传动高速动力车。

图 8-20 “神州号”动车组

图 8-21 “蓝箭”电力动车组

国内动车组的试制性运营取得了一定经验，为大规模动车组运营奠定了基础。

### 2. “和谐号”动车组(CRH 动车组)

(1)CRH 动车组基本情况

CRH 动车组列车，即中国高速铁路(China Railway High-speed)列车，是我国高速铁路建立的品牌名称。我国铁路开行的 CRH 动车组已有 CRH1、CRH2、CRH3、CRH5、CRH6、CRH380A、CRH380B、CRH380C、CRH380D 等多种类型，各动车组的主要技术特征如表 8-5 所示。列车主要是由中华人民共和国原铁道部通过向庞巴迪、川崎重工、阿尔斯通、西门子公司等外国企业购买相关高速车辆的技术，并对技术加以引进吸收之后，由中国中车旗下的车辆制造企业生产，各款 CRH 系列高速列车均被命名为“和谐号”。

(2) 传统 CRH 动车组简介

① CRH1 动车组。CRH1 动车组(见图 8-22)由青岛四方—庞巴迪—鲍尔铁路运输设备有限公司(BSP)提供，国外合作伙伴是庞巴迪运输瑞典有限公司，以庞巴迪公司为瑞典国家铁路和地方铁路开发的“Regina”动车组为原型车，经改变设计而成的。

表 8-5 我国动车组的主要技术特征

| 型号 | CRH1 | CRH2 | CRH3 | CRH5 | CRH380A | CRH380B | CRH380C | CRH380D |
|---|---|---|---|---|---|---|---|---|
| 生产厂家 | 四方-庞巴迪-鲍尔铁路运输设备有限公司 | 四方机车车辆股份有限公司 | 唐山轨道客车有限责任公司 | 长春轨道客车股份有限公司 | 四方机车车辆股份有限公司 | 唐山轨道客车有限责任公司 | 长春轨道客车股份有限公司 | 四方-庞巴迪-鲍尔铁路运输设备有限公司 |
| 基本编组 | 5M+3T | 4M+4T | 4M+4T | 5M+3T | 6M+2T | 4M+4T | 8M+8T | 4M+4T |
| 编组定员/人 | 670 | 609 | 600 | 606 | 494 | 490 | 1 004 | 494 |
| 轴重/t | 16 | 14 | 17 | 17 | 15 | ≤17 | ≤17 | ≤17 |
| 运营速度/(km/h) | 200 | 200 | 350 | 200 | 350 | 350 | 380 | 380 |
| 最高试验速度/(km/h) | 250 | 250 | 385 | 250 | 380 | >400 | 420 | 420 |
| 牵引功率/kW | 5 500 | 4 800 | 8 800 | 6 770 | 9 600 | 9 200 | 19 200 | 9 600 |
| 车体材质 | 不锈钢 | 铝合金 | 铝合金 | 铝合金 | 铝合金 | 铝合金 | 铝合金 | 铝合金 |
| 转向架形式 | 空气弹簧拉板式定位+轴箱圆弹簧 | 空气弹簧转臂式定位+轴箱圆弹簧 | 空气弹簧转臂式定位+轴箱圆弹簧 | 空气弹簧拉杆式定位+轴箱圆弹簧 | 空气弹簧转臂式定位+轴箱圆弹簧 | 空气弹簧转臂式定位+轴箱圆弹簧 | 空气弹簧转臂式定位+轴箱圆弹簧 | 空气弹簧转臂式定位+轴箱圆弹簧 |
| 牵引方式 | 单拉杆 | 单拉杆 | Z形双拉杆 | Z形双拉杆 | 单拉杆 | Z形双拉杆 | Z形双拉杆 | 单拉杆 |
| 制动形式 | 再生制动+空气制动 | | | 再生制动+空气制动+电阻制动 | 再生制动+空气制动 | 电制动+电空制动 | | 电空制动/再生制动 |

图 8-22 CRH1 型动车组

CRH1 编组结构如图 8-23 所示。CRH1 动车组由 8 辆车组成,其中 5 辆动车 3 辆拖车(5M3T),首尾车辆设有司机室,可双向驾驶。全列编组定员 668 人,其中一等车 144 人,二等车 524 人,5 号车酒吧/餐厅区设站席 9 个,餐席 24 个,设有 2 个残疾人轮椅位和 1 个残疾人卫生间。

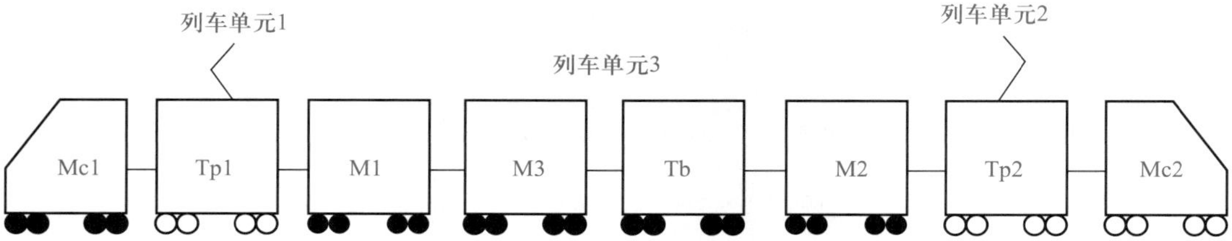


图 8-23 CRH1 编组结构

Mc—驾驶动车;M—中间动车;Tp—带受电弓的拖车;Tb—带酒吧的拖车

② CRH2 动车组。CRH2 动车组(见图 8-24)由中车集团四方机车车辆股份有限公司与国外合作伙伴川崎重工提供,以日本新干线 E2-1000 型动车组为原型车,经改变设计而成的。

图 8-24 CRH2 动车组

CRH2 编组结构如图 8-25 所示。CRH2 动车组全列编组 8 辆,其中 4 辆动车 4 辆拖车(4M4T)。全列编组定员 610 人,其中:一等车 51 人,二等车 559 人,7 号、0 号车设有残疾人设施,包括残疾人座椅、卫生间和多功能室,5 号车是二等车并设有酒吧/餐厅区,酒吧/餐厅区设站席 4 个,餐席 16 个。

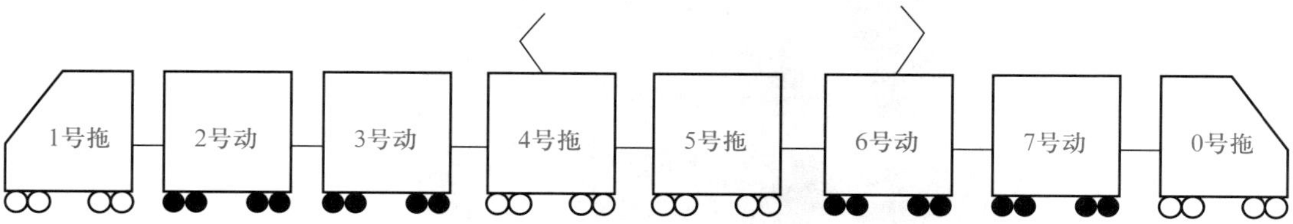


图 8-25 CRH2 编组结构

③ CRH3 动车组。CRH3 动车组(见图 8-26)由唐山机车车辆厂与国外合作伙伴西门子提供,以西门子 Velaro-E 型动车组为原型车,经改变设计而成的。

图 8-26　CRH3 动车组

CRH3 编组结构如图 8-27 所示。CRH3 动车组全列编组 8 辆,其中 4 辆动车 4 辆拖车(4M4T)。全列编组定员 600 人,其中一等车 56 人,二等车 544 人,4 号车是二等座车与餐车的合造车,1 号、0 号车靠司机室区域设一等座区。部分一等座区设旋转座椅。FC05 设有残疾人座椅。

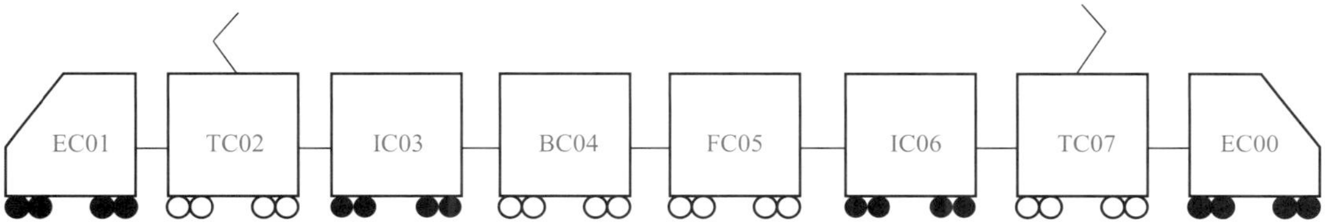


图 8-27　CRH3 编组结构

④ CRH5 动车组。CRH5 动车组(见图 8-28)由长春轨道客车股份有限公司与法国阿尔斯通公司提供,以阿尔斯通公司为芬兰国铁 VR 提供的 SM3 动车组为原型车,经改变设计而成的。

图 8-28　CRH5 动车组

CRH5 编组结构如图 8-29 所示。CRH5 动车组全列编组 8 辆，其中 5 辆动车 3 辆拖车（5M3T）。全列编组定员 622 人，其中一等车 60 人，二等车 562 人，6 号车是二等车并设有酒吧/餐厅区。酒吧/餐厅区设站席 9 个，餐席 16 个；7 号车设有残疾人设施，包括 1 个可供残疾人使用的座位和 1 个残疾人卫生间。

图 8-29 CRH5 编组结构

（3）国产新型 CRH380 系列动车组

国产新型 CRH380 系列动车组主要包括 CRH380A 型、CRH380AL 型、CRH380B 型、CRH380BK 型、CRH380BL 型、CRH380C 型、CRH380CL 型、CRH380D 型、CRH380AM 型等多种型号，如图 8-30～图 8-36 所示。

（4）CRH6 型动车组

CRH6 型城际动车组是为满足中国区域经济快速发展和城市群崛起对城际轨道交通的需求而研制的一种新型运输工具。CRH6 型动车组有 4 辆、6 辆、8 辆、16 辆、20 辆等多种编组形式。CRH6 型动车组主要包括 CRH6A 型、CRH6F、CRH6S 型等多种型号，如图 8-37、图 8-38、图 8-39 所示。

图 8-30 CRH380A 型电力动车组

图 8-31 港铁 CRH380A

图 8-32 CRH380B 型电力动车组

图 8-33 CRH380C 型电力动车组

图 8-34 CRH380C 和 CRH380BL 车头对比

图 8-35 CRH380D 型电力动车组

图 8-36 CRH380AM 型电力动车组

图 8-37 CRH6A 型电力动车组

图 8-38 CRH6F 型电力动车组

图 8-39 CRH6S 型电力动车组

CRH6 型动车组不同车型技术参数对比如表 8-6 所示。

表 8-6 CRH6 型动车组不同车型技术参数对比

| 主要参数 | | CRH6A | CRH6F | CRH6S |
|---|---|---|---|---|
| 时速 | | 200 km/h | 160 km/h | 140 km/h |
| 列车编组 | | 4M4T | 4M4T | 2M2T |
| 最大载客量 | 单车 | 197 人(中间车) | 269 人(中间车) | 337 人(中间车) |
| | 编组 | 1 488 人 | 1 998 人 | 1 322 人 |
| 牵引功率 | | 345 kW×16 | 322 kW×16 | 275 kW×16 |
| 起动加速度(0~40 km/h) | | 0.65 $m/s^2$ | 0.8 $m/s^2$ | 0.8 $m/s^2$ |
| 常用制动减速度 | | ≥0. 9 | ≥1.0 | ≥1.0 |
| 紧急减速度 | | ≥1.12 | ≥1.20 | ≥1.20 |
| 紧急制动距离 | | ≤1 400 mm | ≤850 mm | ≤700 mm |
| 贯通道通过宽度 | | 1 200 mm | 1 200 mm | 1 400 mm |
| 客室中间走廊宽度 | | 850 mm | 850 mm | 850 mm |
| 动车组长度 | | 201.4 m | 201.4 m | 94.4 m |
| 车体长度 | | 24.5 m | 24.5 m | 21.88 m |
| 车体宽度 | | 3.3 m | 3.3 m | 3.3 m |
| 车体高度 | | 3.86 m | 3.86 m | 3.86 m |
| 车窗尺寸 | | 1 400 mm×900 mm | 1 400 mm×900 mm | 1 400 mm×900 mm |
| 司机室长度 | | 4 m | 4 m | 3.2 m |
| 车门开度 | | 1 100 mm | 1 300 mm | 1 300 mm |
| 设计轴重 | | 17 t | 17 t | 17 t |
| 试验速度 | | ≥220 km/h | ≥176 km/h | ≥160 km/h |

### 3. 中国标准动车组

由于动车组型号繁多，使得动车组在服务功能、运用维护上的成本增加，同时不同类型的动车组适应的地质条件和运用环境都各有差异，动车组技术的兼容性也有待提高。为了加强高速铁路关键技术的科学研究和技术攻关，使中国高铁技术保持世界领先水平，在中国铁路总公司主导下，中国铁道科学研究院牵头，集合中车集团及相关企业的力量，开展了中国标准动车组设计研制工作。中国标准动车组是指中国标准体系占主导地位的动车组。

（1）研发历程

2013年6月，中国标准动车组项目正式启动，2014年9月完成设计方案，2015年6月，中国标准动车组正式下线。2017年6月25日，中国标准动车组被命名为“复兴号”，正式加入中国铁路大家庭，并于6月26日在京沪高铁正式双向首发。

（2）型号系列

拓展视频
中国标准动车组宣传片

目前，中国标准动车组“复兴号”有“CR400AF”（见图8-40）和“CR400BF”（见图8-41）两种型号。按照中国铁路总公司新的动车组编制规则，新型自主化动车组均采用“CR”开头的型号，“CR”是中国铁路总公司英文缩写，也是指覆盖不同速度等级的中国标准动车组系列化产品平台。型号中的“400”为速度等级代码，代表该型动车组试验速度可达400 km/h及以上，持续运行速度为350 km/h。“A”和“B”为企业标识代码，代表生产厂家；“F”为技术类型代码，代表动力分散电力动车组。其他还有“J”代表动力集中电力动车组，“N”代表动力集中内燃动车组。

图8-40 中国标准动车组CR400AF

图8-41 中国标准动车组CR400BF

（3）技术特征

“复兴号”中国标准动车组构建了体系完整、结构合理、先进科学的技术标准体系，动车组基础通用、车体、走行装置、司机室布置及设备、牵引电气、制动及供风、列车网络标准、运用维修等十多个方面均达到国际先进水平。

“复兴号”中国标准动车组大量采用中国国家标准、行业标准、中国铁路总公司企业标准等技术标准，同时采用了一批国际标准和国外先进标准，具有良好的兼容性能，在254项重要标准中，中国标准占84%。最重要的是中国标准动车组整体设计以及车体、转向架、牵引、制动、网络等关键技术都是我国自主研发，具有完全自主知识产权。其技术创新及成果主要体现在：

拓展视频
"复兴号"动车组的前世今生

① 安全保障技术更先进。"复兴号"中国标准动车组设有智能化感知系统，并建有强大的安全监测系统，全车部署了2 500余项监测点，能够对走行部状态、轴承温度、冷却系统温度、制动系统状态、客室环境进行全方位实时监测。"复兴号"中国标准动车组还增设碰撞吸能装置，以提高动车组被动防护能力。为适应中国地域广阔、环境复杂（-40～+40 ℃）、长距离、高强度运行的需求，"复兴号"中国标准动车组按最高等级（设计寿命30年或1 500万km）考核动车组主要结构部件，整车进行60万km运用考核（欧洲一般40万km）。

② 乘坐体验更良好。"复兴号"中国标准动车组车厢内实现了WiFi网络全覆盖，设置不间断的旅客用220 V电源插座；空调系统充分考虑减小车外压力波的影响，通过隧道或交会时减小耳部不适感；列车设有多种照明控制模式，可根据旅客需求提供不同的光线环境。"复兴号"中国标准动车组还采取了多种减振降噪措施，改进了洗漱设施，设置有无障碍设施等，能够为旅客提供更良好的乘坐体验。

③ 感知系统更智能化，出现异常自动限速或停车。"复兴号"中国标准动车组采集各种车辆状态信息多达1 500余项，能够全面监测列车运行状况，实时感知列车状态，包括安全性能、环境信息（如温度）等，并记录各部件运用工况，为全方位、多维度故障诊断、维修提供支持。列车出现异常时，可自动报警或预警，并能根据安全策略自动采取限速或停车措施。此外，"复兴号"中国标准动车组还采用远程数据传输，可在地面实时获取车辆状态信息，提升地面同步监测、远程维护能力。

④ 车体低阻力流线形、平顺化设计，不仅能耗大大降低，车内噪声也明显下降。"复兴号"中国标准动车组列车阻力比既有CRH380系列降低7.5%～12.3%，350 km/h速度级人均百千米能耗下降17%左右，有效减少了持续运行能量消耗。在车体断面增加、空间增大的情况下，"复兴号"中国标准动车组按时速350 km试验运行时，列车运行阻力、人均百千米能耗和车内噪声明显下降，表现出良好的节能环保性能。

**小提示：**

"复兴号"中国标准动车组最具特色的亮点是它的互联互通性能。所谓互联互通，就是要把两个不同生产厂家，按不同技术规范和图纸生产的动车组，进行重联运行，并且能够进行完全一致地控制操作，例如能够控制同时开关门，控制空调等。此外，中国标准动车组还统一了零部件标准，实现了零部件可以互换，能够节省大量的费用。

## 8.3.4 摆式列车

既有线铁路往往有小曲率半径铁路线路,它限制了列车的通过速度,速度过高会出现脱轨、倾覆等重大安全事故。若改造线路,耗资过大,有时由于种种原因而不可能将线路改造。在利用既有线并保持原半径曲线的条件下开行高速列车时,其超高难度难以达到高速列车的要求,因此摆式车体是一种较好的选择。摆式列车是一种车体转弯时可以左右倾斜摆动的列车,摆式列车能够在普通路轨上的弯曲路段高速驶过而无需减速。摆式列车是提高既有铁路旅客列车速度的有效运输装备。

### 1. 摆式列车的基本原理

摆式列车的基本原理是:在列车通过曲线时,列车倾摆装置使车体在曲线内侧倾斜一定角度,部分抵消列车通过曲线时车体未被平衡的离心加速度,使作用在旅客身体上的离心加速度保持在容许的范围之内,从而提高列车通过曲线时的运行速度。

### 2. 摆式列车的分类

按车体倾摆的方式分为两种摆式车体:主动式摆式车体和被动式摆式车体。

① 被动式摆式车体(又称无源式或自然摆锤式)。动力来源于作用在车体上的离心力,不需要动力装置,悬挂装置高于重心,可以得到适当的倾摆力矩,如西班牙的 TALGO 摆式车体客车。

② 主动式摆式车体(又称有源式或强制式)。它是靠外部动力使车体强制倾斜,在车上设置了车体倾摆机构和控制装置,如我国广深铁路股份有限公司于 1998 年 4 月引进了“新时速”摆式车体列车,运行在广深铁路上。

主动式摆式车体摆动角度大,一般在 8°~10°之间(被动式一般小于 3.5°),因而可以使列车通过曲线的速度比被动式更高,其缺点是结构较复杂。目前,大多数国家采用的是主动式摆式列车。

主动式摆式列车的客车上装有主动式(有源式)车体倾摆系统。车体倾摆动作由电液伺服系统来完成,倾摆机构如图 8-42 所示。

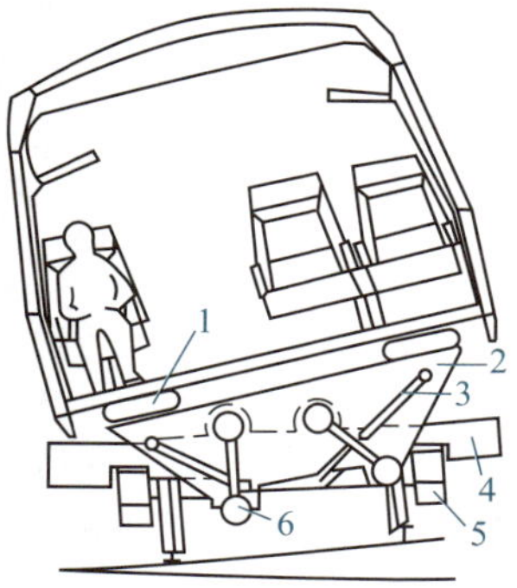

图 8-42 倾摆机构示意图

1—空气弹簧;2—上摇枕;3—液压缸;4—下摇枕;5—转向架构架;6—摆杆

车体倾摆机构设置于转向架的上、下摇枕之间,上摇枕通过 4 根吊杆悬挂在下摇枕上,形同一个对称的四连杆机构。两侧各设一个液压伸缩油缸来驱动车体的倾摆。液压油缸的上下两端分别固定在上、下摇枕体内。流向液压缸的油受伺服阀控制,它从控制系统接收电基准信号后,使车体倾摆。

# 8.4 高速铁路运输组织

## 8.4.1 动车组的识别标记

动车组也和普通铁路客运车辆一样运用识别标记,包括路徽、配属局段简称、车型、车号、定员、最高运行速度、制造厂名及日期等,各种动车组的运用识别标记基本相似,下面仅针对 2014 年中国铁路总公司新出台的相关文件作详细介绍。

### 1. 动车组型号及车组号

动车组型号及车组号如图 8-43 所示,动车组型号分技术序列代码命名方式和速度目标值命名方式两种。

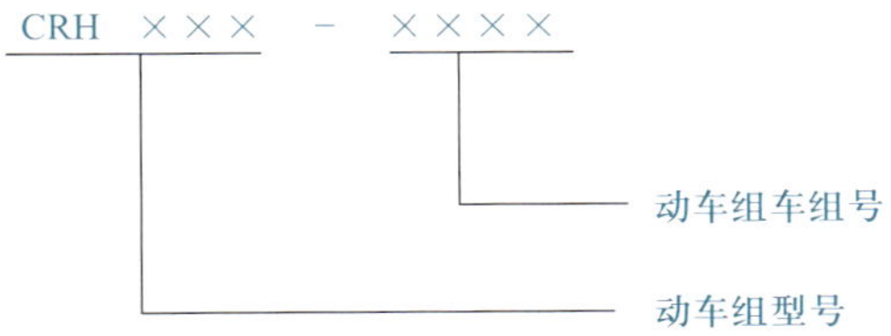


图 8-43 动车组型号及车组号

(1) 动车组型号

① 技术序列代码命名方式。

技术序列代码命名的动车组型号及车组号如图 8-44 所示。

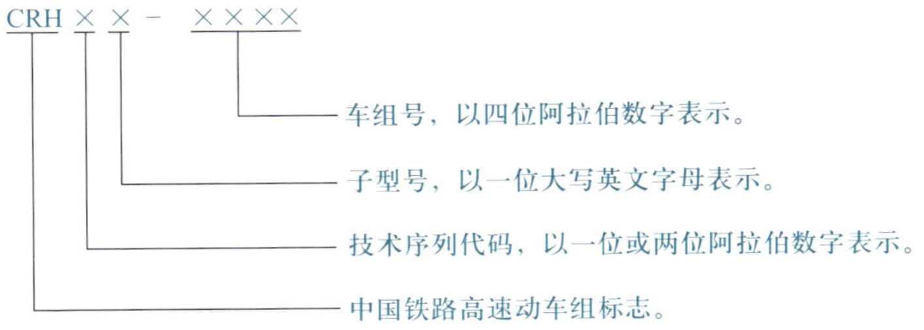


图 8-44 技术序列代码命名的动车组型号及车组号

技术序列代码,由 1 开始顺序排列。1 表示四方庞巴迪公司研制生产的动车组;2 表示四方股份研制生产的动车组;3 表示唐车公司研制生产的动车组;5 表示长客股份研制生产的动车组;6 表示四方股份/浦镇公司研制生产的城际动车组;7 及后续数字表示预留的动车组技术序列代码。

子型号以一位大写英文字母表示,由A开始顺序排列。A表示时速200~250 km、8辆编组、座车;B表示时速200~250 km、16辆编组、座车;C表示时速300~350 km、8辆编组、座车;D表示时速300~350 km、16辆编组、座车;E表示时速200~250 km、16辆编组、卧车;F表示时速160 km、8辆编组、城际动车组;G表示时速200~250 km、8辆编组、耐高寒座车动车组;H表示时速200~250 km、8辆编组、耐风沙及高寒座车动车组;I表示预留;J表示综合检测动车组;K及后续字母表示预留的动车组子型号。

② 速度目标命名方式。

速度目标命名的动车组型号及车组号如图8-45所示。

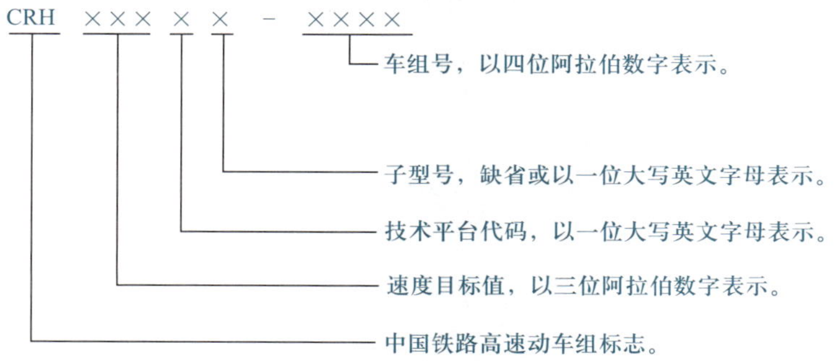


图8-45 速度目标命名的动车组型号及车组号

动车组设计的最高运行速度目标值的三位阿拉伯数字表示,例如:380代表设计最高运行速度目标值为380 km/h。

技术平台代码以一位大写英文字母表示,由A开始顺序排列。A表示四方股份研制生产的动车组、8辆编组、座车;B表示长客股份/唐车公司研制生产的动车组、8辆编组、座车;C表示长客股份研制生产的动车组(与B采用不同的牵引及控制系统)、8辆编组、座车;D表示四方庞巴迪研制生产的动车组、8辆编组、座车;E表示预留;F表示预留。

子型号以一位大写英文字母表示,由G开始顺序排列。缺省时为基本型。G表示耐高寒动车组;H表示耐风沙及高寒动车组;I表示预留;J表示综合检测动车组;K表示预留;L表示基本型的16辆编组动车组;M表示更高速度等级试验列车改为综合检测动车组;N及后续字母表示预留的动车组子型号。

(2)动车组车组号

以四位阿拉伯数字表示,按照动车组的制造工厂,具体号段分配如下:

① 青岛BST公司

时速250 km及以下动车组由1001~1499顺序排列;时速350 km及以上动车组由1501~1999顺序排列;检测、试验等特殊用途动车组及非总公司控股企业采购的动车组由0101~0199顺序排列。

② 四方股份

时速 250 km 及以下动车组（CRH2C 保持不变，仍包含在其中）由 2001～2499 顺序排列；时速 350 km 及以上动车组由 2501～2999 顺序排列；检测、试验等特殊用途动车组及非总公司控股企业采购的动车组由 0201～0299 顺序排列。

③ 唐车公司

时速 250 km 及以下动车组（CRH3C 保持不变，仍包含在其中）由 3001～3499 顺序排列；时速 350 km 及以上动车组由 3501～3999 顺序排列；检测、试验等特殊用途动车组及非总公司控股企业采购的动车组由 0301～0399 顺序排列。

④ 四方股份/浦镇公司

四方股份城际动车组由 4001～4499 顺序排列；浦镇公司城际动车组由 4501～4999 顺序排列；四方股份检测、试验等特殊用途城际动车组由 0401～0449 顺序排列；浦镇公司检测、试验等特殊用途城际动车组由 0451～0499 顺序排列。

⑤ 长客股份

时速 250 km 及以下动车组由 5001～5499 顺序排列。时速 350 km 及以上动车组由 5501～5999 顺序排列。检测、试验等特殊用途动车组及非总公司控股企业采购的动车组由 0501～0599 顺序排列。

（3）示例

CRH1A-1001：对应 CRH1-001A 动车组

CRH2B-2120：对应 CRH2-120B 动车组

CRH3C-3080：对应 CRH3-080C 动车组

CRH5A-5030：对应原 CRH5-030A 动车组

CRH5J-0501：对应 CRH5-000 综合检测车

CRH380A-2501：对应原 CRH380A-6001 动车组

CRH380AL- 2640：对应原 CRH380A -6140L 动车组

CRH380BL-5501：对应原 CRH380B-6201L 动车组

CRH380B-5546：对应原 CRH380B-6246 动车组

CRH380BL-3570：对应原 CRH380B-6470L 动车组

CRH380CL-5601：对应原 CRH380C- 6301L 动车组

CRH380AJ-0201；对应原 CRH380A-001 综合检测车

CRH380BJ-0301：对应原 CRH380B-002 综合检测车

## 2. 动车组中车辆的车种及车辆号

动车组中车辆的车种及车辆号如图 8-46 所示。

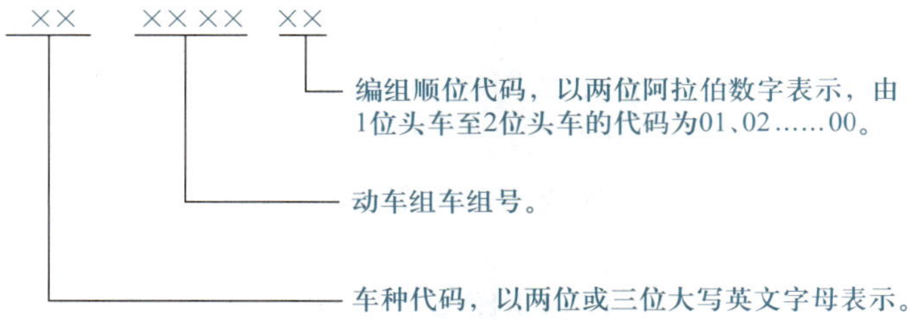


图 8-46　动车组中车辆的车种及车辆号

车种代号、车种名称及英文见表 8-7。

表 8-7　动车组中车辆的车种代号和车种名称

| 序号 | 车种代号 | 车种名称 | 英文 |
|---|---|---|---|
| 1 | ZY | 一等座车 | First Class Coach |
| 2 | ZE | 二等座车 | Second Class Coach |
| 3 | WR | 软卧车 | Soft Sleeper Coach |
| 4 | WY | 硬卧车 | Hard Sleeper Coach |
| 5 | CA | 餐车 | Dining Coach |
| 6 | SW | 商务车 | Business Coach |
| 7 | ZEC | 二等座车/餐车 | Second Class/Dining Coach |
| 8 | ZYS | 一等/商务座车 | First Class/Business Coach |
| 9 | ZES | 二等/商务座车 | Second Class/Business Coach |
| 10 | ZYT | 一等/特等座车 | First Class/Premier Coach |
| 11 | ZET | 二等/特等座车 | Second Class/Premier Coach |
| 12 | JC | 检测车 | Detection Car |

示例：

ZYS 264201

ZYS 表示车辆车种代码，一等/商务座车

2642 表示动车组车组号

01 表示车辆编组顺序号

## 8.4.2　高速铁路运输组织工作的特点

高速铁路在技术装备、运输服务和运输组织工作上都与普速铁路有着显著差别。其最根本的区别在于高速铁路的高技术、高安全、高可靠、高质量和高效益。因此，世界各国的高速铁路，根据本国的具体情况，在运输工作组织上采用了不同的模式。

#### 1. 运输服务系统覆盖旅客旅行服务的全过程

从客票预订和售票服务、站车信息服务、旅客换乘服务等方面,实现了运输组织管理和运输服务管理的一体化,最大限度地满足不同层次的旅客出行的需求。

#### 2. 充分满足旅客出行需求、适应客流变化,制定运输计划和旅客列车开行方案

① 列车运行图所规定的列车种类、数量、始发终到和途中停靠车站及其停站时分,都要从最大限度满足不同层次的旅客出行需求出发,统筹兼顾,合理安排。

② 调整和优化列车开行方案。除开行适应季度客流、星期客流和日间客流变化规律的国内和管内各类不同速度、不同行程和不同停站的高速列车外,还发展了高速线与既有线以及国际高速铁路之间的联程运输等。

③ 重视与既有铁路和其他交通方式协调配合,方便旅客换乘。

#### 3. 建立以高新技术为基础的安全保障体系的运营管理系统

在保证高速铁路运输的高度安全性和可靠性的基础上,形成以设备运用、整备、检修一体化的系统运营管理特色和信息、机制、决策、运作、评估之间的高度协调统一,实现了运营组织管理的高水平和高效益。特别是建立了以人为核心的人—机—环境检测、控制和管理系统,包括列车控制与行车指挥自动化系统,技术设备的检测、控制、整备与维修系统,故障自动诊断、报警和防护系统,环境检测与报警系统,事故和灾害的应变、救援和恢复系统,自然灾害的预报、监测、告警、防护与减灾等。

#### 4. 建立以调度中心为中枢的运营管理总体系统

铁路调度指挥系统是组织铁路日常运输活动的管理中枢,又是对运输过程进行实时监督调整的指挥中心。它在协调各部门工作、提高列车运行质量、确保行车安全、保持运输系统整体有序运行方面起着重要的核心作用。

### 8.4.3 高速铁路动车组运用与管理

#### 1. 高速铁路动车组运用与管理的特点

在普速铁路上,旅客列车的机车和客车车底的运用与管理一般是分离的。

高速铁路的旅客运载工具是由牵引动力和运输载体一体化的“动车组”构成,这同普速铁路有很大不同。高速铁路动车组的运用与管理特点如下:

(1) 运营效益的提高

高速铁路的牵引动力与运输载体联成一体,动车组在担当某一车次的全运程中,不需要在途中换挂机车。因此可以实现连续完成多个不同运程服务的联程交路运用方案,这就缩减了换挂机车的作业时间,既有利于提高列车的旅行速度,又减少了工作环节,提高了工作效率。此外,牵引动力(机车)和运输载体(客车车

底)的管理合二为一,减少了管理机构和相应的管理人员,同样也提高了运营效率。

（2）动车组的运用与整备、维修的一体化

动车组的整备、维修是保证动车组有效使用和运用质量的前提条件,而动车组的运用计划同时又是合理安排整备、维修工作的重要依据。在国外高速铁路,列车运行图中动车组运用交路的安排即动车组周转图,必须按照动车组实际走行公里数和定检期限,及时安排相关的入段或入厂检修作业,并符合整备、维修作业总时间标准的要求,以保证动车组在运用中的高质量和高可靠性,而动车组的整备与维修工作,又必须严格按照动车组周转图的要求来进行计划和安排,以保证动车组按图行车,有效利用。

### 2. 高速动车组的运用方案

根据高速铁路动车组运用与整备、维修一体化的思想,高速动车组的运用方案主要有三种。

（1）固定运行区段的使用方案(简称固定使用方案)

固定使用方案与既有铁路客车车底的运用方案一致,高速动车组只在固定的区段内往返运行。

（2）不固定运行区段的使用方案(简称不固定使用方案)

不固定使用方案以全线为系统,统筹考虑动车组的使用与维修来安排动车组的运用。在假定各动车组无差别的前提下,不固定各动车组,根据需要和可能,可以在任何高速区段之间运行。

（3）半固定运行区段的使用方案(简称半固定使用方案)

半固定使用方案是有些动车组采用固定使用方案,而其余动车组采用不固定使用方案。

### 3. 高速动车组的接发列车、调车作业与运行组织

一般来说,要求列车为单列动车组时,编组固定,出乘时不解编,两列同型动车组可重联组成一列运行。动车组禁止加挂各型机车车辆,禁止与其他列车混编,超过检修周期的动车组严禁上线运行。动车组设备故障不能继续运行时,不得拆解、甩车。动车组上线运营前,必须达到运用状态,符合动车组运用技术标准要求,运行途中不进行列检作业。动车组不得通过半径小于 180 m 的曲线,不得侧向通过小于 9 号的道岔。

（1）动车组的接发作业

列车发车前,由列车长确认旅客上下车完毕,通知司机关闭车门。列车到站停稳后,由司机开启车门。按钮不在司机操作台上的,由司机通知随车机械师关闭、开启车门。

为保证动车组高速安全通过车站,车站须提前停止动车组通过进路上的作业和对动车组运行安全有影响的作业。

车站应在规定的股道及进路上接发动车组,在 CTCS-2 级区段,动车组按列

控车载设备方式行车时，禁止在未设置 CTCS-2 信息的股道及进路上接发动车组。如果不能在基本进路接发动车组时，须经铁路局调度所值班主任准许并发布调度命令。

动车组在车站站线停留时，应将线路两端的道岔扳向不能进入该线路的位置，并按规定进行防溜。

（2）动车组的调车作业

动车组是具有固定编组的一个整体，在运用中不进行车辆摘挂作业。动车组的调车作业主要有出入动车基地（或动车段、动车所）的走行作业（简称“出入段作业”）和在车站到发线之间的转线作业。前者是基于列车始发和终到的需要，后者是基于列车在车站立即折返运行的需要。在个别情况下，重联运行的动车组根据运行图规定，在途中车站进行分解和组合作业。

动车组调车作业原则上采用自走行方式，实施调车作业时，司机必须在动车组运行方向的前端动车上操作。采用机车调移动车组时，动车段（所）人员负责过渡车钩、专用风管、电气连接线的连接和分解，并打开车门，调车人员负责车钩摘解、软管摘结。动车段（所）设动车组调车司机，负责动车组在动车段（所）内的调车、试运行等移动动车组作业。

两列动车组重联或摘解时，由动车组随车机械师负责引导，司机确认。重联或摘解后的动车组由随车机械师配合司机进行相关试验（主要是制动试验和开闭车门试验）。摘解操作时，主动车组必须一次移动 5 cm 以上方可停车。

动车组禁止通过驼峰、溜放调车、手推调车、连挂其他机车车辆调车（救援、附挂回送过渡车以及动车组无动力调车时的调车机除外）和跟踪出站调车，禁止向动车组停留线路溜放调车和推送调车。

（3）动车组的运行组织

动车组运行组织的基本原则，是依靠先进的列车运行控制系统，在保证安全的基础上，组织按图行车。

在正常情况下，动车组根据分散自律调度集中系统预设的列车运行计划，按列车控制系统车载设备的指示，以规定的运行速度在区间运行（含通过车站）或以规定的时间在站停车。

在各种异常情况下，动车组根据不同情况，按预定程序和方法运行。

我国铁路规定，在 CTCS-2 级区段，动车组在区间运行，列控车载设备显示停车信号时，列车必须立即停车，司机应使用列车无线调度通信设备通知随车机械师。列车停车等候 2 min 后列控车载设备仍未收到允许运行的信号时，司机将列控车载设备转入目视行车模式，列车以遇到阻碍能随时停车的速度继续运行，最高速度不超过 20 km/h，直到列控车载设备收到允许运行的信号，按列控车载设备显示运行，在停车等候的同时，必须与列车调度员、车站值班员联系，如确认前方闭塞分区内有列车时，不得进入。动车组运行中遇列控车载设备故障时，列车必须立即停车，司机应使用列车无线调度通信设备报告列车调度员或车站值班员，并根据调度命令将列控车载设备转入隔离模式，按列车运行记录器（LKJ）方式行车。

在 CTCS-0/1 级区段,司机将列控车载设备转为隔离模式按 LKJ 方式行车。

动车组在区间被迫停车后须返回后方站时,列车调度员必须确认动车组至后方站间已空闲,方可发布调度命令。司机将列控车载设备转入隔离模式,调换操纵端,按调度命令控制动车组返回。

### 8.4.4 中国高速动车组的维修

维修方式是指对设备维修时机的控制,也就是说对维修时机的掌握是通过采用不同的维修方式来实现的。高速动车组可以考虑采用的维修方式有三种:定期维修、状态修和故障修。

(1) 定期维修是以使用时间作为维修期限,只要设备到了预先规定的时间,不管其技术状态如何,都要进行规定的维修工作,这是一种强制性的预防修理。

(2) 状态修是按实际技术状况来确定维修时机。它不对机件规定维修期限,不固定拆卸分解范围,而是在检查、测试其技术状况的基础上确定各机件的最佳维修时机。这种维修方式是靠不断监测和定量分析机件的某些参数和状态数据来决定维修时间和项目。

(3) 故障修是在机件发生故障之后才进行修理,已不控制维修时机。实践证明,有些机件即便发生故障也不会立即危及安全,造成恶果,采用事后维修则更为经济。而对于采用了冗余技术的机件,虽一台出现故障另一台会自动接替工作,也应采用故障修方式。

国外高速动车组采用状态修与定期修相结合,以状态修为主的检修体制。如上所述,实行状态修,主要依据动车组上的先进检测设备、故障诊断设备及其与维修中心联网的信息传输系统,可以准确预知动车组的设备状态和故障情况,有针对性地进行检修作业。而定期修,则主要以定期检查、维护和更换重要的零部件为特征。所谓定期,是以高速动车组的实际走行公里或运用时间划定的。

#### 1. 检修周期

我国 CRH 系列动车组的修程修制按维修性质、维修范围和维修深度统一划分为 1~5 级,见表 8-8。其中,1~2 级为运用检修,在运用所内进行;3 级以上为定期检修,在动车段内进行。

表 8-8 4 种类型动车组检修周期暂行规定

| 检修分级 | CRH1 | CRH2 | CRH3 | CRH5 |
|---|---|---|---|---|
| 1 级检修 | 每次运行结束或 48 h | 每次运行结束或 48 h | 每次运行结束 | 每次运行结束 |
| 2 级检修 | 15 d | 3 万 km 或 30 d | 2 万 km | 6 万 km |
| 3 级检修 | 120 万 km | 45 万 km 或 1 年 | 120 万 km | 120 万 km |
| 4 级检修 | 240 万 km | 90 万 km 或 3 年 | 240 万 km | 240 万 km |
| 5 级检修 | 480 万 km | 180 万 km 或 6 年 | 480 万 km | 480 万 km |

### 2. 检修内容

① 1 级检修。完成动车组易损易耗部件的更换、调整和补充；通过人工目视和车载故障诊断系统对动车组主要技术状态和部分技能性能进行检查检测；处理临时发生的故障。

② 2 级检修。在 1 级检修的基础上，增加检修项目，提高检修程度，并通过车载故障诊断系统对车上所有设备进行检测和性能试验；按相应检修周期，进行车轴超声波探伤、踏面修形、电气回路绝缘检测、牵引电气绝缘检测和车下电器过滤类部件除尘等专项检修。

③ 3 级检修。在完成 2 级检修项目的基础上，更换转向架，并对更换下来的转向架及其主要零部件分解检修。

④ 4 级检修。对动车组各主系统进行分解检修、特性试验，必要时进行车体涂漆。

⑤ 5 级检修。在完成 4 级检修项目的基础上，对动车组全车进行分解检修，较大范围地更新零部件，并进行车体涂漆。

### 3. 动车段(所)的设置

根据铁路发展战略部署，依据路网布局及发展规划，结合我国动车组投放、配属和开行方案，我国决定在北京、上海、武汉、广州、沈阳、成都、福州、西安、郑州、哈尔滨、青岛、南京等建立十多个动车组检修基地。

在十大基地的基础上，建设了几十个动车运用所，可以形成以十大动车组检修基地为中心，覆盖整个客运专线网的动车维修系统。

动车段(所)就好像“高铁体检站”，“体检站”的机械师们就是“高铁医生”。作为一名高铁医生，必须拥有良好的“医术“和“医德”，练就精湛的高铁检修技艺与本领，以安全为己任，以规范操作为准绳，发扬工匠精神，执着专注，精益求精，追求卓越，勇于创新，用自己的行动践行新时期“安全、优质、兴路、强国”的铁路精神。

## 【拓展提高】

**动车组中的“变形金刚”——可变编组动车组**

高速动车组诞生半个多世纪以来，由于技术无法突破，普遍采用相对固定的编组方式。我国目前在用的动力分散型动车组，都是采用 8 节或 16 节车厢固定编组方式，只能整列运营、整列检修。

而铁路运输有客流淡旺季之分，春运期间和日常差别巨大。固定编组动车组不可拆编，不能增加车厢应付客流高峰，也不能减少车厢以减少支出或避免运力浪费，客流和运能常常形成瓶颈。2019年2月22日，我国首列可变编组动车组在中车唐山公司完成全部60余项厂内试验，通过独有的可变编组验证，具备出厂条件，如图8-47所示。

图8-47 可变编组动车组

研发团队践行工业设计与制造业深度融合的理念，突破了牵引动力系统集成、网络控制、车端连接等关键技术，利用模块化、集成化、单元化设计，打破高速列车固定编组模式，对动车组设备、功能和结构进行重新设计和定义，研制出双层座车、大定员纵向卧铺车、座卧式VIP车、商务座车、座卧转换卧铺车、餐货和客货合造车等全新车型。

可变编组动车组最小编组单元为两节，即2个动力头车相接。面对客流变化，如要扩大编组，则根据速度和功率核算出效率最优搭配，在2~16节范围内随意变换搭配动车和拖车车厢，快速定制开行不同速度等级、编组数量和座席配置的动车组列车，像“搭积木”一样灵活。

客流量大的地区，可使用双层、长编组、大运能动车组；经济发达地区，可采用舒适，空间大的短编组列车；客流量少的地区，可采用短编组列车。

可变编组动车组通过自身的“七十二变”，可以灵活应对客流起伏与乘客需求，显著提高动车组列车的性价比和实用性，顺应人们对美好出行生活的向往。

工业化平台可变编组动车组，是中国铁路供给侧改革的重要成果，为中国高铁进一步提质增效、降低成本、优化旅客出行条件提供了全面解决方案，更为旅客通过未来的洲际互联互通高铁网络实现跨国长途旅行提供了先进的技术装备支撑。

## 【巩固练习】

一、选择题

1. 高速铁路是指通过改造原有线路，使最高营运速度达到不小于__________，或者专门修建新的“高速新线”，使营运速度达到__________的铁路系统。

2. ____________是中国第一条设计时速 350 km 的高速铁路。

3. ____________是专供旅客列车行驶的路网铁路。

4. 动车组按照动力配置方式分为________________和________________。

二、判断题

1. 高速铁路的轨道全部采用无砟轨道。(　　)

2. 动车组只有动车才有动力，拖车是不带动力的。(　　)

3. CTCS 是中国列车运行控制系统的英文缩写。(　　)

4. 高速铁路普遍采用电力动车组，由接触网提供动力。(　　)

三、简答题

1. 简述高速铁路线路特点。

2. 简述高速铁路动车组车体设计特点。

3. 简述高速铁路动车组组成部分。

4. 简述高速铁路轨道结构特点。

5. 高速铁路动车组车辆内部设备有哪些？

# 第9章 磁悬浮铁路与重载运输

## 【问题引入】

列车的轮子不断地在钢轨上滚动，推动列车飞速前进。然而，随着火车速度的提高，轮子和钢轨便产生猛烈的冲击和磨损，引起列车强烈的振动，发出很强的噪声，使乘客感到不舒服。

如果将妨碍车速提高的车轮甩掉，列车的速度是不是将有一个全新的突破呢？没有轮子的列车真的能实现吗？

如果有，那它是如何快速跑起来的呢？

客运专线专门用来运送旅客，是否还有专门用来运送货物的货运专线呢？

列车到底能拉多重的货物？

列车拉的货物重量是由机车说了算吗？

如图 9-1、图 9-2 所示为长沙磁悬浮铁路与大秦铁路。

图 9-1　长沙磁悬浮铁路

图 9-2　大秦铁路(重载铁路)

## 【教学导航】

本章主要学习磁悬浮铁路和重载运输的基本知识，学习导航图如图 9-3 所示。

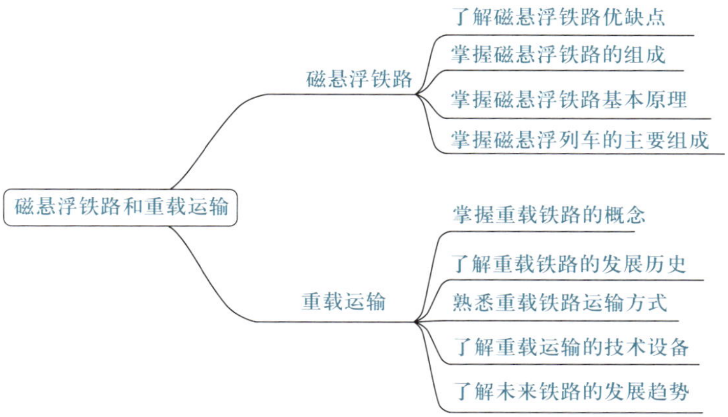


图 9-3 学习导航

## 【知识讲授】

在人类旅行的整个速度范围内,存在着不同的相应运输方式。公路速度一般是 50~100 km/h;铁路速度一般为 100~300 km/h;航空速度则为 500~1 000 km/h。随着目前高速铁路的发展,虽然速度有所提高,但传统铁路无法摆脱地面摩擦阻力对运动速度的约束。因此,在铁路与航空之间存在着一个空白段。长期以来,人们就在思索如何弥补铁路和飞机之间的差距,而磁悬浮铁路则是当今世界上引人注目并很有发展前途的高速陆上运输系统。

磁悬浮铁路(Maglev Railway)是一种新型的交通运输系统,它是利用电磁系统产生的排斥力将车辆托起,使整个列车悬浮在导轨上,利用电磁力进行导向,利用直线电动机将电能直接转换成推动列车前进。它消除了轮轨之间的接触,无摩擦阻力,线路垂直负荷小,具有时速高、无污染、安全、可靠、舒适等优点。

# 9.1 磁悬浮铁路

### 9.1.1 磁悬浮铁路的发展概况

从 20 世纪 60 年代初开始,一些发达国家就开始研究非黏着式超高速车辆。这种车辆分为两类,一是气垫式悬浮,二是磁悬浮。经过研究,人们认为在能源消耗、噪声等方面,磁悬浮比气悬浮优越。因此,除了法国在奥尔良仍有一条 18 km的气垫车辆试验线路以外,英、美、德、日等国已在 20 世纪 60 年代后停止气垫车的研究而转为对磁悬浮的研究。经过多年的研究和试验,已取得了重大进展。

德国和日本是对磁悬浮列车研究起步较早的国家。德国从 1968 年开始研究磁悬浮列车,刚开始时,常导型和超导型并重,于1977年分别研制出常导型和超导型试验列车。但后来经过分析比较,决定集中力量只发展常导型磁悬浮列车。目前德国在常导磁悬浮列车研究上的技术已经成熟。

日本从1962年开始研究常导型磁悬浮列车,后来由于超导技术的发展,日本从70年代开始转向研究超导型磁悬浮列车。1999年4月日本研制的超导磁悬浮列车在试验线上达到时速552 km。

经过了各国多年的试验以后,一般认为短途磁悬浮运输速度约为200 km/h以下,用于连接机场和市中心;中程磁悬浮运输速度为300 km/h,适用于城市间运输;长途磁悬浮运输速度一般在300 km/h以上,适用于远距离运输。

已经投入可行性研究的磁悬浮铁路有:美国的洛杉矶—拉斯维加斯(450 km)、芝加哥—密尔沃基(120 km);加拿大的蒙特利尔—渥太华(193 km);欧洲的法兰克福—巴黎(515 km)、布鲁塞尔—巴塞尔(500 km);澳大利亚的墨尔本—悉尼(810 km);沙特阿拉伯的里亚德—麦加(880 km),韩国的首尔—釜山(500 km)等线。

我国从20世纪80年代初开始对磁悬浮技术进行了跟踪研究。2001年国家“863”计划课题“高速超导磁悬浮试验车”通过验收,该车采用国产高温超导体块材,工作在77 K液氮温度,该车悬浮重量530 kg,悬浮高度23 mm,加速度1 $m/s^2$,直线电动机推进。课题组首次试验研究了YBCO高温超导体块材在水磁导轨上的磁悬浮性能,这为高温超导磁悬浮研究奠定了良好的基础。

2002年由我国和德国合作共同修建的我国第一条集交通、观光于一体的商用磁悬浮列车在上海浦东落户。该线西起上海地铁二号线龙阳路站南侧,终点为上海浦东国际机场一期航站楼东侧,全长40 km,时速为400 km,磁悬浮列车有9节车厢,一次可乘坐959人,每小时可发12列,最大年运量可达1.5亿人次。全线运行时间7~8 min。

2016年5月,我国首条中低速磁悬浮铁路在湖南长沙启用,这条磁悬浮铁路全长18.55 km,连接长沙火车南站和长沙黄花机场。长沙磁浮快线是中国国内第一条自主设计、自主制造、自主施工、自主管理的中低速磁悬浮,其开通标志着长沙成为中国第二个开通磁悬浮的城市。2017年年底,北京磁悬浮示范线也正式投入商业运营。

今后,高速、安全舒适方便、环保的磁悬浮列车运输系统会出现在世界各主要发达地区。它将以更高的效益在中短途运输竞争中争得一席之地。

### 9.1.2 磁悬浮铁路优缺点

与传统铁路相比,磁悬浮铁路有以下优点:

#### 1. 速度快

磁悬浮列车是当今唯一能达到运营速度500 km/h的地面客运交通工具。

这意味着，对于间距 500～1 000 km 的城市间旅行而言，磁悬浮列车在旅行时间和旅行质量上完全可以同飞机相媲美。

#### 2. 相对能耗低

在 500 km/h 速度下，磁悬浮列车每座位公里的能耗仅为飞机的 1/3～1/2，比汽车也要少三成。

#### 3. 易拐弯，能爬坡，选线灵活，适应能力强

磁悬浮高速线路所要求的转弯半径比传统铁路要小得多，且具有最高 10% 的爬坡能力。这使磁悬浮线路能够更灵活地适应地形，可以减少造价。

#### 4. 噪声小

由于无轮轨间的摩擦，在相同速度下，磁悬浮列车的噪声低于传统的铁路。

#### 5. 无污染

由于磁悬浮列车以电为动力，这使它的发展不受能源结构，特别是燃油供应的限制；同时在轨道沿线不会排放废气，是一种名副其实的绿色交通工具。

#### 6. 安全、舒适、维修少

磁悬浮列车在结构上保证不易脱轨，推进方式保证不易撞车。磁悬浮列车没有车轮和铁轨的接触，振动小，舒适性好，其工作属于无磨损运行，维修主要集中在电子技术方面，不需大量体力劳动。

#### 7. 造价低

磁悬浮线路可以采用较大坡度，在线路建筑上，尤其是走地下线时，投资比一般地铁低 20%。

### 9.1.3 磁悬浮铁路的组成

高速磁浮铁路系统由线路、车辆、供电系统、运行控制系统等四个主要部分构成。

#### 1. 线路

线路引导列车前进方向，同时承受列车荷载并将之传至地基。线路上部结构为用于联结长定子的精密焊接的钢结构或钢筋混凝土结构的支撑梁，下部结构为钢筋混凝土支墩和基础。

#### 2. 车辆

车辆是高速磁浮客运系统中最重要的部分，包括悬浮架和其上安装的电磁

铁、二次悬挂系统和车厢。此外还有车载蓄电池、应急制动系统和悬浮控制系统等电气设备。

### 3. 供电系统

供电系统包括变电站、沿路供电电缆、开关站和其他供电设备。磁浮列车供电系统通过给地面长定子线圈供电提供列车运行所需的电能。首先,从 110 kV 的公用电网引入交流高压电,通过降压变电器降至 20 kV 和 1.5 kV,然后整流成为直流电,再由逆变器变成 0~300 Hz 交流电,升压后通过线路电缆和开关站供给线路上的长定子线圈,在定子和车载电磁铁之间形成牵引力。磁浮列车系统的整流、变流及电机定子等设备均在地面,对设备的体积和重量以及抗振性能没有严格要求。

### 4. 运行控制系统

运行控制系统是整个磁浮交通系统正常运转的根本保障。它包括所有用于安全保护、控制、执行和计划的设备,还包括用于设备之间相互通信的设备。运行控制系统由运行控制中心、通信系统、分散控制系统和车载控制系统组成。

## 9.1.4 磁悬浮铁路原理

磁悬浮铁路是一种新型的交通运输系统,它是利用电磁系统产生的排斥力或吸引力将车辆托起,使整个列车悬浮在导轨上,利用电磁力进行导向,利用直线电动机将电能直接转换成推动列车前进的动力,如图 9-4 所示。它消除了轮轨之间的接触,无摩擦阻力,线路垂直负荷小,时速高,无污染,安全,可靠,舒适。具有广泛的应用前景。

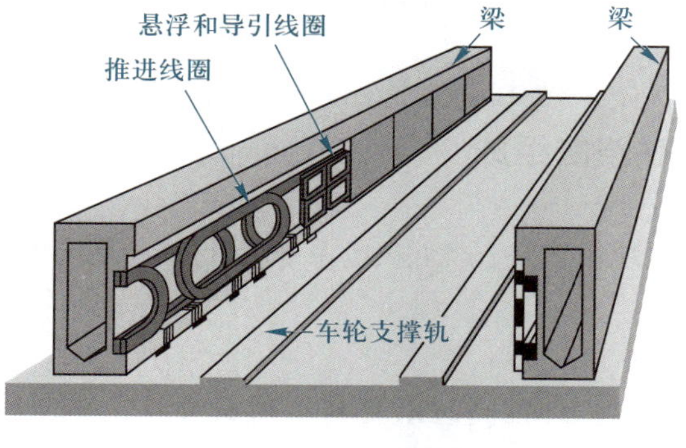


图 9-4 磁悬浮铁路原理

运用磁铁"同性相斥,异性相吸"的性质,使磁铁具有抗拒地心引力的能力,即"磁性悬浮"。科学家将"磁性悬浮"这种原理运用在铁路运输系统上,使列车完全脱离轨道而悬浮行驶,成为"无轮"列车,时速可达几百千米以上。这就是所谓的“磁悬浮列车”。

由于磁铁有同性相斥和异性相吸两种形式，故磁悬浮列车也有两种相应的形式：一种是利用磁铁同性相斥原理而设计的电磁运行系统的磁悬浮列车，它利用车上超导体电磁铁形成的磁场与轨道上线圈形成的磁场之间所产生的相斥力，使车体悬浮运行的铁路；另一种则是利用磁铁异性相吸原理而设计的电动力运行系统的磁悬浮列车，它是在车体底部及两侧倒转向上的顶部安装磁铁，在T形导轨的上方和伸臂部分下方分别设反作用板和感应钢板，控制电磁铁的电流，使电磁铁和导轨间保持10~15 mm的间隙，并使导轨钢板的排斥力与车辆的重力平衡，从而使车体悬浮于车道的导轨面上运行。

## 9.1.5 磁悬浮列车

微课
磁悬浮列车的秘密

电子课件
磁悬浮列车

车辆是磁悬浮铁路的重要组成部分，是一种不与地面接触的运载工具，随着时代的发展和制式的不同要求，车辆也不断地更新。尤其是近十几年来，各国对磁悬浮车辆的结构和外形十分重视，发展很快。磁悬浮车辆的车体外形酷似一个甲壳虫，跨坐在轨道上，如图9-5所示。车辆主要由三部分构成，即客室、操纵室和动力室。客室占的比重较大，内设若干排座椅。在动力室中，设有辅助动力装置、冷冻机空调器和冷却风扇等设备。此外，还设有车辆转向架、在车辆未浮起或减速停车着地时的辅助支持车轮以及超导磁体、燃料电池等。

图9-5 磁悬浮列车

磁悬浮列车主要由悬浮系统、推进系统和导向系统三大部分组成，如图9-6所示。尽管可以使用与磁力无关的推进系统，但在绝大部分设计中，这三部分的功能均由磁力来完成。下面分别对这三部分所采用的技术进行介绍。

### 1. 悬浮系统

悬浮系统的设计，可以分为两个方向，分别是德国所采用的常导型和日本所采用的超导型。从悬浮技术上讲就是电磁悬浮系统（EMS）和电力悬浮系统（EDS）。

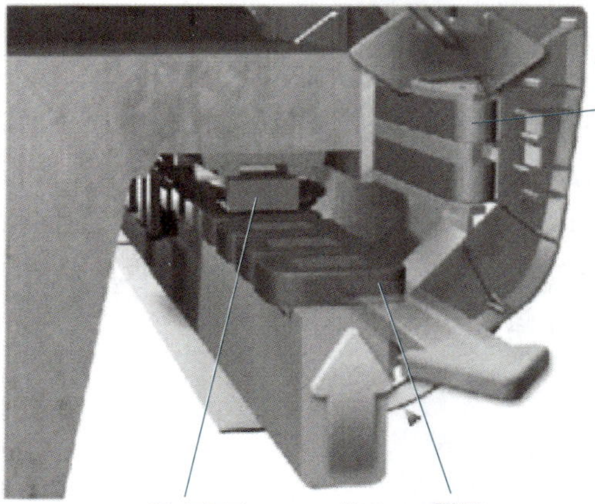


图 9-6　磁悬浮列车工作示意图

拓展视频
磁悬浮列车

拓展视频
科技开启新一代交通工具——磁悬浮

EMS 是一种吸力悬浮系统，是结合在机车上的电磁铁和导轨上的铁磁轨道相互排斥产生悬浮。常导磁悬浮列车工作时，首先调整车辆下部的悬浮和导向电磁铁的电磁排斥力，与地面轨道两侧的绕组发生磁铁反作用将列车浮起。在车辆下部的导向电磁铁与轨道磁铁的反作用下，使车轮与轨道保持一定的侧向距离，实现轮轨在水平方向和垂直方向的无接触支撑和无接触导向。车辆与行车轨道之间的悬浮间隙为 10 mm，是通过一套高精度电子调整系统得以保证的。此外，由于悬浮和导向实际上与列车运行速度无关，所以即使在停车状态下列车仍然可以进入悬浮状态。

EDS 将磁铁使用在运动的机车上以在导轨上产生电流。由于机车和导轨的缝隙减少时电磁斥力会增大，从而产生的电磁斥力提供了稳定的机车的支撑和导向。然而机车必须安装类似车轮一样的装置对机车在“起飞”和“着陆”时进行有效支撑，这是因为 EDS 在机车速度低于大约 40.2 km/h 无法保证悬浮。EDS 在低温超导技术下得到了更大的发展。

## 2. 推进系统

磁悬浮列车的驱动运用同步直线电动机的原理。车辆下部支撑电磁铁线圈的作用就像是同步直线电动机的励磁线圈，地面轨道内侧的三相移动磁场驱动绕组起到电枢的作用，它就像同步直线电动机的长定子绕组。从电动机的工作原理可以知道，当作为定子的电枢线圈有电时，由于电磁感应而推动电机的转子转动。同样，当沿线布置的变电所向轨道内侧的驱动绕组提供三相调频调幅电力时，由于电磁感应作用承载系统连同列车一起就像电机的“转子”一样被推动做直线运动，从而在悬浮状态下，列车可以完全实现非接触的牵引和制动。

### 3. 导向系统

导向系统是一种侧向力来保证悬浮的机车能够沿着导轨的方向运动，必要的推力与悬浮力相类似，也可以分为引力和斥力。在机车底板上的同一块电磁铁可以同时为导向系统和悬浮系统提供动力，也可以采用独立的导向系统电磁铁。

## 9.2 重载运输

铁路重载运输技术始于20世纪20年代，至今已在世界上很多国家广泛采用，它是提高线路输送能力、提高运输效率的重要措施。特别是对于幅员辽阔的大陆国家，具有更重要的现实意义。因此，重载运输已成为世界各国铁路货物运输发展的共同趋势，也是我国加速提高铁路运输能力的一条主要途径。重载铁路运输的发展，不仅推动了牵引动力、车辆、轨道、信号等铁路技术的进步，而且也对上述各方面提出了如何与之相适应的条件。总之，重载列车所能达到的重量，在一定程度上反映出一个国家铁路重载运输技术的综合水平。

微课
铁路运输中的大力士——重载铁路

### 9.2.1 重载铁路的定义

国际重载协会先后于1986年、1994年和2005年3次修订了重载铁路标准。

#### 1. 1986年，国际重载协会年会制定的标准

① 列车重量至少达到5 000 t，轴重21 t及以上。

② 年运量2 000万t及以上。

#### 2. 1994年，国际重载协会年会制定的标准

① 列车重量至少达到5 000 t，轴重达到或超过25 t。

② 在至少150 km的线路区段上年运量至少达到2 000万t。

电子课件
重载铁路

#### 3. 2005年，国际重载协会巴西年会上修订的标准

① 列车重量至少达到8 000 t。

② 轴重（计划轴重）在27 t及以上。

③ 在至少150 km线路区段上年运量超过4 000万t。

目前，我国大秦铁路、蒙华铁路满足国际重载协会2005年的重载铁路新标准，朔黄、京广、京沪、京哈等干线满足1994年的标准。

重载铁路用于运载大宗散货的总重大、轴重大的列车、货车行驶或行车密度和运量特大的铁路。一般火车单列运输量为2 000~3 000 t，重载火车单列运输量至少在5 000 t。

## 9.2.2 重载铁路的发展

### 1. 国外重载运输的发展现状

重载铁路是大宗货物运输的主要方式，具有运能大、效率高、运输成本低等显著优势，特别适合长距离运输，因此加拿大、美国、俄罗斯等幅员辽阔的国家都在着力发展重载技术。除此之外，一些国土面积较小但自然资源集中的国家，例如瑞典、南非等，也希望借助重载铁路开发矿业资源。而澳大利亚、巴西两国，则兼具了国土面积大、矿产运输需求大这两个特点。

美国是世界最早发展重载铁路运输的国家，国内全部Ⅰ级铁路都具备开行重载列车的条件，美国Ⅰ级铁路普遍开行大宗货物重载单元列车和双层集装箱列车，以有效提高单位生产效率来降低单位生产成本，特别是其重载运输具有突出的市场竞争力。

保德里弗盆地(PRB)联合线(Powder River Basin Joint Line)是美国最繁忙、运输密度最高的货运铁路线，全长225.6 km，轴重32 t，美国BNSF和UP公司在该联合线上共同开行煤炭列车，单列最大载重可达1.5万t、列车总重达1.9万t，联合线煤炭运量可达3.26亿t，日均开行约76列，高峰时可达到80列。

加拿大重载运输模式与北美一致，采用的标准也完全一样，一般合称为北美重载运输模式。加拿大典型重载单元重载列车编组为124辆货车，牵引重量为16 000 t。

澳大利亚铁路以重载铁路运输闻名于世。2001年6月21日澳大利亚纽曼山—黑得兰港之间开行的一列重载列车迄今保持着世界上最长、最重重载列车的记录。这一列车净载重82 265.5 t、总重99 734 t，编组682辆，长度7 353 m，由8台功率为6 000马力(4 474 kW)的AC 6 000 CW交流传动内燃机车牵引，平均车速为55 km/h。

2015年，澳大利亚FMG铁路顺利将允许最大轴重从40 t提至42 t，成为世界上轴重最大的铁路。FMG铁路每天开行矿石运输车13班次，列车编组250辆，最大载重3.5万t，列车头部采用两台机车牵引，后部有两台机车作为补机，采用ECP电空制动，线路最高运行速度80 km/h。

### 2. 我国重载运输的发展现状

同世界各国相比，我国铁路重载运输起步较晚，1984年经国务院批准，决定在北京局管辖的丰沙大和京秦电气化铁路试验开行重载列车，从此开始了我国的铁路重载运输。我国铁路发展重载运输有两个途径：一是对既有干线铁路进行配套改造，在既有主要繁忙干线上开行5 000 t级整列式重载列车；二是新建能力大、标准高的重载运输专线，如大同—秦皇岛双线电气化重载运煤专线。

我国铁路重载运输经历了三个阶段：

第一阶段(1984～1990年)为改造旧线、开行组合式重载列车模式阶段。1984年11月在大同—沙城—丰台—秦皇岛间首次开行了由两列普通货物列车合并的重载列车，随后又在沈山线、石德线和平顶山—江岸西间开行了7 000～

7 600 t的组合列车。

第二阶段(1990~1992 年)为新建大秦铁路,开行单元式重载列车模式阶段。1992 年我国建成了全长 653.2 km 的大同—秦皇岛铁路,它是我国第一条双线电气化重载单元列车的运煤专线,单元列车的重量达到了 1 万 t。它是中国铁路重载运输发展的重要标志。

第三阶段(1992 年以后)为逐步改造既有繁忙干线,开行整列式重载列车模式阶段。为在全国既有路网推行重载列车技术,原铁道部有计划、分步骤地在一些主要干线(包括京广线、京沪线、京哈线等)繁忙区段组织开行了 5 000 t 级的整列式重载列车,这种扩能效果显著的重载运输方式,已成为中国发展重载运输的主要方式。

我国目前已在津浦线、沪宁线、京山线、沈山线、哈大线、京广线(北京—武汉)、陇海线(徐州—郑州)、侯月线已普遍开行 5 000 t 级重载列车,孟宝线、京秦线(段甲岭—秦皇岛)开行部分 5 000 t 重载列车,北同蒲线大新—韩家岭开行部分 1 万 t 和5 000 t重载列车,神朔黄线开行 5 000 t、6 000 t 列车,大准线开行 5 000 t、1 万 t 列车,大秦线开行了 5 000 t、1 万 t、2 万 t、3 万 t 列车,为支持国家经济建设做出了巨大贡献。

## 9.2.3 我国主要重载铁路介绍

### 1. 大秦铁路

大秦铁路自山西省大同市至河北省秦皇岛市,纵贯山西、河北、北京、天津,全长 653 km,是中国西煤东运的主要通道之一。大秦铁路是中国新建的第一条双线电气化重载运煤专线,1982 年年底全线通车,2002 年运量达到 1 亿 t 设计能力。为最大限度发挥大秦铁路作用,有效缓解煤炭运输紧张状况,自 2004 年起,原铁道部对大秦铁路实施持续扩能技术改造,大量开行 1 万 t 和 2 万 t 重载组合列车,全线运量逐年大幅度提高,2008 年运量突破 3.4 亿 t,成为世界上年运量最大的铁路线。2010 年 12 月 26 日,大秦铁路提前完成年运量 4 亿 t 的目标,为原设计能力的 4 倍。铁路主要设计技术标准为国铁Ⅰ级、双线电气化、行车速度 120 km/h(山东段—莱芜以东至日照段按 200 km/h 设计)重载铁路,如图 9-7 所示。

### 2. 蒙华铁路

蒙华铁路(蒙西至华中铁路),北起内蒙古浩勒报吉站,穿越内蒙古、陕西、山西、河南、湖北、湖南、江西 7 个省份,终点到达江西省吉安市,是我国继大秦铁路、神黄铁路和瓦日铁路之后新建的又一重载铁路,规划年输送能力超过 2 亿 t,是世界上一次建成里程最长的重载铁路。蒙华铁路全长 1 814.5 km,途中一跨长江,两跨黄河,穿越秦岭、中条山、大中山等众多山脉,共有隧道 228 座,10 km 以上特大隧道就有 10 座,地质条件复杂。2018 年 3 月 17 日,蒙华铁路开始全线铺轨,计划 2019 年年底开通运营。

图 9-7 大秦线重载铁路

### 9.2.4 重载铁路的运输方式

由于各国铁路运营条件和技术装备水平的不同，重载列车的运输方式大致可以分为三种类型。

#### 1. 整列式重载列车

整列式重载列车是由单机或多机牵引，机车挂于列车头部，在站线上有效长度为 1 050 m 的铁路线上开行 5 000 t 及以上的货物列车。这种货物列车采用普通列车作业的组织方法，其到、解、编、发、取、送、装、卸和机车换挂作业与普通货物列车几乎完全一样，只不过牵引重量有显著的提高。

#### 2. 组合重载列车

组合重载列车是把两列符合运行图规定的重量和长度、开往同一方向的单列车首尾相接连成一个列车，机车分别挂在列车的前部和中部，在运行图上占用一条运行线，运行到前方某一技术站或到站再分解的货物列车。

组合重装列车除了要进行普通货物列车所要进行的作业之外，还要进行列车或车底的组合和分解，且接发车作业、机车换挂、途中运行及调度指挥等作业也有一些与普通货物列车的不同之处。

#### 3. 单元式重载列车

它是由装车地到卸车地固定机车车辆，固定站机车车辆，固定发站和到站，固定运行线，运输单一品种货物，在装卸站间往返循环运行，中途列车不拆散，不进行改编作业的货物列车。因此，在运行过程中利用铁路的正线和到发线外，不占用铁道的调车设备。在运输过程中，除列车的接发车作业外，不进行任何其他作业。单元列车不仅机车车辆固定编挂，固定回空，而且两端车站装卸设备必须配套，形成矿区至港口的装、运、卸一条龙重载运输组织形式。

## 9.2.5 重载运输技术设备

重载运输是在一定的铁路技术装备条件下，扩大列车编组长度，大幅度提高列车重量，采用大功率内燃机车或电力机车（或双机或多机）牵引的列车方式。为了安全行车、提高线路通过能力，实现多运快运货物的目的，对铁路技术装备和运输组织都提出了新的要求。

### 1. 重载轨道结构

重载铁路的基本特征是动量多、轴重大。尤其是轴重，它是车辆每一轮对加于轨道上的重力，对轨道结构与线路状态产生着广泛而严重的影响。轨道破损与运量和轴重有密切关系，可见重载列车的载荷对轨道的破坏性是相当严重的。

重载铁路线路应选用重型和特重型的轨道标准。钢轨应采用 60 kg/m 及以上的新规。为了延长钢轨的使用寿命，减少养护维修的工作量，宜采用超常规无缝线路和可动心轨道岔。此外，在曲线地段，长大下坡制动地段和长隧道内，应采用全长淬火钢轨和轨头硬化钢轨、承载力大的钢轨，扣压力大的弹性构件等，以减少钢轨由于接触应力所引起的损伤。

重载铁路线路技术标准：开行重载列车必须有与之相适应的线路，主要是指线路的承载能力、几何尺寸、站线长度、线路坡度等，它们必须符合列车在运行中静动荷载对线路所产生的各种力的要求，也就是使线路与列车协调配套。

① 限制坡度

重载铁路的限制坡度与所经地段的地形条件、线路等级、牵引类型等因素有关，需经技术经济比选后确定。一般按重、空车方向分别确定。重车方向最大限制坡度在 4‰～10‰之间；空车方向在 12‰～30‰之间。国外几条重载运输铁路线路的限制坡度见表 9-1。我国大秦铁路的限制坡度：重车方向为 4‰，空车方向为 12‰。

表 9-1 国外几条重载运输铁路的限制坡度

<table>
<tr><th rowspan="2">序号</th><th rowspan="2">国家</th><th colspan="2">限制坡度（‰）</th><th rowspan="2">序号</th><th rowspan="2">国家</th><th colspan="2">限制坡度（‰）</th></tr>
<tr><th>重车方向</th><th>空车方向</th><th>重车方向</th><th>空车方向</th></tr>
<tr><td>1</td><td>美国</td><td>5</td><td>5</td><td>5</td><td>瑞典</td><td>10</td><td>10</td></tr>
<tr><td>2</td><td>俄罗斯</td><td>8～9</td><td rowspan="2">22</td><td>6</td><td>挪威</td><td>10</td><td>10</td></tr>
<tr><td>3</td><td>加拿大</td><td>10</td><td>7</td><td>巴西</td><td>3</td><td>10</td></tr>
<tr><td>4</td><td>澳大利亚</td><td>4～10</td><td>15～20</td><td>8</td><td>南非</td><td>4</td><td>10</td></tr>
</table>

② 最小曲线半径

选择最小曲线半径应充分重视重载铁路的特点，结合地形、行车速度、养护维修和运行安全等条件，通过技术经济比选，尽可能采用较大的曲线半径。国外的重载铁路一般为 400~1 200 m,困难地段可取 300 m。我国大秦铁路最小曲线半径一般地段为 800 m,困难地段取 400 m。

③ 到发线有效长度

列车重量和长度的增加,在很大程度上受车站到发线有效长度的限制。而重载列车运行区段上站线需要延长的长度,又要根据组织开行的重载列车的主要形式确定。由机车在头部牵引重量超过 5 000~6 000 t 的整列式重载列车,站线要延长到 1 050~1 250 m。在开行两个普通货物列车合并编组而成的组合列车时,其牵引吨数可达 8 000~10 000 t 时,股道有效长应延长到 1 500~1 700 m;若牵引吨数达到 2 万 t 以上时则有效长应延长到 2 600 m 以上。在我国大秦铁路上,开行 1 万 t 和 2 万 t 列车,车站到发线有效长度分别为 1 700 m 和 2 600 m。

### 2. 重载用机车车辆

各国重载列车的牵引动力,除美国和加拿大主要采用内燃牵引外,绝大多数国家均采用电力牵引。

(1) 重载列车对牵引动力的要求

为满足重载列车的牵引要求,主要是通过增加机车的牵引功率和实现轮轨之间最佳黏着来提高机车的牵引力。此外,机车还需要有足够大的起动牵引力,以保证重载列车在长大坡道线路区段的安全运行。在运行中的牵引和制动过程应能自动调整和控制,并在机车上装设必要的故障检测和诊断系统。

目前,凡列车重量超过 1 万~ 1.2 万 t 时都采用多机牵引,多台机车合理地分布在列车前部和中部,并根据列车的实际重量确定所需要的机车台数。由于列车编组很长,牵引动力又分别位于整个列车的不同部位,前后机车联系、操纵动作的失调,都会直接危及行车安全。为了解决这一问题,在重载列车的机车上装设了遥控装置。遥控装置是一种完全取代受控机车司机实现机车全部无线电遥控的装置。它分为主控设备和受控设备两部分,前者装在头部机车上,后者装在专用遥控车内。主控机车司机通过无线电通信传送编码指令,控制列车任何部位的受控机车的牵引和制动。

(2) 重载运输的车辆

货车作为重载列车的载体,在重载运输的发展中具有关建性的作用。为充分利用牵引动力,增加列车牵引重量,最有效的途径是增加每延米轨道的载重量,因此,重载运输的车辆应采用载重量大、强度高、自重系数小的大型货车。货车大型化的主要途径是提高轴重,但轴重又受到轨道与桥梁结构强度的限制,因此要求线路结构与轴重提高相协调。如国外已采用 75 kg/m 的钢轨,货车载重量达到 90 t,轴重为 29 t。我国也正在研制轴重 25 t 的通用货车和轴重 30 t 的专用货车,以适应重载运输的需要。

① 车体。我国大秦铁路采用的是 80 t 级的运煤专用敞车,C80 型敞车(见图 9-8)采用铝合金结构车体,C80B 型敞车(见图 9-9),采用不锈钢材料以降低车辆自重,底架(地板除外)主要型材、板材采用符合运装货物条件的高强度耐候钢。

图 9-8 C80 型敞车

图 9-9 C80B 型敞车

② 可靠的车钩缓冲装置。车钩缓冲装置是车辆最重要的部件之一，为了减少列车的分离事故和列车的冲动，重载列车需要高强度的车钩和大容量、高性能的缓冲器。因此对车钩缓冲装置的结构设计、材质工艺、维修保养以及机车操纵技术等方面都提出了具体要求。

在重载单元列车中，由于采用翻卸方式卸车，为创造不摘车卸车条件，在车辆一端装有高强度旋转式车钩。

车辆的 1 位端安装 16 号连锁式转动车钩，2 位端安装 17 号连锁式固定车钩。

目前，我国主要煤码头翻车机一次可翻转 3 辆车，因此，将 3 辆车设为一组，中部车辆间的连接采用牵引杆装置。牵引杆一端为固定式结构，另一端为转动式结构，采用与安装车钩时相同的缓冲器及钩尾框，牵引杆的长度与车钩的连接的长度一致，实现与车钩缓冲装置的互换。

③ 采用性能良好的制动装置。重载列车与普通列车相比，速度并不高，但重量大、编组车辆数多、列车很长，列车需要制动或缓解时，前后部车辆制动与缓解的时间差较大，造成了纵向冲击力的加大。此外，由于辆数多、列车长，重载列车的副风缸数量也多，列车制动管总容积加大，造成了初充气时间长、列车管减压速度和增压速度都较低，且沿列车管长度方向有较严重的“衰减”。这些，都会影响重载列车运行的安全。因此各国都在研究改进制动机的结构，以提高其性能。

重载列车制动装置应具备如下功能。

应具有较高的制动波速和缓解波速。它可以缩短制动和缓解时列车前后部作用的时间，减轻制动和缓解的纵向冲击，并能缩短列车制动距离。

采用摩擦系数较大的闸瓦，如高摩合成闸瓦。这样，可保证在同样的闸瓦摩擦力的条件下，改用较小的制动缸和副风缸，以减少初充气的时间。

采用性能良好的空重车自动调整装置，保证空车不滑行、重车具有足够的制动力。

采用可控列尾技术。

我国列车的制动系统采用的是直接缓解型的自动空气制动机，机车乘务员通过机车操控变化主风管的压力来对整个列车进行制动或缓解。由于主风管的压力上升和下降是由机车来控制的，因此，主风管的压力变化也是从机车开始到列车的尾部结束，是个逐渐变化的空气波，也把它称为“制动作用的传播空气波”，并简称“制动波”。制动波的传输速率称为制动波速。重载列车采用了120型车辆制动机，其制动波速已提高到220 m/s。提高制动波速也就减少了整个列车的制动时间，特别降低了车辆制动前后不一致的时间，对提高列车的制动效能，减少车辆间的纵向冲击以及列车对线路的冲击作用十分明显。

但是随着重载列车的长度越来越长，列车长度从5 000 t的列车的700 m左右增加到万吨级的1 300 m甚至2万t级的2 600 m左右。因此，制动延时就会增加。列车越长，列车的制动延时时间也越长，对列车的制动效能影响就越大。

为了减少列车的制动延迟时间，可以采用可控列尾技术。在目前的机车牵引车辆形成的列车中，在列车尾部的车辆上设置一个像机车制动机一样的排风减压控制装置。当机车进行减压制动时，在尾部的该装置也同步对列车进行减压制动。这样从头尾两个方向对整个列车进行减压制动，大大提高列车制动的能效。

### 3. 重载单元列车的装卸设备

重载单元列车是把装、运、卸形成一套完整单元体系，即整个列车在同一站装车后，把列车作为一个整体，中途不更换机车、不解体的远距离运输，到站后卸货，并且在装卸车站要有与之相配套的装卸机具和站内线路。

（1）单元式重载载列车的装车站

开行单元式重载列车时，装车必须可靠迅速。条件允许时，一般采用环线式装车站。在装车站修建环线，在环线上设置1‰的上坡，使车钩始终伸开，在环线上还配有装车设备、轨道衡等。这种车站面积较大，但可以使列车在走行中装车，且不需要转向设备和作业。装车站示意图如图9-10所示。

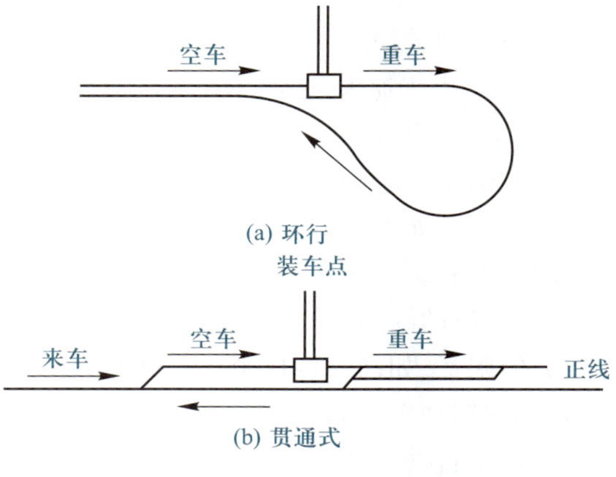


图9-10 装车站示意图

（2）单元式重载列车的卸车系统

为使单元式重载列车整列不停车卸车，在有条件的地区应设有环线线路。在条件受限制的地区则采取分组卸车的办法。按列车编组的车型不同，卸车主要采用漏卸式和翻卸式。漏卸即漏斗车在高架栈桥或卸车坑道上打开车门直卸；翻卸则是将专用敞车固定在翻车机内旋转倾覆卸车。采用翻卸式的专用卸车必须在（每辆车或两辆一组）一端装有高强度旋转式车钩。在卸车站上需有拨车机、翻车机和解冻库等设备。我国大秦铁路的秦皇岛港即采用翻卸式。

### 4. 重载列车运输组织

重载列车运输组织基本上有三种方式，其作业组织方法也各有不同。

① 整列式重载列车在保证到发线足够长度的条件下，其作业组织方法和普通货物列车完全一样。

② 单元式重载列车由于单元列车机车车辆固定编挂、固定回空、中途列车不拆散、不进行改编作业，因此在车站上只进行接发列车工作，但要做好整列车去往环线的调车作业准备工作。

③ 组合式重载列车作为地区间物资运输通道的半封闭式重载铁路，由于其货流来源与去向的多样性，需要通过较多的开行组合式重载列车这种复杂的车流组织形式。即为了提高重载铁路的输送能力，采取措施提高了重载干线的牵引定数，而相应的集疏运线路的牵引定数则相对较低，所以需要在技术站（称“重载列车组合站”）将若干列小编组列车（即小列）组合为大编组列车（即大列），再进行直达运输。

## 【拓展提高】

### 太空铁路

美国宇航局计划在空间站上修建一条“太空铁路”，2002 年 4 月 9 日，“太空铁路”的第一段轨道以及有“太空列车”之称的轨道车由美国“阿特兰蒂斯”号航天飞机送上了太空。将要修建的这条铁路可是货真价实的，因为它有自己的路轨和轨道车，并且将真正用于货运。这条轨道将组成国际空间站的外部构架，等到整个轨道系统全部完工时，轨道长度将达到 110 m。

在“太空铁路”上运行的轨道车全名为“机动转运装置”，重 880 kg，完全由铝制成。轨道车长 2.7 m，宽 2.4 m，高 0.9 m。它可以像地球上的火车那样沿着两条平行的轨道行走，在计算机的控制下它可以做到精确地移动，走行速度可在 2.5 mm/s 上下调节。轨道车由三组车轮固定在轨道上，一组用来提供前进的动力，另外两组环绕在轨道周围以防止在失重状态下轨道车飘离轨道，其原理就好像是公园里过山车的轮子。

在所有安装工程完成后，轨道车将要在太空中进行试运行。届时，宇航员将松开轨道车的固定装置，位于休斯敦的美国宇航局地面控制中心将向轨道车发出指令，让它在轨道上运行起来。轨道车也可以由宇航员控制。

微课
未来的轨道交通

电子课件
未来的轨道交通

拓展视频
未来高铁体验

拓展视频
智慧列车

拓展视频
洲际列车

在这条不长的轨道上还将建设10个“火车站”，工程师将它们称为“工作站”。车可以在工作站停下，车辆的固定系统可以产生极大的抓力将车子牢牢固定在轨道上不产生移动，此时，机械臂就可以从容地往车上装、卸货物了。

当然，“太空列车”只是用来运送货物的，但在不远的将来，用于载客的太空列车也将出现，人类将得以实现在太空中乘坐列车，体验在太空乘坐列车的乐趣。

（节选自《探秘铁路》，王梦恕）

## 【巩固练习】

**一、填空题**

1. 重载铁路用于运载大宗散货的________、________、________或________和________的铁路。

2. 磁悬浮列车主要由________、________和________三大部分组成。

**二、判断题**

1. 重载铁路线路应选用重型和特重型的轨道标准。钢轨应采用 50 kg/m 的新规。（　　）

2. 可靠是人们出行选择交通运输方式的首要因素。（　　）

3. 磁悬浮列车运用了磁铁“同性相斥，异性相吸”的原理。（　　）

**三、简答题**

1. 重载铁路的运输方式有哪些？

2. 磁悬浮铁路原理是什么？

3. 磁悬浮列车三大部分组成特点是什么？

# 参考文献


[1] 佟立本.铁道概论[M].6版.北京:中国铁道出版社,2012.

[2] 张晓玲.铁道概论[M].2版.成都:西南交通大学出版社,2018.

[3] 张阳明.漫画线路[M].北京:中国铁道出版社,2009.

[4] 林宏迪.漫画机车[M].北京:中国铁道出版社,2009.

[5] 王梦恕.探秘铁路[M].北京:人民交通出版社,2016.

[6] 王跃庆.铁路职业道德[M].北京:中国铁道出版社,2007.